현대수필 비평이론과 실제

현대수필 비평이론과 실제

박양근 저

수필과비평사

■ 서문

비평의 문을 열면서

　작가와 더불어 문학에 동참하는 작가가 평론가이다. 현장 평론가는 체계적인 비평이론을 바탕으로 특정작가의 작품을 평가한다. 작품을 감상하고 이해하여 작품이 지닌 미적가치를 제시함으로써 작가의 창작세계를 소개하는 책무를 갖는다. 이러한 작업에 임하는 평론가는 어떠한 상황에서도 객관성을 유지해야만 한다. 작품의 가치를 과장하거나 축소해서는 안 된다. 오직 비평원리에 따라 작품을 미시적, 거시적으로 재단함으로써 독자에게는 작품의 이해도를 높이고 작가에게는 보다 나은 창작의 길을 제시한다. 평론가도 나름의 제한점을 가지고 있으므로 그의 평론이 완벽성을 지닐 수 없다. 그 한계성 때문에 평론가와 작가 사이에는 항상 가깝고도 먼, 멀고도 가까운 긴장관계가 이루어지기도 한다.

　평자는 20여 년간 수필평론에 전념해왔다. 평자가 지켜본 한국수필은 그동안 놀라운 발전을 이루었으며 수필평론과 이론의 영역도 적지 않게 외연을 넓혀왔다. 주례사적인 비평이라는 외부의 눈총을 극복하고 보다 객관적인 비평원리를 바탕으로 수필 작품을 다루려는 시도도 본격화하고 있다. 평자도 현대적이고 학술적인 수필비평이론을 정립하고 그것을 작품에 응용하려 하였다. 그런 노력은 수필을 아끼는 독자들에게 작가의 진정한 작품세계를 소개하고 작가에게도 미래지향적인 창작시학을 권하는데 도움이 되리라 기대하기 때문이다.

그러한 시도는 평자의 소망이자 삶 자체이다. ≪현대산문학≫을 2012년에 에세이스트사에서 발간하였고 ≪현대수필창작이론≫을 2013년에 발간하였다. 행복하게도 이 책과 함께 현대수필이 주관하는 구름카페문학상수상자들을 다룬 평론집 ≪구름카페문학상 작품세계≫도 세상에 빛을 보게 되었다. 이러한 결실은 한국수필이 더더욱 발전하기 위해서는 평론이 제대로 서야한다는 평자의 확신에서 비롯한다.

그 연속선 상에서 ≪현대수필 비평이론과 실제≫를 구상하였다. 대상작품은 월간지 ≪수필과비평≫에 실린 문제작들이다. 앞서 발간한 수필평론서와 연계하여 바흐친, 푸코, 가다머, 메를로 퐁티 등의 이론을 바탕으로 여성욕망, 원형이론, 사회주의 리얼리즘, 텍스트 해체, 성담론, 전복과 상상, 공간시학 등을 통해 작품의 유기적 구조를 수필시학의 관점에서 분석하였다. 나아가 평설과 작품을 함께 소개하여 독자의 이해를 높이고 작가에게는 재해석의 기회를 제공하며 수필평론을 공부하려는 분들에게도 실제적 도움을 주려 하였다.

≪현대수필 비평이론과 실제≫는 3부로 구분된다. 제1부는 작품이 지닌 철학성이 어떻게 언어로 표현되고 있는가를 중심으로 작품과 작가와의 관계를 살핀다. 제2부는 텍스트에 대한 독자 수용이론에 중점을 두면서 소재를 의미화하는 다양한 방식을 분석한다. 제3부에서는 낯설게 보기로서의 여러 해석방식을 소개한다. 그렇지만 보다 많은 작가들의 작품을 소개하지 못한 점, 비평 측도의 적절성에 대한 회의도 없지 않다. 몇 가지 제한점에도 불구하고 한국수필의 미래는 수필창작과 수필비평 간의 균형이 필요한 시점에 다다랐다는 당면과제에 부응하고자 본 비평서를 기획하고 발간하였다.

그동안 저자의 수필이론, 작가론을 꾸준히 아껴준 독자와 작가들에게 고마움을 표한다. 본 저서를 발간할 수 있도록 배려해주신 서정환 사장님과 ≪수필과비평사≫에 감사를 드리면서 수필을 사랑하는 분들의 격려와 관심을 기대한다.

2016년 12월
저자 박양근

| 차례 |

서문 / 비평의 문을 열면서 • 5

제 1 부

01 칸트의 미적 관념과 수필의 자유로운 유희 • 12
　최민자 꽃불 • 22
　심선경 겨울, 자작나무 숲에 들다 • 24

02 크로노토프와 수필의 시공성 • 28
　권남희 터 • 37
　김춘자 철부지 • 40
　이향아 어머니의 시간 • 44

03 헤겔의 변증법과 수필의 의미화 단계 • 47
　김이경 열 개의 태양 • 59
　남홍숙 쉼 • 62
　이애현 원본대조필 • 65

04 가다머의 이해, 해석, 응용과 수필의 의미화 • 69
　이현수 안씨安氏 • 79
　김영채 그녀의 눈물 • 83
　김미자 찻집에서 • 87

05 바흐친의 대화주의와 수필의 저술자 • 90
　김경중 데이빗을 위한 아리아 • 102
　이종전 실향민 • 106
　백두현 이제 와 생각해보면 • 109

06 수필문장의 대표기법 : 은유와 환유 • 112
　박용수 봄에 지는 꽃 • 125
　피귀자 그녀 • 129
　최원현 어떤 숲의 전설 • 132

제 2 부

01 우화로서 수필, 원형으로서 등장인물 • 138
　　장기오 고독한 양치기 • 149
　　김행숙 오지 않는 딸 • 153
　　백남오 신근이 • 156

02 드러내기로서 수필 vs 타자他者로서 여성들 • 160
　　백두현 삼백 리 성못길 Ⅲ • 171
　　이미영 자장가 가수 • 175
　　김명자 그 여자 • 179

03 대중매체를 통한 보임(Seen)과 봄(Showing) • 183
　　이난호 영혼의 검은 즙汁 • 194
　　황정희 김 여사가 사는 이야기 • 197
　　이명준 아들을 향한 리모컨 • 201

04 후설의 시간의식과 수필자아의 반성 • 204
　　최영애 어제 오늘 내일 또 • 217
　　최종희 성장일기 • 221
　　이상원 손난로 • 225

05 이저의 레퍼토리 이론과 수필 텍스트 • 228
　　박홍일 직박구리 • 240
　　전미란 내 사랑 문 씨 • 244
　　강　서 고향집 눌할망 • 247

06 문학의 근원으로서 그리움
　　: 사라짐의 허무와 그 언어적 부활 • 251
　　김재환 그곳엔 물레방아 집은 없었네 • 265
　　최영애 그립고 그립고 그립다 • 269
　　양일섶 나의 첩홓 • 272

제3부

01 상상의 실재를 위한 세 가지 질문 • 278
　유석재 깨어나라, 돌부처여 • 290
　정정예 도시의 민달팽이 • 295
　김선화 아버지, 망치를 들다 • 298

02 수필의 내적 화술 : 존재론과 현상학의 직조 • 302
　심선경 애벌레를 꿈꾸며 • 314
　변애선 불의 고리 위에서 • 318
　이은희 방, 길들이기 • 323

03 구조와 탈구조의 배합으로서 수필시학 • 326
　임병식 월석月石 감상 • 336
　이상원 검은 껌 • 339
　박경주 보따리 • 342

04 텍스트의 존재성을 구현하는 해석학 • 345
　정태헌 피자 한 쪽 • 357
　김은주 꽃탑 • 360
　이행희 5월을 내려받다 • 363

05 전복顚覆의 힘으로서 문학적 상상력 • 367
　최숙미 산 우물 • 380
　유석재 제설除雪 • 383
　최보금 너도 명품 • 386

06 수필가의 공간과 수필의 공간시학 • 389
　김종진 낯선 길 걷기 • 401
　서성남 집 • 404
　최장순 우물 • 407

제1부

01 칸트의 미적 관념과 수필의 자유로운 유희

02 크로노토프와 수필의 시공성

03 헤겔의 변증법과 수필의 의미화 단계

04 가다머의 이해, 해석, 응용과 수필의 의미화

05 바흐친의 대화주의와 수필의 저술자

06 수필문장의 대표기법: 은유와 환유

01 칸트의 미적 관념과 수필의 자유로운 유희

일체의 관심에서 벗어나, 미美 앞에서 오로지 자유로워라!

　문학은 감동의 통로이다. 문학이 추구하는 효용 중의 하나가 심미적 인식이라고 할지라도 문학의 본성은 아름다움 앞에서 감동하고 기쁨을 누리는 것이다. 그 기쁨을 만끽하기 위해서 제초제 같은 여타 관점을 멀리하는 것이 필요하다. 오직 아름다움으로만 아름답고 싶다는 심미적 자유를 누려야 한다. 이것은 사물의 본질을 해석하려고 노력하기보다 미적인 아름다움을 즐기고 말하고 표현하여야 한다는 것이다.
　칸트는 그러한 반응을 미적 관점, 즉 심미적 즐거움이라고 말한다. 미적 관념이라는 아름다움을 느끼기 위해서는 사물을 자유롭게 음미할 필요가 있다. 사물의 효용을 찾기에 앞서 아름다움을 찾는 것이 예술과 문학이 존재하는 이유 중의 하나이다. 그러면 수필과 심미적 아름다움과의 관계는 어떠한가. 에세이로서 수필이 사회와 인간에 대한 논리적 토의를 펼치는 역할을 멀리할 수 없고, 수필이 시처럼 사물을 감미롭게 표현하지 않는다 할지라도, 고정관념과 편견에서 벗어난 사유를 발휘하는 것이 바람직하다. 꽃을 꽃이라 부르지 않고 봄날의 얼굴이며 자연의 보조개라고 말하면서 즐겨야 한다는 뜻이다.

칸트는 사물에 대한 판단을 미적인 관념과 확정적인 관념으로 구분한다. 두 개념은 근본적으로 이율배반적이다. 칸트는 ≪판단력 비판≫의 서문에서 미적 인식과 논리적 인식은 상호 대립한다고 주장한다. 미적 취미는 이성과 달리 하나의 사물에 대해서 많은 것을 생각하고 다양하게 풀이하는 상상력의 일부이다. 미적 취미에 따르면 어떤 개념도 하나의 언어로 기술될 수 없고, 이해력을 독점할 수 없다. 이성 개념이 단순하다면 미적 개념은 다채롭다. 이성적 논증이 하나의 공식으로 무엇인가를 증명한다면 상상력의 표상은 색채놀이처럼 다양하고 때로는 모순마저 통합해 나간다.

사물을 그려내는 것을 색채놀이라고 생각해보라. 하늘이 푸르고 땅이 누렇다는 논리는 이내 사라진다. 하늘은 붉고 어둡고 희며, 땅은 푸르고 핑크 빛이 될 수 있다. 언어로 이루어지는 색채놀이는 모든 만물에 새로운 관념을 덧붙인다. 새로운 미적 관념이 이어질수록, 미적 관념이 드러날수록 인간의 정신적 삶은 풍요로워진다.

미적 관점은 자유롭고 분방한 묘사에 의하여 달성된다. 다양한 상상력으로 사물에 담겨 있는 수많은 "친족들의 표상들"을 가로 세로로 잇고 상하로 엮어 내는 것이 미적 관점이다. 그 점에서 미적 관점은 복합적이고 다원적이다. 칸트는 이런 수용력이 확정적 개념보다 더 많은 이미지를 생산한다고 ≪판단력 비판≫에 덧붙인다. 현대의 기호학도 예술적 묘사는 외시의적 성격이 아니라 공시의적 성격을 지닌다고 말하고 있다. 칸트의 미적 관념과 기호학을 합쳐 사물과 현상을 설명하면 개념은 무한대로 확장할 수 있다. 주제가 논리적이고 이성적이어야 한다는 것과 관계없이 미적 가치는 자연미에 연결된다. 수필에 있어서 일물일어설이 아니라 앞서 언급한 "친족적 표상"을 다양하게 응용하면 사물의 본성을 보다 심층적으로 밝힐 수 있다. 이것이 칸트가 말한 미적 개념의 목표이고 개인의 체험을 극대화하는 첩경이라 하겠다.

이번 문제작 평에서는 미美를 최대한 자유롭게 추구한 수필을 대상으로 삼는다. 선정한 최민자의 〈꽃불〉과 심선경의 〈겨울, 자작나무 숲에 들다〉는 다원적 상상과 언어의 다변성을 통섭한 작품이라고 할 만하다. 문학적 언어뿐만 아니라 일상어와 전문어를 병합하여 칸트의 미적 관념을 수필에 응용할 수 있다는 가능성도 보여준다. 그러므로 언어에 의한 유희로서 미적 관념이 구현되는 경로를 두 작품에서 밝혀 보려 한다.

최민자의 〈꽃불〉

최민자의 〈꽃불〉은 10매 내외의 짧은 수필이다. 그렇지만 작품이 지닌 심미적 파장은 혁명의 불꽃만큼 강력하고 강렬하다. 펼쳐지는 인식과 언어의 표상은 끊임없이 고정관념의 벽을 부수고 선입관의 골을 메워나간다. 심미적 효과는 사물이 지닌 질료가 아니라 대상에 반응하는 작가의 지적 정서적 능력에 좌우된다는 점에서 해석력은 충격적인 효과를 발휘하고도 남음이 있다. 달리 말하면 작가의 미적 충동은 작품의 질량이 아니라 수필시학을 바탕으로 한 직관에 있음을 예증하고 있다.

최민자는 첫머리에서 봄철 개화에서 느낀 '그 무엇을' 신의 조화造化로 기표한다.

하느님은 방화범. 그것도 상습적인 연쇄방화범이시다.

설악산, 오대산, 내장산 골골을 단풍나무 환한 불로 태우시더니 불장난에 맛을 들이셨는가. 이 봄에 또 불을 놓으신다.

최민자는 사건의 배경이나 복선을 장치하는 서두를 생략해버린다. 도전적일 정도로 "하나님은 방화범"이라는 명제가 즉석에서, 명쾌하게 내세워지고 있다. 이 낯선 명제는 독자를 혼란에 빠뜨리지만 작가 특유의 미적 세계로 유인하는 효과를 동시에 발휘한다.

하느님과 방화범은 신분에서 나란히 할 수 없다. 하느님은 선한 창조주이고 방화범은 파괴적 범죄자이다. 하느님을 범죄자로 단죄하는 것은 절대적 신성에 위배된다. 어느 누구도 하느님이라는 존재를 방화, 파괴와 같은 부정적 언어로 규정할 수 없다. 그런데 최민자는 처음부터 종교의 고정관념과 편견에 반기의 깃발을 세운다.

앞서 설명한 것처럼 칸트는 미적 관념과 확정적 관념을 구분한다고 하였다. 그에 따르면 미美라는 개념은 이성이 아니라 감성과 감수성을 바탕으로 사물을 풀이하는 상상에 가깝다. 하느님의 전능인 창조를 파괴에 일치시킴으로써 봄에 피는 꽃과 가을에 떨어지는 단풍을 꽃불이라는 매체로 결속한다. 하느님이 봄꽃과 가을 단풍이라는 상이한 자연현상에 불을 놓는다는 작업으로 이루어진다. 봄꽃을 "투척한 별똥별, 실성한 불길, 널름거리는 혓바닥" 등으로 은유하고 꽃기운을 "사납게 짖으며 등성이를 왈왈 기어오른다."라는 활어법으로 묘사하여 신의 불꽃에 장난기를 부여한다. 그 결과 "하느님은 방화범"이라는 명제가 타당성을 얻는다. 방화 행위가 이끌어낸 결론은 "이 도시가, 봄이 위험하다."이다.

최민자는 가을처럼 봄이 위험한 계절임을 직감하고 있다. 왜 봄이 위험한가. 봄이 위험한 이유는 개화가 인간의 감성을 자극하기 때문이다. 작가는 봄철이 아름답다고 말하지 않는다. 작가는 아름다운 벚꽃축제를 응시하는 홍채를 최대한 확장하여 심안을 해방시켜 새로운 인식에 다다르고 영성의 힘을 빌려 낯선 언어를 계속 발굴해나간다. 마치 관념의 갱도를 뚫고 들어가 전혀 다른 두 언어라는 금속을 동시에 채굴하는 것과 같다. "하느님"과 "방화범"이라는 이질적인 언어에서 찾아낸 것은 꽃과 불이 합친 "꽃불"이라는 낯선 언어이다. "봄"과 "위험"이라는 구체어와 추상어도 하나로 합쳐지면서 새로운 미적 개념을 만들어낸다. 봄은 인간을 유혹하는 꽃놀이라는 것이다. 이것이 칸트의 미적 관념이다.

왜 자꾸 불을 지르시는가. 오줌싸개 소년도 네로 황제도 아닌데 당신의 불장난으로 환해지는 세상에 무량한 희열을 느끼시는가. 불심과 탐욕으로 얼룩진 세상, 황홀한 불길로 전소해버리고 싶으신 건가.

최민자는 만개한 벚꽃을 신의 불장난으로 간주한다. 꽃 풍경이 신의 불장난으로 관념화됨으로써 자연 현상은 역사적 종교적 우화마저 합친다. 그 결과 네로의 로마 방화는 "얼룩진 세상을 전소"시킨다는 종말론까지 다다른다.

신처럼 인간도 불장난을 저지르고 싶어 한다. 대물림된 불장난에는 황홀한 충동성이 담겨있다. 아이나 어른이나 불의 충동성이라는 신이 물려준 유전자를 억제하지 못한다. 실제로 신의 불에서 축복과 저주가 함께 인식되어 인간의 불이 자연스럽게 끌려나온다. 그 미적 유희가 친족적 표상을 모두 모아 봄철 꽃을 "소통의 도구이고 욕망의 심부름꾼"으로 만들어버린다. 나아가 가슴에 불이 당겨진다.

이제 알겠다. 하느님이 불을 놓은 진짜 이유 말이다. 화목火木으로 구들을 덥히듯, 사람 사람의 가슴 안쪽 쇳덩이 같은 내연기관에 불기운을 옮겨

붙이고 싶으신 거다.

꽃불 이야기는 변증법을 통하여 신의 신분을 바꾼다. 자연의 방화범인 하느님이 차디찬 인간의 가슴에 불기운을 옮기는 화부火夫라는 것이다. 고마우면서도 얼마나 슬픈 일인가. 인간은 자체의 내연기관이 아니라 신이 내리는 불기운으로만 마음을 덥힐 수 있다는 것, 이 점에서 작가는 인간에 대하여 염세주의자이다. 자연의 모든 풀을 불쏘시개로 삼아 인간의 몸뚱어리를 뜨겁게 달구려는 신의 행위를 "인간이란 특이동물을 지구상에서 멸종시키고 싶지 않다."라는 연민의 증거로 해석하듯 신에 대한 경배는 지극히 순종적이다.

벚꽃축제를 지켜보는 최민자는 신의 자비를 잊어버린 인간들을 연민의 시선으로 지켜본다. 그 자태는 신의 대행자를 연상시켜준다. 자신에게 부여된 미적 관념을 빌려 식어버린 인간의 몸뚱이가 새롭게 달아오르기를 소망하기도 한다. 그 점에서 작가는 염세주의적 휴머니스트이기도 하다.

최민자의 〈꽃불〉은 봄꽃 풍경을 강렬하면서도 심미감이 충만한 언어로 묘사한 작품이다. 상호 충돌하는 창조와 파괴를 아름다움으로 조합하여 소생이라는 새로운 개념을 생성하였다. 이렇듯 〈꽃불〉은 자연의 아름다움을 옹호하는 칸트의 미적 관념을 수필로 구현하고 있다.

심선경의 〈겨울, 자작나무 숲에 들다〉

신은 자연을 아름답게 창조하셨다. 인간을 그 속에서 살며 생각하도록 허락하셨다. 자연이 아름답다고 여기는 개념에는 자연과 인간이 비슷하다는 생각이 깔려 있다. 자연을 신이 인간에게 준 선물이라고 믿는 것이다. 반대로 자연을 아름답다고 여김으로써 인간은 신에게 감사를 표한다. 그 선후관계가 어떠하든 인간은 자연 속에 들어가면 무엇인가 실현되리라는 꿈을 꾼다. 꿈은 자연이 숭고하다는 미적 관조를 낳는다. 이때가 되면 인간은 자연과 자연스럽게 융합하고 자연의 아름다움을 찬미하기 시작한다.

심선경의 〈겨울, 자작나무 숲에 들다〉는 앞서 다룬 최민자의 〈꽃불〉이 품고 있는 미적 이미지인 "봄, 벚꽃 불놀이를 지켜보다"와 대칭구조를 이루고 있다.

미시령 오르막길 바람이 차다. 살갗에 닿는 것은 바람이 아니라 칼날 같다. 감각이 무뎌진 다리를 끌며 얼마를 걷고 또 걸었을까. 어느 순간, 홀연히 눈앞에 나타난 자작나무 숲을 만난다.

두 작품은 외적 구조에서 상이하다. 계절이 다르고 꽃과 나무라는 대상이 다르다. 군중과 개인이 등장하는 차이도 발견된다. 하지만 대상의 아름다움을 극대화하기 위해 두 작가는 자신이 지닌 모든 미적 경험과 에너지를 각각의 미적 관점에 집중시킨다. 벚꽃처럼 심선경의 자작나무에도 모든 친족적 표상들이 모여든다. "홀로 빛남, 터진 수피, 옹골찬 나무, 시간의 겹, 혁명의 냄새, 귀족적 자태"라는 의미소가 자작나무에게 바치는 작가의 연서를 완성해나간다. 자유로운 언어를 구사하는 심선경의 미적 활동은 시간이 지날수록 칸트가 말한 미적 개념에 접근한다. 이러한 경로를 따른 겨울 자작나무는 "백색으로 꼿꼿하게 선 집단 속의 초연한 품격"을 당연히 지닌다. 미시령 칼날 같은 겨울바람 속에서도 "영혼의 흰 뼈"를 발라낸 듯 귀족적 기립상을 보여주는 자작나무의 모습은 어떠한가.

칼바람에 생채기가 났는지 마른 나무껍질은 쩍쩍 소리라도 낼 듯 등짝이 거칠게 갈라져 있다. 터진 수피 속으로는 맨살이 그대로 드러나 보인다. 지난 계절의 묵은 때를 모두 벗겨내기라도 하려는지 차곡차곡 접쳐놓았던 종잇장이 들뜬 것처럼 나무껍질이 한꺼번에 일어난다.

자작나무 껍질이 거칠고 갈라지고 터져있다. 단적으로 아름답지 않다. 사람들이 생각하는 고정관념은 추醜함은 미적 대상이 아니라는 것이다. 그런데 심선경이 만난 그 나무는 "홀로 빛난." 홀로 빛남으로 거룩한 아름다움을 지닌다. 이것은 작가의 미적 활동으로 이루어진 결과에 해당한다고 하겠다.

아름다움을 다루는 미적 관념은 과학적 인식과 다르다. 작가는 식물학이 아니라 미학으로 나무를 바라봄으로써 자작나무 본연의 아름다움에 접근한다. "터진 수피 속으로의 맨살"에서 느낀 것은 남루한 껍질을 벗어버릴 때 여린 속살은 더욱 여문다는 미의식이다. 자연의 품에서 자연을 거역하는 기개를 표현해주는 것은 고독, 고요, 견인, 인내, 초연이라는 단어들이다. 이 단어들은 자작나무의 아름다움을 전하는 친족적 표상이다. 더불어 자작나무 숲에 사색의 공간이 마련된다.

도심 한가운데를 지나면서 나도 몰래 종종 멈춰 서게 되는 때가 있었다. 그곳에 덩그러니 서 있는 내 모습은 의지할 곳 없는 빈약한 나무 한 그루였다. 하늘을 찌를 듯한 빌딩이 즐비한 거리에서 왜 나는 숲의 배후로 버티고 서 있는 이 산이 그토록 그리웠을까. 삶은 내게 쉬지 말고 길을 가라고 재촉하지만 내겐 멈춰 쉬는 시간이 필요했다.

자작나무 숲에 선 심선경과 도심 한가운데를 지나가는 심선경이 겹치면서 새로운 자아를 생성한다. 그것은 미적 개념을 추종하는 도제로서의 화자이다. 인간은 어쩌면 활보할 때가 아니라 걸음을 멈추고 생각할 때 본연의 모습을 회복할지도 모른다. 쉼 없이 달려온 인간은 홀로 솟아 있는 자작나무 앞에서 빈약한 자아를 자각할 수밖에 없다. 반성과 반추를 통하여 과거의 껍질을 종잇장처럼 벗고 자작나무의 순연한 껍질로 재무장하기를 원한다. 그때만이 고독은 화합과, 초연은 공존과, 견인은 타협이라는 개념과 합쳐질 수 있다.

합일은 누가 이루어낼 수 있는가. 자연을 창조한 하느님이다. 인간에게 주어진 방법이 있다면 그것이 바로 미적 관념을 실천하는 것이다. 겨울 자작나무처럼 거듭 껍질을 벗겨 낼지라도 인간의 아름다움은 목질에 있으므로 정신적 허물벗기로 나타나야 한다.

그 변신은 험난하다. 작가가 "자작나무에서는 혁명의 냄새가 난다."라고 말하고, 인디언들이 "서 있는 키 큰 형제들"이라고 한 말을 빌리는 동기도 다름 아닌 뼈를 드러내는 변신이 필요하기 때문이다. 그럴 때만이 우리는 "흰 가슴으로 하늘바라기하며 마냥 서 있는 자작나무"와 동일시 할 수 있다.

앞서 다룬 〈꽃불〉이 신의 방화와 창조를 종교적 경건함으로 유도하였다. 심선경도 자작나무에 대한 경이감을 종교적 신성에 일치시킨다.

> 저녁 어스름에 상록수림을 배경으로 빛나는 자작나무 숲의 광휘, 숨이 막혀 버릴 듯 거대한 존재감으로 나를 압도한다. 지금은 헐벗은 숲이지만, 지난 가을에 만난 자작나무 숲은 또 다른 세상이었다. 가장 낮은 곳으로 가라앉는 빛을 받아 지극히 섬세하고 고운 올로 새긴 잎사귀의 반짝임은 태양을 향한 자작나무의 연서戀書였다.

가을 저녁 자작나무 숲에 비친 어스름한 빛을 작가는 "정령이 뿜어낸 신비로운 기운"으로 느낀다. 나아가 그 기운을 "흔하지 않는 아름다움"이라고 설명한다. "흔하지 않는 아름다움"은 지상의 존재들이 지니고 있지 않는 것, 곧 신이 지닌 아름다움을 뜻한다. 신과 자연과 자아가 일체를 이룰 때 아름다움에 대한 개념이 완성된다. 그 미적 진리를 자작나무 숲에서 발견한 심선경은 "더 이상 다가갈 수 없는 자리에 자신을 주저앉힌다." 물상으로서 개체를 버리고 미적 개념으로서 자아를 새롭게 탄생시키는 것이다. 겨울 자작나무 숲의 미적 관념도 여기에서 완결한다.

　칸트는 아름다움을 찾으려면 제한 없는 연상과 상상과 언어의 결합이 이루어져야 한다고 말한다. 이것은 이성적 굴레를 벗어난 자유로운 유희로서의 미적 확장이다. 미국의 초월주의자 에머슨도 〈자연론〉(1836년)이란 에세이에서 '자연은 신성의 현현'임이므로, 자연을 신성으로 예찬하고 느낄 수 있어야 한다고 말하였다. 동양의 전통 미학도 '자연의 경지'를 인간사보다 우위에 두었다. 그렇다면 자연을 신성시하는 미학주의자들이 찾아낸 자연은 "꽃은 절로 붉구나(花自紅)."라는 절창으로 요약할 수 있다. 작가는 자연의 자연함을 표현하기 위해서 자유로운 심미주의의 길을 끊임없이 밟아나가야 한다. 고정관념과 선입견의 울타리를 넘을 때 자연은 문학의 언어에게 문을 활짝 열어준다.
　"따르기 쉬운 고정관념의 길을 버려라."
　이것이 칸트가 ≪판단력 비판≫에서 은유하고 있는 가르침이 아닐까 싶다.

| 작품 |

꽃불

최민자

하느님은 방화범, 그것도 상습적인 연쇄방화범이시다.
설악산 오대산 내장산 골골을 단풍나무 환한 불로 태우시더니 불장난에 맛을 들이셨는가. 이 봄에 또 불을 놓으신다. 밤새워 별똥별들을 투척하셨는지 목련나무 가지 위 하얀 촛대들을 잘팍잘팍 엎지르신 건지 뒷마당 박태기나무에, 재 넘어 복숭아 과수원에, 잡목 성성한 산기슭에 불이 붙기 시작했다. 실성한 불길은 사납게 짖으며 등성이를 왈왈 기어오른다. 겨우내 바싹 말라 화력 좋은 산들을 널름거리는 혓바닥으로 집어삼키더니 강 건너 도심에까지 파고들 기세다. 아파트 마당에도, 골목 안에도 불기운이 번져있다. 이 도시가, 봄이 위험하다.
왜 자꾸 불을 지르시는가. 오줌싸개 소년도 네로 황제도 아닌데 당신의 불장난으로 환해지는 세상에 무량한 희열을 느끼시는가. 불신과 탐욕으로 얼룩진 세상, 황홀한 불길로 전소해버리고 싶으신 건가.
머리에 꽃을 꽂은 아이가 유모차에 앉아 환하게 웃고 있다. 짝퉁 가방과 파마머리도 인파 속으로 섞여든다. 벚꽃 축제에 모여든 사람들은 꽃이란 걸 생전 처음 보았다는 듯, 북새통 속에서도 호들갑을 떨며 탄성을 지르고 사진을 찍어댄다. 도시의 벚꽃이 노점상들을 한철 반짝 먹여 살린다.

　키가 멀쑥한 청년 하나가 점퍼 주머니에 손을 찔러 넣고 몇 걸음 앞서 여자와 걷고 있다. 교회 친구나 서클 선후배쯤 될까. 엊그제, 아니 조금 전에 처음 만난 사이일까. 주먹 하나쯤 떨어져 걷는 폼이 연인 사이는 아니다. 솔기 터진 스웨터처럼 비주룩이 웃음을 흘리는 청년도 흥성거리는 분위기에 편승하여 꽃 같은 사랑 하나 제 청춘에 찔러 넣고 싶을 것이다. 삼십여 년 전, 남편이 처음으로 데이트를 신청한 것도 벚꽃축제에 함께 가자는 말이었다.

　소통의 소도구이고 욕망의 심부름꾼이기도 한 꽃. 이제 알겠다. 하느님이 불을 놓는 진짜 이유 말이다. 화목火木으로 구들을 덥히듯, 사람 사람의 가슴 안쪽, 쇳덩이 같은 내연기관에 불기운을 옮겨 붙이고 싶으신 거다. 해묵은 가지와 갓 돋은 풀을 모조리 불쏘시개 삼아서라도 계산에 지치고 속도에 시달려 차갑게 식어버린 불연성不燃性 몸뚱어리들을 뜨겁게 달아오르게 하려는 것이다. 심장에 꽃불이 일지 않고는 번식이 어려운 특이동물을 아직은 지구상에서 멸종시키고 싶지 않다는 뜻이다.

- ≪수필과비평≫, 139호.

| 작품 |

겨울, 자작나무 숲에 들다

심선경

　미시령 오르막길 바람이 차다. 살갗에 닿는 것은 바람이 아니라 칼날 같다. 감각이 무뎌진 다리를 끌며 얼마를 걷고 또 걸었을까. 어느 순간, 홀연히 눈앞에 나타난 자작나무 숲을 만난다. 유독 다른 나무들보다 이른 시기에 잎을 떨어내고 저 멀리 흰 기둥과 흰 가지만으로 빛나는 자작나무는 영혼의 뼈를 발라낸 듯 하늘 높이 솟아 있다.
　단 하나의 이파리까지 모두 지상에 내려놓은 빈 나무가 아름드리의 부피감 없이도 저리 빛날 수 있는 것은 자작나무의 어떤 힘 때문일까. 어둠과 빛이 한데 스며들어 그 경계조차 허물어진 산기슭에서 자작나무는 홀로 빛난다. 하지만 그 빛은 적막을 품어 눈부시지 않고 다만 고요할 뿐이다.
　자작나무 숲에 하얀 겨울바람이 분다. 바람에 색깔이 있다면 이곳에 부는 바람은 분명 하얀 바람일 게다. 빽빽하게 무리지어 선 나무들이 서로의 가지를 붙들고 있다. 혼자서는 매서운 바람과 찬 서리를 견딜 수 없어 어깨를 나란히 맞대고 선 것일까. 칼바람에 생채기가 난 듯, 마른 나무껍질은 쩍쩍 소리라도 낼 듯 등짝이 거칠게 갈라져 있다. 터진 수피 속으로는 맨살이 그대로 드러나 보인다. 지난 계절의 묵은 때를 모두 벗겨내기라도 하려는지,

차곡차곡 겹쳐놓았던 종잇장이 들뜬 것처럼 나무껍질이 한꺼번에 일어난다.

저 많은 나무들이 함께 살아가는 숲에서 자작이 유독 빛날 수 있는 것은 한 계절 너끈히 견뎌준 남루한 껍질을 스스로 벗고 북풍한설에 여린 속살을 단단히 여물게 했기 때문일 게다. 흰 몸통의 군데군데는 저희들끼리 몸을 부딪쳐 가지치기한 자리인 양, 흉터처럼 남아있는 옹이가 유난히 크고 짙어 보인다. 거대한 자연의 품에 한 그루의 옹골찬 나무로 우뚝 서기 위해 감내해야 했던 아픔이 고스란히 배어든 듯하다.

숲으로 들어와, 인내의 상처를 화인火印처럼 몸통에 남긴 채 당당하게 서 있는 자작나무를 만나지 않았다면 아마도 나는 중도에 산행을 포기했을지 모른다. 먼 곳에서 바라보았을 땐, 그저 신비롭고 아름답게만 보였던 자작나무 숲. 가까이 다가와 보니 알겠다. 저 빛나는 둥치를 갖기 위해 얼마나 혹독한 바람을 맨몸으로 맞섰을지, 부러진 가지가 스스로 낸 아린 상처 자국에 얼마나 숱한 시간의 겹을 덧입혔을지 이제야 비로소 나는 알겠다. 쓰러진 나무의 그루터기에 앉아 느슨해진 등산화 끈을 단단히 조여 맨다. 추위와 피로로 더 이상은 한 발짝도 옮길 수 없을 것 같았던 발걸음을 조심스레 내딛는다.

복잡한 도시 속, 출퇴근길의 행렬에 끼여 정신없이 달려온 세월. 계절이 어떻게 바뀌고 오늘 떠오른 해와 어제 떠올랐던 해가 어떻게 다른 것인지도 모른 채 살기 위한 집념으로 일의 노예가 되어 끌려 다녔다. 도심 한가운데를 지나면서 나도 몰래 종종 멈춰 서게 되는 때가 있었다. 그곳에 덩그러니 서 있는 내 모습은 의지할 곳 없는 빈약한 나무 한 그루였다. 하늘을 찌를 듯한 빌딩이 즐비한 거리에서 왜 나는 숲의 배후로 버티고 서 있는 이 산을 떠올렸을까. 삶은 내게 쉬지 말고 길을 가라고 재촉하지만 내겐 멈춰 쉬는 시간이 필요했다.

오래된 흑백필름 영상처럼, 자작나무의 허물벗기는 지난했던 내 삶의 모습을 되돌아보게 한다. 어릴 적 맑고 초롱초롱했던 아이의 눈망울은 어디로 가고, 온갖 풍파와 세월의 더께를 뒤집어써서 이제는 본모습이 어떤 형상인지도 알 수 없는 내 껍질은 도대체 몇 겹으로 싸여 있는 걸까. 껍질을 얼마나 벗겨내야 그 속에 숨은 참된 내 모습을 발견할 수 있을까. 늦지 않았다면 자작나무가 껍질을 벗듯 나를 감싸고 있는 겉껍데기를 하나씩 모두 벗겨내고 싶다. 내 삶의 궤적 가운데 내밀한 튼튼함은 더욱 단단히 자라게 하고, 씻지 못할 허물과 아픔은 모조리 밖으로 훌훌 털어내어 버리고 싶다. 돌아보면 한 뼘도 못 되는 길을 걸어오면서 상처 같지도 않은 상처를 들쑤시며 괴로워했다. 날마다 어깃장 놓는 삶이 두려워 맞서기보다는 달아나려고만 했던 못난 나를, 아늑해진 겨울 숲이 가만히 품어준다.

자작나무에선 혁명의 냄새가 난다. 러시아 혁명에서 빨치산들이 피로에 지쳐 돌아오던 아지트도 자작나무 숲이었고, 닥터 지바고가 달빛을 틈타 혁명군들을 등졌던 곳도 자작나무 숲이었다. 인디언들은 그 나무를 '서 있는 키 큰 형제들'이라 부른다. 나무의 직립성을 이보다 더 적절하게 표현하기도 힘들지 싶다. 오로지 태양을 향해 곧게 선 나무가 자작나무뿐일까만 그 사랑이 얼마나 지극하면 저리도 흰 가슴으로 하늘바라기하며 마냥 서 있을까 싶다.

자작은 이름만큼이나 귀족적인 자태를 뽐내지만 결코 오만하거나 배타적이지는 않다. 또한 유아독존, 독야청청하지도 않다. 만약에 그렇다면 숲에서 멀리 떨어져 홀로 넓은 자리를 차지하고 있었어야 옳다. 무리로부터 떨어져 혼자 서 있는 자작나무는 곧게 자라지 못한다. 그래서 서로 어깨 맞대어 함께 살아가는 것인가 보다. 가끔은 옆에 선 나무와 부딪치며 자연스럽게 가지를 정리한다. 저들끼리 경쟁하듯 하늘로 곧추서는 것이다. 서로가 서로의 버팀목이자 바람막이다. 그러면서도 한 그루 한 그루가 독자적 자존으로 빛을 발한다.

숲에 군락을 이룬 자작나무는 하늘 높이 우뚝 솟아오르고도 내려보는 일이 없고, 앞에 서서도 뒤에 선 나무들의 배경이 될 줄 안다. 서로 경쟁은 하지만 같이 살아가는, 그래서 더 충일한 존재감이 되는 나무. 함께 있어 아름다운 것들은 '나'를 버리지 않고도 '우리'가 된다는 것을 자작나무 숲이 내게 넌지시 일러주는 듯하다.

저녁 어스름에 상록수림을 배경으로 빛나는 자작나무 숲의 광휘, 숨이 막혀 버릴 듯 가장 낮은 곳으로 가라앉는 빛을 받아 지극히 섬세하고 고운 올로 새긴 빗살무늬는 태양을 향한 자작나무의 연서다. 남들은 그 눈부신 광채를 햇살의 반사광이라 말하지만 나는 그 빛이 자작나무 숲의 정령이 뿜어낸 신비한 기운이라고 믿고 싶다. 산그늘에 스스로 돋을새김하는 자작나무의 빛살 사이로 슬쩍 끼어든 바람을 타고 잔가지들이 하느적거린다.

유난히 환하고 흰 빛의 공간. 저 시린 숲의 빛깔을 그냥 하얗다고 말해버리기엔 무언가 많이 부족하다. 여기에 있으면 나도, 자작나무도 현실과는 너무도 먼 거리에 있는 듯한 착각이 든다. 자작나무 숲이 만들어낸 그 흔하지 않은 아름다움은 지상의 다른 모든 존재들처럼 내가 그 자리에 꼭 있어야 하는 것은 아니며, 우연하고 무상한 것이라는 사실을 어렴풋이나마 깨닫게 한다. 보이지 않아도 존재하는 것이 있고 들리지 않아도 소리 내는 것이 있는 것처럼.

자작나무 숲을 돌아나오는데 누군가의 낮고 차가운 목소리가 들리는 듯했다. 그 목소리는 이 거대한 자연의 품에서 단지 하나의 사물로서 존재하는 내 이름을 나직이 불러주었고 그는 내가 더 이상 다가갈 수 없는 자리에다 나를 주저앉혔다. 어떠한 대상도 여기서는 고요히 서 있거나 앉아있는 하나의 물상에 지나지 않았다. 자작나무들의 들숨은 마침내 땅속의 먼 뿌리까지 닿고 그곳을 돌아나온 힘찬 날숨은 온 산맥을 굽이치며 함께 출렁인다.

- 〈2013년 한국의 좋은수필〉

02 크로노토프와 수필의 시공성

 인간은 시간과 공간 속에서 태어나 살다가 죽는다. 그동안 인간의 행동이 자유의지에서 비롯한다고 할지라도 시간과 공간의 영향을 받기 마련이다. 삶이란 끊임없이 이동하는 유기체이므로 누구나 지나가버린 시간과 떠나온 장소에 향수를 품는다. 문학이 다루는 상실감과 그리움이 여기에서 비롯한다. 헤어진 사람을 기억하는 감정조차 기본적으로 시간과 장소에 대한 아쉬움이라고 말할 수 있다. 이것을 문학에서 크로노토프라고 부른다.
 크로노토프(chronotope)는 그리스어로 시간인 chromos(크로모스)와 장소인 topos(토포스)를 합친 시공간을 의미한다. 러시아 철학자이자 문학이론가인 미하일 바흐친은 시간과 공간이 상호 분리될 수 없다고 믿고 시간-공간(time-space)이라는 용어 대신에 크로노토프라는 합성용어를 만들었다. 시공간은 원래 지리학과 수학에서 사용되었지만 문학과 예술에 도입되면서 시간과 공간의 연관성을 일컫는 용어로 발전하였다. 바흐친도 크로노토프는 장르를 규정하는 기능뿐만 아니라 이것들이 결합하는 비율에 맞추어 인생이 달라진다고 말함으로써 크로노토프를 문학 속에 용해시켜 나갔다.

크로노토프가 문학 연구에서 지닌 의의는 '문학을 인식하는 독특한 방법론적 틀'이라고 하겠다. 방법론적 틀은 서사시에서 스토리의 세계로 옮겨가는 과정에서 사용된다. 등장인물과 액션이라는 요소가 끼어들고 시공성이라는 연관성이 고스란히 나타난다. 화자가 자신의 체험을 반추하는 장르에서는 시공성의 상관성으로서 크로노토프에 대한 해석이 반드시 필요하다. 그것을 미학적으로 체계화하는 패러다임이 서사산문이라는 점에서 시와 소설의 중간에 자리하는 남다른 효용을 지닌다고 말할 수 있다.

시공성에 대한 반응 중의 하나가 향수이다. 인간은 특정 시기의 사람이나 사물이나 사건을 기억할 때 그리움과 아쉬움을 품는다. 장소와 시간에 대해서는 개인적인 느낌을 초월하여 역사적, 문화적 감각마저 자각한다. 산업화·도시화·개발화가 이루어질수록 공간에 대한 인식 체계에 변화가 일어나 향수라는 심리는 시공성과 관련을 맺는다. 문학작품에 기록되는 향수가 시공간에 대한 인식을 재현하면서 크로노토프는 수필의 서사를 결정하는 중요한 요소가 되는 것이다.

권남희의 〈터〉

권남희는 '터'라는 시공성을 남다르게 인식한다. 그녀는 터의 공간성을 풀어낼 뿐아니라 그것이 지닌 서정적이며 감성적인 이미지를 치열하게 추적하고 있다. 터는 대지와 구별된다. 터가 지니고 있는 원래의 의미는 사람이 살기 위해 선택한 장소를 지칭한다. 터에는 공간성, 선택성, 존재성이라는 의미소가 끼어들고 토포필리아라는 장소애가 부각된다.

  토포필리아는 서술자가 특정 장소에 품는 애정과 그리움을 지칭하는 단어이다. 예를 들면, 김소월이 노래한 강변마을과 산 너머 남촌은 낭만적인 장소로 매김 되고 있다. 권남희에게는 그러한 터가 더 이상 존재하지 않는다. 그가 태어나 살았던 추억 속의 강남거리는 '터를 빼앗긴 폐허의 얼굴'이 되어 버렸다. 이곳은 '돈, 환락, 수십 동의 유리건물, 불야성, 하룻밤 문화, 허무의 축제'의 언어로 변질하면서 마르셀 뒤샹이 그려낸 변기 같은 곳이 되어 버렸다. 그러므로 산업화로 빚어진 강남거리를 걸을 때마다 그녀는 아프고 쓸쓸한 기분을 숨길 수 없다.

  크로노토프의 가치를 복원시키고 향수를 되찾을 수 있는 길은 무엇인가. 오늘의 강남거리를 허물고 심미적으로 재설계하는 것이다. 비록 생각뿐일지라도 — 문학은 상상이니까 — 도시 건물을 심미적으로 재설계하는 것이다. 성형외과병원, 커피 체인점, 네일숍, 모텔, 유학원, 스마트폰 대리점, 패션상점을 허물어 버리고 예전처럼 '눈을 뒤집어 쓴 초가집'과 '모내기 끝난 논물에 별빛이 찰랑거리는' 시간과 공간을 다시 불러오는 것이다. 이러한 재현은 작가의 상상으로 구성되는 수필에서 이루어 질 수 있다. 그때면 강남거리는 사람을 위한 '터'로 되살아날 수 있다.

> 내가 태어났던 곳에서 부모님과 영원히 살 줄 알았던 때 나는 그곳이 절대 변하지 않을 줄 알았다. 부모님이 자리를 잡은 그 터에서 단단한 믿음을 가지고 내 모든 존재의 형태를 만들고 있었다. 날마다 눈을 뜨면 보게 되는 마당의 꽃들과 열려있는 대문, 학교 가는 길, 내 이름이 불리고 우정을 쌓고 서로를 사랑으로 품어 주어야 한다는 것을 배우던 장소였다.

  권남희에게 터란 출생의 장소일 뿐아니라 가족의 행복과 안전과 평화를 보장해 주는 곳이다. 자연이 훼손되지 않은 전원주의를 구현하면서 공동사회의 가치를 지켜가는 점에서 보면 이상향에 가깝다.

하지만 터라는 이상공간을 지켜내는 일은 순탄하지 않다. 공간의식에서 터는 대지의 상징을 지닌 여성과 연관된다. 태어난 곳에 대하여 강렬한 향수를 품을수록 집터를 지키기 위한 노력이 필요하다. 어느 날 집 앞에 자동차가 다니는 큰길이 생기게 되었을 때 그녀의 어머니는 생존공간을 지키기 위해 밤낮으로 일인시위를 벌였다. 집터는 가족의 행복과 미래를 보증하는 안식처이므로 대지의 딸로서 그녀는 전력을 다하여 지킬 수밖에 없었다. 그녀의 어머니는 터의 존립을 위해 필사적으로 싸운 투사이다. 그래서 어머니를 기억하면 강남거리에 있었던 집터가 생각나고 집터를 회상하면 일인시위를 마다하지 않았던 어머니가 떠오른다.

일인시위는 시공에서 이루어진다. 그것은 가족, 사랑, 가정, 행복이라는 언어에 일치하며 크로노토프라는 모티프를 지닌 한 폭의 그림으로 완성된다. 하지만 그 터의 풍경이 바뀌어버렸다. 오늘날의 강남거리가 화려한 네온사인으로 밤낮없이 번쩍거리고 있지만 삶의 진면목이 보이지 않는다는 것이다.

빌딩과 자동차가 논밭과 집터를 점령해버림으로써 자연과 어울렸던 일상적 삶이 무너져버렸다. 그렇다고 권남희는 과거로의 회귀를 굳이 고집하지 않는다. 자신이 태어났던 터가 되돌아올 수 없음을 알고 있으므로 실현성 있는 크로노토프를 선호한다. 그것은 인공 농업과 건축이 함께 하는 어그리텍처(agritecture)시대를 상징하는 빌딩을 세우는 것이다. 이러한 건물이 건축될 때 강남거리는 진정한 시공성의 대상으로 이야기될 것이다.

김춘자의 〈철부지〉

김춘자는 살아온 일생을 계절이라는 '철'로 표현한다. 가을철에는 코스모스, 가을바람, 노란 벼, 고개 숙인 수수 등의 자연물로 계절이 제때임을 표현해준다. 코스모스가 피지 않으면 그해 가을은 자연스럽지 못하다. 그런데 요즘에는 철을 가리지 않고 과일을 거두고 꽃구경을 할 수 있다. 세상을 움직이는 시간 순환에 이상이 생긴 것이다.

김춘자는 '철'에 '부지不知'라는 말을 붙여 사람의 나이에도 철이 없다는 개념을 만들어 낸다. 나이가 꽃과 음식뿐만 아니라 계절 옷이 사라진 것을 깨닫고, "철을 잊고 사는 건지, 철을 거스르고 사는 건지"라는 의문에 빠져든다. 철부지에는 바흐친이 말한 크로노토프라는 시간 개념이 발견된다. '철'과 자연과 인생을 함께 상호 대입시키는 것이다.

> 철이 난다는 것은 어른이 된다는 의미이기도 하며 자기 인생에 도리를 다해야함을 의식해야 한다는 것이다. 나이 들어가면서 힘들어지는 것 가운데 하나가 사람 노릇하는 것이다. 이건 철이 들었다는 말이다. 철을 알아야 하는 것은 사람답게 살아야 하는 책임이기도 하다.

김춘자는 어린 시절부터 철이 들어야 한다는 가족의 요구에 억눌려왔다. 당시의 철이 지닌 조건은 타지향적이다. 사회적 자아로 성숙하고 부모에게 효도하고 동생들을 돌보며 동네에서 착한 며느리라는 칭찬을 받는 것이다. 작가는 그 외양에 길들여지며 살아왔다. 이것을 철이 들었다고 믿고 무엇보다 그 당위성에 충실하였다. 이것이 일 단계 '철듦'이다.

그런데 세월이 지나면서 '철듦'을 새롭게 해석하기 시작한다. 자기를 버리고 스스로 희생당하는 것이 철듦이 아니라는 자각이다. 철모르쟁이로 살아온 과거의 시간에 아쉬운 눈물을 흘리는 김춘자가 재인식한 '철'은 순종의 세월을 의미하는 것이 아니다. 대신에 진짜 철이 든 때는 사리를 헤아릴 줄 아는 시기라고 말한다. "철이란, 계절이나 절기를 의미한다. 또한 사리를 헤아릴 줄 아는 힘, 곧 지혜를 뜻하는 말이다."라고 정의한다.

김춘자가 인식한 인생의 시간은 공자의 지천명에 접근한다. 24절기를 외우고 가을바람을 바라보며 철이 바뀐다는 것을 자각할지라도 세상 바람이 어떻게 돌아가는지를 알지 못하면 또한 철이 들었다고 말할 수 없다. 작가가 이야기하고 있는 이러한 '철든 시간'이 삶이 펼쳐지는 시공에 해당한다. 시간이 세월이 되고 세월이 나이가 될 때 비로소 나잇값이라는 시간성을 가진다는 것이다.

현대란 어느 의미에서 제철이 사라지는 시절이라고 말할 수 있다. 그러므로 김춘자가 인식하는 것은 '세상살이는 세상바람에 맞추어 살아야 한다'는 명제이다. 나이를 먹으면 죽음에 다다른다는 생사의 법칙이 아니라 바람에 흔들리는 풀과 같은 지혜가 필요하다는 점을 은유로 표현한다. 이것이야말로 시공성의 질서와 원칙을 따르는 순리의 삶이라고 하겠다.

김춘자는 인생의 전환점에 이를 때마다 철이라는 관념을 수정한 끝에 철이 무엇인가를 자성하는 단계에 다다랐다. 그에게 철이란 자연의 사리를 헤아려 순종하는 크로노토프라는 시점을 의미한다.

이향아의 〈어머니의 시간〉

이향아의 수필에서는 시간이 강물처럼 흐른다. 시간은 할머니, 어머니 그리고 이향아라는 삼대에 걸쳐 이어지는 여인들의 삶을 잰다. 당연히 〈어머니의 시간〉에서는 나이, 세월, 삶이라는 언어가 어떤 모습으로 여인에게 투영되는가를 밝히고 있다. 달리 말하면 딸에서 아내로, 어머니에서 할머니로 신원이 옮겨지는 동안 시간에 갇힌 여성의 존재성이 변화하는 것이다.

딸아이일 때는 나이를 두어 살씩 앞당겨 올린다. 시집갈 나이가 되면 동갑내기보다 더 철이 들어야 한다고 믿는다. 서른 살이 되면 제 나이보다 줄여서 말하기 시작한다. 60세가 넘으면 빨리 늙으면 좋겠다고 허세를 부리고 더 나이를 먹으면 시간의 흐름에 무심해진다. 이것이 대부분의 여성들이 시간을 셈하는 방식이지만 이향아의 어머니가 나이를 통해 셈하는 시간의식은 아이러니를 바탕으로 한다. 그렇게 될 수밖에 없는 이유는 하나다. 어머니에게 시간은 "난해하고 고통스러운 현실, 홀로 들어야 할 태산 같은 짐"이었기 때문이다. 이러한 심리는 가부장적 가정이 여성에게 부과하는 시간의식이 얼마나 무서운가를 보여준다. 내용은 독립적인 인격체를 포기하고 가문의 대를 잇는 여인으로 살라는 것이다.

> 나이를 자각해야만 언행을 가지런히 할 수 있고, 그래야만 진지한 삶의 자세도 갖출 수 있다고 어머니는 믿었던 것 같다. …… 덕분에 일찍 철이 들었다는 말을 듣긴 했지만, 분명 동갑내기들보다 나이가 더 들어 보였을 것이다. 지금 돌아보면 나는 한 번도 당당하고 떳떳하게 내 나이를 누려본 적이 없었던 것 같다.

이향아도 할머니와 어머니가 그랬던 것처럼 일찍 철이 들기를 요구받는다. 당시 철이 든다는 것은 꿈과 청춘을 마음껏 펼칠 수 있는 소녀기와 청년시절을 일찍이 포기하는 것과 같다. 제약된 시공에 갇힌 작가도 인간다운 여유를 갖지 못하였고 눈물과 울음과 웃음을 마음 놓고 표현할 수 없었다.

어머니 산소를 방문하러 갔던 어느 해 한식날, "오늘부터는 아무쪼록 울지 말거라." 하는 당부의 말을 듣는다. "오늘부터"는 희로애락의 반응을 나타내서는 안 된다는 나이의 분기점이다. 그 지점에서 사회규범을 지배하는 크로노토프가 나타난다. 그때 입은 옷이 '하얀' 옷이다. 하얀 옷은 정결과 순결을 요구하는 사회적 억압을 상징한다. '흰 옷'을 입게 된 것을 "의식을 치른다."라고 말하는 이향아는 자신의 희망과 반대로 방관자의 세월을 물려받는다. 그래서 "나는 세월을 억울하게 빼앗겼다"는 부정적인 개념을 실토하는 것이다.

어느 날 이향아는 새로운 인식에 눈뜬다. "빛나는 내 나이 이제 마흔 둘!"이라고 친구가 자랑스럽게 이야기하는 말을 들은 것이다. 친구는 중년에 이르기까지 시간의 흐름을 즐기면서 긍정적인 자의식을 표현하였다. 그런데 이향아는 "한 번도 빛나는 나이를 소유해 본 적이 없었음"을 인정하듯 시간과 공간에서 주체적인 자아를 갖지 못하였다. 아니, 가지고 있음을 자각하지 못하였다. 그녀는 육신이 거처하는 장소를 가졌지만 정신적 시공성을 갖지 못하였다. 그녀는 어머니와 함께 살면서 어머니의 의식에 따라야 했다. 그녀는 삼십대 중반부터 홀로 살아온 어머니가 "어서 늙었으면 좋겠다."고 말했을 때 뼛속 깊이 절망감에 빠져든다. 여자로서의 삶을 포기한 어머니와 시간의식에 눈뜨지 못한 자신을 동일시한 결과이다. 그렇지 않았다면 배신에 가까운 불효라고 생각하곤 하였다.

그 어머니가 마침내 시간 개념을 잊어버렸다. 하루도, 일주일도, 한 해도 느끼지 못하는 치매에 걸린 것이다. 어머니는 치매의 시간을 분, 초가 아니라 자연의 변화로 계산한다.

"어머니, 분꽃이 피는 시간이어요."
"새들이 둥지 속으로 잦아가는 시간이어요, 어머니."

모녀가 주고받는 시간에 숫자가 들어가지 않는다. 분꽃과 새가 자고 깨는 것으로 시간과 전후를 셈한다. 그러나 작가는 '치매'를 의학적으로 시간을 구별하지 못하는 상태로 해석한다. 제대로 살았던 사람만이 자연과 우주의 시공으로 복귀할 수 있기 때문에 이향아는 시간을 과거·현재·미래로 구분하지 않고 자연에 맡겨 버린다. 그래서 〈어머니의 시간〉은 인간의 삶을 해방시켜 주는 것이다.

 사람은 바흐친이 말한 크로노토프라는 영역 안에서 살고 살아갈 수밖에 없다. 시간과 공간의 포로가 되는가, 아니면 적극적으로 대응하는 주인공이 되는가는 전적으로 당사자에게 달려있다. 따라서 시공성과 자아를 재정립하는 자만이 후자의 길로 나설 수 있다. 수필은 삶을 기록하는 전(傳)이므로 시공성의 관계를 제대로 정립하지 못하면 제대로 서사구도를 잡을 수 없다. 과거의 체험에 묶여버리면 더더욱 크로노토프를 피동적으로 해석하게 된다.

 오늘의 한국수필이 당면한 문제가 있다면 그것은 삶에 대한 회의적인 반추에 머물고 크로노토프에 피상적으로 접근하는 것이라고 볼 수 있다. 수필은 과거의 행위를 반추하는 것이 아니라 비전을 제시하는 글이다. 이 점에서 앞으로 한국수필은 크로노토프에 보다 긍정적이고 적극적으로 대응할 필요가 있다고 여겨진다.

| 작품 |
터

권남희

 강남 거리는 '터'를 빼앗긴 폐허의 얼굴이다. 사람을 위한 공간이 없다. '터(Rum)'는 원래 사람들이 살아갈 곳을 만들기 위해 비우는 곳이다. 'Rum'*은 모든 사물보다 인간의 거주를 위해 비워진 것이다. 돈 쓰러 오는 사람을 끌어들이기 위해 거주민들을 쫓아낸 거리는 어딘지 비정함을 품고 있다. 터가 사라져 존재할 곳이 없다는 막연함, 네모반듯한 수십층의 유리건물 앞에 서면 어느 한 구석 마음이 들어설 틈을 찾을 수 없어 멍해진다.

 별빛을 삼킨 불야성 거리……. 이곳이 뉴욕인가, 이태원인가? 클럽과 카페, 탈출구를 찾는 젊음이 뜻을 합해 하룻밤 미치는 문화만 살아남는 장소일 뿐이다. 시대의 울기鬱氣를 발산하기 위해 날마다 축제가 벌어지는 이곳, 별 쏟아지는 논에서 개구리 울던 그 정다운 풍경을 엎어버린 이곳, 시적 언어는 사라지고 마르셀 뒤샹의 〈변기〉 같은 해프닝만 남아 이른 아침 출근길을 아프고 쓸쓸하게 한다.

 빌딩 지어 올리는 일이 끊이지 않는 도심거리에서 나는 오늘도 빌딩 하나를 해체한다. 불도저도 없고 포클레인도 없다. 오로지 공상을 연장삼아 상상력 부재의 유리와 철골의 정사각형 빌딩, 간판만 즐비한 모더니즘 건물의 이기심을 뜯어낸다. 성형외과를 뜯고 치과와 피부과, 산부인과, 커피 체인점, 네일숍, 모텔, 에스테틱스, 유학원, 어학원, 스마트폰 대리점. 패스트패션 상점을 차례로 허물어버린다. 다 부수고 나니 남은 공간은 지하 알라딘 중고서점과 그 건너편 교보타워 지하 교보문고다.

드디어 강남 일대가 눈을 뒤집어쓴 초가집이 옹기종기 모여있는 듯하고 모내기 끝난 논물이 별빛을 받아 찰랑거린다.

건물 외벽에서 번쩍이는 광고전광판을 보며 나는 별 쏟아졌던 외가의 마당을 떠올린다. 대나무 숲 뒤란과 평상이 있던 마당, 여름 방학이면 나를 반겨주던 외할머니, 소여물을 썰던 외삼촌, 외숙모와 그곳 친구들……. 더 이상 돌아갈 고향이 없다는, 터를 잃고 떠돌아야 한다는 불안 때문에 상실감이 사라지지 않는다.

낭만과 고전적 풍경을 버리지 않은 채 상상력으로 잘 빚은 로마 건축처럼 우리의 고향이 수백 년 동안 변하지 않고 있었다면 어땠을까. 백 년 오백 년 천 년의 그 터를 지키려면 엄청난 장애물들과 싸워 이겨야 하는 도시, 아무리 높은 빌딩이 올라가도 인간을 위한 터가 아닌 이상 끊임없이 옮겨다녀야 한다는 강박관념으로 인간은 존재감이 약하다.

오래전 나는 내가 태어나고 내가 자랐던 곳이 터라는 믿음이 강했었다. 내가 태어났던 곳에서 부모님과 영원히 살 줄 알았던 때 나는 그곳이 절대 변하지 않을 줄 알았다. 부모님이 자리를 잡은 그 터에서 단단한 믿음을 가지고 내 모든 존재의 형태를 만들고 있었다. 날마다 눈을 뜨면 보게 되는 마당의 꽃들과 열려있는 대문, 학교 가는 길, 내 이름이 불리고 우정을 쌓고 서로를 사랑으로 품어주어야 한다는 것을 배우던 장소였다.

그러나 어느 날 개발바람에 밀려 우리 집이 반으로 갈라지고 방문 앞으로 자동차가 다니는 큰 길이 생기게 되었다. 어머니는 우리들의 절대공간을 지키기 위해 밤낮으로 1인 시위를 벌이기도 했다. 터에서 편안하게 죽음을 맞이해야 하는 '운명'이 사라지는 불행을 막기 위해 어머니는 필사적이었다. 반 토막 난 마당을 꿋꿋하게 지키다가 아버지와 어머니는 산과 강물이 흐르는 자연으로 터를 삼고 죽음을 맞이했다. 하지만 우리는 죽은 후에도 귀환할 수 있는 터가 없어 풍경이 될 수 없는 도시인들이다.

폐허 위에 반전을 설계한다. 빌딩과 자동차길이 논과 밭, 살림집 마당을 부수었으니 이제 거꾸로 강남 거리에 삶의 풍경을 앉히는 것이다. 논농사와 추수 풍경을, 김장하는 풍경이 거리에서 벌어지는 것이다.

농업과 건축이 융합하는 어그리텍처(Agritecture)시대가 온다는데 이런 빌딩은 어떨까? 모기, 파리, 개구리, 뱀, 새떼 등 자연풍경 생명들이 어울려 사는 피라미드신전에 인간이 죽음으로 안착하는 터를…….

— ≪수필과비평≫, 143호.

---

* Rum 터: 이종관 ≪공간의 현상학, 풍경 그리고 건축에서≫.

| 작품 |

철부지

김춘자

코스모스는 가을바람이 살랑살랑 불고, 벼가 노릇해지며, 논둑의 콩잎이 빳빳해질 무렵에 피어야 제멋이다.

코스모스가 피면 가을이 연상되어 지레 쓸쓸해지기도 하고 수수 모가지 숙여가는 고향을 생각하게 해야 제맛이다.

아직 삼복더위가 한창인데 코스모스가 피었다. 가을 코스모스에 비해 적당히 짤막한 키에 꽃송이도 탐스럽고 색깔도 곱다. 하지만 염천지절에 코스모스가 피어 있는 것을 보니 왠지 서먹하고 계절을 가늠하기 까다로워진다.

요즘엔 코스모스만 철을 어기는 것이 아니다. 봄에나 먹던 쑥갓이 때 없이 나오고 여름에나 맛보던 수박이 겨울에도 있는가 하면 온갖 푸성귀나 과일은 사시사철 언제라도 구할 수 있으니 세상이 변화된 것이다. 이대로 가다가는 여름에 눈이 오고 겨울에 비가 올 수도 있겠구나 싶다.

내 경험으로도 여름은 몹시 더워 땀띠가 다닥다닥 솟고, 겨울은 말할 수 없이 추워 문고리에 손가락이 쩍쩍 들러붙고 동상이 걸릴 정도로 춥던 때가 분명 있었는데, 이젠 여름엔 냉방시설이 잘되어 긴팔 옷을 입어야 하고, 겨울엔 여름인 양 반팔에 반바지를 입고 살아도 거리낌이 없다. 철을 잊고 사는 것인지, 철을 거스르고 사는 것인지.

　철모르고 나부대던 어린 시절은 말할 것도 없고, 나이 들어서도 철을 아는 듯 모르는 듯 산다면 남이야 어떻든 저 하나 살기는 편안하다. 그러나 어느 정도 나이가 되면 철을 갖춰야 하는 것이 타인에 대한 예의이다. 혼자 사는 세상이 아니기 때문이다. 그래서 철이 난다는 것은 어른이 된다는 의미이기도 하고, 자기 인생에 도리를 다해야 함을 의식한다는 의미이기도 한다.
　나이 들어가면서 힘들어지는 것 가운데 하나가 사람 노릇 하는 것이다. 이것은 철이 들었다는 말이다. 철을 알아야 하는 것은 사람답게 살아야 하는 책임이기도 하다.
　어른들은 내게 철이 꽉 찼다고 말했다. 어린것이 애어른처럼 철이 들어 부모 속 안 썩이고 동생들 살뜰하게 거둔다는 말을 그렇게 했던 것 같다. 그 말에 묶였던지, 타고난 성품인지, 부모님께 효도하고 동생들에게 부모맞잡이 노릇을 해야 한다는 게 숙명인 것처럼 알고 살았다. 혼인하고서는 시어른들이나 동네 어른들의 착한 며느리, 조선에 없는 며느리와 같은 입 발린 소리에 길들여져 그 말에 맞춰 살았다.
　그런데 나이가 들어갈수록 거기서 놓여나고 싶었다. 그런 것쯤이야 각자의 몫이니 훌훌 털어버리고 싶었다. 그게 바로 2단계 철이 드는 과정이라는 것을 수십 년이 지난 후에 깨달았다. 철이 드는 것은 착실하게, 성실하게 제 할 일만 잘하는 것만이 아닌, 자기 자신을 인정하는 것이라는 것을. 자기를 버리고 스스로 희생을 강요하는 것이야말로 철이 든 것이 아니고 '철'에 대한 모순된 생각이다.
　세상살이의 정석은 무엇인가? 어느 때는 고뇌의 자리에 앉아 반가사유상이 되었다가, 로댕의 생각하는 사람이 되었다가, 밤길을 떠도는 방랑자가 되었다가, 마침내 빈방에 엎드려 한없이 운다. 철모르쟁이로 살아온 후회와 억울함을 쏟아내겠다며 소리없이 운다. 나를 버리고 남을 생각하며 사는 것은 멍청한 삶이다. 좋은 며느리, 좋은 아내, 좋은 어머니는 자신을 세우고 주변을 일으키는 것이라는 신념이 확고하게 느껴진 그때, 비로소 나를 위한 방법을 찾아야겠다는 생각으로 혼란스러웠다. 진짜 철이 든 때다.

철이란 계절이나 절기를 의미한다. 또한 사리를 헤아릴 줄 아는 힘, 곧 지혜를 뜻하는 말이다. 그 '철' 뒤에 알지 못한다는 한자어인 '부지不知'가 붙어 무엇이 옳고 그른지 판단하지 못하는 어린애 같은 사람을 일컬어 철부지라고 한다. 나는 거기에 세상일은 정석대로 이루어지는 것이라고 믿고 사는 것도 철부지라고 덧붙이고 싶다.

공자는 지천명知天命에 이르면 하늘의 뜻을 안다고 했다. 그러나 철부지라면 가당치도 않는 일설일 뿐이다. 이순이 되어도 하늘의 뜻은커녕 사람의 심중도 헤아리지 못하여 괴로움을 겪어야 하는 경우도 있다. 하늘의 뜻이 심오하여 모를 수도 있겠고, 사람의 심중이 까다로워 헤아릴 수 없을 수도 있다. 24절기를 달달 외우고, 솜털 스치는 바람으로 철 바뀜을 짚어내는 예민함이 있다 한들 풍진 세상바람을 받아내기엔 힘에 부칠 수도 있다. 집채만한 바위에 달걀을 던지면 달걀은 형체도 없이 산화되고 말지만 바위는 스친 자국 하나 남지 않는다는 말이다. 더 큰일은 바위의 속성이 어찌됐거나 사람들은 든든해 보이는 바위에 제 목숨을 저당 잡힌 것마냥 행세한다. 그것을 알아야 하는 것이 세상인 것도 깊은 철이 들어야만 안다.

나잇값을 하는 것은 철이 든 덕이다. 그러나 완벽한 나잇값을 하는 것은 무리이고 힘이 든다. 그러기에 제철음식만 먹어야 했던 생활이 변화하여 아무때나 맘만 먹으면 원하는 음식을 먹을 수 있는 세상인데, 코스모스가 여름에 필 수도 있고, 필요에 의해 해바라기를 겨울에 피우기도 하는데…….

세상살이는 세상바람에 맞춰 살아야 한다. "바람보다도 더 빨리 눕고, 바람보다도 더 빨리 울고, 바람보다 먼저 일어나, 바람보다 먼저 웃는" 김수영의 〈풀〉처럼 지혜를 갖추는 것이 철부지를 면하는 길이다. 지금도 동화 같은 어른들은 내게 일찍부터 철이 들었다고 말한다.

- ≪수필과비평≫, 143호.

| 작품 |
어머니의 시간

이향아

　어머니는 내 나이를 미리 두어 살씩 앞당겨 올리곤 했다.
　다섯 살이 되기 전인데 '곧 학교에 갈 애가 이런 것도 모르면 안 되지.' 하였고, 중학교에 입학하자마자 '내일모레면 시집갈 나이가 되었으니 함부로 굴지 말아야 한다.'고 하였다.
　나이를 자각해야만 언행을 가지런히 할 수 있고, 그래야만 진지한 삶의 자세도 갖출 수 있다고 어머니는 믿었던 것 같다.
　시간을 차용하듯 당겨서 쓰다 보니 나의 현재는 언제나 낯이 설어 조심스러웠고, 미래를 바라보는 일 또한 자신이 없었을 것이다. 덕분에 일찍 철이 들었다는 말을 듣긴 했지만, 분명 동갑내기들보다 나이가 더 들어 보였을 것이다. 지금 돌아다보면 나는 한 번도 당당하고 떳떳하게 내 나이를 누려본 적이 없었던 것 같다.

　홍사용의 시 〈나는 왕이로소이다〉를 읽으면서, 나는 마치 오래전부터 길들어 있었던 공통 경험의 한 패턴을 보는 듯했다.
　시의 화자인 '나'는 울어야 할 일이 많고, 매사에 자꾸만 울고 싶기도 했다.

그의 눈물과 울음은 유전된 것이지만 마음 놓고 표현할 수가 없었다.
　할머니 산소에 꽃을 심으러 가던 한식날 아침, 화자의 어머니는 하얀 옷을 입히고 귀밑머리를 땋아주면서 '오늘부터는 아무쪼록 울지 말거라.' 당부하였다. 그때부터 그는 몰래 속 깊이 혼자 울었다.
　홍사용의 시에서처럼 내 어머니도 '오늘부터'라고 못을 박았다. 시간 위에 금을 그어 내 무질서를 막아내는 그 방벽은 거역할 수 없는 율법처럼 견고했다.
　하얀 옷을 입고 의식을 치른 오늘부터는, 새해 아침이 밝은 오늘부터는, 그리고 굳은 결심으로 마음을 다진 오늘부터는…….
　수시로 각인되는 '오늘'은 나를 채찍질하여 다듬게 하고 혀를 깨물어 다시 태어나게 하는 힘겨운 출발점이었다. 나는 어제만을 돌아다보았다. 마흔 살에는 서른 살 때가 좋았고 서른 살에는 스무 살 적이 좋았다. 돌이킬 수 없는 것을 그리워하는 건 얼마나 부질없는 요청인가. 나는 세월을 억울하게 빼앗겼다고 생각했던 것 같다.
　어느 날 비슷한 나이의 동료가 무슨 말 끝에, '빛나는 내 나이 이제 마흔 둘!'이라며 자기 나이를 자랑스럽게 흔들어 보일 때 나는 놀랐다. 저렇게 생각할 수도 있구나, 나는 한 번도 빛나는 나이를 소유해 본 적이 없음을 반성했다.
　맞닥뜨린 현재는 해결해야 할 엄중한 과제로 나를 강행군처럼 내몰아 지치게 하다가 그만큼 또 빨리 지나서 과거가 되지 않던가. 무작정 현재를 덮어버리고 과거에만 연연하는 것은 어리석다.
　"내가 누군지 몰라? 이래봬도 전직 ○○○야."
　"생각하면 그때가 좋았어요."
　과거의 영광은 영광임에도 패잔의 애수와 회한이 묻어있다.

　내 어머니의 시간들은 난해하고 고통스러운 현실, 홀로 풀어야 할 태산

같은 짐이었다. 삼십대 중반부터 홀로 되어 살아오던 어머니가 어려울 때면 한숨처럼 내뱉던 말,

"어서어서 늙었으면 좋겠다."

그 말은 내 뼛속에 아주 독한 슬픔으로 스몄다. 성장하는 내 나이를 두어 살씩 앞당겨 견뎌낼 수 있도록 예습시켰던 것과는 전혀 차원이 다른, 무거운 절망이었다.

어머니는 돌아가시기 2년여 동안 "지금이 몇 시냐? 나 올해 몇 살이냐?" 자주 물었다. 그 음성은 아주 편안하며 잔잔하였고 나는 거기에 맞춰 대답했었다.

"어머니, 분꽃이 피는 시간이어요."

"새들이 둥지 속으로 자러가는 시간이어요, 어머니."

끝끝내 아흔셋, 어머니의 나이를 고하지 않았지만 어머니는 천천히 고개를 끄덕였다. 우리는 아무도 어머니의 혼미한 정신을 치매라고 몰아붙이지 않았다.

"나 올해 몇 살이냐?"라고 물은 것은, '나 제대로 살았느냐?'고, '살 만큼 살았다.'고, 그리고 '돌아갈 때가 되었다.'고 당신의 인생을 스스로 정의하고 평가한 말이라고 생각했기 때문이다.

− ≪수필과비평≫, 143호.

03 헤겔의 변증법과
수필의 의미화 단계

  수필은 체험의 기술記述인가, 아니면 언어의 기술技術인가. 만일 수필이 체험을 기록하는 글이라면 서사로서 의미화는 수필의 요체이다. 더구나 수필이 다형식이라는 정의는 시나 소설보다 역설적으로 더 공고한 문학성을 요구한다. 문학성을 다지려면 수필시학이 필요하고 미적 진실은 철학이 옹위하는 진리에 접근해야 한다. 수필이 수필다우려면 철학적 과정을 거쳐야 한다는 것이다.

  칸트는 진리는 인식과 그 대상의 일치에 있다고 말한다. 이 설명을 칸트답게 표현하면 '사실과 인식 가능의 합치'로서 진리에 대한 정의는 전통적으로 칸트에 힘 입은 바가 크다. 헤겔은 칸트와 달리 '개념과 실재의 일치'라는 용어로 진리를 설명한다. 개념과 실재가 일치한다는 인식은 인간의 의식이 성장하는 과정으로서 헤겔은 감각적 확신, 지각, 오성, 정신으로 구분하여 변증법적으로 제시하고 있다.

  감각적 확신, 지각, 오성, 정신의 차이를 버스를 예로 들어 설명해본다. 터미널에 서 있는 버스를 보고 "이것은 버스다."라고 말한다면 감각적 확신 단계이다. 옆에 나란히 정차해 있는 다른 버스를 보고 "이것도 버스다."라고 인식하는 것이 지각 단계이다. 두 버스가 몸체, 바퀴, 엔진, 의자 등 보편성을 지니고 있어 버스는 바퀴와 엔진과 의자로 이루어진 사물이라고 지각하는 것이다. 그런데 버스의 구성요소들을 아무렇게나 조합하면 버스가 아니다. 구조적 원리에 맞추어 만들어야 버스라고 지각한다. 물건마다 미리 정한 구조적 원리와 과학법칙이 있다는 것을 인식하는 것이 오성이다. 이 단계에서는 개별 현상과 보편적인 본질이 일치한다. 헤겔에 의하면 감각적 확신, 지각, 오성의 인식에 다다를 때마다 이전의 상태가 잊히지만 이전의 단계를 모두 인식하면서 각 단계를 파악하는 힘이 정신이다. 이 인식이 절대 지식을 얻는 절대 정신이다. 인간이 대상을 인식해가는 과정은 언제나 낮은 단계에서 시작하여 지식을 발전시키면서 통합해 간다. 이런 뜻에서 헤겔의 인식론은 변증법이다.

 변증법은 모순을 해결해주는 방식이다. 세계 자체가 모순적이지만 모순이 사유의 원동력이 된다. 모순은 사람의 인식 세계에 내재할 뿐 아니라 사물 자체에도 내재한다. 새로운 개념이 선행 개념을 내포하면서 앞서의 모든 개념과 통일을 이루는 것을 정반합이라고 한다. 정반합의 과정은 단절이 없는 길을 따라 개념 체계를 완성시켜 나간다. 따라서 변증법이라는 인식을 통하여 대상을 의미화할 수 있다.

 헤겔의 변증법이 모순의 합을 지향하므로 본질 파악에 이용할 수 있다. 개념이 비록 기표와 기의 간의 관계를 설명하지 못하는 한계가 있지만 문학이 추구하는 의미가 어떻게 진화하고 발전하는가를 보여줄 수 있다. 의미화란 사물의 실체가 일정하지 않다는 부정不定성을 바탕으로 하는 만큼 변증법은 심층적 해석에 다다르는 유용한 방법이 된다. 수필의 의미화도 감각적 확신, 지각, 오성, 정신이라는 단계를 거친다는 점에서 헤겔의 개념화를 수필시학에 도입할 수 있다. 이런 과정을 밟고 있는 세 편의 작품을 통하여 개념화와 의미화의 상관성을 살펴보고자 한다.

김이경의 〈열 개의 태양〉

김이경은 봉숭아로 손톱에 물들이는 것을 "열 개의 태양이 떠오르는 과정"으로 풀이한다. 봉숭아와 태양이라는 두 가시적인 실재를 일치시키기 위해 "뜨거움"이라는 개념을 빌려오고 '봉숭아-뜨거움-꽃상-초야-태양이라는 동질성을 변증법적으로 전개시켜 마침내 열 개의 태양이 열 손가락이라는 최종 의미를 만들어낸다. 이 단계를 설명하는 단락을 면밀히 검토하면 헤겔이 말한 감각적 확신, 지각, 오성 그리고 정신이라는 인식의 단계가 드러난다.

헤겔의 변증법은 선행 개념을 부정하지 않는다. 앞서의 단계를 흡수하면서 새로운 개념을 생성시켜 나간다. 개념뿐만 아니라 따지고 보면 실재도 일정한 개념을 지니고 있지 않은 부정不定이라고 말할 수 있다. 작가가 사물을 지각하여 수필을 써내려갈 때, 서두에서 결미로 글을 전개시켜나갈 때, 의식하든 의식하지 않든 새로운 의미를 첨가하거나 보완해 나간다. 1차적으로 결정한 대상의 의미를 수정한다. 수필의 교정에서 말하는 첨삭 자체가 헤겔이 말한 개념화와 변증법의 일부라고 말하여도 지나치지 않다.

김이경은 〈열 개의 태양〉에서 개념을 확장하는 변증법 과정을 보여준다. 봉숭아에 대하여 가진 첫 번째 인식으로서 감각적 확신은 "화려하지도 뽐내지도 크지도 않지만 여름의 태양을 온몸에 받는 것"이다. 다른 꽃밭에 있는 봉숭아도 그렇게 보인다. 김이경뿐만 아니라 모든 사람들에게도 그렇게 보인다는 것이다. 이 단계가 지각 단계이다.

그런데 김이경은 지각된 봉숭아를 수정하려 한다. 헤겔이 말한 것처럼 봉숭아는 불변의 개념에 묶여 있는 꽃이 아니다. 작가도 봉숭아에 하나의 의미만을 부여하기를 거부한다. 앞서 말한 "미미하고 미력한 것"을 부정否定하고 보다 확장되고 발전한 개념(=의미)을 봉숭아에 붙여 수정하기 시작한다. 새로운 개념은 "그 속의 뜨거움"이다. '뜨거움'은 봉숭아뿐만 아니라 붉은 동백과 수수한 촌부와 노년의 작가가 모두 지닌 것이다.

여기에 오성이라는 인식이 시작된다. 오성은 거론된 사물을 하나로 묶는 원리로서 작가는 봉숭아의 뜨거움을 통해 개별 현상과 보편적 본질이 일치한다는 법칙을 드러낸다. 예술에서 말하는 심미적 구조와 미적 원리도 과학법칙과 유사하다. 미적원리를 봉숭아에 적용하면 봉숭아의 푸른 잎과 붉은 꽃잎이 동일해진다. 작가는 분명 "천연스럽게 푸른 얼굴을 하고 있지만 봉숭아 잎을 조금만 으깨보면 그 속의 뜨거움을 금방 알 수 있다."라고 말한다. 이것은 적청赤靑이 지닌 모순을 변증법으로 일치시키는 것으로 동백도, 시골아낙도, 노년의 작가도 동일한 모순을 지닌다.

결국 개념과 실재가 일치한다. '열 개의 태양'이 솟아오르도록 하려면 "꽃과 잎 속의 햇빛을 불러내야" 하는 것이다. 작가는 "수라상을 차리는 궁인처럼" 찧은 봉숭아를 손톱에 올리고, "제물을 준비하는 제관"이 되어 명반과 왕소금을 제물로 준비한다. 방을 만들 때도 초야의 방처럼 아늑하게 꾸민다. 손톱을 물들이는 이러한 과정이 종교적 신성과 신화의 신비감과 혼례의 성애性愛와 궁중의 예법을 모두 합친 의식으로 펼쳐진다.

그때부터는 태양의 정기를 이식하는 비밀한 의식이다. 그것은 꿈나라에서 치르는 것이 좋다. 손톱은 스며드는 햇살에 초야를 치르는 신부처럼 몸을 연다. 열락과 고통이 엇갈리듯 들뜨고 열기로 욱신거린다. 숨이 막히지만 제의를 성스럽게 마칠 때까지 함부로 움직이면 안 된다. 햇살이 흐트러지지 않도록 가슴에 손을 모은 채 아침을 맞이하여야 한다. 일곱 살 소녀처럼 손을 모으고 잠이 든다.

봉숭아로 손톱을 물들이는 과정에 뜨거운 섹슈얼리티가 깔려있다. 경건한 엑스터시에 가까운 초야랄까. "태양의 정기, 밤의 신부, 열락과 고통, 숨 막히는 행위, 아침맞이"라는 의미소가 신혼초야와 봉숭아 손톱물들이기를 일치시켜 준다. "뜨거움의 붉은색"을 완성시키는 개념화 단계는 헤겔이 말한 '정신'에 일치한다. 김이경이 펼쳐낸 감각적 확신, 지각, 오성의 과정도 정반합을 통해 모두 의미화되었음을 알 수 있다.

김이경이 변증법과 개념화를 빌려 절대정신이라는 과정을 통해 찾아낸 의미는 무엇인가. 그것은 "손을 펴면 손가락마다 떠오르는 열 개의 태양"이다. 열 개의 태양은 봉숭아로 붉게 물든 열 개의 손톱을 의미한다. 봉숭아와 태양은 변증법을 거치지 않으면 결코 일치하는 의미를 공유할 수 없다. 노년의 서술자가 일곱 살 소녀로 변신하는 것도 태양 같은 봉숭아가 없으면 불가능하다. 태양은 죽음 같은 어둠과 겨울뿐만 아니라 쓸쓸하고 무력해진 노년을 잊게 해 주는 구원자이다. 그래서 "여름의 정령"으로서 손톱 태양을 맞이함으로써 올겨울이 춥지 않으리라 기대하는 것이다.

김이경은 봉숭아를 제물로 삼아 여사제처럼 태양신에게 부활의 의식을 주재하였다. 환상 속에서 초야의 신부가 되어 자신의 몸도 바쳤다. 이것이 〈열 개의 태양〉이 성性과 성聖이라는 모순 개념을 상호 결속시킨 작품이 된 이유라고 하겠다.

남홍숙의 〈쉼〉

남홍숙이 〈쉼〉에서 선택한 객체는 망고이다. 다디단 미감을 제공하는 열대과일을 실재로 삼아 얻으려는 해석의 결과는 절대적 희생 뒤에 따르는 휴식이다. 작가는 그것을 얻기 위해 낙화와 "쉼" 사이의 공간을 메워간다. 일반적인 설명이나 서술로는 드러나지 않지만 일치된 개념이 있다는 것이다. 헤겔의 변증법과 개념화를 도입하면 "망고=쉼의 결정자"라는 의미를 찾아낼 수 있다고 남홍숙은 예감한다.

작가는 먼저 망고를 지적 판단의 대상보다는 감각의 대상으로 간주한다. 망고를 달달한 동질의 질감과 노랗게 물든 속향을 가진 미감의 과일로 풀이함으로써 확실한 감각의 실재로 삼고 있다. 이런 개념에 적합한 과일 중의 하나가 망고이고 작가는 다른 것을 굳이 찾으려하지 않는다. "한 알에 3불이나 하는 비싼 망고를 사는" 행동이 가능한 것도 망고가 다른 과일이 갖지 못한 매력적인 맛과 향과 질감을 갖고 있기 때문이다. 수필쓰기에서는 이런 인식을 착상이라고 부르지만 개념화에서는 감각적 확신에 해당한다. 연이어 "발갛게 물들고 오동통 살이 오른 달콤한" 속성이 모든 망고가 지닌 것이라는 인식이 지각이다.

그러면 〈쉼〉에서 오성은 언제 시작하는가. 맛있는 과일은 사람뿐만 아니라 동물들도 군침을 흘리게 한다는 원리가 설정되는 시점부터다. 작가는 망고꽃이 떨어지고 조그만 열매가 열릴 때부터 "슬며시 망고 맛을 기대했다."라고 고백할뿐더러 여러 동물들도 망고를 좋아한다고 설명한다. 포섬이 망고를 갉아먹고 박쥐가 망고나무로 날아오르고 부쉬터키란 동물은 아예 제 새끼를 거느리고 망고의 속살을 발라먹는다. "동물들도 나처럼 망고를 이토록 즐겨먹는가."라는 반응은 사람과 동물들이 공통적으로 지닌 생물학적이고 과학적인 원칙이다. 그래서 작가도 빼앗기지 않기 위해 한 광주리나 망고를 딴다.

 나아가 먹이사슬이라는 법칙도 작용한다. "망고는 사람과 동물에 의하여 파 먹히고 쪼아 먹히고 뜯어 먹힌다." 이것은 망고가 감당해야 할 불가피한 종말이다. 식물은 동물보다 먹이사슬의 아래에 자리하므로 먹잇감이 될 수밖에 없다. 맛있는 과일일수록 더 빨리, 더 많은 동물에 의해 먹힌다. "포악무도하게 망고의 살점을 뜯어 먹힌다."라는 묘사는 약육강식의 법칙으로서 오성에 해당된다.

 작가는 망고에 대한 감각적 확신과 지각과 오성을 정반합이라는 변증법을 통해 정신이라는 인식에 합친다. 망고가 먹혀 사라지는 것에 헌신과 '쉼'이라는 신개념을 덧붙여 재의미화하는 것이다.

> 자신의 몸이 소멸되는 현상 속에서도 망고는 민감한 색감과 달콤한 맛을 꾸준하게 익혀내고만 있었다. 제 살 먹히고 쪼이는 현실에 대해서는 잊어버린 것 같았다. 다만, 유형의 박해에도 불구하고 달콤한 향을 고여 내는 숙성미를 점점 농 짙게 표현하고 있었다. 제 몸이 박살나면서까지, 누군가에게 더 달콤한 향을 내어주는 것. 그것만이 망고의 치열한 삶의 목표처럼 보였다.

 망고는 먹힘을 당하기 위하여 치열하게 꽃을 피우고 열매를 맺는다. 동물에게 먹히기 전까지는 쉼이란 불가능하다. 사람에 비유하면 제 몸을 제물로 바치기 위하여 살아오는 것 같다. 쪼이기 위하여 자라는 것, 없어지기 위하여 성장하는 것은 상호 모순적이다. 하지만 헤겔이 제시한 변증법은 삶이 죽음이고 죽음이 삶이라는 일체성을 설명해낸다. 남홍숙도 헤겔처럼 박해와 헌신, 사랑과 희생의 의미를 동일시함으로써 감각적 확신과 지각과 오성을 보다 차원 높은 정신계에 융합하고 통합시킨다.

망고를 희생과 순교의 주체로 개념화하는 변증법이 〈쉼〉의 작법에 원용되고 있다.

그 의미가 빚어낸 것은 무엇인가? 보시普施이다. "최선의 향기롭고 단맛을 누군가의 목구멍에 넣어주는 것"이다. 그렇다면 망고의 절정은 "낙과와 갉아먹힘, 쪼아먹힘"의 순간에 놓여진다. 이런 삶과 죽음을 가진 망고의 행적이 작가의 언어를 빌려 "한 해의 서사"로 펼쳐진다.

망고가 자아를 포기하고 희생하여 순교한다. 절대적 생이 절대적 죽음임을 몸으로 선포한다. 그럼으로써 망고가 선택한 "쉼"이 진정한 부활이라는 법칙을 만들어 낸다. 남홍숙은 망고의 한해살이를 지켜보면서 "한 계절의 연주를 마치고, 연미복을 벗었다."라고 생각한다. 망고나무에 연미복을 입히는 이유는 희생과 순교가 억지로 이루어지는 것이 아니라 자의적 의리에 있음을 강조하기 위해서다. 자연의 법칙에 따라 꽃을 피우고 열매를 맺고 먹히지만 망고에게 작가는 자유의지를 부여하고 싶어 한다. 휴식이란 절대 노동과 절대 희생이 따를 때 유효성을 지니므로 망고는 안식이라는 "온 쉼표"를 찍을 수 있다.

망고의 〈쉼〉은 완전히 먹혀서 사라질 때 완성된다. 흔히 나무에 대한 글은 개화나 결실의 풍요로 끝나는 경우가 많지만 남홍숙은 여타 작가와 달리 무의 상황에서 서사를 마무리한다. 헤겔이 변증법으로 인식의 발전 단계를 보여줄 때, 실재는 항상 부정不定의 상태에 놓여있다. 부정성은 특정한 개념에 고정된 것이 아니라 새 개념을 계속 만들어가는 상태이다. 뒤의 개념은 앞의 개념보다 더 고차원적이고 풍부하다. 마찬가지로 남홍숙도 삶보다는 죽음, 이기심보다는 이타심, 이익보다는 희생을 더 고차원적인 개념으로 설정한다. 망고는 자신의 육신인 과일을 바침으로써 희생과 헌신의 상징체로 작가 앞에 설 수 있다. 남홍숙 또한 '쉼'의 개념에 한 편의 수필로 작가적 혼을 바친다.

이애현의 〈원본대조필〉

수필은 체험을 서술한다. 자신이 직접 겪은 것이 아니라 할지라도 주변 사람들의 체험을 지켜보거나 그들의 대화를 듣는 것도 체험이라 말할 수 있다. 수필이 서술하는 목적은 개인사보다는 체험이라는 기의가 지닌 실재와 그 의미를 확산시켜 나가는 데 있다. 이것은 칸트가 말한 사실과 인식을 일치시키는 과정이며, 헤겔이 말한 개념과 실재를 연결시키는 것이다.

이애현이 말하려는 개념은 성형이다. 개념과 대칭되는 실재는 화장하거나 성형하지 않은 맨 얼굴이다. 맨 얼굴은 성형한 얼굴과 다르며 성형한 얼굴은 실재 얼굴이 아니다. 그렇다면 〈원본대조필〉에서도 개념과 실재가 일치할 수 없다. 그런데 작가는 변증법이라는 과정을 펼쳐 성형 얼굴과 맨 얼굴을 동일화하는 개념과 실재로써 이 모순을 극복하고 일치시키려 한다.

이애현은 화장대 앞에 앉아 "거울 속에 비친 나"를 바라본다. 거울에 비친 여자는 꽤 나이 든 중년이다. 그녀의 얼굴을 하나하나 뜯어보니 마음에 썩 들지 않는다. 얼굴이 예쁠 수 없다. 시력은 정상이나 잘 보이지 않고, 납작코가 호흡하는 데 지장이 없으나 매력적이지 못하고, 입술 모양새도 고만고만하다. 이런 인식이 감각적 확신의 단계이다. 그녀의 또래인 여인들은 "어찌하리. 생긴 대로 사는 수밖에"라고 한탄하는 외에 달리 길이 없다. 그런 외양과 얼굴과 모습을 갖춘 여자가 중년이라고 인식하는 단계가 지각이다. 중년 여성들은 자신들의 얼굴을 감각적으로 받아들인다 하더라도 여성으로서의 아름다움을 소유하기 어렵다고 생각한다. 이런 인식은 피할 수 없다. 현실과 꿈이 모순을 일으키는 것이다.

중년으로서 작가와 친구들은 얼굴이 못났다는 인식을 극복하려고 애

쓴다. 애당초 못난 여성처럼 중년이 되면 성형이 필요하다는 사회 관념과 인체학적 필요를 인정하게 된다. 또래친구들이 어울리는 사교모임에서는 더욱 짙게 화장을 하여 "분탕질"이라고 평가절하 받을지라도 늙어버린 얼굴을 성형으로 은폐하려 한다. 이것이 효력을 발휘하므로 중년 여인들의 수다거리는 화장, 성형, 정형이라는 "뜯어고치기"에 집중한다. 작가가 "발악하듯 나이를 거스르고픈 행위의 발로일까?"라고 한탄할 정도로 추醜와 미美라는 모순을 정반합으로 합쳐 젊고 아름다운 얼굴을 만들어 내려는 것이다. 못난 중년 여성이 다른 중년여성에 대하여 자격지심을 갖는 것은 성형을 하였다는 사회적 인체학적 법칙을 갖지 못하였다고 믿기까지 한다. 남편은 사회적 안정기에 접어들었고 자녀들은 교육을 마칠 지점에 다다른 그들은 "난 뭘까?"라는 회의를 품고 거울을 들여다볼수록 파장이 더욱 커진다. 그 의문에 대한 답 중의 하나가 성형이다. 이 조건을 자각하는 것이 오성이라고 하겠다.

 헤겔은 하나의 개념은 앞선 다른 개념을 고차원적으로 통합하여 새로운 개념을 만들어낸다고 하였다. 이애현도 맨 얼굴이라는 감각적 확신과 중년얼굴에 대한 보편적인 지각과 법칙으로서 성형을 인식하는 오성을 합쳐 새로운 의미를 만들었다. 이것이 〈원본대조필〉이다. 원본대조필은 성형에 대한 인식이 빚어낸 개념이기도 하다.

　　죽어서 저승에도 가면 요즘은 빨리 일처리가 안 된다더라. 하도 사람들이 많이 뜯어고쳐서 그 사람이 맞는지 그 원본이랑 대조해야 하는데 '원본대조필'이라는 고무인을 찍는 사람이 너무 바쁘다. 그 말에 자리한 모든 이의 웃음은 크게 날아가며 지천명을 넘나드는 여인들의 빵빵한 허리통 같은 곡선을 긋는가 싶더니 이내 허공으로 흩어졌다.

뜯어고치면 염라대왕이 몰라볼 정도가 된다는 뜻이 〈원본대조필〉에 깔려있다. 다림질해놓은 것처럼 매끈해 보이는 것이 성형이 가져다 준 감각적 확신이며 지각이다. 못난 얼굴도 성형을 하면 매끈해진다는 법칙을 인식하는 것이 오성이며 이 모든 인식을 포함하는 것이 생각이다.

그러면 맨 얼굴에 대한 감각적 확신과 성형얼굴에 대한 오성은 상호 모순인가? 작가는 아니라고 말한다. 늙어가는 것과 추한 것이 동일하므로 성형은 늙는다는 실재에 맞서는 부정不定의 개념일 따름이다. 지천명의 여인들에게 '예쁜 현실'이 한때 존재했을지 모르나 지천명이 되면 예쁜 얼굴이든 추한 얼굴이든 모두 같아진다는 것이 항구적인 개념으로 자리한다.

이애현은 예쁨과 추함, 맨 얼굴과 성형얼굴이라는 두 모순의 세계를 〈원본대조필〉이라는 변증법으로 일치시켰다. 그것은 "나이 오십이면 미모도 평준화되다지 않는가!"라는 말에 요약된다. 젊은 여성에게는 늙음과 젊음, 추함과 예쁨이 이분법으로 작용하지만 오십의 나이에 이르면 통합된다. 작가가 말하는 '원본대조필'은 불필요해지고 성형의 의미도 사라진다. 요약하면, 변증법을 거친 여성의 미는 "그게 그것이다"라는 종합개념으로 마무리된다.

헤겔의 변증법 개념은 결코 난해한 철학적 담론이 아니다. 수필은 사물과 대상이 지닌 의미를 심층적으로 분석하고 본질을 파악하려는 성찰의 일종이다. 이런 시학은 헤겔이 말한 변증법과 동일하지는 않더라도 가치 있는 유사성을 지닌. 수필이 적어도 문예 산문이나 철학적 담론이 되려면 먼저 찾아낸 의미를 부정하면서 더 깊은 의미를 모색하고, 이것을 재부정하고 더더욱 심층적인 의미를 찾는 모순과 전복의 과정을 드러내야 한다. 이런 인식 단계를 거치는 수필이 칸트가 말한 철학적 진리를 지니며 헤겔이 제시한 변증법적 개념을 충족시킨다. 달리 말하면 헤겔의 변증법은 칸트가 제시한 진리에 부합하는 과학적이면서 미학적 절차라고 말할 수 있다. 이러한 공학을 이해한 작가의 수필은 시학의 원리를 지니게 된다.

| 작품 |

열 개의 태양

김이경

　봉숭아는 이름에 따라 느낌이 다르다. '봉선화' 하면 한복을 차려입은 단아한 여인이 생각난다. 그러나 '봉숭아' 하고 부르면 갈래머리 소녀가 달려 나올 것 같다. 그래서 난 '봉숭아'라는 이름이 더 좋다.
　봉숭아는 화려하지도 않고 꽃밭 한가운데 서 있지도 않는다. 장미처럼 정염을 사르며 화려함을 뽐내지도 않고, 해바라기처럼 크지도 않다. 그저 꽃밭 가장자리나 뒤편에 피어 있다가 자기를 눈여겨보는 사람에게만 다소곳이 눈인사를 보낸다. 그러나 여름의 뜨거운 태양을 온몸에 가득 품어 안은 꽃이기도 하다.
　동백처럼 모가지째 뚝뚝 떨어지는 꽃. 떨어져서도 제 빛깔을 잃지 않는 꽃. 그 꽃은 누구도 눈치채지 못한 사이 뜨거운 태양을 제 안에 몰래 품는다. 수수한 촌부처럼 서 있는 그 꽃이 정말 그렇게 뜨거운 것을 숨겨놓았을지 고개를 갸웃할 필요는 없다. 그 씨방을 살며시 건드려보기만 해도 알 수 있다. 손끝만 닿아도 폭발하는 열정. 안으로만 다스리기엔 너무 뜨거운 태양의 열기. 나는 그 뜨거움으로 손톱에 물을 들인다.
　입추가 지나고 태양의 기세가 한풀 꺾일 즈음이면 봉숭아꽃을 딴다. 제사

음식을 준비하듯 정성스럽게 꽃잎을 따 모은다. 여린 이파리도 몇 개 더한다. 천연덕스럽게 푸른 얼굴을 하고 있지만 봉숭아 잎을 조금만 으깨보면 그 속의 뜨거움을 금방 알 수 있다. 비볐던 손가락이 덴 자국처럼 벌게진다. 그러니 함부로 으깨서는 안 된다. 꽃과 잎을 조심조심 모아 깨끗이 씻어 물기를 말린다.

봉숭아 꽃잎을 따라 내 안에서 갈래머리 일곱 살 소녀가 걸어 나온다. 아득한 추억의 통로에서 걸어 나온 아이는 널찍한 대나무 평상에 앉아 고사리 같은 손을 펴서 내민다. 다정하게 눈웃음 짓는 고운 여인이 손톱 위에 곱게 찧은 봉숭아를 올려놓는다. 조심조심 피마자 잎으로 싼 다음 굵은 무명실로 동여맨다. 아이는 손가락을 가슴에 모으고 꽃빛 꿈을 꾼다. 흑백영화 같은 그림 속에 아이의 손톱만 발그레하게 물들어가는 꿈을 엿보며 꽃상을 차린다. 수라상을 차리는 궁인처럼.

맨 먼저 꽃과 잎 속의 햇살을 불러내야 한다. 막자사발에 넣고 찧는다. 막자가 부딪쳐 울리는 맑은 소리는 제례악을 삼는다. 사기가 부딪치는 맑은 소리, 굳이 막자사발을 고집하는 것은 그 소리 때문이다. 그러나 밤이 늦은 시간이라 소리가 크게 나지 않도록 조심해야 한다. 꽃잎 속의 햇살이 튕겨나가지 않도록 하기 위해서도 조심조심 찧어야 한다. 주술의 묘약 명반과 왕소금도 함께 넣는다. 그때 나는 제물을 준비하는 제관이다.

다음은 방을 만든다. 밀가루를 말랑하게 반죽하여 손톱 가장자리에 벽을 쌓는다. 공들여 쌓아야 한 오리의 햇살도 흩어지지 않는다. 자칫 허술한 벽 틈이 있으면 햇살이 새 나가 덴 자국이 흉하게 남는다. 잠시 말리면 벽이 단단해지고 아늑한 방이 만들어진다.

막자사발에 곱게 담긴 햇살을 손톱 방 하나에 담길 만큼 길어 올린다. 넘치지도 모자라지도 않게 손톱 위에 정성껏 다독여 방을 채운다. 새는 곳은 없는지 꼼꼼하게 살핀다. 이때는 끝이 가는 핀셋을 제구로 삼으면 좋다. 어머니는 피마자 잎으로 감싸고 굵은 무명실로 묶어주었지만 혼자서 치르는 의식이라 일회용 비닐장갑을 쓴다. 비닐장갑의 자잘한 무늬 속에 피마자 잎맥을 더듬어 보며 손가락 두 마디 정도가 들어가게 잘라서 손가락마다 조심조심 끼운다. 햇살은 비로소 손톱과 은밀하게 마주한다.

그때부터는 태양의 정기를 이식하는 비밀한 의식이다. 그것은 꿈나라에서 치르는 것이 좋다. 손톱은 스며드는 햇살에 초야를 치르는 신부처럼 몸을 연다. 열락과 고통이 엇갈리듯 들뜨고 열기로 욱신거린다. 숨이 막히지만 제의를 성스럽게 마칠 때까지 함부로 움직이면 안 된다. 햇살이 흐트러지지 않도록 가슴에 손을 모은 채 아침을 맞아야 한다. 일곱 살 소녀처럼 손을 모으고 잠이 든다.

제의를 마친 아침, 태양의 정기에 흠뻑 젖은 손톱은 다홍색으로 성장盛裝한다. 손을 펴면 손가락마다 떠오르는 열 개의 태양.

열 개의 태양에 여름의 정령을 간직한 나의 겨울은 올해도 춥지 않을 것이다. 아니, 열 개의 태양이 떠오르는 동안 나의 노년은 언제나 따뜻할 것이다.

― 《수필과비평》, 149호.

| 작품 |

쉼

남홍숙

 화려하지 않아 눈길이 갔다.
 꽃잎 하르르 지지 않았지만 분명, 낙화였다. 꽃의 세계에선 부조리한 이 꽃을, 꽃이라 부르기가 민망했다. 뭇꽃들은 잎이 돋기 전에 떠나야 할 시간을 알고, 때 되면 꽃잎 하르르하르르 쏟지 않던가.
 하지만 콩고물 같은 것을 아끼듯 떨어내는 뒤뜰 망고꽃은, 잎이 돋았는데도 고요했다. 잎의 공간에서 잎들과 더불어 지내다 시나브로 낙화하였다. 그 터에 오롱조롱 열매 맺더니, 4분음표같이 생긴 열매를 한 꼭지에 한 알씩 남기고 다 떨어트렸다.
 작은 음표 하나로 인해 소리의 맛이 생성되는 게 믿기지 않듯이, 이 작은 열매 또한 숙성된 망고가 될 것 같지 않았다. 그럼에도 슬며시 망고의 단맛을 기대했을까. 창밖으로 망고나무를 지켜보는 두어 달의 기간이 꽤 지루하게 느껴졌다.
 한때, 달달한 혀의 감촉뿐 아니라 안속까지 동질의 정교한 질감으로 스며드는, 망고의 신성한 미감에 빠져든 적이 있다. 별빛을 마신 듯 노랗게 물든 망고의 속향이 입 안을 달콤하게 감싸는 맛은, 어떤 과일과도 비교할 수 없었다. 그래, 나는 아침마다 한 알에 3불짜리 비싼 망고를 냉장고에 넣어두고 꺼내 먹곤 했었다.

 망고의 볼이 발갛게 물들고 오동통 살이 오르는 모습은 달콤함을 꿈꾸는 추임새이다. 그때부터 망고의 속살은 명주실만큼이나 결 고운 노랑으로 익어가는 게다.

 어느 날부터인가. 망고나무에서 포섬 부스럭대는 소리가 들려왔다. 냉장고에 든 음식 꺼내 먹듯이 밤마다 포섬은 망고를 갉아먹은 흔적을 남겼다. 박쥐도 그것을 눈치채고 포섬과 밥그릇 다툼을 하며 푸드덕푸드덕 저녁 날개를 쳐댔다. 칠면조같이 생긴 부쉬터키란 놈은 나무 밑에서 낙과가 되기를 기다렸다. 날이 밝으면 제 새끼들까지 거느리고 나와 가든파티라도 하는 양, 빙 둘러서서 망고의 살을 발라 먹곤 했다. 동물들도 나처럼 망고를 이토록 즐겨 먹는다는 사실에 나는 피식, 웃음이 나왔다.

 나는 동물들이 다 해치우기 전에 사다리에 올라가 망고를 하나씩 따 담았다. 아까웠지만, 이웃에 몇 알씩 나누어 주고도 아직 한 광주리 가득 담겨있으니 올해 우리 집 망고농사는 대풍이다. 나무가 높아 스무 알 정도는 따지 못했다. 고향의 감나무 꼭대기에 까치밥 남기듯 포섬이나 박쥐, 부쉬터키나 새들의 양식이 되길 바라며 가만히 남겨두었다.

 그런데 날이 갈수록 이들은 포악무도하게 망고의 살점을 뜯어 먹었다. 하루저녁에 못다 먹은 망고는 반쪽이 파 먹힌 상태로 허공에 매달려있어야 했고, 이튿날은 나머지 반쪽마저 잔인하게 쪼아 먹혔다. 앙상하게 씨만 남은 망고는 공중을 아프게 흔들었다.

 망고의 헐벗은 몰골을 애써 외면하려 했지만, 자꾸만 눈에 어른거렸다. 반 주검의 상태로 나무 끝에 매달려 비감悲感의 음을 탄주하는 망고를 보면서, 사람의 속도 이렇게 무참히 무너질 때가 있음을 느꼈다. 절벽같이 무모한 세상으로, 오늘 밤도 망고는 중력을 못 견딘 채 땅바닥으로 툭 떨어져 물컹한 살덩이를 뭉그러뜨릴 것이다. 그리고 부쉬터키는 쪼르르 달려와 남은 살들을 또 콕콕 쪼아 먹을 것이다.

　어느 날은 나도 모르게, 망고나무 앞에서 눈물이 났다.

　하지만 자신의 몸이 소멸되는 현상 속에서도 망고는 민감한 색감과 달콤한 맛을 꾸준하게 익혀내고만 있었다. 제 살 먹히고 쪼이는 현실에 대해서는 잊어버린 것 같았다. 다만, 유형의 박해에도 불구하고 달콤한 향을 고여 내는 숙성미를 점점 농 짙게 표현하고 있었다. 제 몸이 박살나면서까지, 누군가에게 더 달콤한 향을 내어주는 것. 그것만이 망고의 치열한 삶의 목표처럼 보였다.

　황량한 것이 사막의 삶이라면 초원의 삶은 푸름이듯, 최선의 향기롭고 단맛을 누군가의 목구멍으로 넣어 주는 것. 그것이 망고의 생이었다.

　그래, 망고의 생의 계절은 절벽으로의 낙과와 갉아먹힘, 쪼아먹힘이 절정이었던 거다. 그 달콤하고 향기로운 먹힘을 위하여, 한 해의 서사를 잔인하도록 야무지게 마무리하고 있었다. 아주 충일한 망고의 계절을 통과하고 있었던 거다.

　망고나무는 이제, 한 계절의 연주를 마치고 연미복을 벗었다.

　열매를 떠나보낸 후, 옷 갈아입은 망고 잎사귀들은 하늘에 차분히 들고, 햇살은 흰 빛으로 잎들을 감싸 안는다. 마실 온 바람은 잎새 끝에 고요히 머물다 '온쉼표' 하나 가지에 걸어 주고 살며시 나간다.

- ≪수필과비평≫, 149호.

| 작품 |

원본대조필

이애현

 화장대 앞 슈틀을 꺼내어 앉아 거울 속에 비친 나를 본다. 최소한 같이 마주하여 오랜 시간 동안 겪지 않으면 알 길 없는 내면은 모두 배제하고 외양만 하나하나 뜯어본다. 썩 예쁘다는 생각이 드는 구석이 없다. 뜯어보아 이런데 조합하여 보면 구조도, 배열도 이처럼 개성적으로 생긴 얼굴도 흔치 않으리라.
 하지만 눈을 보니 크지도 작지도 않고 사물을 보고 관찰하는 시력은 정상이다. 코 살짝 납작하지만 그건 보는 사람의 몫이고 호흡하는 데 전혀 지장 없다. 현관문을 열고 거실에 발을 들여놓으면서 애들이 통닭을 주문해 먹었는지, 라면을 끓여 먹었는지 구분이 확연할 정도니 이도 문제없다. 무엇보다 비가 쏟아질 때 납작하다 하여 빗물이 코로 들이칠 염려 없으니 말이다. 입술도 예쁘지만 않을 뿐이지 음식을 먹을 때 흘림을 막아주고, 특이하게 생겨 발음이 부정확한 것도 아니니 이도 기본은 통과된 듯하다. 문제는 보는 사람이 살짝 불편해할는지 모를 뿐.
 어찌하리. 생긴 대로 사는 수밖에.
 거울에서 눈을 거두고 동창 모임이 있어 화장을 하기 시작했다. 나이 지긋

하신 어떤 분은 이런 작업을 '분탕질'이란 말로 폄하도 하신다. 나이를 속인다기보다는 세월이 흐름에 따라 점점 자신 없어져 가니, 보는 이로 하여금 좀 덜 불편하게 하고 싶어 화장품도 사고, 화장대 앞에 앉아 이렇게 시간도 할애한다.

서둘러 약속 장소로 갔다. 두 달에 한 번 만나는 고등학교 동창 모임이지만 어느 달은 내가, 어느 달은 다른 애가 참석지 못하여 더러 반년에 한 번 보는 예가 한두 번이 아니다.

여인들 모아 앉혀 놓으니 시끌벅적하다. 주위를 살피다 목소리를 한 톤 내리자고 누군가 제의하여 그러는 듯하더니, 이 나이에 누구 눈치 보면서 살았어야 그도 좀 오래가지, 이내 같은 높이로 다시 돌아왔다. 그중에 본 듯도 한데 익숙하지 않은 얼굴이 있었다. 알아보지 못하는 마음에 미안함이 함께하는 자리였다. 자주 참석하지 못한 죄스러움이 섞여 말꼬리를 적당히 내리며 물었다. 옆에 앉은 경숙이가 거든다. "정민이잖아. 모르겠지? 호호호." 대답을 하는데 주변으로 야릇한 그 기운이 번지면서 킥킥거린다.

화제는 자연스럽게 뜯어고치기로 바뀌어 갔다.

'그것 봐. 돈 들이니 동창도 잘 몰라보잖냐.'는 식의 분위기 맞추느라 거드는 품 또한 살짝 오버된 행동이라 웃겼다. 오십 줄에 들어서서 사회적으로, 경제적으로 남편들은 일정 위치에 있지, 애들은 상아탑이라 말하기엔 빛바랜 지 오래지만 어쨌건 교육비 지출의 마지막 단계에 걸쳐져 있지, 시간은 팽팽 남아돌지, 가끔씩 '난 뭘까?'라며 자신의 정체성을 들었다 놨다 의심은 가지, 문득 세월 앞에서 거울 속의 자신을 보니 발악하듯 나이를 거스르고픈 행위의 발로였을까?

이렇게 시작된 '고치기'에 대한 이야기는 시작일 뿐 너도나도 보톡스를 맞았느니, 실리콘을 주입했다느니, 찢었다느니, 앞트기니, 뒤트임이니 별별 방송에서나 듣고 보던 걸 가까이서 확인하며 쉬쉬하다가 봇물 터지듯 쏟아낸다. 이야기는 뭉게구름 피어나듯 허공으로 번진다. 분위기와 헛도는 사람처럼 의아한 내 눈빛은 그 생경스러움에 반짝거리며 사태 확인 차 두리번거렸다.

어쨌건 주름도 나보다 훨씬 덜해 보였고, 피부도 그렇다고 생각하여 보아서 그런지, 사실이 그런지 다림질해 놓은 것처럼 매끈해 보였다.

왼쪽에 앉은 친구가 하마 눈을 찌를 것 같은 동작을 취하며 내게 눈가 쪽 주름을 살짝 좀 당기면 훨씬 예뻐 보이겠다고 말한다. 처지고 나서 하느니 조금 일찍 서두르면 덜 처져 예뻐 보이고 덜 불편하다는 지론이다.

듣기엔 그럴싸했다. 다만 당장 불편함이 없고 그 부분에 생각이 달라 행동으로 옮기고 있지 않을 뿐.

이야기는 모두의 관심사인 듯 꼬리를 물고 이어졌다.

"죽어서 저승에도 가면 요즘은 빨리 일 처리가 안 된다더라. 하도 사람들이 많이 뜯어 고쳐서 그 사람이 맞는지 원본이랑 대조해야 되는데 '원본대조필'이라는 고무인을 찍는 사람이 너무 바쁘대." 그 말에 자리한 모든 이의 웃음은 크게 날아가며 지천명을 넘나드는 여인들의 빵빵한 허리통 같은 곡선을 긋는가 싶더니 이내 허공에서 흩어졌다. 이어 누군가가 또 말한다.

"그래서 요즘은 며느릿감 고를 때도 고3도 말고 고2 때 사진을 보잔다더라. 졸업반인 고3부터 고치기 시작하면 원판을 몰라서 확인한다는 거지. 다 뜯어 고친 후라서 확인 안 하고 2세를 낳으면 에미, 애비 안 닮아 그제야 이 검사, 저 검사 받으며 정신없이 이리 뛰고 저리 뛰느니 확실히 하자는 거지." 이야기는 엉뚱하듯 하면서도 다들 할 수만 있다면 하겠다는 반응이 압도적이다.

늙어간다는 것에 대한 두려움과 추해져야 하는 자연현상에 맞서 신의 영역에 칼질이라도 하여 '이제 그만!' 하며 금이라도 긋고 싶은, 사람이라는 존재의 가벼움에 씁쓸하면서도 거역하기 힘든 긴 여운을 갖게 하는 시간이었다.

이 나이 즈음에서 재확인되는 '예쁨표 현실'에 나는 적이 아니 다분히 자위하듯 안도감을 내쉬었다.

제1부__03 헤겔의 변증법과 수필의 의미화 단계 67

'계란녀'라거나 'V라인' 운운하는 이색 얼굴용어에 굳이 신경 쓰지 않아도 되고 이어 칼끝의 묘기로 주먹만 한 크기의 계란형 얼굴을 고집하며 뼈를 깎는(?) 생고생은 면할 수 있으니 말이다.

시쳇말로 나이 오십이면 미모도 평준화된다지 않는가!

― ≪수필과비평≫, 149호.

04 가다머의 이해, 해석, 응용과 수필의 의미화

문학은 텍스트이다. 작품에 담기는 내용이 철학적 진리이든 미학적 진리이든 그 다의성과 의미는 변해간다. 문학평론은 그 변화의 관점과 양상을 설명한다. 텍스트에 담기는 의미가 어떤 방식으로든 재구성되고 새롭게 풀린다는 것이다. 이런 관점에서 텍스트의 의미화를 설명한 사람이 가다머이다. 그는 《철학과 문학》이라는 책에서 "우리가 어떤 것에 질문하여 해답을 얻으려면 참으로 이해할 때만 이해할 수 있다."라고 하였다. 예술의 진리는 과학적 방식으로 측정할 수 없다. 문학 텍스트 또한 질문과 대답이라는 과정을 통해 응답을 얻고 그렇게 이루어지는 텍스트는 진리 내용을 부단하게 갱신해 나간다.

갱신 방법과 관련하여 가다머는 세 가지의 상호보충적인 방법을 제시하였다. 이해와 해석과 응용이 그것이다. 어떤 사물이나 현상을 나의 생각과 관계 없이 객관적으로 이해하기란 쉽지 않다. 무엇을 이해하는 데는 관찰자의 관점이 개입한다. 작가는 자신에게 의미로 다가온 것만 표현할 수 있고 어떤 대상도 제약을 받아서 인식한다. 이것이 이해이다.

작가가 수행하는 이해에는 단계가 있다. 작가의 삶이 좁거나 얕으면 작품도 그렇게 되고 범위가 다양하면 작품도 그만큼 다양해진다. 최고의 이해단계를 "예술의 경지에 이른 이해"라고 하는데 이것이 해석(interpretation)이다. 해석은 문헌학의 주요 책무이며 예술의 임무이기도 하다. 가다머가 말하는 해석은 언어적 파악으로써 언어가 지닌 기표와 기의, 이미지와 은유라는 수사법을 빌리는 것이다. 문학도 해석의 단계에 이르기 위해서는 예술경지에 도달할 만한 이해와 언어표현력을 지녀야 한다.

응용은 이해의 실천적 측면으로서 어떤 텍스트를 자신의 삶과 현실에 적용시켜 가는 것이다. 텍스트가 지닌 질문을 삶을 통해 대답할 때 그 대답은 자연과 사회에 대한 역사적 지평과 융합한다. 과거의 것과 현재의 것이 부딪치면서 긴장을 불러일으키는데 그 긴장관계는 과거를 단순히 기억하는 것이 아니라 의식적인 인식을 통하여 낯선 개념을 불러 오는 것이다. 이러한 응용 단계를 거치면 보다 긴밀한 소통이 이루어질 수 있다.

사건에 대한 질문과 대답은 이해와 해석과 응용의 융합과정이다. 가다머도 끊임없이 응답할 때만 참되게 이해할 수 있다고 하였다. 따라서 수필가는 전체의 맥락에서 인간의 경험세계를 파악하고 경험의 구조를 자신의 것으로 만들 때 독자의 수용기대에 부응해 나간다.

이현수의 〈안 씨安氏〉

작가 이현수는 동네 헬스장에서 만난 안 씨를 소개한다. 그가 안 씨를 독자에게 보여주기 위해서는 먼저 그가 누구인가를 이해할 필요가 있다. 이해한다는 것은 이현수와 안 씨가 무관한 사이가 아니라 서로에게 어떤 의미인가를 밝히는 질문과 응답이다.

작품의 첫 문장이 "나는 안 씨를 좋아한다."이다. 좋아한다는 것은 그에게 호감과 호의를 품고 있다는 뜻이다. 그 반응이 작가의 원숙한 인간관을 바탕으로 설명되고 있다.

처음에 그는 헬스장에서 만난 안 씨를 주목하지 않았다. 고객 중의 한 사람에 불과하였다. 그런데 삼 년이 지난 지금 "내가 왜 안 씨를 좋아하게 되었는가."라는 질문을 던지면서 해답을 찾아간다. 가다머가 말한 '이해' 과정을 밟아가는 것이다. 그는 몸집이 왜소하고 교양미나 지적 품격이 없고 경제적 여유도 없어 보인다. "첫눈에 호감이 가지 않는" 모습에도 불구하고 곧 그를 좋아하게 된다. 첫 번째 이유는 열심히 운동을 한다는 것이다. 안 씨의 행동은 '그는 성실한 사람이다.'라는 답을 준다. 안 씨가 성실하다고 이해하는 것은 작가 자신이 매사에 성실한 사람임을 보여준다. 이것은 두 사람이 '성실성'이라는 제약조건을 충족시켰다는 것이다. 가다머도 어떤 것에 대한 이해는 개인이 지닌 관심의 제약을 받는다고 하였다.

헬스장은 동네 주민지원센터에 마련되어 있다. 호화로운 장소가 아니라 평범한 사람들이 운동을 즐길 수 있는 곳이다. 안 씨는 이현수를 만날 때마다 "어르신"으로 불러준다. 처음에는 그 호칭이 거북스러웠으나 친근해지면서 자신을 대우해준다는 생각으로 바뀐다. 안 씨가 소박하고 예의 바른 사람이라는 또 하나의 평점이 매겨진다. 어르신이라는 호칭에는 이현수가 어떤 사람을 좋아하는가를 보여주는 기준과 측도가 깔려있다. 예의바름이라는 이해 단계에서 '어르신'이라는 언어적 표현 단계가 끼어든 것이다.

지금까지 안 씨를 행동과 말씨로 이해하였다면 다음에는 성품과 지적 수준과 성격으로 그의 됨됨이를 가늠한다. 날품팔이 노동자로서 그는 교회 일에 만족하고 막노동꾼답지 않게 신문을 읽는 지적 생활을 유지하며 편견 없는 사회관을 바탕으로 나라의 장래를 걱정하는 안목도 지니고 있다. 안 씨는 순박하고 가식이 없으며 균형 잡힌 성품을 갖고 있다. 이런 요소는 이현수가 사람의 외모나 직업보다 인품을 더 중시하는 것이다. 나아가 이해력이 총체적 관점으로 이루어지고 있음을 밝혀준다.

> 그러나 안 씨처럼 생각이 온건하고 행동이 바른 사람은 그리 많지 않을 것이다. 안 씨 같은 사람과 더불어 편안하게 정을 나누면서 영육 간에 평화롭고 진실한 생활을 지속하는 것이 나 같은 보통사람이 누리는 행복이 아닐까 한다.

이현수는 안 씨를 지켜보면서 그와 지인 관계를 맺고 있는 것을 행복으로 여긴다. 두 사람 사이에 호감이 상호교류하고 있는 응용의 단계에 다다랐다는 뜻이다.

안 씨라는 외부의 자극이 무엇을 답하는가. 그것은 "안 씨 같은 사람들과 편안하게 정을 나누는 것"이다. 서두가 "나는 안 씨를 좋아하였다"는 개체적 반응이었다면 결미에서는 "안 씨 같은 사람들과 더불어"라는 복수 개념이 등장한다. 이해의 층위가 개체에서 류類로, 개인에서 사회로, 하루 생활에서 보통사람의 행복으로 확장되고 있다. 이 작품은 일상적 삶을 바탕으로 독자가 편안하게 읽을 수 있게 표현되어 있지만 해석과정은 누구나 쉽게 이룰 수 있는 것이 아니다. '어르신'이라는 호칭을 듣고 인생을 올바르게 이해하는 사람만이 쓸 수 있다. 그 점에서 〈안 씨安氏〉는 어떻게 사는 것이 좋은 삶이냐에 대한 해답을 보여주는 도록圖錄이라고 말할 수 있다.

김영채의 〈그녀의 눈물〉

　가다머는 이해의 최고 단계는 예술의 경지에 다다른 것이라고 말한다. 예술의 이해는 작가가 지닌 이해력과 언어적 경험으로 이루어진다. 〈그녀의 눈물〉은 태풍을 심미적으로 이해하고 '여성'으로 은유한 작품이다.
　"그녀"로 의인화하는 효과는 생사라는 의미소를 이끌어낸다. 태풍의 생성과 이동경과와 소멸을 여성의 사랑과 죽음으로 묘사하여 미적 진리를 극대화한다. 김영채는 태풍의 생사를 여성의 "시한부 인생"에 일치시켜 끊임 없는 대화를 생성시켜 나간다.
　우선 태풍의 발생이 흐느낌으로 표현된다. 김영채가 운무 속으로 걸어 들어가 바위 턱에 홀로 앉아 파도소리를 듣고 있을 때 "깊은 바다 속에서 들려오는 흐느낌"을 여자의 울음 섞인 목소리로 이해한다. 그가 들은 말은 "오래 살지 못하고 생을 마감하지만 당신을 만나게 되어 참 행운입니다."라는 내용이다. "인연으로 마음을 열게 된 텔레파시"가 응용되고 있다. 화자인 '나'와 태풍인 '그녀'간에 질문과 대답이 이어지면서 김영채에게 태풍은 파괴적인 기상변화가 아니라 영감과 환상으로 꾸며지는 만남으로 바뀐다. 짧은 인생이므로 태풍은 자신의 모든 삶을 이야기하여야 하고 태풍의 찰나적인 소멸을 알고 있는 작가는 모든 세포를 열고 평소 연마한 언어로써 그녀의 인생을 해석해 줄 의무를 지닌다. 이것이 태풍을 '그녀'로 의인화하고 심미적으로 해석하는 이유이다. 〈그녀의 눈물〉은 기상통보관의 일기예보가 아니라 태풍은 무엇인가라는 질문에 대한 미적 해답이다.
　김영채는 태풍을 설명하는 역할도 담당한다. 자신은 "태풍의 진로를 따르는 동행자와 말벗"이 되고 싶지만 태풍의 이동경로를 알려주는 역할도 뺄 수 없다. 이런 이중역할로 인하여 〈그녀의 눈물〉은 자아 생성적 요소를 지닌다. 글쓰기 과정이 나타나는 메타수필이다. 서두에서 초기 태풍의 눈은 작았지만 시간이 흐름에 따라 몸짓이 자꾸 커진다고 알려주듯 글이 전개부로 나아갈수록 태풍의 영향권이 비대해진다. 태풍이 지구 전체를 덮어가는 것과 비례하여 글에는 남녀의 만남이라는 연정의 주제가 덮이기 시작한다. 태풍은 흉포한 기상현상이지만 우주에서 내려다본 태풍은 그지없이 아름답다. 김영채는 기상통보관이 아니라 심미주의적 작가이므로 그녀(태풍)의 출현을 미학적으로 표현한다.

"하얀 구름 빛살로 감싸인 원형구름 띠 속에 백자 주둥이 같은 둥근 눈. 그 눈은 한여름에 갓 피어난 흰 옥잠화 같았다. 마치 지구가 허연 속살을 드러내어 수줍어하는 모습이었다."

태풍이 사라지고 여성의 매혹적인 몸이 등장한다. 음성은 감미롭고 자극적이며 몸집은 간절한 만남을 소망하듯 팽창해 있다. 그녀는 "그렇게 되면 보고 싶은 당신을 만나게 되나요." "별 하나에 내 외로움을 전해주고 싶어요." "건장한 사내 같은 당신을 포옹하며 안기고 싶어요." "생애의 마지막 열정을 바치고 싶어요."라고 끊임없이 호소한다. 삶이 짧으므로, 달리 진로를 바꿀 수 없으므로, 오직 화자만을 향하여 달려온다. 비극적인 파국이 예정되어 있어도 상봉은 피할 수 없다. 작가는 태풍의 소멸을 지켜보는 대신에 시한부 인생을 살아가는 희생자를 응시한다.

태풍에 대한 해석에는 객관적인 이해과 주관적인 해석이 함께한다. 태풍은 지구 온난화가 빚어낸 에너지이므로 육지에 재앙을 가져올지라도 위력을 더욱 키워갈 수밖에 없다. 작가는 종말에 다다랐을 즈음에야 사실적인 표현을 모아 태풍의 마지막 운명을 설명문으로 풀어낸다.

검은 비구름은 굵은 빗줄기를 쏟아내기 시작했고 물안개를 이루며 장대비 같은 빗줄기를 퍼부어 댔다. 삽시간에 불어난 빗물은 계곡이나 개천은 말할 나위 없이 강줄기로 넘쳐났다.

낭만이 충만한 전반부에서와 달리 태풍이 주택, 도로, 하천시설과 농산물에 엄청난 피해를 준다는 해석은 사실주의적 시선이다. 그녀라는 3인칭이 사라지고, 가슴 설레는 재회가 사라지고 태풍이 남긴 피해상황만 티브이 방송과 신문기사에서 강조된다.

아무튼 〈그녀의 눈물〉은 신문기사가 아니라 심미적인 수필 작품이다. 이미지의 주인공은 '천재지변'이 아니라 '그녀'이다. "밀월 같은 짧은 만남"의 추억만을 이룬 태풍은 아쉬움과 그리움으로 남는다. 태풍이 작별의 아픔으로 해석되었다. 〈그녀의 눈물〉이 저널리스트가 아니라 태풍을 은유하고 의인화하는 해석자에 의하여 쓰인 결과이다.

김미자의 〈찻집에서〉

가다머는 미적 진리는 질문과 대답의 과정으로 나타나며 과정은 이해, 해석, 응용으로 이루어진다고 하였다. 응용이란 이해한 미적진리를 생활과 삶에 적용하는 실천적 측면을 말한다. 이런 과정으로 우리들은 삶을 보다 구체적으로 이해할 수 있다. 그동안 작가는 과거와 현재 사이에 놓인 긴장 관계를 표현한다. 그러므로 응용에는 이해뿐만 아니라 언어로 표현하는 해석도 함께 이루어질 필요가 있다.

김미자는 〈찻집에서〉 무엇을 이해하고 해석하려 하는가? 과거의 무엇을 현재의 무엇에 응용시키려 하는가? 그녀가 지켜보고 있는 "얄밉도록 천연스러운 바다"는 단순히 파도만 일으키는 바다가 아니라 그녀의 가슴에 묻힌 과거의 바다를 일으키는 역할을 한다. 하얀 파도는 고향 바닷가에서 자라던 아까시 꽃향기를 떠올려주면서 과거와 현재를 잇는 다리를 놓는다.

온몸을 긴장시키는 모티프는 "세월을 등에 지고도 새살이 차오르지 않는 그리움"이다. 작가가 해석하려는 그리움의 정체는 두 가지이므로 〈찻집에서〉는 전·후반부로 나뉜다. 전반부에 나타난 "고향 바닷가, 아까시나무, 5월의 향수, 눈 내리던 날"이라는 의미소로 노스탤지어라는 해석을 이끌어낸다. 이것은 고향 바다의 이미지와 현재의 바닷가 찻집의 이미지가 일치하기 때문이다.

매년 아까시꽃이 향내를 내기 시작하면 나는 홀연히 길을 떠난다. 가슴에 새긴 그림 한 장을 꺼내들고 꽃향기에 젖어 고향 바다를 만나러 가는 길이다. 그때면 그리움에 짓눌려 숨이 막혔던 가슴이 해방된다. 지천으로 광대한 향기를 피워내는 5월의 꽃은 이상하게도 여인의 마음이 아니라 나지막한 그 남자의 목소리가 담겨 있었다.

고향 아까시나무를 나지막한 목소리를 가진 남자로 이해한다. 그 남자의 정체는 아버지이거나, 고향 친구이거나, 혹은 고향에 대한 믿음 그 자체일 수도 있다. 이런 존재는 추상적의 관념의 대상이다. 관념으로서 대상은 누구에게나 의미화되고 향수라는 정서에 응용될 수 있다. 나아가 현재화도 가능해진다.

〈찻집에서〉의 후반부는 그 정체를 만나려는 욕망을 풀어낸다. 간절함과 배고픔과 목마름으로서 '그 남자의 목소리'는 "속병에 시달리는 속내를 홀라당 내보이고 싶은 '쓰는 것에 대한 갈망'"과 결합한다. 표현 욕망은 라이브 무대에서 노래 부르는 무명가수가 가시화 해준다. 이름 없이 노래를 부르는 그와 "이름을 날리지 못하는 그녀의 비애"가 교감한다. 고향 바닷가의 아까시나무와 라이브 무대의 무명가수와 김미자가 공유하는 것은 '이름 없는 존재'라는 언어이다.

독자가 사물을 제대로 이해하려면 이해와 해석과 응용이라는 가다머의 미적 과정이 어떻게 이루어졌는가를 살피면 쉬워진다. 작가가 처해 있는 환경을 이해하면 훨씬 쉬워진다. 이것은 글쓰기가 의식 있게 펼치는 경우로서 흰 파도와 흰 아까시꽃처럼 이질적이고 낯선 것끼리의 융합은 긴장미를 높여준다. 그 중심에 자리한 언어가 '이름'이다.

> 누구에게나 이름이 있다. 작지만 귀한 이름이 있다. 어쩌면 내 영혼을 유린한 것은 그 찻집의 이름이었는지 모른다. (……) 해풍의 길목에서 나그네처럼 자리하고 있는 바닷가의 찻집이었다.

이름은 실존과 동일한 의미를 갖는다. 고향에서 이름이 없었고 지금도 '작으나 귀한 이름'을 제대로 보여주지 못하므로 바닷가 찻집과 고향 바닷가를 동일 공간으로 간주한다. 어린 시절에 까닭 없이 아까시나무를 바닷가 나그네로 여기며 속내를 토로하였을 것이다. 아까시꽃이 만개하면 5월의 신부가 되는 꿈도 꾸었을 것이다. 지금은 바닷가 찻집에서 동일한 감수성에 빠져 있다. 바닷가 찻집을 "바다, 고향, 아까시, 무명가수, 이름"이라는 실존성을 탐색하는 미적공간으로 간주하기 때문이다. 이렇듯 〈찻집에서〉는 어떤 것을 참으로 이해하려면 삶과 사색의 공간이 필요하다는 조건을 보여준다.

덧붙이며

생에 대한 해석학으로서 수필이 미적 가치를 지니려면 외부 현상을 단순히 설명하기보다는 경험을 통하여 내적 진리를 발견해야 한다. 자신에게 친숙한 질문과 해답의 과정을 따르면서 문제를 참으로 이해한다는 것이 쉽지가 않다. 그런 과정을 체계적으로 풀이한 것이 가다머가 말하는 이해와 해석과 응용의 상호 보충작용이다. 이현수의 〈안 씨安氏〉, 김영채의 〈그녀의 눈물〉, 김미자의 〈찻집에서〉는 가다머의 미적 해석과정을 무리 없이 보여주는 예문에 속한다. 세 편의 작품을 함께 읽으면 지평의 융합은 사물을 읽어내는 투명한 안목과 미적요소를 갖춘 언어로 이루어진다는 사실을 알게 된다. 바람직한 수필작가란 이해하고 해석하고 응용하기 위한 감수성을 갖춘 작가라고 할 것이다.

| 작품 |

안 씨 安氏

이현수

    나는 안 씨를 좋아한다. 그를 처음 만난 곳이 헬스장인데 아마 3년 가까이 되었을 것이다.
    일주일에 적어도 사나흘, 잦으면 대엿새쯤 만나는 셈이다. 운동하면서 마주치는 사람이야 한둘이 아니고 또 특별히 어느 누구에게 관심을 가지게 되는 것도 아니다. 운동을 하러 왔으니 주위 사람들을 눈여겨 볼 마음도 시간도 없다.
    그런데 내가 왜 안 씨를 주목하고 그를 좋아하게 되었는지 곰곰이 생각해본다.
    그는 나보다 적어도 20년은 젊을 것으로 짐작되는 중년의 사나이다. 몸집도 왜소하고 인상도 첫눈에 호감을 느낄 만한 인물은 아니다. 그렇다고 교양미나 지적인 품격을 지니고 있지도 않다. 그리고 날마다 헬스장에 다니면서 건강관리에 힘쓸 만큼 여유(?)가 있어 보이지도 않는다.
    그는 누구보다도 열심히 운동을 한다. 아마도 나는 그 성실한 모습을 보고, 그에게 호감을 가지게 되었을 것이다.
    그냥 쉽게 '헬스장'이라고 하지만 거기에는 천차만별의 종류가 있다. 수천만 원을 주고 회원권을 사야 되는 곳이 있는가 하면, 매달 기십만 원의 회비를 내야 되는 곳도 있다. 내가 다니는 곳은 동네 주민지원센터 건물에 마련된 조그만 규모의 헬스장이다. 공간이 좁고 설치된 운동기구도 많지 않으나 나 같은 사람이 운동하기엔 크게 불편하지 않는 곳이다.

우선 우리 집에서 걸어서 10분이 채 걸리지 않는 거리에 있다. 그뿐만 아니라 경로우대로 월회비도 절반만 받으니 감지덕지 다닐 수밖에.

많은 사람이 각기 자기 생활패턴에 맞는 시간을 선택하기 때문에 일정한 시간대가 아니면 똑같은 사람을 자주 만나기는 어렵다. 나는 가장 한가로운 시간대인 점심시간 이후, 퇴근시간 이전의 시간을 택하여 운동을 한다.

안 씨는 헬스장과 바로 이웃한 교회에서 아침 8시부터 오후 4시까지 일하고 퇴근하는 길에 들른다고 하니까 나와 거의 매일 마주치게 되는 셈이다.

만나고 얼마 되지 않아서부터 그가 나를 '어르신'이라고 불렀다. 처음 그 호칭을 들었을 때 나는 무척 거북스러웠지만 점차 친근해지면서 마음 편히 생각하기로 했다. 그는 아마 그럭저럭 이름 없이 늙어가고 있는 나를 '아저씨'나 '형씨'로 부르기가 불편하고, '어르신'이라고 부르는 것이 우대해 주는 일이라 생각했을 것이다.

그는 일정한 직장이 없이 건축 공사장으로, 막노동판으로 날품을 팔고 다니다가 교회에서 일하게 된 지 3년쯤 되었다고 한다. 교회에는 별로 힘든 일이 없고 전보다 안정되고 규칙적 생활을 할 수 있으니 좋다고 하였다. 아침 일찍 출근하려니 아침 식사는 못하지만 점심은 교회에서 얼마든지 공으로 먹을 수가 있고 이렇게 퇴근길에 운동까지 할 수 있어서 다행이라며 자기 사정을 스스럼없이 털어놓았다. 현재의 처지에 고마워하면서 행복스러워하는 그의 모습이 나는 마음에 들었다.

아마 그는 어려서부터 운동을 좋아했을 것이다. 철봉을 하는 것을 보면 얼마나 날렵하게 잘하는지 나는 그의 흉내조차도 낼 수가 없다.

몇 가지 자기 마음에 드는 운동을 매일 꾸준히 하는 걸 보면 건실한 사람이라는 걸 알 수 있다. 그는 항상 밝은 표정을 지니고 인사를 잘한다. 헬스장에 들어오면서 낯익은 사람들에겐 반드시 먼저 인사를 한다. 혹 대면이 안 되는 사람에게는 가까이 다가가서까지 인사를 하고, 운동을 끝내고 나갈 때에도 그렇게 한다.

그전에는 흔히 품삯을 떼인 일도 있었는데 이젠 교회에서 정기적으로 월급을 받으니 저축을 할 수 있다고 하였다. 매일 신문을 꼼꼼히 읽고 자기 뜻에 맞지 않는 일들에 대해선 예리한 촌평도 마다하지 않는다. 때론 사회적 관심사를 두고 갑론을박하는 일들에 대하여 나의 견해를 떠보기도 한다.

가만히 살펴보건대 그의 판단은 대부분 정확하고 올바르며, 편견이 없다. 생활이 조금만 궁핍해도 자기의 가난이 남의 탓이라 생각하면서 불평불만을 토로하는 게 보통인데 그에게서는 전혀 그런 점을 찾을 수가 없다. 오히려 정부에서 시행하는 보편적 복지정책에 대해 나라의 장래를 걱정하는 우국지사적 면모를 보이기도 한다.

그와 얘기를 하다 보면 어느새 그의 순박하고 가식 없음에 동화되어 나도 모르게 잃어버린 천진성이 회복되는 듯한 평화로운 느낌을 갖게 된다. 그를 만나면 언제나 반갑고 정겹다.

그의 모습이 보이지 않는 날이 혹 며칠이라도 생기면, 내가 그를 걱정하는 것처럼 그도 나를 염려한다고 한다.

내가 걱정하는 것은, 신분보장을 받지 못하는 처지에 있는 그가 하루아침에 실직이라도 하지 않았을까 하는 걱정이요, 그가 걱정하는 것은 행여 내가 병이라도 앓고 있지 않나 하는 염려일 것이다. 힘에 부친 운동도 그와 함께하면서 농담을 주고받으면 나는 힘든 줄을 모른다.

안 씨와 같은 처지에 있는 사람은 많을 것이다. 그러나 안 씨처럼 생각이 온건하고 행동이 바른 사람은 그리 많지 않을 것이다. 안 씨 같은 사람들과 더불어 편안하게 정을 나누면서 영육 간에 평화롭고 진실한 생활을 지속하는 것이 나 같은 보통사람이 누리는 행복이 아닐까 한다.

― ≪수필과비평≫, 147호.

| 작품 |

그녀의 눈물

김영채

솜털처럼 감싸이는 운무 속으로 걸어간다. 가는 바람살에 흩어졌다 다시 싸여오는 희미한 미립자들이 내 몸을 휘감아 돈다. 걸어가고 있다. 적막이 인도하는 대로 가고 있다. 홀로 바위 턱에 올라 벼랑 끝에 서서 바다가 들려주는 파도소리만 듣고 있다. 어딘가 깊은 바닷속에서 들려오는 흐느낌 같은 가느다란 소리가 들려왔다. 가만히 듣자니 흐느낌이 아니라 여자 목소리다. 뭔가 말하고 싶었는지 내게 말을 건넨다.

"저는 세상에 태어나서 오래 살지 못하고 생을 마감하게 되나 봐요."

"짧은 삶을 외롭게 견디다보니 당신을 만나게 된 것이 참 행운이에요."

"일생 동안 누군가는 꼭 만나고 싶었는데 당신과는 무슨 인연인지 마음이 열리며 소통하고 싶은 텔레파시가 통하게 되었군요."

잠시 당황했다. 그 목소리가 들려왔을 때는 간밤 꿈속이었다. 방금 그 소리는 떨림이 있었으나 차분히 들려왔다. 그 목소리의 주인이 누구인지 더듬어 가고 싶었다. 잠시 후 이야기는 이어졌다.

"먼 바다 적도 부근이 제 고향이어요. 아직 어려서 그런지 눈은 작지만 몸집은 자꾸 커지고 있어요." 곧 침묵이 흐르더니.

"참! 인공위성에서 지구를 내려다본 영상사진을 본 적 있나요? 파란 색감이 아름다운 빛을 발하는 지구는 살아 숨 쉬는 생명체 같지 않나요? 헤아릴 수 없는 수많은 생명들이 땅과 바다에서 생존해 가는 한 떨기 별. 우주를 향해 생명의 속삭임을 전파하는 지구. 그도 열병이 도지는 계절인 여름이 오면 바닷물이 더워져 몸살을 앓는다고요?"

그 말소리 때문인지. 지구는 생물과 무생물의 복합체로 구성된 하나의 거대한 유기체로 살아있는 생명체와 같이 느껴졌다. 매년 바닷물이 더워지면 불안정한 기압이 상승기류를 타고 느리게 자전 방향으로 돌면서 그녀가 태어난다. 많은 수증기는 두터운 구름층을 이루며 강한 바람과 동반하여 동북 방향을 향해 느리게 움직여 간다.

계속 이동진로를 추적하고 싶었다. 시한부 인생 같은 그녀가 어느 방향으로 움직여가고 있을까? 그 궤적을 좇아 동행자로서 말벗이 되고 싶었다.

잠시 위성영상으로 지켜본 거대한 구름은 소용돌이에 휘감긴 채 시계반대 방향으로 돌고 있었다. 하얀 구름 빛살로 감싸인 원형구름 띠 속에 백자 주둥이 같은 둥근 눈. 그 눈은 한여름 갓 피어난 흰 옥잠화 같았다. 마치 지구가 허연 속살을 드러내고 수줍어하는 모습이었다. 유심히 들여다보니 대만해협을 지나온 바다를 하얗게 뒤덮었다. 스펀지처럼 바닷물을 흠뻑 빨아들인 비구름은 강한 바람과 함께 북쪽으로 서서히 움직여가고 있었다.

그런데 들려오는 흥분된 음성. 낯익은 목소리가 들려왔다.

"더워진 바다는 아우성이어요! 열을 받아 심한 고통에 시달리고. 바닷물은 구름층으로 상승하고 싶어 안달이어요. 이젠 강한 바람이 천천히 휘어돌면, 바닷물은 온통 증발하여 무거운 구름층으로 방대하게 제 몸집을 키워 주어요. 그렇게 되면 보고 싶었던 당신을 만나게 되나요. 바다 깊은 어둠 속에 갇혀 늘 푸른 하늘로 나래를 펼쳐 포근한 숲 속에 잠기고 싶었고, 어둠이 오면 밤하늘을 보며 별 하나에 내 외로움을 전해주고 싶어요. 맑은 공기로 감싸인 산하. 굽이도는 해안, 도시, 평야와 강줄기를 거슬러 쭉 뻗친 아름다운 산줄기를 더없이 사랑하고 싶어요. 건장한 사내 같은 당신을 한없이 포옹하며 안기고 싶어요. 생애의 마지막 열정을 바치고 나면 형체 없는 운무로 사라져버릴 운명이어요."

놀랍게도 그녀가 또 다른 대지를 열정적으로 사랑한다면 큰 재앙을 불러들일까 염려된다. 두려움과 걱정 섞인 감정을 가다듬으며 말했다.

"당신이 육지로 올라온다면 큰 재앙을 가져오고. 우리가 생존하기 위해 이룩해왔던 주택, 도로, 하천 시설뿐만 아니라 농어업물이 엄청난 피해를 당하게 되면 사망자가 속출할 것인데……. 슬픔은 비극으로 이어져 한을 품고, 더욱 악마가 할퀴고 간 피해 자국이라 분노할 것이오!"

이야기를 듣고 있던 그녀를 다시 영상 속에서 지켜보니 눈동자는 뚜렷하게 윤곽을 드러냈다. 더 거대해진 원형 몸집은 광대한 대양大洋을 하얀 드레스 같은 구름층으로 뒤덮으며 제주도를 향해 북상하고 있다.

그녀는 흥분된 목소리로 더듬더듬 말을 이어갔다.

"그렇다고 이동진로를 바꿀 순 없어요. 알 수 없는 재앙에 가슴이 무척 아프고요! 그런 비극적인 일들이 벌어지다니 참으로 안타까운 심정은 어찌할 수 없네요. 너무나 괴롭네요." "하나 지구 온난화로 인해 바다 온도가 상승하여 열병을 앓은 바닷물은 방대한 수증기 증발로 열을 식혀요. 또 남은 에너지는 더 강하게 거대한 구름층을 형성하며 영역을 크게 넓혀 이동해 가고. 더욱 폭염과 가뭄으로 찌든 대지는 열병을 앓는 신음소리를 연신 토해내며 방문을 애타게 기다리고 있어요. 단비, 아니 폭우를 한바탕 퍼부어야 열을 식혀 대지도 병이 낫게 되겠지요."

더 이상 무어라 말할 수 없었다. 태풍의 진로는 마지막 끝자락을 향해 이동해가고 있다.

남해안으로 무섭게 올라오면서 강한 바람은 바닷물을 온통 뒤집어 놓았다. 거센 파도는 해안선을 집어삼킬 듯이 몰아치며 무섭게 내리쳤다. 검은 비구름은 굵은 빗줄기를 쏟아내기 시작했고. 더 내륙으로 올라오자 산줄기에 막힌 구름층은 물안개를 이루며 장대비 같은 빗줄기를 퍼부어 댔다. 삽시간에 불어난 빗물은 계곡이나 개천은 말할 나위 없이 강줄기도 물로 넘쳐났다. 그러자 벼락이 내리치더니 삽시간에 마을, 도시는 암흑으로 휩싸였다. 겁먹은 사람들은 공포에 사로잡혀 신음과 아우성, 탄식소리 그리고 가슴 아픈 눈물은 불어나는 강물 속으로 잠겨들었다.

　눈물 젖은 그녀의 모습은 어느새 운무 속으로 흔적도 없이 사라져갔다. 그 밀월 같은 짧은 만남은 허전한 가슴속에 실비처럼 젖어왔다.

― ≪수필과비평≫, 147호.

| 작품 |

찻집에서

김미자

바다는 얄밉도록 천연스러웠다. 지난밤 바람의 광란을 모를 리 없건만 침묵으로 일관하는 표면 위엔 하얀 파도만 산산이 일고 있었다. 하늘과 물빛이 분간 없는 수면 위로 물새가 소리 없이 날고 있었다.

찻집 창가에 앉아 있으면 오월의 아까시 꽃향기가 난다. 바다가 창문을 덮쳤는지 창문이 바다를 품었는지 알 리 없지만 파도의 몸짓 하나하나마다 아까시 꽃빛이 스며있다. 마술 같은 인테리어도 인공적인 햇살 때문도 아니다. 세월을 등에 지고도 새살이 차오르지 않은 내 그리움 탓이다.

고향 바닷가에는 오래된 아까시 나무 한 그루가 반쯤 휘어진 채 서 있었다. 산 중턱에 자리하고 있던 나무가 신작로가 생기면서 우연히 모습을 보인 것이다. 너무나 오래 묵어 아까시 가지들은 무성한 잎에 묻혀 버렸다. 내가 어린 탓에 그 나무가 아까시 나무라는 것조차 알지 못했다. 그냥 바닷가에 묵묵히 서 있는 나그네로 보였다. 해풍에 시달린 노목에서 꽃망울이 터져 바다를 덮을 즈음이면 아까시 나무임을 비로소 알았고, 오월이 곁에 와 있음을 또한 알았다. 나는 이유 없이 오월을 가슴에 새겼다. 마음에 새겨진 아까시꽃은 내 영원한 향수가 되었다. 가끔 삶이 지루하여 바다로 나서면 목마르게 품었던 열병 같은 그리움을 아까시는 늘 나누어 주었다.
　마음이 눅눅해지는 날이면 나는 찻집으로 향한다. 애써 웃던 웃음처럼 밋밋했던 첫 만남, 통일감 없는 탁자와 제각각 모양의 의자들, 제 몸을 녹아내며 마지막 환희로 불태우던 벽난로 속 장작개비. 그때마다 두리번거리는 내 뒷덜미를 낚아챈 건 널빤지만 한 푸른 유리창이었다. 비상을 꿈꾸던 물새 한 마리가 창문에 꼼짝없이 갇혀 있었다.
　눈이 내리고 있었다. 멈출 줄 모르는 눈은 끝없이 바다 위에서 자맥질하고 나는 윙윙거리는 마음을 커피 한 잔만큼씩 내던지고 있었다. 겨울 어느 날 그와 나는 찻집 창가에 마주앉았다. 양 볼에 홍조가 일고 마음은 파도처럼 철썩였다. 입술을 적신 한 모금 블루마운틴 커피향이 아까시 꽃향기로 피어났다. 눈 속에서도 오월의 신부가 된 순간이었다. 몸안으로 스며드는 진한 초콜릿의 달콤함 같았다. 오월은 뿌리칠 수 없는 향기의 유혹을 그때에도 가슴으로 밀어넣고 있었다.
　매년 아까시꽃이 향내를 내기 시작하면 나는 홀연히 길을 떠난다. 가슴에 새긴 그림 한 장을 꺼내 들고 꽃향기에 젖은 고향 바다를 만나러 가는 길이다. 그때면 그리움에 짓눌려 숨이 막혔던 가슴이 해방된다. 지천으로 광대한 향기를 피워내는 오월의 꽃에는 이상하게도 여인의 마음이 아니라 나지막한 그 남자의 목소리가 담겨 있었다.
　가슴에는 퍼내도 마르지 않는 샘물 하나가 있었다. 시도 때도 없이 그냥 외로웠다. 그때는 솟구쳐 고이는 차가운 석계수 한 모금을 속이 뻥 뚫리도록 들이켜고 싶었다. 그것은 간절함이었다. 배고픔이기도 했다. 고민인지 아픔인지 원인 모를 속병에 시달리는 속내를 홀라당 내보이고 싶었던 것이 쓰는 것에 대한 갈망임을 알았다. 나는 서투른 손짓으로 두레박을 물속에 던져 조심스레 잡아당기기 시작했다. 목마름의 연속이었다. 좌절에서 벗어나려는 몸짓이기도 했다. 내 외로움의 근원은 철철 넘치지만 퍼내지 못하는 무력감에 있었다.

바람소리를 듣는다. 손바닥만 한 메모지를 낯빛이 까맣게 타들어 간 라이브 무대 위 무명가수인 그에게 건네고 돌아와 자리에 앉는다. 창밖에서는 바람을 탄 눈이 획을 긋는다. "갈대밭이 보이는 언덕 통나무집 창가"로 시작하는 음악이 핏줄 고운 음성으로 들려온다. 그는 고운 음성으로 꺼져가는 불꽃을 피워 올린다. 이름을 날리지 못한 비애가 얼마나 고독한지 그도 알고 있는 듯하다. 머물지 못하고 무대 위에서도 창밖 바다 위에서도 그리고 내 가슴에도 날개를 휘젓는 한 마리 물새가 표류하고 있다. 지금처럼 말이다.

누구에게나 이름이 있다. 작지만 귀한 이름이 있다. 어쩌면 내 영혼을 유린한 건 그 찻집의 이름이었는지 모른다. 바다를 흠모해 바다에 미친 사람이나 아픈 사연 하나 가슴에 묻고 사는 힘든 이를 가리지 않고 따뜻한 불씨로 데워 줄 것 같은 곳, 뙤약볕 아래 무던히 영근 열매 하나가 해풍의 길목에 선 나그네처럼 자리하고 있는 바닷가의 찻집이었다.

지금 창밖의 풍경이 바뀌고 있다. 겨울이 느린 걸음으로 때로는 급한 걸음으로 오고 있다. 나는 오월의 아까시꽃 같은 흰 파도가 이는 겨울이 오면 그가 앉았던 자리를 찾아 바닷가 찻집으로 떠날 것이다. 그럴수록 바다는 모른 척 침묵할 것이다.

― ≪수필과비평≫, 147호.

05 바흐친의 대화주의와 수필의 서술자

　살아있는 존재는 소통한다. 존재는 소통하지 않으면 실존할 수 없다. 존재와 소통간에 상호성이 있다는 주장은 대화주의자들이 부르짖는 핵심적 구호이다. 러시아 언어학자인 바흐친(Mikhail Mikhaiovich Bakhtin)은 이 점을 구심적 언어와 원심적 언어라는 두 원형을 빌려 설명한다. 단일 개념을 중시하는 소통은 제한적인데 그 구심적 언어를 문학에 적용하면 시가 대표적이다. 언어의 힘을 분산시켜 작가와 독자 간의 소통을 원활히 하는 원심적 언어에서는 산포성과 다양성이 두드러지는데, 소설 언어가 대표적이라고 하겠다. 그 어느 쪽이든 소통을 전제로 하지 않는 미학적 행위는 무익하다. 다양한 가치관과 의미가 문학의 다의성을 보장해준다는 점에서 수필 언어는 원심적 언어에 속한다고 말할 수 있다.
　바흐친의 대화주의를 로트만은 작은 대화와 큰 대화로 구분한다. 작은 대화는 주어진 공간에서 두 사람 사이에 이루어지는 단순한 의사소통으로서 로트만은 '공간적 의사소통 행위'라 하였다. 문학에서 일어나는 큰 대화는 동일한 한 사람이 시간적 추이에 따라 펼치는 '시간적 의사소통

행위'라 하였다. 서술은 원심적 언어와 큰 대화라는 조건을 갖춘 것이다. 그리고 선택된 언어구조가 원심적 언어와 큰 대화이면 소통은 더욱 원활해진다.

문학이 대상으로 삼는 것은 원심적 언어와 '큰 대화'이다. 일상에서 주고받는 '작은 대화'는 바흐친의 대화주의에서 특별한 의미를 지니지 못한다. 시간적 추이에 따라 이어지는 큰 대화가 의미 있는 공간적, 시간적 소통을 이루게 된다.

원심적 언어로 큰 대화를 이끌어가는 인물이 서술자이다. 서술자는 소통이라는 목적을 달성하기 위해 가장 적절한 언어와 대화법을 선택하고 사건에 깔린 정서를 자극하여 독자의 대화 참여를 유도한다. 당연히 서술자가 선택하는 대화법을 이해하고 감상하는 방향이 달라진다. 삶의 문제에 답변하는 기저에는 "대화가 메시지를 만들어 낸다."는 바흐친의 명제가 깔려있다. 서술자가 어떤 원심적 언어와 대화법을 사용하고 있는가를 알면 작중인물과 상황에 대한 이해가 한결 쉬워진다. 작가가 처한 심리적 환경도 따라서 심층적으로 파악할 수 있다. 수필은 자전적 사건을 풀어내는 장르인 만큼 바흐친의 대화주의를 가장 효과적으로 적용할 수 있다.

김경중의 〈데이빗을 위한 아리아〉

김경중의 〈데이빗을 위한 아리아〉는 피아니스트인 데이빗 헬프갓의 생애를 다룬 영화 〈샤인〉의 내용을 참조하여 작가가 임의적으로 정한 제목이다. 아리아는 오페라의 주제를 나타내는 독창으로서, 〈데이빗을 위한 아리아〉는 음악가의 영혼에 바치는 음악 같은 수필이라고 말할 수 있다. 김경중은 인간과 음악과의 관계를 '그와 그녀'로 인격화함으로써 음악이 지닌 매력을 심리적 대화로 풀어낸다.

'그와 그녀'는 연인으로 묘사되면서 열정, 영감, 욕망, 좌절, 죽음, 부활과 같은 이미지를 쌓아올린다. 작가는 그가 누구이며 그녀가 누구인지를 구체적으로 밝히지 않음으로써 연애부터 예술에 적용이 가능한 모든 신분의 일반화를 이루어낸다. 데이빗의 면모를 풀어내는 서술이 이어질수록 다의성이 넓어진다. 감정이 고조될수록 등장인물의 신원은 오히려 모호해진다. 이런 서술방식은 해석의 주체성을 독자에게 되돌려줌으로써 결과적으로 주제와 등장인물에 대한 논의를 넓혀 나갈 수 있다.

김경중은 시간적 추이에 따라 예술적 욕망이 어떻게 달라지는가를 보여준다. 작품의 흐름을 살펴보면 처음에는 예술이라는 대명사인 그녀가 부각되지만 후반부로 갈수록 예술가인 남성명사 그가 중심을 차지한다. "처음부터 그녀를 좋아한 사람은 그였다."라는 서두는 그녀가 언어를 그를 지배하고 있음을 보여준다. 그녀는 "지적인 눈, 날카로운 코, 길고 쭉 뻗은 다리, 검은 머리칼, 긴 손가락, 매니큐어가 칠해진 발톱과 손톱, 바디 페인팅 된 몸매"로써 관능과 욕망의 대상으로 등장한다. 그림솜씨와 바느질 재주, 독신주의, 쌀쌀맞은 자세, 적극적인 성격 등은 소심한 그의 성품을 더욱 자극한다. 그녀와 사귀는 남자는 누구라도 고양이 앞의 쥐처럼 꼼짝할 수 없다. 작가는 이것을 "숙주의 몸에 기생하는 바이러스" 같은 "욕망"이라고 부른다.

욕망은 상대방을 파멸의 길로 유도하기도 한다. 남성의 욕망은 완벽한 여성을 지향하고 싶어 하지만 승화된 차원에서는 문학과 예술을 대상으로 삼는다. 그녀로 의인화된 예술과 남성의 열정이 대면하면 어떤 현상이 일어나는가.

그는 모든 유혹에 약했다. 그녀의 크림 같은 얼굴에 굴복했고, 그녀의 은은한 향수 냄새에 굴복했고, 그녀의 부드러운 말씨와 미소에서 헤어나지 못했다. 그는 자신이 영영 살아 돌아올 수 없는 죽음의 나락으로 서서히 떨어지고 있다는 것을 알면서도 그녀를 향한 마음을 멈출 수 없었다. 그녀의 또 다른 이름은 죽음이었다. 그는 그녀가 만든 프로그램 북의 스케줄대로 움직이고 있었다.

미적 희열이 에로티시즘에 일치하고 있다. 미학적 열정은 희열을 가져다주지만 일단 덫에 빠지면 진지한 예술가조차 죽음 같은 몰입에 빠져든다. 욕망이 욕망을 거듭 불러일으키는 가운데 미적 대상은 더욱 멀어지기만 한다. 영화 〈샤인〉을 예로 들어 봐도 예술가는 미의 세계에 헌신하여 영원한 생명을 얻고자 하지만 오히려 생의 의욕을 잃어버리는 결과를 보여준다. 김경중은 그 과정을 불안과 불면과 식욕상실과 신체적 쇠락과 죽음의 과정으로 풀이한다. 결국 "그녀 앞에 무릎을 꿇"는다. 이것이 그와 그녀로서 서술되어지는 예술적 죽음이다.

예술이란 바닥없는 심연이다. 김경중은 맹목적 도취와 심적 파멸을 사랑과 죽음의 관계로 은유한다. "검은 롱스커트", "검고 빛나는 머리칼", "검은 눈썹"은 죽음 그 자체이다. 예술가는 예술에 잡아먹히는 숙명의 존재이다. 이러한 단계에 다다르면 그녀는 곧 "자기 자신"일 수밖에 없다. 이것이 서술자가 제시하는 예술적 이데올로기이다.

김경중의 수필은 독자와 원활한 대화를 추구한다. 현대독자는 획일화된 내용을 접하기보다는 자신의 언어로 재해석하기를 원한다. 이 점을 알고 있는 작가는 짝사랑이란 은유로써 바흐친의 대화주의에 접근한다.

그러면 "데이빗을 위한 아리아"의 그와 그녀는 구체적으로 누구인가. 영화 내용에 관련지어 살펴보면 데이빗 헬프갓에게 그녀는 주변 여성들이다. 노년의 피아니스트에게 세 명의 여성이 뒤따른다. 한 명은 데이빗이 재혼한 점성술가 질리안이고, 다른 한 명은 "사모하는 이"라는 예술의 여성명사이며, 세 번째 "아리아"는 가상의 천사이다. 김경중은 데이빗에게 그녀가 '사모하는 이'가 있음을 반복적으로 이야기한다.

> 그가 처음으로 자기 CD를 갖게 된 것은 칠십대였다. 그의 피아노 연주는 사모하는 이에 대한 그리움으로 점철되어 있었다. 그는 차라리 사모하는 이의 그림자가 되기를 원했다. 그는 사람들을 만날 때마다 웃는 낯으로 사모하는 사람에 대해 이야기하곤 했다.

위 단락에 서술된 "사모하는 사람"은 데이빗이 재혼한 질리안이 아니다. 재혼 부인 질리안은 생활의 동반자에 불과하고 82세 노구는 젊은 시절 때처럼 맹목에 가까운 열정과 욕망을 쏟아낼 수 없다. 나이 든 그에게 생명력을 전해주는 것은 열정이 아니라 명상이다. 김경중은 세 번째 여성은 '가상의 천사'인 "아리아"이다. 아리아는 "명상의 친구"이고, "생명의 날개를 가진 여인"이고, "보이지 않는 것을 보이게 하는 선생"이고 "그리운 이가 데이빗에게 보낸 천사"이다. 친구와 여인과 선생과 천사의 이미지를 합친 메신저는 "명상"이다. 명상은 예술을 완숙한 관계에서 만나도록 해준다. 그 점에서 아리아는 데이빗이 추구하는 마지막 여성적 대상이다.

〈데이빗을 위한 아리아〉라는 제목에 "예술가를 위한 아리아"를 부제목으로 붙여 보자. 그러면 피아노곡과 영화 줄거리가 상호 보완하여 예술가와 예술가의 생애를 보다 확연하게 보여준다. 서술이 제시하는 메시지도 예술은 광적인 욕망이 아니라 명상적 대화에 바탕을 둔다는 것이다.

이종전의 〈실향민〉

〈실향민〉은 작가의 아버지가 품고 있는 향수라는 정서적 이념을 다룬다. 월남한 아버지는 고향으로 돌아갈 수 없으므로 위성사진을 구하여 향수를 달랜다. 아들 이종전에게 고향은 어디이며 무엇인지를 지도를 펼쳐 설명하고 이야기해 준다. 대화로써 향수를 이어가는 것이다. 한 많은 고향 이야기를 일일이 표현할 수 없는 아버지에게 지도는 대화거리를 압축한 기호이고 언어이다. 대화의 줄거리를 요약한다는 점에서 지도는 고향으로의 시간여행이라는 의미소를 갖는다. 일상적인 작은 대화와 달리 고향 이야기는 혈연과 가문이라는 이념을 지니는 만큼 "시간여행"이라는 담론으로 표현되는 것이다.

> 아버지는 기회가 있을 때마다 위성사진을 꺼내놓고 고향으로 돌아가 시간여행을 하셨다. 그리고 다시 지도를 곱게 말아서 당신의 품에 품듯이 고이 보관했다. 세월이 흘러 아버지가 하셨던 구체적인 이야기는 내게 아무 것도 남아 있지 않았다. 다만 반복해서 들었기에 피상적인 사실을 담은 단어 몇 개가 내 기억에 겨우 남겨졌을 뿐 스토리텔링으로 이어질 수 있는 것은 기억에 없다.

서술자로서 아버지는 고향을 통해 현재와 과거 사이의 시간적 간격을 메우려 한다. 집안의 유일한 아들로 태어나 부모와 할머니의 사랑을 듬뿍 받았던 아버지가 지도를 펼치면 언제나 유년시절로 되돌아간다. 위성지도에 새겨진 아버지의 고향은 현실적 공간이 아니라 추억의 공간으로만 존재한다. 이것이 작가가 아버지의 고향에 대하여 자세히 기억하지 못하는 이유이다. 아버지의 고향일 뿐, 아들의 고향이 아니다. 이로써 아버지가 뇌경색으로 쓰러질 때 고향에 대한 서술은 중단된다.

이종전의 고향 이야기는 이때부터 시작된다. 입원실에서 아버지의 무표정한 얼굴을 대할 때면 작가는 지도가 땅바닥에 펼쳐진 광경을 떠올린다. "지도로나마 고향집을 다녀오시던 모습"을 빼면 다른 얼굴은 생각나지 않는다. 아버지의 고향 스토리와 달리 아들의 고향 이야기에는 바흐친이 말한 시간적 의사소통 행위가 깔린다. 바흐친에 따르면 작품에 담긴 큰 대화는 동일한 한 사람이 시간의 흐름에 따라 펼치는 행위이다. 언어가 삶의 양식을 이어가는 표현도구라면 아들의 실향민 의식이 아버지의 고향의식에 연결되는 것은 너무나 당연하다. 작가는 아버지의 고향이 사라졌을지라도 고향을 그리는 의식만은 사라질 수 없다는 상관성을 제시한다. 고향지도를 펼치면 아버지가 일어날까, 고향에 왔다고 말하면 깨어날까, 라고 거듭 자문하는 모습은 아들이 지금까지 아버지의 스토리텔링을 제대로 들어주지 않았다는 속죄의식을 보여준다.

작가에게 고향이 없는 것이 아니다. 작가는 아버지가 피난 온 산자락 움막동네에서 태어났다. 세월 따라 그곳이 도시로 바뀌면서 지도에서 사라졌다. 움막동네의 지형조차 변해버렸다. 이것이 아버지의 고향과 작가의 고향과의 차이라고 하겠다.

작가는 아버지처럼 고향을 떠나온 실향민이 아니다. 그의 본향은 지형적 공간이 아니라 혈육이라는 관념에 자리한다. 바흐친이 말한 대화주의를 적용해보면 그가 말하는 고향에는 혈연이라는 다의적 의미가 개입한다.

그래서인가 어느 날부터 고향을 말할 기회가 없어지기 시작했다. 나의 고향은 마음속에만 있는 곳이 되고 말았다. 내게 있어서 실향민이라는 말은 그렇게 다가왔다. 한데 고향을 그리던 아버지가 눕고 마니 또 하나의 고향을 잃게 된다는 생각에 목이 멘다. 생물학적으로나 정서적으로 부모는 영원히 끊을 수 없는 고향이 아니던가. 이젠 아버지마저 회생이 불가능한 상태로 계시니 나는 진정 실향민이런가.

작가는 자신이 실향민인가 아닌가의 판단 기준을 핏줄과 가문에 둔다. 아버지로부터 몸을 물려받았으므로 아버지가 없는 상황은 실향과 마찬가지다. 이렇듯 작가에게 고향은 생리적이고 정서적인 이념이다.

작가는 독자에게 실향민이라는 의미를 새롭게 해석하도록 요청한다. 그는 작품의 발단부터 바흐친의 대화주의를 빌려와 독자로 하여금 인간관계에 더 주목하고 메시지를 공유하도록 설득한다. 바흐친은 "메시지가 소통되는 것이 아니라 대화가 메시지를 만들어낸다."라고 하였다. 이종전도 아버지의 고향을 대화주의로 펼치는 가운데 "영원히 끊을 수 없는 고향"이라는 낯선 개념을 찾아내었다. 〈실향민〉은 바흐친의 대화주의와 수필의 서술양식을 균형 있게 엮어낸 작품이다.

백두현의 〈이제 와 생각해보면〉

〈이제 와 생각해보면〉의 주제는 형제간의 갈등과 우애이다. "이제 와 생각해보면"의 행간에는 지금까지 형에 대한 생각이 틀렸다는 반성과 후회의 어조가 숨어있다. 서술자는 초등학교 시절 십릿길 등굣길을 함께 오갔던 세 살 터울의 형을 생각한다. 백두현은 대화의 무대에서 형에 대한 편견과 이해를 차례로 펼쳐낸다. 그는 평소 형을 탐탁지 않게 여겼다. 형에 대한 부정적인 의식은 어린 시절에 받은 유교적 환경과 형의 남다른 언행에서 비롯한다. "누가 보면 형제 아니랄까봐."라는 주변 눈총 때문에 마지못해 함께 등교하기도 했다.

작가는 형에 대한 불편한 심기를 격정적으로 서술한다. 형은 작가보다 힘이 세고, 키가 크고, 의리도 강했다. 동생보다 공부를 못하고 집안일에 불성실했다. 형이 장남 역할을 하지 않아 차남인 백두현이 그 역할을 맡아야 했다. "참으로 형이 밉고 슬퍼 소심한 반항을 했다." 그러나 작품이 이끄는 대화의 중심은 실망스러운 평소의 형이 아니라 "내게 거인처럼 컸던 그날의 형"이다.

〈이제 와 생각해 보면〉의 서술 형식은 "그날의 그 형"이라는 특정 이미지와 주제를 빌려오기 때문에 형에 대한 고정관념을 깨뜨리는 사건이 실제 일어난다. 바흐친이 말한 큰 대화의 소통 방식과 유사한 사건은 형제간의 공모와 공범으로 이루어진 결석이다. 늦잠을 잔 탓에 훤한 대낮에 학교운동장에 도착한 그들은 약속이라도 한 것처럼 수업을 땡땡이친다. 두 형제는 평소와 달리 손을 마주 잡고 기뻐한다. "형은 명령했고 나는 복종했다."는 역할 분담조차 부담스럽지 않다. 척척 죽이 맞아 들어간 그날은 작가의 유년시절 중에서 가장 평화스럽고 아늑한 하루로 그려진다.

> 기차가 지나지 않는 시간에는 울창한 코스모스 사이로 아지트 비슷한 걸 만들어 놓고 나란히 누웠다. 양반자세로 다리를 꼬고 누워서 가을 하늘을 바라보았다. 푸른 칠판 위로 선생님 대신 비행기가 하얀 분필가루를 품으며 지나갔다. 고추잠자리는 군데군데 중요한 구절마다 붉은색 밑줄을 긋고 갔다. 정말 행복했다. 부모님께 결석을 알리는 문자메시지가 없는 세상이라 행복하고 또 행복했다.

세월이 흐른 후, 학교를 결석했던 사건은 형제간의 작은 대화를 큰 대화로 바꾸는 촉매 역할을 한다. 형과 화해를 시도하는 말은 "그런데,

그러나'라는 접속사의 힘으로 이루어진다. '그런데'라는 접속사는 지금까지의 생각이 바뀌어지는 감성적 길목과 같다. 왜 생각이 바뀌어지는가에 대한 이유를 꼬집어 낼 수 없지만 과거의 생각과 서술이 틀렸다는 느낌을 갖게 한다. '그러나'는 '그런데'에 비하여 보다 논리적이고 이성적인 판단을 지칭하는 언어이다. 작가는 "그런데, 그러나…"를 되풀이 읊조림으로써 형에 대한 지금까지의 미움이 편견에 불과하다고 여기고 형에게도 나름의 존재적 조건이 있음을 받아들인다.

계기는 개근상 사건의 결과이다. 똑같이 결석을 하였지만 형은 개근상을 받지 못하고 작가는 담임선생님이 공교롭게 출산휴가로 결근함으로써 결석처리가 되지 않았다. 형은 어머니로부터 호된 야단을 맞는 동안 묵묵히 침묵했다. 그때는 몰랐지만 글을 쓰는 지금, 그때 그 형의 과묵한 자세를 남달리 떠올리는 것이다.

백두현의 대화는 독자를 향하지 않는다. 실재독자보다는 내포독자에게 이야기를 건네고 있다. 인간의 의식은 고정불변이 아니므로 문학 텍스트에 등장하는 서술자의 관점도 변하기 마련이다. 주인공의 행동도 어떤 기준으로 생각하는가에 따라 달라진다.

그런데 요즘 들어 그 반항이 수그러드는 중이다. 어쩌면 그런 형의 삶도 스스로에게는 최상이 아니었을까. 형제간의 인생 선택지문이 딱히 같아야만 할 이유가 있을까. 관계라는 것이 지난 내 생각처럼 꼭 그렇게 무엇인가를 주고받아야 유익한 것일까. 이제 와서 생각해보면 내 생각이 짧았던 것 같다. 같은 시대, 같은 하늘 아래, 같은 추억을 가진 것만으로도 서로에게는 서로가 충분한 언덕이었으리라.

백두현이 지금까지 기준으로 바라본 형은 자신의 자유를 위하여 장남의 역할을 다하지 않은 사람이었다. 부모 기제사를 모시고 산소를 가꾸는 짐을 맡지 않은 형과 집안 대소사를 더 이상 나눌 수 없었다. 한국사회가 준수하는 자식의 도리라는 이데올로기에 충실한 나머지, 적어도 개인의 자유와 권리 사이에 균형이 필요하다는 입장을 지켜왔다. 백두현은 '그러나, 그런데'라는 반추적인 내적 대화를 거듭하는 가운데 "형제간의 인생 선택지문이 동일할 필요가 없다."라는 인식에 다다른다. 관계란 때로는 동일한 추억거리를 가지는 것만으로도 충분하다는 것이다.

바흐친이 말한 대화주의는 통제받지 않는 목소리를 상호 인정해 준다. 인생은 선택의 연속이지만 선택할 수 없는 상황도 생기기 마련이다. 백두현의 내적 대화가 다다른 메시지는 타인의 길도 긍정적으로 받아들여야 한다는 것이다. 이러한 메시지를 얻은 작가는 비로소 땡땡이를 치자고 부추긴 형, 형제간의 결석 사건을 비밀로 지켜주었던 형, 일가를 이루는 것을 마다하고 자유를 선택했던 형을 이해하고 그리워한다.

〈이제 와 생각해보면〉의 결미를 대화주의로 풀이해보면 약간의 문제점이 발견된다. 그 점은 "MMS 문자 몇 줄이라도"라는 구절에서 살필 수 있다. 백두현은 형에 대한 소식이 궁금하지만 대화의 문을 활짝 열지 못한다. '이제 와 생각해보면,' '문자 몇 줄이라도'라는 어조에는 '아직도'라는 앙금이 남아 있어 큰 대화가 이루어졌다고 말하기 어렵다. 바흐친의 대화주의를 온전하게 펼치고 있지 않다는 상황을 암시해 준다.

덧붙이며

수필작가는 1인칭 행위자이면서 서술자이다. 서술자로서 작가가 사건을 설명하고 정서를 표현할 때 구사하는 언어는 사회적 환경과 심리적 욕망의 충돌로 인하여 변화한다. 언어는 서술자의 욕망과 분리될 수 없다. 사회의 이데올로기를 지닌 언어구조는 발화 단계부터 작가와 서술자, 작가와 독자 사이의 의사소통을 원활하게 하기 위하여 변한다. 바흐친은 이 현상을 대화주의로 설명하는데 수필도 등장인물의 심적 추이를 다채롭게 해석할 수 있도록 대화주의를 도입할 필요가 있다. 그래서 문학 언어를 이중 언어라고 부르는 것이다. 언어의 이중적 역할을 이해하면 수필가는 자아와 타자 간의 대화주의를 포착할 수 있다. 수필이 시급히 구현하여야 할 서술미학이 이것이라고 하겠다.

| 작품 |

데이빗을 위한 아리아

김경중

 처음부터 그녀를 좋아한 사람은 그였다. 지적인 눈, 날카로운 코, 속이 훤히 비치는 검은 롱스커트가 잘 어울리는 그녀의 길고 쭉 뻗은 다리, 검고 빛나는 머리칼, 긴 손가락, 다만 그녀에게 흠을 찾는다면 발이었다. 그녀의 발은 모양이 없고 너무 컸다. 그녀의 얼굴 중에 가장 눈에 띄는 부분은 뚜렷한 눈썹이다. 그녀의 눈썹은 그녀의 성격을 대변하는 듯 진하고 까맣다.
 그녀의 특기는 그림과 바느질이다. 대부분의 남자들은 그녀의 매력에 빠지지만, 먼저 접근하는 남자는 많지 않았다. 그녀에게 반한 남자는 그녀가 쌀쌀맞은 사람인 줄 알면서도 그녀를 떠나지 못했다. 그녀는 자기 옷을 만들어 입고, 또 주변 사람의 옷도 만들어 주곤 했다. 또 다른 그녀의 특징은 혐오스런 벌레나 양서류를 거리낌 없이 맨손으로 잡는 것이었다.
 그녀는 사람을 쉽게 용납하지 않는 편이었다. 그녀는 결혼 같은 것은 하지 않는다고 공언하고 다녔다. 그녀가 혼자 있을 때 그녀는 자기 몸단장하는 데 많은 시간을 보냈다. 그녀의 몸단장은 독특했다. 그녀가 신경 쓰는 부분은 손톱과 발톱이었다. 그녀는 립스틱을 바르지 않는 대신 눈썹을 그리는 데 많은 시간을 보내고, 색색의 매니큐어로 발톱과 손톱에 그림을 그렸다. 그녀의 매니큐어 바르는 솜씨는 전문가 수준이었다. 그녀는 몸에도 그림을 그렸다. 그녀의 피부는 적당히 희고, 그녀의 몸에 그린 그림들 때문에 한층 더 섹시해 보였다. 그녀의 몸단장 시간은 길었다. 그녀는 몸에 오일을 바르고, 자기 몸에 난 털들을 제거하고, 얼굴에 팩을 하는 데 온종일을 보내는 날도 있었다.

그녀가 좋아하는 사람은 젊은 사람보다 자기보다 나이가 훨씬 많은 중년이 넘은 남자였다. 그럼에도 불구하고 무슨 일인지 그녀와 사귀는 남자는 고양이 앞의 쥐처럼 그녀 앞에서 꼼짝달싹하지 못했다.

그녀는 말벌이 새끼를 낳기 위해 끌어다 놓은 애벌레에게 잽싸게 알을 까고 도망치는 기생파리같이 파렴치했다. 암말벌이 애벌레 위에 알을 깐 뒤, 땅을 덮기 전에 기생파리 알이 먼저 깨어나 구더기가 되어 말벌의 애벌레들을 잡아먹었다. 그녀는 유리날개사마귀의 속성도 가지고 있었다. 유리날개사마귀는 사백 개 정도의 알이 든 알덩어리를 세 개나 낳고 그 많은 새끼들에게 단백질을 제공해 주기 위해 짝짓기한 수컷까지 잡아먹는 습성이 있다. 그녀는 숙주의 몸에 기생하는 바이러스 같은 존재였다.

그런데 막상 그가 그녀의 이름을 들었을 때 그는 소스라치게 놀랐다. 그녀의 이름은 욕망이었다.

그는 모든 유혹에 약했다. 그녀의 크림 같은 얼굴에 굴복했고, 그녀의 은은한 향수 냄새에 굴복했고, 그녀의 부드러운 말씨와 미소에서 헤어나오지 못했다. 그는 자신이 영영 살아 돌아올 수 없는 죽음의 나락으로 서서히 떨어지고 있다는 것을 알면서도 그녀를 향한 마음을 멈출 수 없었다 그녀의 또 다른 이름은 죽음이었다. 그는 그녀가 만든 프로그램 북의 스케줄대로 움직이고 있었다.

그녀는 차근차근 그에게서 수면과 마음과 산소를 앗아 갔다. 그녀가 제일 먼저 그를 공격한 것은 그를 잠재우지 않는 것이었다. 그녀는 꿈속에도 찾아와서 잠자는 그를 깨웠다. 그 때문에 그의 주변 사람들까지도 잠을 설쳤다.

그녀의 두 번째 유혹은 그의 마음속에 불안을 심어 놓는 것이었다. 이 유혹은 불면증보다 더 잘 먹혀서 그는 서서히 기쁨을 잃어 갔다. 그녀가 찾아오는 날이면 그는 안절부절못했다. 그의 불면과 불안이 늘어날수록 그는 밥맛까지 잃었다. 그로 인해 그의 뼈는 삭고, 머리칼은 뭉텅이로 빠지고, 다리는 힘을 잃었다. 그는 자주 식은땀을 흘리며 패기를 잃고 누워 지내는 일이 많았다. 그녀의 마지막 유혹은 담배였다. 그는 창문을 닫고 끊임없이 담배를 피웠다. 그녀는 그로부터 신선한 공기를 차단했다. 그는 드디어 그녀 앞에 무릎을 꿇었다.

그는 그녀로부터 벗어나려고 애썼지만, 그러기에는 너무 멀리 와 버렸다는 것을 깨달았다. 그가 그녀의 정체를 발견했을 때 그는 또 한 번 놀랐다. 그녀는 바로 그 자신이었기 때문이었다. 그는 심한 허탈감에 몇날 며칠 깊은 잠속에 빠져 들었다. 그리고 그는 심한 현기증으로 일어설 수 없게 되었다.

데이빗이란 남자가 있다. 그는 50대 후반에 상처한 후, 여자에게 마음을 주지 않기로 결심했다. 그 후, 그는 부인의 친구와 재혼해서 이십 이 년을 살았다. 이제 그는 82세다. 그가 노인이 된 후에 그는 하루 중 많은 시간을 명상과 피아노 연주로 보냈다. 그는 하루도 명상과 피아노 연주를 거르는 날이 없었다. 그가 처음으로 자기 CD를 갖게 된 것은 칠십대였다. 그의 피아노 연주는 사모하는 이에 대한 그리움으로 점철되어 있었다. 그는 차라리 사모하는 이의 그림자가 되기를 원했다. 그는 사람들을 만날 때마다 웃는 낯으로 사모하는 사람에 대해 이야기하곤 했다.

그런 그에게 이상한 일이 일어났다. 한번 피아노 연주를 시작하면 그칠 줄을 모르고 계속 피아노를 치는 것이었다. 그의 피아노 연주는 부인이 제지하기까지 계속되곤 했다. 그가 부인의 손을 잡고 병원을 찾았을 때, 그는 죽음을 준비하라는 통보를 받았다. 그의 부인은 한참을 울었다. 그러나 그는 죽음을 예감한 사람처럼 담담한 표정이었다. 그는 자기를 담당한 간호사에 대한 칭찬을 아끼지 않았다. 그는 자신의 삶에 대한 미련이 없는 듯 보였다. 그러나 노처녀로 살다가 자기에게 시집와서 이십 년 넘게 살면서 아이도 낳지 않고, 자신의 마음도 가지지 못한, 동반자, 부인에게 미안한 마음이 든다고 했다.

한번 가면 영원히 돌아오지 못할 여행길이었기에 그녀를 위로할 시간이 부족했다. 그러나, 그는 그런 사실을 잊었는지 그의 얼굴은 다시 핏기가 돌면서 밝아졌다. 그가 새 친구를 만났기 때문이다. 명상의 친구, 아리아였다. 아리아는 생명의 날개를 가진 여인이었다. 그녀는 신기하게 보이지 않는 것을 보게 해 주는 재주가 있었다. 데이빗은 아리아로부터 보이지 않는 것을 보는 법을 배웠다. 아리아는 데이빗이 사모하는 분이 보낸 천사였다.

명상의 친구, 아리아는 영원히 죽는 법이 있다면, 영원히 사는 법도 있을 것이라고 말했다. 데이빗은 이제라도 아리아를 만난 것이 다행이라고 생각했다. 아리아는 데이빗이 명상할 때나, 피아노 연주할 때, 항상 그 옆에 있었다고 했다. 데이빗은 아리아와 함께 사모하는 이를 만날 기대로 가슴이 부풀어 있다. 그의 CD에 이런 글이 있다.

'There's something about that name'

David Orpin

― ≪수필과비평≫, 161호.

| 작품 |

실향민

이종전

언젠가 아버지가 부르셨다. 말아놓았던 커다란 사진 한 장을 방바닥에 펼치셨다. 지금 같으면 구글의 위성사진이 훨씬 유용하련만 당시만 하더라도 위성사진을 접한다는 것이 쉽지 않았다. 한데 어디서 구했는지 당신의 고향이 담긴 위성사진을 갖고 계셨다. 늘 두고 온 고향을 그리셨기에 그러려니 하는 마음으로 머리를 맞대고 앉았다.

방바닥에 펼쳐진 지도는 그렇게 선명한 것이 아니었다. 하지만 당신은 고향집의 위치, 다니던 학교를 짚어가면서 추억담을 늘어놓았다. 게다가 사진엔 나타나 있지 않지만 뒷산 자락에 있는 선조들의 무덤까지 기억력을 되살리면서 설명했다. 아버지는 진지하게, 가끔씩 혼잣말로 한숨을 지으면서 끊어질 듯 이야기를 이어가곤 했다. 하지만 그러한 이야기들이 내 귀에는 담기지 않았다. 건성으로 듣는 둥 마는 둥 지나쳤다.

아버지는 기회가 있을 때마다 위성사진을 꺼내 놓고 고향으로 돌아가 시간여행을 하셨다. 그리고 다시 지도를 곱게 말아서 당신의 품에 품듯이 고이 보관했다. 세월이 흘러 아버지가 하셨던 구체적인 이야기는 내게 아무것도 남아 있지 않다. 다만 반복해서 들었기에 피상적인 사실을 담은 단어 몇 개가 내 기억에 겨우 남겨졌을 뿐 스토리텔링으로 이어질 수 있는 것은 기억에 없다.

한데 아버지께서 뇌경색으로 갑자기 쓰러지셨다. 쓰러지는 순간부터 의식이 전혀 없는 상태로 4개월 동안 인공호흡으로 연명을 하고 계신다. 매우 건강하셨는데 갑작스럽게 쓰러지고 나니 한동안 어안이벙벙했다. 산소호흡기에 의존하고 연명을 하고 있는 무표정한 모습은 이제 더 이상 고향조차 그리워할 수 없는 몰골이다. 어렵게 구한 위성사진으로 고향을 그리던 모습은 뇌경색과 함께 재생될 수 없는 과거가 되고 말았다.

지도를 펼치는 날이면 언제나 빠지지 않고 하셨던 것이 학교에 다니던 이야기다. 집에서 학교가 멀었고 험한 산길을 넘어야 했기에 겪게 되었던 이야기가 언제나 주제였다. 식민지시대와 해방 이후 공산주의시대를 경험하면서 겪었던 고통은 결코 잊을 수 없는 것이었다. 게다가 손孫이 귀한 집안에 형제도 없이 유일한 아들로 태어나서 금이야 옥이야 손에서 내려와 보지 못한 채 자란 아버지는 통학 과정이 많은 이야깃거리가 되었던 모양이다. 하굣길에 늦으면 산을 넘어 마중을 다녔던 할머니 이야기부터, 무서워서 정신없이 뛰다가 다친 줄도 몰랐다는 짠 한 이야기까지. 그렇게 아버지는 지도를 펼치는 날이면 언제나 고향으로 달려가 유년 시절의 기억을 더듬곤 하셨다.

어느 날인가 입원실로 면회를 가서 뵙는 순간 방바닥에 지도를 펼쳐놓고 고향을 설명하던 아버지의 모습이 겹쳤다. 그렇게 가고 싶어 하신 고향인데 결국 통일의 날을 보지 못한 채 정해지지 않은 시간 속에서 이생의 여정을 마무리할 날을 기다리고 있는 모습이 애잔했다. 원치 않은 실향의 아픔을 평생 간직하고 살면서 그날이 오면 달려가 고향의 품에 안기고 싶어 지도로나마 늘 고향집을 다녀오시던 그 모습조차 이제는 기대할 수 없다.

한데 나는 아버지의 고향을 마음에도, 눈에도 제대로 담지 못했다. 어쩌면 내 고향이 아니었기에 담으려고 하지 않았는지 모른다. 아니, 현실성이 없기 때문에 건성으로 들었는지 모른다. 문제는 지금 내게는 그 아버지의 고향이 없다는 것이다. 나를 앉혀놓고 머리를 맞댄 채 말씀을 하셨던 고향인데 정작 내게는 그 고향이 없다.

 방바닥에 펼쳐놓은 지도를 짚어가면서 고향을 그리던 아버지는 이제 무념무상으로 병상에 누운 채다. 고향의 지도를 펼쳐놓으면 일어나실까? 고향에 갈 수 있게 됐다고 하시면 일어나실까? 아니, 고향에 왔다고 하면 깨어나실까? 그날이 오면 고향으로 달려가고 싶어 하셨지만 그렇게 그리던 고향을 말씀드려도 묵묵부답이신 채다. 시간과 함께 고향이 멀기만 하다는 듯 한숨을 짓던 모습이 선한데 그마저 무상하다는 듯 누워만 계신다.

 내 고향은 아버지의 피난지였다. 산자락에 피난 온 사람들이 움집을 짓고 모여들어서 형성된 곳이었다. 하지만 생계를 위해서는 마냥 그곳에 머물 수 없기에 하나씩 둘씩 그곳을 떠나야 했다. 그리고 세월이 흘러 그곳은 이제 도시가 되었고 고향마을은 지도상에서 사라졌다. 고향이 사라지기 시작할 때부터 나는 고향을 찾지 않았다. 그때까지만 해도 나도 모르게 고향을 찾아서 무심코 걷곤 했는데 사라져가는 고향이 아쉬워서일까 어느 날부터는 발길조차 주지 않게 되었다.

 그래서인가 어느 날부터 고향을 말할 기회가 없어지기 시작했다. 나의 고향은 마음속에만 있는 곳이 되고 말았다. 내게 있어서 실향민이라는 말은 그렇게 다가왔다. 한데 고향을 그리던 아버지가 눕고 마시니 또 하나의 고향을 잃게 된다는 생각에 목이 멘다. 생물학적으로나 정서적으로 부모는 영원히 끊을 수 없는 고향이 아니던가. 이젠 아버지마저 회생이 불가능한 상태로 계시니 나는 진정 실향민인가.

 나도 모르게 아버지가 간직하고 계셨던 지도를 펼쳐본다. …… 어서 그날이 와 이 아픔을 덜 수 있다면 행여 마지막 가시는 길이라도 귀향의 기쁨으로 대신할 수 있다면…….

― ≪수필과비평≫, 161호.

| 작품 |

이제 와 생각해 보면

백 두 현

    위로 세 살 터울인 형이 있다. 초등학교 시절 난 그 형과 함께 매일 십 리 길을 걸어서 학교에 다녔다. 남달리 형제간에 우애가 돈독해서는 아니었다. 마을에 같이 학교에 다닐 친구가 없어서도 아니었다. 그저 누가 보면 형제 아니랄까봐 유전적인 요인이 작용한 탓이다. 형이나 나나 아침잠이 많아 늦게 일어나니 같이 등교할 사람이 없었을 뿐이다. 그런 우리 형제를 어머니는 아침마다 전쟁 치르듯 깨우셨다. 지금 생각해보면 참, 큰 불효였다. 새마을 운동이 한창이던 때라 자식 늦잠 자는 자체가 창피한 일이었다. 해 뜨기 전에 집을 나서고 해가 져서 다시 돌아오는 삶이라야 누구라도 떳떳한 시대였다.
    그러던 어느 날, 그날따라 아버지는 새벽같이 들에 나가고 몸살 중이던 어머니가 늦잠을 주무셨다. 덕분에 우리 형제까지 늦도록 단잠을 잤다. 그러나 달콤한 것은 언제나 짧은 법, 중천에 뜬 햇살에 깜짝 놀란 나는 허겁지겁 등교 준비를 해야 했다. 아침밥을 거른 것은 물론이고 고양이세수로 알록달록한 얼굴로 학교까지 뛰어서 갔다.
    그런데 십 리 길을 마라톤 등교한 보람도 없이 도착한 학교 운동장에는 개미새끼 한 마리 없었다. 아침조회가 끝난 텅 빈 운동장을 가로질러 교실로 들어가기가 너무 무섭고 싫었다. 물밀듯 밀려오는 불안감으로 형의 얼굴을 빤히 쳐다보았다. 형은 멍하니 내 얼굴을 바라보더니 갑자기 단호한 목소리로 소리쳤다.
"좋아! 오늘 하루는 땡땡이다!"
형은 명령했고 나는 복종했다. 우리는 약속이라도 한 것처럼 손을 마주잡고 용감하게 가던 길을 되돌렸다. 목적지는 등굣길의 중간지점에 있었던 철길이었다. 학교 근처에서 놀자니 선생님 눈에 띌 것 같고 마을 근처에서 놀자니 마을 어른들 눈에 띌 것 같아 안전하게 하루를 보내자면 그곳이 딱! 이었다.
두어 시간에 한 번씩 기차가 지나갔다. 그때마다 침을 발라 철로 위에 놓아두었던 대못이 기차바퀴에 납작하게 만들어졌는지 찾느라 혈안이 되었다. 아무런 쓸모없는 칼 비슷한 무엇을 이상하게도 자꾸 만들고 싶었다. 여느 때처럼 형은 윽박지르지도 않았고 나 역시 그날만큼은 고분고분 형의 말을 잘 들었다. 이렇게 척척 죽이 잘 맞는 형제였다니 신기하기만 했다.
기차가 지나지 않는 시간에는 울창한 코스모스 사이로 아지트 비슷한 걸 만들어 놓고 나란히 누웠다. 양반자세로 다리를 꼬고 누워서 가을하늘을 바라보았다. 푸른 칠판 위로 선생님 대신 비행기가 하얀 분필가루를 뿜으며 지나갔다. 고추잠자리는 군데군데 중요한 구절마다 붉은색 밑줄을 긋고 갔다. 정말 행복했다. 부모님께 결석을 알리는 문자메시지가 없는 세상이라 행복하고 또 행복했다.
그런데 착각이었다. 학기말에 한 학년씩 올라가면서 결국 사단이 났다. 형이 개근상을 받지 못한 것이 문제였고 더 큰 문제는 나는 개근상을 받았다는 것이었다. 임신 중이셨던 담임선생님이 그날따라 출산휴가를 가신 바람에 불행인지 다행인지 결석 처리가 되지 않은 것이다.
"에라 인석아! 장남이라는 것이, 니 동생한티 챙피하지도 않은겨?"
안방 벽에 나란히 붙여진 지난 학년의 상장들 옆에 새로 받은 나의 개근상을 밥풀로 붙이던 어머니가 계속해서 형을 혼내셨다. 얼마나 조마조마하고 쑥스럽던지 형의 얼굴을 쳐다보기 민망했다. 뭐라도 변명을 하긴 해야 하는데 소심한 나로서는 나도 결석했다고 말이 차마 입에서 떨어지지 않았다. 오히려 형이 부모님께 이를까봐 가슴이 콩닥콩닥 뛰었다.

그러나 형은 아무런 변명을 하지 않았다. 별일 없던 사람처럼 밥 한 그릇을 뚝딱 비우고 놀러 나가버렸다. 그런 형은 어려서부터 나와 많이 달랐다. 나보다 힘이 셌지만 마음은 약했다. 나보다 키도 크고 훤칠했지만 공부를 못했다. 또 나보다 의리가 강했지만 집안일을 돌보는 것에 심드렁했다. 때문에 형은 일찍 하늘나라로 가신 부모님 대신 집안의 울타리가 되어야 했지만 방랑을 택했다. 스스로 자유라 했지만 일가를 이루지 않는 삶이었다. 모든 것이 차남인 내 차지가 되었다. 참으로 형이 미웠고 슬펐다. 그래서 소심한 반항을 했다. 부모님의 기제사를 내 집에서 모셨고 산소를 가꾸는 일도 이십 수년간 나누지 않고 살았다.

그런데 요즘 들어 그 반항이 수그러드는 중이다. 어쩌면 그런 형의 삶도 스스로에게는 최상이 아니었을까. 형제간의 인생 선택지문이 딱히 같아야만 할 이유가 있을까. 관계라는 것이 지난 내 생각처럼 꼭 그렇게 무엇인가를 주고받아야 유익한 것일까. 이제 와서 생각해보면 내 생각이 짧았던 것 같다. 같은 시대, 같은 하늘 아래, 같은 추억을 가진 것만으로도 서로에게는 서로가 충분한 언덕이었으리라.

인생이란 매 순간 선택의 연속이다. 그렇더라도 살다 보면 선택할 수 없는 것도 많다. 피할 수 없다면 즐기라는 말도 있듯 기왕에 정해진 길이라면 긍정적이라야 유익한 법. 앞으로는 형에게 틈나는 대로 문자메시지라도 보내며 살 생각이다. 혹시 오래전 같이 결석하고 형만 개근상을 받지 못한 사실이 기억나지 않는지. 그때 어머니께 혼났을 때 정말 내가 밉지 않았는지. MMS문자 몇 줄이라도 내게 거인처럼 컸던 그날의 형을 불러보려는 것이다.
— ≪수필과비평≫, 161호.

06 수필문장의 대표기법:
은유와 환유

　문학은 비유로 짜인 얼개이다. 비유로 이루어진 문학은 설명이 아니라 언어 속에 함축된 의미를 열거한다. 현실을 직접 보지 않고 언어를 통해 바라보고 해석은 정보가 아니라 사물이 지니고 있는 맛과 느낌을 나눈다. 이미지와 의미를 언어로 구현한다는 뜻이기도 하다.
　하이데거는 '언어는 존재의 집'이라고 하였다. 언어는 존재를 풀이하고 존재는 언어에 의지한다는 점에서 '집'이라는 개념은 언어망이라는 말보다 더 구체적이다. 사물을 표현할 때 사용하는 기법이 비유이다. 비유 중에서 중요한 기법이 은유와 환유이다. 프랑스 정신분석학자 라캉은 비유를 경시하는 것은 인간의 행위를 무시하는 것이라고 경고하였고, 역사철학자 지암비스타 비코는 은유와 환유는 언어와 문화가 어떻게 관련되는가를 보여준다고 하였다. 은유와 환유를 조심스럽게 선택하고 조직화하여야 한다는 뜻이다.
　은유와 환유 사이에는 무시 못할 차이가 있다. 은유는 원관념을 보조관념으로 표현하는 것이다. 예를 들면 여성의 순결을 나타내기 위하여 순결한 아름다움과 유사한 백합이라는 보조관념을 빌려와 "백합 같은 처녀"로 표현한다. 은유는 세상이 무엇이라는 것을 내면적으로 이해시켜주는 것으로 사물이나 개념을 이해시키는 장치이므로 특정 언어를 반복하는 어휘체계를 중시하는 낭만주의 문학양식인 시에서 주로 사용된다.

환유는 사물이나 개념을 지칭하는 수단이다. 예를 들어 '그는 왕이 되었다'는 내용에서 왕이라는 단어 대신에 왕을 상징하는 왕관을 빌려와 "그는 왕관을 썼다."고 표현한다. 왕과 왕관 사이에는 인접성을 가진다. 환유는 대상의 속성을 설명해주는 다른 말을 계속 구사하며 어떤 정체를 나타내려는 언어활동이다. 세상을 외면적으로 분석하고 설명하므로 리얼리즘 장르인 산문이나 소설에서 주로 사용된다. 야콥슨은 낭만주의 예술은 은유적 성격이 강하고 리얼리즘 예술은 환유적 성격이 강하므로 시는 은유적이고 소설은 환유적이라 하였다.

이탈리아 기호학자 움베르토 에코는 은유와 환유는 상호 연관되어 있다고 지적하였다. 은유(메타포)와 환유(미토노미)는 상호작용을 하므로 그 경계선이 모호해진다고 하였다. 이것을 메타프토노미라고 부른다. 시적인 의미체계와 소설적인 서사형식을 함께 지니는 수필에 은유와 환유를 도입하면 의미화와 형상화 사이의 유기성이 보다 강화된다. 무의미한 대상에서 의미를 찾아내는 수필에서는 은유와 환유간의 상호관계를 더욱 요구한다고 말할 수 있다.

본 호에서는 꽃과 숲을 제재로 선택한 세 편의 작품을 선정하여 작가가 나타내고자 하는 시적 언어체계와 서사성이 은유와 환유를 통하여 어떻게 구현되고 있는가를 살펴보기로 한다.

박용수의 〈봄에 지는 꽃〉

박용수는 '봄'과 '꽃'이라는 언어를 결합하여 생명과 죽음의 동시성을 보여준다. 봄은 생명이 소생하는 계절을, 꽃은 봄철의 소생을 형상화한다. 꽃이 신화시대 이래로 여성, 개화, 성애, 출산, 풍요라는 언어와 함께 사용되면서 사람들은 봄과 생명의 상관성에 더 동의하게 되었다.

작품의 서두는 "벚꽃나무 끝에 매달린 봄"으로 시작한다. 봄은 꽃 피는 계절이지만 "매달린 봄"이라는 표현으로 "봄에 꽃이 진다"는 묵시적 해석을 만들어낸다. 봄철에 꽃이 피고 진다는 논리로써 인간도 봄에 태어나고 죽기도 한다는 섭리에 타당성을 부여하고 싶어 하는 작가는 우선 '나무 끝에 매달린 봄'이라는 환유로써 벚꽃이 핀다는 의미의 일부를 나타낸다. 왕의 신분이 왕관, 옥좌, 옥쇄, 옥체 등으로 이어지듯이 벚꽃은 봄(春), 봄꽃, 결혼, 신부로 연결되어 신부의 출현이라는 중심관념을 완성시킨다.

봄철 어느 날, 예식장에서 작가는 '신부의 하얀 드레스'에서 "피는 꽃"의 이미지를 떠올린다.

> 신부의 드레스에 박힌 꽃들도 하얗게 만개한 어느 오후, 신랑은 벙실벙실 웃으며 인사를 하고 신부는 신랑의 팔을 꽉 붙잡고 환히 웃고 있다. 신랑은 명문대학 경영과를 졸업한 대기업 회사원이란다. 딸은 어느 소도시 선생님이었다. 분에 넘친 사위를 얻은 붉은 나비넥타이를 한 친구의 입이 귀에까지 걸렸다.

친구의 딸 결혼식이 봄을 환유하는 언어로 그려진다. 드레스에 박힌 꽃, 오후의 만개, 벙실벙실한 웃음, 붉은 나비넥타이 등은 '행복한 시절'을 나타내는 환유이다. 결혼식장을 묘사하기 위해 동원한 언어들은 상호 인접성을 갖는 가운데 결혼식은 봄꽃과 연관될 수밖에 없다.

'새하얗게 터진 꽃덤불'로 묘사되는 결혼 드레스는 봄의 이미지를 생동감 있게 강조한다. 작가는 봄을 설명하는 언어를 열거하면서 '꽃덤불'에 주목하였다. 이것은 풍요, 출산, 임산부라는 신부의 미래를 서사적으로 풀어내는 핵심어이다. 신랑과 신부가 환하게 웃고 붉은 나비넥타이를 맨 친구를 보면서 "오늘 예식장은 봄날보다 더 화창하고 봄꽃보다 더 화사하다."라 말한다. 혼주가 자식을 결혼시키는 행복에 빠져 있는 동안 작가는 수년 전 다른 친구의 결혼식에서 느낀 질투심을 되살리지만 쇠락해가는 인생과 허무감도 놓치지 않는다.

결혼식장을 빠져나온 작가는 봄철에 어울리지 않는 하얀 국화꽃으로 치장한 운구차를 목격한다.

> 승용차를 덮은 꽃들은 국화이다. 하얀 국화. 화창한 봄날, 하필 환영받지 못한 국화라니. 꽃차는 생전에 탈 수 없는 누워서 가는 운구차였다. 장례식 간판이 시커먼 저승사자처럼 머리 위에서 나를 제압하듯 내려다보고 있다. 굳이 보지 말아야 될 것이라도 본 것처럼 혼절한 나는 빨리 이곳을 벗어나려 했고 허겁지겁 걸음을 재촉했다.

국화는 웨딩드레스에 박힌 꽃과 대비된다. 봄날의 국화는 인간의 탄생과 죽음은 계절을 가리지 않는다는 사실을 보여준다. 국화꽃, 운구차, 저승사자, 장례식장이라는 언어들이 겹쳐갈수록 봄은 죽음과 더 가까운 인접성을 갖는다. "운구차에 실렸다." "저승사자를 만났다."와 같은 말이 죽음을 뜻하는 환유의 일부이듯이 작가는 죽음과 관련된 여러 환유를 계속 이어서 "친구의 죽음과 장례식"이라는 최종 서사를 완성시켜간다. 이 과정은 어떤 언어의 미흡한 부분을 채워가려는 욕망이 환유라고 한

라깡의 풀이에 일치한다.

　삶을 새롭게 시작하는 결혼식과 삶을 마감하는 장례식을 동시에 대면한 박용수의 의식은 혼란스럽다. 예식장에는 봄날 분위기가 가득하지만 장례식을 목격한 그는 충격을 느낀다. 한때 친구 집안의 당당한 결혼식에 '곰팡이 같은 질투심'을 느끼고 "나비넥타이"를 맨 친구가 미웠지만 지금은 "장례식장 간판이 시커먼 저승사자처럼 머리 위에서 제압하는" 현실이 더욱 두렵고 죽음으로부터 어느 누구도 자유롭지 않다는 사실을 자각한다. 인간은 계절과 상관없이 태어나고 사라진다. 친구도 몇 해 전에는 예식장에 있었지만 지금은 영정 속에 있다. '찬란한 봄에도 떨어지는 꽃이 있다.'는 말은 죽음이라는 현실을 더욱 강조한다. 삶의 종점에 가까이 온 그는 벚꽃 같은 신부의 드레스보다 국화꽃으로 뒤덮인 운구차를 더 오래 지켜보게 된다.

　결혼이 벚꽃, 죽음이 국화꽃으로 구분된 것은 박용수만의 언어가 아니다. 그러나 "미풍에도 떨어지는 꽃이 있듯 감기에도 떨어지는 생명"이 있다는 표현은 박용수가 구축한 환유이다. 미풍, 감기 죽음이라는 환유의 연속이 국화에 죽음을 부여하면서 「봄에 지는 꽃」을 죽음을 이야기하는 서사로 만든다.

　〈봄에 지는 꽃〉이 제시하는 비유는 환유이다. 봄철에도 꽃이 피고 질 수 있고 생명이 태어나고 죽음도 맞이한다는 사실은 초계절적이 아니라 무계절이다. 작가는 결혼과 벚꽃, 죽음과 국화꽃을 서로 인접시켜 질투는 허망하며 인생은 늙어간다는 생의 양면을 보여준다. 그 생의 서사를 작가는 "벚꽃나무 끝에 매달린 봄"으로 풀어낸다.

피귀자의 〈그녀〉

피귀자가 〈그녀〉라고 부르는 대상은 꽃무릇이다. 일반적으로 개화와 낙화와 결실로 변하는 꽃은 남성보다는 여성의 일생에 비유되면서 여성명사로 나타난다. 작가가 여성화한 꽃무릇은 9월 중순에 붉은색 꽃을 피운다. 대부분의 꽃이 봄에 핀다면 그것은 가을에 피고, 꽃이 진 후에 잎이 돋았다가 여름에 말라죽는 '화엽불상견'이다. 가을이라는 계절과 붉은 빛 꽃무릇의 의미를 함께 묶으면 20대의 젊음을 보낸 중년여성과의 유사성이 두터워진다.

피귀자는 낙화가 아니라 만개하는 꽃으로 중년여성의 열정과 그 속에 숨은 고독을 그린다. 풋내기 청춘보다는 성숙한 열정을 묘사하는 장면은 신화적 원형을 따른다. 그것은 물에 비친 자신을 그려내려 한 나르시스의 말하기를 연상시켜준다.

> 농염한 꽃불이다. 활활 타오르는 불꽃이다. 넘실대는 파도처럼 붉은 날개를 젖히고 비상하는 나비처럼 여섯 개의 수술이 세상을 향해 길게 손을 내민다. 아니, 긴 꽃술이 여인의 속눈썹처럼 슬픔을 둥글게 말아 올렸다. 가을정원을 화려하게 물들이는 꽃무릇의 황홀한 꽃멀미. 부질없다.

'황홀한 꽃멀미'를 묘사하는 "꽃불, 붉은 날개, 나비, 여섯 개의 수술, 속눈썹" 등은 감각적인 시어에 속한다. 이들은 관능이라는 이미지와 상호성을 갖는다. 그들은 무엇인가를 향해 문을 여는 여체를 연상시켜 주지만 종결어는 '부질없다'이다. '부질없음'은 열정의 소멸을 뜻하는 서술어로서 '눈매 서늘한 여인의 아찔한 자태', '붉디붉은 맨몸', '땀방울 흥건히 묻은 속살'이라는 관능을 일순간에 파괴해버린다. 시적 허무감을 스스로 자초

하는 것이다.

작가는 꽃무릇을 묘사할 때 열정과 관능의 여인을 생각한다. 여성과 꽃 사이의 유기성을 더욱 좁혀가는 '몸짓, 목울대, 눈물, 솜털, 속눈썹, 입술' 등은 꽃과 여성이 공통적으로 지닌 속성을 나타내는 몸말이다. 이러한 언어들은 여성과 꽃을 예찬하는 낭만적인 의미체계를 이루어낸다.

꽃무릇에 부여된 의미체계는 여성 화자에 연결된다. 끈질긴 생명력, 열정적인 개화, 희생적인 죽음은 남성사회에서 억압받은 여성을 드러내는 언어들이다. 석산화와 상사화로 부르는 까닭도 가을철 메마른 땅에서 홀로 피어나 시들기 때문이다. 뿌리는 코끼리도 쓰러뜨릴 만큼의 강한 독성을 지니는가 하면 선홍빛 꽃 수술과 암술은 남녀의 결합을 연상시킨다. 중년 여성이 되고 싶어하는 가장 이상적인 모습이 꽃무릇이라고 여기는 화자는 이 꽃에 '그녀'라는 여성 3인칭을 붙이는 것이다.

꽃무릇에 부여된 은유는 다양하다. 잎과 꽃이 서로 만나지 못하므로 '고독한 산책자'라 부르고, 여섯 조각으로 갈라진 꽃잎을 '붉은 왕관'으로 표현하고, 꽃과 잎이 사라지는 마지막 모습을 '운명'으로 지칭한다. 작가가 꽃무릇에 부여한 여러 가치 중에서 가장 두드러진 미덕은 고독이다.

> 가을이 이렇게 화려할 줄이야. 가을은 결코 쓰러져가는 것들의 차지가 아니라는 사실을 몸으로 보여주며 계절의 이미지를 바꾸고 마는 꽃, 보름 피다 지고 말아 절정의 순간을 마주하기 쉽지 않은 꽃, 잊은 듯 생각나 찾아가면 너무 빠르거나 늦었다고 토라져 꽃 몸을 닫아버리기 일쑤인 꽃. 행복한 자를 더 행복하게 하고 고독한 자를 더 고독하게 하는 꽃무릇.

작가는 화려함 속에 숨어 있는 슬픔과 고독을 이해한다. 슬픔은 혼자 있을 때 가장 슬프지만 슬픔과 슬픔이 만나면 따뜻한 위로가 되고 죽음의 슬픔조차 삶의 의지를 되살려 낸다고 확신한다. 이것이 작가가 꽃무릇을 통해 얻고싶은 마지막 의미이다. 그것의 미덕이 아름다움이 아니라 외로움과 슬픔이라고 정의함으로써 작가는 '꽃무릇은 그리움'이라는 의미체계를 완성시킨다.

   은유란 하나의 사물을 다른 사물의 관점에서 풀이하여 사물에 대한 이해를 더욱 깊게 해준다고 하였다. 피귀자는 꽃은 아름답다는 일반성에서 벗어나 꽃이 지닌 고독과 슬픔과 괴로움을 심층적으로 파고든다. 가을 낙엽이 사랑의 애달픔과 외로움을 나타내는 다른 수필과 달리 피귀자의 꽃무릇은 가을에 홀로 핌으로써 낙엽에 못지않은 외로움과 애달픔을 노래할 수 있다. 화려함에서 찾아낸 고고苦孤의 개념은 작가가 꽃의 외양보다는 의미에 더 많은 관심을 가졌음을 보여준다.

   피귀자는 〈그녀〉를 시회詩化하지 않는다. 수필이라는 양식 안에서 시적인 은유를 실험할 따름이다. 그것을 위해 그녀는 은유가 지닌 원관념과 보조관념 간의 유사성에 시종 주목하면서 환유가 지닌 서사성을 의도적으로 도입한다. 전설이든 허구이든 "절에 찾아온 아가씨를 사모하다가 피를 토하고 죽었다는 젊은 스님의 영혼"이라는 서사를 꽃무릇에 첨가시켜 자신의 글이 산문시가 아니고 수필임을 보여준다. 스님의 사랑과 죽음과 부활의 스토리는 낭만성을 지니므로 작가는 그 사연을 꽃으로 소생시키려 하였다. 이로써 인간이 염원하는 진정한 사랑이 가을 꽃무릇에 내재될 수 있다.

   〈그녀〉는 꽃의 생태를 여성의 몸말로 표현한다. 남성작가는 동일 소재를 다룰지라도 피귀자의 〈그녀〉와 같은 작품을 쓰기가 쉽지 않다. 꽃무릇과 화자를 상호 연결시키든 아니하든 나르시시즘의 자기애가 깔려있음은 부인하기 어렵다.

최원현의 〈어떤 숲의 전설〉

〈어떤 숲의 전설〉은 어린 시절의 서사적 사건을 시적 분위기로 엮어낸 작품이다. 서사가 시적 비유에 실릴 경우 어떤 문학양식으로 변형하는가를 보여준 작품이기도 하다. 유년시절의 놀이를 글로 재생하는 경우, 사건을 객관적으로 기록하는 다큐나 신문기사 형식보다는 은유와 환유가 가미되는 동화나 판타지가 더 적절하다. 그 점을 인지한 작가도 주인공과 행동과 배경을 설화구조에 맞추고 있다.

동화와 전설에서 배경은 다분히 고딕적인 기괴함과 신비성을 지닌다. 최원현이 설정한 배경은 비 내리는 심야의 소나무 숲이다. 의인법과 활유법, 은유와 환유가 뒤섞이면서 환상의 분위기를 자아내는 숲은 단순히 나무들이 우거진 장소가 아니라 어린이들의 호기심과 동심을 자극하는 공간이다.

등장인물에서도 사람과 사물 사이의 구별이 없어진다. 나무가 사람이 되고 사람이 나무가 되는 변신이 가능해진다. 사람이 자연을 따르고 자연이 사람을 받아들이는 생태적 소통도 이루어진다. 주인공으로 등장하는 아이들은 어른보다 더 자연성을 체화한다.

> 그날은 우리 모두가 움직이는 나무였다. 왜 그런 생각을 했는지 모른다. 누가 그렇게 하자고 선동을 했는지도 모르겠다. 하여튼 그날 우리 다섯은 누가 먼저랄 것도 없이 훌훌 옷을 벗어던지고 알몸으로 쏟아지는 장대비를 온몸으로 받으며 칠흑의 소나무 숲 속으로 뛰어들어 갔었다.

아이들이 옷을 벗은 맨몸으로 장대비가 내리는 숲 속으로 달린다. 밤의 달리기는 원시 시대로의 회귀이며 현대적으로 풀이하면 스트리킹이다.

성인이 된 작가는 지금 그러한 행동을 모방할 수 없지만 어린 시절로 되돌아간 화자는 옷이라는 거추장스러운 굴레를 벗어버리고 자연 상태로 복귀한다. 이 글을 쓰고 있는 동안 작가는 삭막한 현실을 벗어나 동심의 세계로 귀환한다. 환상의 타임머신에 올라탄 것이다. 그 벗음은 순수, 천진, 무욕, 자연, 생태, 동심을 뜻하는 '장대비 속의 알몸'이라는 언어와 만난다. "우리 모두가 움직이는 나무"라는 은유가 나무와 어린이 사이의 유사성을 나타낸다면 '옷을 벗어던진 알몸'이라는 환유는 빗줄기를 고스란히 맞고 있는 소나무와의 인접성을 표현한다. 인유와 환유가 여기서는 동심이라는 개념을 공유하고 있다.

아이들이 꿈꾸는 세상은 '놀고, 벗고, 먹는 장소'이다. 솔 향과 까만 숲을 빠져나왔을 때 다다른 곳이 고구마밭이다. 그들은 밭에 뛰어들어 고구마 서리를 한다. 이 놀이는 천진스러운 도둑질이지만 아이들이 할 수 있는 즐거운 노동이기도 하다. 그들은 야식을 어른들로부터 얻으려 하지 않고 '서리'일지라도 그들의 손으로 직접 이랑을 뒤집어 고구마를 찾는 행동을 선택한다. 숲과 고구마밭은 작가가 자랐던 고향을 함의하는 환유의 언어들이다. 어린 시절의 고향을 표현하는 환유는 이외에도 저수지, 뒷동산, 개울, 느티나무, 다락방 등을 들 수 있다. 그중에서 소나무 숲과 고구마밭은 작가의 향수를 절절하게 표현해주는 정선된 단어들이다.

환유란 추상적인 느낌이 아니라 구체적인 감각을 전달해 주어야 한다. 그러므로 "나의 어린 시절은 이랬다."라는 현실감을 전달하려는 최원현은 유년기의 자신에게 가장 익숙했던 소나무 숲과 고구마를 선택한다. 리얼한 삶을 그려내는 수필이라면 더욱이 이런 선택이 필요하다. 시적 은유보다 서사적 환유로서 더 빈번하게 사용된 소나무 숲은 어른들로부터 들은 이야기 속의 배경이 아니라 실제적 삶의 공간이다. 그는 숲에서 놀았고 솔가지를 꺾어 방을 데웠고 고구마 서리로 군것질을 하였다. '보지 않아도 느끼는 숲이 아니라 보지 않아도 아는 숲'이 되면서 환상적인 분위기와 경험이라는 리얼리즘을 함께 공유한다.

> 우리는 발소리를 줄였다. 그리고 가쁜 숨을 몰아쉬며 맨바닥에 철퍼덕 주저앉았다. 비에 젖은 부드러운 흙의 감촉이 따스한 느낌마저 들었다. 숲이 그대로 가슴에 안겨왔다. 아니다. 숲의 가슴에 우리가 안겼다…. 맨발로 달릴 때도 느꼈지만 빗물에 젖은 땅에 앉으니 그렇게 부드러울 수가 없다. 나는 길게 드러누웠다. 온몸으로 떨어지는 빗물을 손으로 만져보며 나도 어느새 한 그루 소나무가 되어 있는 것을 깨달았다.

땅바닥에 드러누운 작가는 나무와 하나가 된다. 소나무가 대지에 뿌리를 내리듯이 작가도 땅과 온몸으로 밀착하고 싶다. 빗물이 눈과 코로 떨어질수록 냉기보다는 행복감을 느낀다. 소나무와 동일한 종족이 됨으로써 비에 씻겨도 "몸에 솔잎과 풀잎이 붙어 있는" 시절을 잊지 않는다. 어둠 속에서 나무가 움직이는 것을 알아차린다. 이런 감성이 일어나는 것은 성인이 지닌 독선에서 벗어나 있는 그대로의 자연을 지켜보던 어린 시절로 돌아간 순간을 나타낸다. 이것은 생태주의적 만남이라고 말할 수 있다.

최원현은 어른이다. 성인이므로 그때의 기억을 되살려 기록할 수는 있으나 환희가 넘쳤던 그 시절로 돌아갈 수 없다. 그러한 추억은 꿈에서나 가능하므로 동화와 전설의 구조를 빌려와야 한다. 한여름 밤의 숲에서는 현실에 대한 절망을 이겨내고 '사람도 동물'이라는 인식에 공감한다. 무엇보다 어린 시절에 경험했던 숲 속에서의 장난이 실은 인간의 원초적 욕망임을 이해한다.

그렇다면 그 시절의 숲은 현재 무엇이 되어있는가.

그때의 그 숲은 지금도 그대로 있을까. 어린 날의 고향이 그립다. 그 숲이 그립다. 그때의 동무들은 어디서 살고 있을까. 지금은 한 명도 연락이 되지 않고 있는데 그들 또한 나처럼 어린 날의 전설을 그리워하고 있을까. 그 숲을 잊지 않고 있을까. 숲은 그렇게 그런 동화를 지어내고 있을까.

고향의 일부였던 그 숲의 미래가 의문스럽다. 그대로 있는지 사라졌는지 알 수 없다. 숲의 불투명한 미래는 역설적으로 동화와 전설의 무대로 되살아난다. 숲의 현실이 불분명하다는 사실은 환유이지만 고향을 그리워하는 심정은 은유가 된다.

최원현 수필의 좋은 점은 배경이 유년기에 머무르지 않는다는 사실이다. 숲은 동심이 아닌, 보다 성숙한 세계를 나타나는 공간으로 바뀐다. 작가는 "나는 사람의 숲에서 그 숲을 그리워하고 있다."고 말한다. '사람의 숲'에서 숲이 오늘의 우리들이 어울려 사는 사회를 의미하는 환유라면 '그 숲'의 숲은 동심을 나타내는 것은 환유이다.

메타프토노미라는 용어에서는 은유와 환유를 명료하게 구분하지 않는다. 그는 은유와 환유가 겹쳐지는 메타프토노미를 바탕으로 〈어떤 숲의 전설〉을 어린이와 어른들이 함께 꿈꾸는 세계를 구현하였다.

덧붙이며

문학은 언어가 지니고 있는 경계선을 무한대로 확장시켜 나가는 작업이다. 인간이 수행하는 연상은 무한대로 펼쳐지는 잠재력을 지니고 있다. 문제는 작가마다 언어가 지니고 있는 무한성을 확장시킬 수 있는 능력에 차이를 보여준다는 점이다. 작가는 언어가 지니고 있는 한 가지 뜻이 아니라 그것이 내재하고 있는 법칙을 확장시켜 나가야 한다. 그 법칙은 구별하면 유사성과 인접성으로 나누어지고 은유와 환유라는 비유법으로 구체화된다.

박용수는 〈봄에 지는 꽃〉에서 환유를 주로 사용한다. 그는 봄꽃으로는 결혼을, 국화로는 죽음을 연속적으로 이어내어 생사라는 서사체계를 완성시킨다. 피귀자는 꽃무릇이라는 언어가 지닌 의미체계를 확장하여 고독이라는 최종 의미에 다다랐다. 그러나 최원현은 '한여름 밤의 소나무숲'이라는 언어로서 동심을 의미하는 은유와 어린 시절의 일화를 펼치는 서사체계를 이루어낸다.

문학이란 언어가 지닌 기존의 의미에 저항하는 것이다. 어떤 말을 통해서 새로운 의미만을 만들어내는 것이다. 은유와 환유의 기법을 적절하게 구사하면 서로를 배제하지 않으면서 감성과 서사의 유기성을 더 높여나간다.

문학이란 기존의 영역에서 의도적으로 일탈하는 행위이다. 일대일의 교환가치를 지닌 평상어는 인간이 지닌 표현 욕망을 충분하게 충족시켜주지 못한다. 기존 언어가치에 안주하려는 작가에게 던지는 경고의 깃발이 은유와 환유라고 하겠다.

| 작품 |

봄에 지는 꽃

박용수

벚꽃나무 끝에 매달린 봄.
예식장 입구에는 아름드리 벚나무들이 망울을 맺고 있다. 톡 건드리면 터질 듯 가득 부풀어 오른 색시 같은 꽃망울. 봄은 망울 끝에서 부지런히 꽃잎을 더듬고 있다.
서둘러 예식장에 들어서다 새하얗게 터진 꽃 덤불에 놀라 한 발자국 물러섰다. 잠시 호흡을 가다듬고 보니, 꽃이 아닌 신부의 새하얀 드레스이다. 신부가 입장하는 순간이었나 보다. 꽃보다 아름다운 신부가 눈부신 드레스를 선녀처럼 끌고 신랑에게로 간다.
신부의 드레스에 박힌 꽃들도 하얗게 만개한 어느 오후, 신랑은 벙실벙실 웃으며 인사를 하고, 신부는 신랑의 팔을 꽉 붙잡고 환히 웃고 있다. 신랑은 명문 대학에서 경영학을 전공한 대기업 회사원이란다. 신부는 어느 소도시 음악선생님이었다.
분에 넘친 사위를 얻은 붉은 나비넥타이를 한 친구의 입이 귀까지 걸렸다. 20년은 훨씬 젊어 보인다. 교수랍시고 아직도 퇴직을 하지 않은 유일한 녀석, 행복해 보이는 녀석의 모습에 괜히 부아가 치민다. 계산대로 먼저 달려가고,

간혹 여자 친구도 소개해준 녀석이다. 나에게 주는 즐거움을 빼앗아가 버린 녀석이다. 저울과 시소처럼 대등한 관계까지 바라지 않는다. 최소한 막걸리 한 사발이나마 되갚을 기회는 주어야 하지 않는가.

이제 더 당당하고 더 높아질 것이라는 녀석에 대한 불안감이 질투로 변한 것일까. 사실, 살다 보면 나이만 늘어가는 것이 아니다. 질투도 많아진다. 질투는 곰팡이처럼 늙은이들에게 더 단단히 피나 보다.

청년실업과 노년취업으로 난리인 세상에 두 부자는 남들이 부러워하는 노른자를 떡 차지하고 있다. 그래서인지 오늘, 예식장은 봄날보다 더 화창하고 봄꽃보다 더 화사하다.

몇 해 전, 꼭 이렇게 행복해 했던, 아니 이보다 몇 배, 몇 십 배는 더 난리법석을 피우던 친구가 있었다. 신랑은 외과 의사이고 신부는 내과 의사란다. 어디 부서지면 딴 병원 가지 말고 자식 병원 들르라고 부아를 부추기던 녀석이었다. 녀석도 이 녀석 못잖게 내 질투를 자극했었다. 주위를 둘러보았다. 응당 녀석도 왔으리라 생각했는데, 무어 그리 바쁘다고 꽁무니도 보이지 않는다. 며칠 전 전화를 했더니 독감 운운하며 콜록거리던 것이 너스레만이 아니었는가 보다.

슬플 때에는 제일 밑바닥에 넙죽 엎드려 있다가도 좋은 일, 축하할 일만 있으면 제일 먼저 심술을 부리는 녀석이 질투 아닐까. 장이 좋지 않은 나는 일부러 녀석 아들 내외 병원을 지나쳐 다른 병원을 다니곤 했다.

질투를 간직한 사람이 나만이 아니었나 보다. 몇 녀석이 투덜대더니만 마포바지 방귀 빠지듯 뒷문으로 슬슬 꼬리를 감춘다.

만년晩年에는 끝만 있을 뿐, 시작은 없다. 이별만 있을 뿐 만남도 없다. 그래서 노인들의 해후는 추수 끝난 수수깡처럼 가볍다. 노년의 이별을 당해 본 사람은 안다. 친구가 어느 날 갑자기 갔다는 사실보다도 간다는 말도 없이 영영 떠나버렸다는 진실이 더 슬프다.

늙어 이런 자리 오래 있는 것도 예의가 아니다. 나도 녀석들 뒤질세라 서둘러 예식장을 빠져 나왔다. 뒤편에 있을 선술집에서 우리끼리 근황을 주고받으며 녀석들과 섞여 있는 것 자체가 행복이다.

"어이 친구들, 같이 가더라고."

나는 걸음을 재촉하여 뒷문을 열고 밖으로 나섰다. 그리고 뒷문 앞에 펼쳐진 장관에 아연 실색하고 말았다.

"세상에!"

말이 뒷문이지 뒤쪽은 큰 산이 버티고 있는 남향이어서, 햇볕이 가득 내리쬐고 있었다. 그래서 예식장 문 앞에 머금었던 꽃들과 달리 뒷문 쪽 꽃들은 이미 만찬이었다. 꽃들이 폭죽처럼 아궁이의 마른 장작불처럼 이글이글 타오르고 있었다.

'아! 이 향기······.'

꽃들의 축제, 향연, 나는 혼절하여 하얀 봄꽃에 넋을 잃고 말았다. 내가 꽃에 얼굴을 비비고 있는 그때, 맞은편 건물 지하에서 승용차 한 대가 지상으로 올라왔다. 차는 하얀 꽃으로 치장해 있었다. 앞서가던 녀석들도 뒤를 돌아 내 쪽으로 고개를 돌리고, 나와 멀지 않은 녀석들 사이를 유난히 긴 그 승용차가 갈라섰다.

승용차를 덮은 꽃들은 국화였다. 하얀 국화. 화창한 봄날, 하필 환영받지 못한 유일한 봄꽃 국화라니. 꽃차는 생전에 탈 수 없는 누워서 타는 운구차였다. 장례식장 간판이 시커먼 저승사자처럼 머리 위에서 나를 제압하듯 내려다보고 있다. 보지 말았어야 할 것이라도 본 것처럼 혼절한 나는 이곳을 빨리 벗어나려고 허겁지겁 걸음을 재촉했다. 혹여 저승사자라는 놈이 사자를 데려가는 김에 일감이라도 덜 겸, 나까지 잡아갈지 모른다는 생각, 아니 관에 있는 녀석이 혼자 가기 적절하여 동행하자고 우김질이라도 하면 어쩔 터인가.

막 도로를 지났을 성싶은 찰나, 누군가 내 목덜미를 끌어당긴다 싶어 소스라치게 놀랐다. 황급히 고개를 돌리니 하얀 해골이 날 덮칠 기세다.

"으악!"

하고 내가 내 손으로 내 입을 막고 말았다. 내 뒤를 따라오던 친구녀석이 내 옷소매를 잡아끌며 같이 가잖다. 녀석도 기겁을 한 내 표정을 우스웠는지 실실 웃는다. 살 만큼 산 녀석이 어떤 미련, 무슨 욕심이 이리 많으냐는 능청, 삶 따위를 지푸라기처럼 여기는 표정이 왠지 소름이 돋았다.

"친구야, 혹시?"

'혹시라니?'

나는 서늘해진 목덜미를 어루만지며 그가 가리키는 쪽으로 시선을 박았다. 몇 사람이 운구차를 뒤따르고 있는데 친구가 가리키는 사람은 젊은 남녀였다.

좀 낯이 익다 싶은 젊은이 앞에 한 소녀가 영정을 들고 따르고 있는데, 이런! 그 영정 속에는 불과 몇 해 전, 분명 몇 해 전, 예식장에서 행복하게 웃었던 친구가 영정사진 속에서 똑같이 웃고 있는 것이 아닌가.

"아! 육시를 할. 여기에 있어야할 네가 왜 거기 있어?"

나도 모르게 육두문자와 함께 눈물이 와락 쏟아졌다.

'화사하기 끝이 없는 꽃. 그림자조차 향기가 묻어나는데, 봄이라고 해서 모두 피어나는 것만 아니구나. 아! 이 찬란한 봄에도 떨어지는 꽃이 있구나. 미풍에도 떨어지는 꽃이 있듯 감기에도 떨어지는 꽃이 우리들이구나.'

운구차가 고샅을 돌아나갈 때까지 오래도록 걸음을 옮길 수 없었다. 꽃들은 우렁우렁 피어나고 나는 오래도록 숨을 쉴 수가 없었다.

— ≪수필과비평≫, 173호.

| 작품 |
그녀

피귀자

　농염한 꽃불이다. 활활 타오르는 불꽃이다. 넘실대는 파도처럼 붉은 날개를 젖히고 비상하는 나비처럼 여섯 개의 수술이 세상을 향해 길게 손을 내민다. 아니, 긴 꽃술이 여인의 속눈썹처럼 슬픔을 둥글게 말아 올렸다. 가을 정원을 화려하게 물들이는 꽃무릇의 황홀한 꽃 멀미. 어지럽다.
　숲 속이 소란하다. 눈매 서늘한 여인의 아찔한 자태, 말을 걸면 곧 단물이 터질 것 같은 그녀가 물가를 내달리고 산야를 누비며 치맛자락 걷어붙이고 붉디붉은 맨몸으로 불길처럼 타올랐다. 신혼부부의 열정처럼 활활 탄다. 꽃씨 불씨 타오르도록 땀방울 흥건히 묻은 속살까지 내놓고 온통 자신을 태운다. 정교한 왕관을 머리에 인 채 꼿꼿하게 서서.
　빳빳한 절벽. 시루의 콩나물처럼 발끝에 잔뜩 힘을 주고 선 그녀, 위태롭게 간당거리는 저 몸짓, 허리 곧추세우고 세상에 이보다 더 화려하고 절절한 유혹이 또 있을까. 산다는 건 쌓이는 그리움을 닦아내기, 세월과 함께 익어가는 일. 빳빳이 세운 뜨겁고 매끄러운 긴 목울대, 아픈 상처 숨기고 흔들리지만 쉬이 부러지지 않는 그녀.
　물 위에 꽃 그림자를 드리우고 그녀 물속을 들여다본다. 꽃 파도가 곤두박

질치며 그녀가 발을 씻는다. 따라왔을 발목이 푸르다. 슬픔이라는 단어를 온몸으로 숨긴 채 그믐밤 같은 침묵으로 꽃이 되어버린 그녀, 수심에 젖은 가슴 눈물 마를 날 없어 속눈썹 둥글게 말아 올리고, 솜털처럼 돋아나는 습기 차고 눅눅한 우울을 물속으로 벗어 던진다. 배시시 입술 열고, 벗어나고자 떠나고자 하는 발돋움으로 힘을 얻는다. 다시 하늘하늘 꽃술이 여닫히며 여름 궁전에 뜨는 무지개가 돈다. 다가가면 솔가지 냄새가 날 것 같다.

생명력이 강한 그녀, 메마른 땅에서도 잘 자란다. 알뿌리가 수없이 늘어나 번식력도 강하다. 쪼개 심어도 잘 자라 그렇게 지천으로 핀다. 돌담을 넘고 낙엽을 뚫고 등고선을 그리며 산을 오른다. 고혹적인 길, 정갈한 기도처럼 달리는 내내 홀쭉하게 잠깬 어린 시간 하나 생의 방명록에 몸 물오르는 소리, 갓 목욕을 끝낸 소녀의 피부처럼 말간 그녀.

잎이 있을 때는 꽃이 없고 꽃이 필 때는 잎이 없어 꽃과 잎이 한 번도 만난 일 없이 서로를 그리워하는 애처로운 꽃, 고독한 산책자. 여름까지 자취도 없던 것이 가을이 되면 불현듯 꽃대를 밀어 올려 붉디붉은 꽃을 무더기로 피우는 꽃. 여섯 조각 길게 찢어진 꽃잎이 서로 엉겨 우아한 붉은 왕관으로 사람들을 불러 모으는 손짓, 붉은 슬픔. 사랑하는 사람을 보고 싶을 때 볼 수 없는 괴로움은 얼마나 까마득한가.

붉은 꽃 바다의 물결은 꽃이 지고 난 후 돋아난 무성한 초록 잎이 겨울과 봄을 지나 여름이 오는 순간 모두 사라지고 꽃을 피우기 위해 잎은 알뿌리의 부식토로 자신을 내주며 희생하는 꽃. 잃지 않으면 다시 얻을 수 없는 운명, 가을이 오면 초록색 꽃대가 땅속에서 불쑥 고개를 내밀고 꽃대는 우후죽순처럼 키가 커져 초가을에 붉은 꽃을 피운다. 잎은 살아가는 동안 자신보다는 나중에 자랄 꽃눈을 위하여 스스로 드러눕는다.

바람이 분다. 그녀의 얼굴이 떨린다. 붉은 꽃무릇의 혈관이 높아진 가을 하늘처럼 맑아지고, 흙이 있는 곳마다 빈틈없이 돋아나 군락을 이루며 쪽빛 하늘 아래서 빛을 발한다. 나무 숫자보다 풀포기보다도 많다. 초록 비단에 붉은 실로 수를 놓은 듯 화려강산이다.

  가을이 이렇게 화려할 줄이야. 가을은 결코 스러져가는 것들의 차지가 아니라는 사실을 몸으로 보여주며 계절의 이미지를 바꾸고 마는 꽃. 보름 피다 지고 말아 절정의 순간을 마주하기 쉽지 않은 꽃. 잊은 듯 생각나 찾아가면 너무 빠르거나 늦었다고 토라져 꽃 몸을 닫아버리기 일쑤인 꽃, 행복한 자를 더 행복하게 하고 고독한 자를 더욱 고독하게 하는 꽃무릇.

  불공 드리러 절에 온 어여쁜 아가씨를 사모하다가 피를 토하고 죽었다는 젊은 스님의 영혼을 달래주는 듯 스님의 무덤에서 선혈낭자하게 붉은빛 토해내며 피어난 꽃, 결코 이루어질 수 없는 사랑을 몸으로 전하며 꽃과 잎이 아무리 기다려도 서로 만나지 못하는 슬픔과 고독이 짙게 배어있는 꽃. 살아서 퍼덕거리는 이승과 저승의 거리, 별리로 헌 가슴에 피멍이 든 슬픈 사연을 가슴에 품고, 기다림에 가슴 아팠던 임의 마음 받지 못한 후회에 법당을 기웃거린다. 바르르 그녀의 눈꺼풀이 떨리자 폭죽처럼 터지는 꽃밭에 화답하듯 나비 날아오른다.

  어떤 슬픔이 이렇게 따뜻할 수 있을까. 슬픔과 슬픔이 만나 온기로 서로 부비고 기댈 때 슬픔도 따뜻해져 죽음 너머의 뜻, 태어난 뜻을, 살아있는 의미를, 가두어둔 언어로는 감당하지 못해 딱딱한 땅에 균열을 일으키고 불쑥 솟아 작은 우주를 이루며 몸으로 말하고 있는 꽃무릇. 누구를 그리워한다는 것은 슬픔이면서 또한 기쁨이라며.

                                                               - ≪수필과비평≫, 173호.

| 작품 |

어떤 숲의 전설

최원현

    그날은 우리 모두가 움직이는 나무였다. 왜 그런 생각을 했는지 모른다. 누가 그렇게 하자고 선동을 했는지도 모르겠다. 하여튼 그날 우리 다섯은 누가 먼저랄 것도 없이 훌훌 옷을 벗어던지고 알몸으로 쏟아지는 장대비를 온몸으로 받으며 칠흑의 소나무 숲 속으로 뛰어들어 갔었다.
    눈으로 코로 마구 흘러드는 빗물 속에서 향긋한 솔 향이 맡아졌다. 신기한 것은 그렇게 어두운데도 소나무들을 알아볼 수 있는 것이었다. 까만 소나무가 어둠과 까망은 다르다는 듯 부딪히지 않게 우리의 눈을 이끌어 주었다.
    그렇게 마구 달리길 한참, 숲이 끝났다. 그런데도 우린 속도를 줄이지 않았다. 미리 약속을 한 것도 누가 어디로 가자고 한 것도 아니지만 우리는 어디로 가야 할지를 알았다. 가속도 상태로 밭으로 뛰어들며 밭고랑 하나씩을 끌어안았다. 그리고 어둠 속에서 손에 잡히는 고구마 줄기를 헤치고 비에 젖어 부드럽게 도톰한 둔덕 깊이 손을 박았다. 흙속에서 만져지는 딱딱하지만은 않은 감촉, 우린 어둠 속에서도 서로를 바라보며 싱긋 웃었다. 그렇게 몇 개씩 수확한 고구마를 손에 들고 다시 왔던 길을 되돌아 달리기 시작했다. 비는 더욱 드세졌다. "너네들 나 빼놓고 우리 집 고구마 서리하자고 음모

꾸몄지?" 우리 중 하나가 말을 했다. 우린 그걸 듣는 둥 마는 둥 달리면서 키득키득 웃었다. 웃음소리는 빗소리에 잦아들고 빗줄기는 더욱 거세졌다.

소나무 숲, 우린 이 숲에서 자랐고 놀았다. 학교가 끝난 후엔 무수한 갈퀴질로 빨갛게 살점이 보이도록 솔가리를 긁어내었지만, 한번도 미안하단 마음조차 가져보지 않은 우린데도 미워하거나 원망도 안 했다. 오늘의 유혹도 숲이 한 것이 아니라 우리가 숲을 핑계 삼아 했던 일이다. 소나무 하나하나가 어디에 어떻게 서 있는지를 보지 않아도 다 아는 그런 숲이다.

흙투성이가 되었던 우리 몸도 어느새 깨끗해진 것이 느껴졌다. 쏟아지는 빗속을 달리면서 빗물에 고구마를 씻어 한입 베어 물었다. 빗물과 함께 고구마가 한입 가득 베어졌다. 달큰했다. 아삭아삭 씹히는 아직은 여린 고구마 맛보다 빗속을 달리는 숨 가쁨에 호흡이 가빠져 삼키는 것조차 힘들었다. 그럼에도 어둠 속을 달리는 작은 짐승처럼 입으로는 씹으면서 코로는 숨을 쉬면서 발로는 달리는 절묘한 행각을 잘도 해냈다.

집이 가까워졌다. 우린 발소리를 죽였다. 그리고 가쁜 숨을 몰아쉬며 맨바닥에 철퍼덕 주저앉았다. 비에 젖은 부드러운 흙의 감촉이 따스한 느낌마저 들었다. 숲이 그대로 가슴에 안겨왔다. 아니다. 숲의 가슴에 우리가 안겼다. 언제나처럼 그는 너른 가슴으로 말없이 우릴 받아주었다. 솔잎에 떨어졌다가 다시 떨어지는 빗줄기가 몸을 간지럿다. 한데 그것만이 아니었다. 옆의 B가 그 순간에도 솔잎으로 간지럼을 태운 것이었다. 맨발로 달릴 때도 느꼈지만 빗물에 젖은 땅에 앉으니 그렇게 부드러울 수가 없다. 나는 길게 드러누웠다. 이십 분도 채 안 되었을 빗속의 질주였지만 그런 생각을 했다는 것도, 그런 짓을 했다는 것도 유쾌·상쾌·통쾌했다. 온몸으로 떨어지는 빗물을 손으로 만져보며 나도 어느새 한 그루 소나무가 되어있는 것을 깨달았다.

드러누우니 빗물이 눈으로 코로 입으로 마구 떨어졌다. 눈을 감아도 코로 들어오는 것은 막을 수가 없다. 손을 뻗쳐 가까이의 나무를 만져봤다. 축축하게 젖은 나무가 한껏 부드럽다. 아니다. 살갗은 할머니의 손을 닮았다. 그때

푸드득 소리가 났다. 우린 너무나 놀라 후다닥 일어났다. 아마 잠자리를 훼방당한 꿩이었을 게다.
　그제야 나는 달려온 길을 돌아보았다. 아무것도 보이지 않는 그냥 칠흑의 어둠 그 자체였다. 그런데 그 속에서 소나무들이 움직이고 있었다. 아니 줄을 맞춰 걸어왔다가 제자리로 돌아가고 있었다. 어둠과 까망이 구분되는 분명한 행진, 그러나 앞으로 더 나아오진 못 하는 것 같다. 소나무들이 한 발 앞으로 나왔다 한 발 다시 뒤로 가듯 자기 자리를 지키며 흔들거리고 있었다. 순간 나는 친구의 손을 잡았다. 그도 아마 나처럼 와락 무서움이 들었는지도 모른다. 슬금슬금 뒷걸음을 쳤다. 툭, 뒤에 있던 소나무와 부딪혔다. 앞으로 달릴 때는 부딪히지 않았는데 뒤로 가려다 부딪힌 것이다. 그러고 보니 우리가 소나무를 따라 움직이고 있었다. 몸을 돌리자 켜놓고 나온 등잔불이 창호지 창으로 흔들리며 빨리 들어오라고 손짓을 하고 있다.
　우린 안방의 할아버지 할머니가 깨실라 도둑고양이처럼 소리를 죽이며 방문을 열었다. 수건으로 대충 몸을 닦고 방바닥에 엎드렸다. 손에는 먹다 남은 고구마가 하나씩, 여기 저기 몸에는 긁힌 자국이 보인다. 닫힌 방문 밖에서 '잘 들어갔어?' 소나무들이 아쉽다는 듯 합창으로 물어왔다. 서로를 쳐다봤다. 비에 씻겼다고는 해도 몸에는 솔잎도 붙어있고 풀잎도 붙어있다. 사람도 동물인 것, 그 본능엔 자연의 일부분이 되고 싶은 욕망이 있나 보다.
　반백년 전 우리만의 동화요 전설이다. 그때의 그 숲은 지금도 그대로 있을까. 어린 날의 고향이 그립다. 그 숲이 그립다. 그때의 동무들은 어디서 어떻게 살고 있을까. 지금은 한 명도 연락이 되지 않고 있는데 그들 또한 나처럼 어린 날의 전설을 그리워하고 있을까. 그 숲을 잊지 않고 있을까. 숲은 지금도 그렇게 그런 동화를 지어내고 있을까.
　문득 다시 한 번 그 옛날의 어린 날로 돌아가 그 숲으로 달려가고 싶다. 그래서일까. 요즘도 비가 오는 날이면 가끔씩 그때의 그 숲 생각이 난다. 콧속으로 스며들던 솔향에 빗물 머금은 날고구마 맛, 그렇게 어린 날의 동화는 전설이 되었다. 그리고 나는 사람의 숲에서 그 숲을 그리워하고 있다. 내 어린 날의 숲, 솔향 가득한 그 숲을.

− ≪수필과비평≫, 173호.

제 2 부

01 우화로서 수필, 원형으로서 등장인물

02 드러내기로서 수필 vs 타자他者로서 여성들

03 대중매체를 통한 보임(Seen)과 봄(Showing)

04 후설의 시간의식과 수필자아의 반성

05 이저의 레퍼토리 이론과 수필 텍스트

06 문학의 근원으로서 그리움
: 사라짐의 허무와 그 언어적 부활

01 우화로서 수필, 원형으로서 등장인물

작가는 말로써 비언어적 현상과 존재에 일정한 형태를 부여한다. 문학적 형태는 소설가에게는 소설, 시인에게는 시, 수필가에게는 수필이라는 장르로 나타난다. 등장인물 혹은 주역을 소개하는 방식도 인물설정의 규범을 따른다. 작가는 관찰한 행동에 유창한 언술과 대화기법을 결합하여 등장인물을 만들어낸다. 그는 조사관 앞에 앉아있는 피의자를 대신하여 사건을 설명하고 주인공의 심경을 전달하는 변호사의 역할을 한다. 그렇다면 작중인물은 장르 안에서 만들어지는 행동의 유형이라고 말할 수 있다.

수필 속의 주인공은 실제인물이면서 개개의 성격을 모형화한다는 점에서 현실 속의 인간보다 더 실제적이다. 인생을 다루는 서사수필, 더 좁혀 주인공의 삶을 투영하는 전(傳)수필에서 주인공은 사건을 진행시키고 주제를 구체화한다. 행동 묘사와 가치평가에 있어서는 정형성이라는 규칙이 끼어든다. 그것이 우화이다. 작가가 자신이 아니라 주변인을 묘사의 대상으로 삼는 경우, 주제에서 우화적 요소는 더욱 뚜렷해지고 등장인물도 원형이라는 모뎀을 물려받는다.

문학 비평가 존 토비아스는 "모든 게 주인공에게 연결되어 있다."라고 말한다. 모든 사건이 주인공 한 명을 한 명을 중심으로 전개된다는 뜻이다. 모든 별이 북극성을 중심으로 움직이고 모든 꽃이 태양을 향해 얼굴을 돌리듯이 주인공 개개인은 원형이 지닌 자질과 성격을 공유한다.

인물 설정은 오래전부터 서사작가들 사이에서 관심의 대상이었다. 호머의 ≪오디세이≫는 시대적 영웅을 담아낸 최초의 허구적 원형에 해당한다. 중세문학은 스토리와 구성을 중시하지만 인물에 대한 논의는 상대적으로 소홀히 여겼다. 그런데 현대에 들어와 인간의 행동을 외부와 마주칠 때의 반응으로 여기면서 인물에 관심을 갖게 되었다. 등장인물의 삶에 집중하는 전 수필의 경우, 주인공 각자에게 새로운 삶의 양식을 부여하면서 플롯과의 유기성이 높아졌다. 수필에서 등장인물과 작가가 서로 뗄 수 없는 관계망을 이루고있다는 점에서 행동의 유형화는 더욱 분명해진다.

이번 문제작 평에서는 등장인물의 행동을 분석하여 구성과 성격 간의 관련성을 검토하고자 한다. 전수필은 짧은 서사단편이라고 말할 수 있듯이 주인공이 처한 상황은 현실 속의 상황이고 실제 인물이라는 점에서 원형과 우화성이 더욱 뚜렷해진다. 달리 말하면, 주인공의 인생은 우리라는 관계의 일부로서 원형적 가지치기를 한다는 것이다.

장기오의 〈고독한 양치기〉

장기오가 등장시킨 '그'는 방송국 연출자이다. 자신의 이념을 위해서는 동료로부터 무시당하면서도 타협을 거부하고 존경해오던 선배조차 비난하는 그는 "고독한 양치기"로 간주된다. 개인적 프라이버시를 보호해주기 위한 배려이기도 하지만 양치기라는 사람은 3인칭 대명사 '그'로 불려진다. 이로써 '그는 실제 인물인가 아닌가를 떠나 우화적 인물에 접근하는 여지를 지닌다.

방송인들에게는 어느 직장보다 예술적 재능과 창의성을 요구한다. 교수가 논문으로, 판사가 판결문으로 말한다면 PD는 드라마의 성공으로 자신의 능력을 보여주어야 한다. 드라마가 미술이나 음악과 다른 점이 있다면 시청률로 평가받는 대중문화라는 것이다. 대중문화는 예술성과 대중성, 이상과 현실, 미학과 상업주의라는 양면가치성을 나타낸다. 드라마 제작 피디라면 누구나 양자의 목표치 사이에서 선택의 갈등을 겪기 마련이다. 이런 상황은 모든 인간이 직면하는 현실과 같다. PD는 연기자와 스텝을 감독하는 연출자이지만 어찌 보면 방송이라는 무대에서 관료주의와 광고주에 의해 조종당하는 꼭두각시와 다름이 없다.

〈고독한 양치기〉에 등장하는 '그'는 '언제나 당당하다.' 세간의 화제를 일으킨 드라마를 거의 제작한 일이 없고 시청률의 희생자이긴 하지만 탁월한 그의 이론에 주눅이 든 동료와 후배는 언젠가 명작을 탄생시킬 것이라고 기대한다. 하지만 인간사회의 겉과 속이 다르듯 그가 동료들의 무지와 천박함을 비웃을 때 동료들도 그를 냉소적으로 바라본다. 서술자 장기오조차 그의 "겉멋이 든 지적 허영과 자기과시"를 지적한다. 드라마는 스토리를 지녀야 한다는 것이지만 '그'는 통속성이 대중의 기호에 영합하는 것이라고 비난한다. 아무튼 그는 드라마는 통속적이지 않아야 한다는 이념의 옹호자이다.

세월이 흘러 그는 "루저(loser)"가 된다. 연출과 연기의 세상에서 패자가 되어버린 것이다. 연기 이론에 뛰어났지만 연출이라는 실전에서는 무능하다는 사실을 친구뿐만 아니라 자신도 잘 알게 된다. 그럼에도 본인은 그 점을 우둔한 시청자들의 탓으로 돌리고 본인은 불운아로 여길 따름이다.

루저는 생존경쟁이 빚어낸 사회의 잉여물이다. 한 명의 승자를 뽑기 위해서는 다수의 동료가 패배자로 남아야 한다. 처음부터 루저가 없듯이 그는 무능력자가 아니다. 연출자로서 드라마의 현실을 객관적으로 살피지 못했을 따름이다. 결국 서사수필이나 전수필의 경우처럼 그의 운명에 파국이 닥쳐온다.

장기오는 파국의 경위를 "어느 날 그가 드디어 사고를 쳤다."라는 말로 설명한다. 연출자는 오직 자신의 능력과 자신감으로 드라마를 제작한다. 그도 기획 단계부터 장소 헌팅에 이르기까지 연출자로서 최선을 다한다. 사고가 나지 않도록 하는 것이다. 그러나 '사고'라는 말에는 고의성이 담겨있고 그런 사건은 외부에서 빚어지거나 본인이 일부러 저지를 수가 있다. 그의 경우, 고의적인 사고라면 드라마의 기본 요건인 스토리를 담지 않았다는 것이다. 현대인의 고독을 풀어가는 심리드라마에서 스토리는 중요하지 않다는 그의 주장은 주위를 불안하게 만든다. 시간이 지날수록 스태프와의 충돌이 빈번해지고 마침내 돌이킬 수 없는 파국에 다다른다.

"이봐 헬리콥터 한 대 불러야 되겠어." 조연출은 농담하는 줄 알고 허허 웃었다. 그러자 그는 벌컥 화를 내며 "이 자식이 웃어! 너 연출을 우습게 보는 거야?" 비로소 심각함을 깨달은 조연출이 정색을 하면서 "아닙니다. 헬기는 택시 부르듯 부를 수 있는 것이 아니잖아요?" "이 자식이, 부르라면 불러! 헬기 올 때까지 촬영 중단!" 하고는 버스 속으로 들어가 버렸다. 조연출은 즉각 상부에 보고했다.

"연출자가 이상합니다." "철수해!"

촬영 중에 NG를 낸 그는 터무니없이 헬리콥터를 주문한다. 헬리콥터는 촬영에 필요할지라도 현실적으로 즉시 부를 수 없는 촬영 도구이다. 하늘을 나는 헬기는 불가능한 것을 이루려는 꿈의 무익함을 상징한다. 터무니없는 사고의 경위를 파악한 본부는 철수를 명령한다.

그 후의 후일담은 어떤가. 그는 병원에 입원했고 복귀했지만 혼자서 떠돈다. 말수가 줄어들고 불쌍하리만큼 외로워진다. 끝내 대표작 한 편 남기지 못하고 명예퇴직한다. 서술자와 평설자를 겸하는 장기오는 그를 "모두가 떠나버린 뒤로 혼자 남은 고독한 양치기"와 같다고 회상한다. 마침내 그는 드라마의 세계에서 사라졌다.

이 작품은 수필이다. 작가가 알고 있는 직장동료를 그린 전수필이기도 하다. 개인사를 다루는 수필일지라도 지나칠 수 없는 질문을 던진다. 그것은 그가 돈키호테인가, 시대와 타협하지 않은 외로운 연출가인가, 아니면 꿈이 산산 조각난 루저인가라는 정체성에 관한 토론이다. 답은 그가 돈키호테이면서 불운한 연출자라는 사실이다. 드라마 제작의 생리에 적응하지 못한 루저이기는 하지만 곰곰이 생각하면 그는 패배한 루저는 아니다. 성공과 실패를 떠나 집념을 포기하지 않은 자아의 원형이기 때문에 그는 결과와 상관없이 드림워커(dream worker)로 남는다. 고독한 양치기가 아니라 꿈의 양치기이다. 직장에서 떠났지만 그의 이념이 손상받지 않았다는 점에서 그는 좌절의 원형으로 우리 앞에 서게 된다.

김행숙의 〈오지 않는 딸〉

김행숙에게는 딸이 없다. 아들이 있지만 딸이 없음으로 있어야 할 가족이 없는 공허감을 느낀다. 딸의 부재가 어머니에게 어떤 좌절을 안겨주는

가를 조곤조곤 딸에게 말하는 기법에서 보면 서간수필에 해당한다. 그녀는 딸에 대한 모든 어머니의 욕망을 대행한다. 의식적으로든 무의식적으로든 라캉의 욕망언어를 끊임없이 토로하고 있다. 딸의 어머니가 되지 못한 그녀는 환상을 통해 '엄마를 부탁해'라는 꿈을 이루고 싶어 한다. 그 부재를 해소하기 위해서는 독백조의 말을 할 수밖에 없다.

상상은 실현될 수 있는 일말의 가능성을 지닌다. 딸이 없는 부재는 상상의 대상이 아니므로 환상의 공간을 빌릴 수밖에 없다. 환상이 만드는 서술은 프로이트의 에고심리학과 결합하면서 상실의 좌절에 리얼리티를 부여해준다. 그녀가 설정한 조용한 오후는 "말없이 시간만 흐르는 소리"가 들리는 때이다. 정적에 파묻힌 시간은 환상 속의 인물과 대화를 나눌 수 있는 환경을 만든다.

조용한 오후, 향기로운 차 한 잔을 들고 창가에 선다. 감미로운 바이올린 협주곡을 틀어놓고 청소하고 빨래하다 보니 오전 시간은 어느새 지나갔다. 갑자기 너무나도 조용해졌다. 겨울 햇살이 다사로워 보이는 양지쪽에 서서 말없이 시간이 흐르는 소리를 듣는다.
이럴 때 네가 있다면 얼마나 좋았을까.

화자는 속내를 털어 낼 수 있는 상대로서 '딸'을 원한다. 대부분의 어머니는 딸이 그 역할을 해주리라고 기대한다. 딸이 있는 삶은 풍요롭고 나이를 먹어도 외롭지 않을 거라고 믿기도 한다. 딸이 없거나 일찍 딸이 죽은 어머니는 딸을 가슴속에서 키워간다. 가슴속에서 키우는 딸은 꿈을 이어갈수록 분신으로 발전한다. 마침내 세상의 모든 딸의 이미지를 합친 원형이 나타나게 된다.

어머니가 딸에게 기대하는 것은 무엇일까. 우리는 그것을 〈오지 않는 딸)에서 찾을 수 있다. 마음의 대화를 나누고, 여행을 같이 떠나고, 세상의 아름다움을 함께 구경할 수 있다. 요리 시간을 같이 즐기며 재주와 능력을 발휘하여 어머니에게 기쁨을 주기도 한다. 잔소리꾼이기도 하지만 엄마의 옷을 멋지게 코디해 주고 엄마의 글을 읽어줄 수도 있다. 목욕탕에 가서 서로의 등을 밀어주며, 남자친구에 대해 이야기하면서 어머니의 구식 사랑법을 면박하기도 한다. 이러한 딸은 세상의 어머니가 소유하고 싶은 원형이다. 그런 딸은 주문을 외우면 마법처럼 언제든지 원하는 모습으로 그려지지만 현실에서는 참으로 찾기 어렵다. 오직 원형으로서 딸만이 그런 능력을 가질 수 있을 따름이다. 마치 백화점 직원이 마네킹에 자신이 원하는 옷을 끊임없이 입히는 동작처럼 아름답다 못해 슬픈 환상이기도 하다.

현실은 환상과 다르다. 세상의 어머니들은 대부분 다루기 힘든 딸을 갖고 있다. 그 애들은 이기적이고 변덕스럽고 어머니를 이해하지 못한다. 그래서 김행숙은 세상의 모든 어머니를 대신하여 라캉의 욕망 언어를 빌어 결핍의 상처를 치유해 나가는 것이다.

김행숙의 없음의 이야기는 환상의 유희로 이루어진다. 신데렐라가 주어진 시간이 지나면 하녀로 되돌아오는 것과 같다. 바이올린 협주곡이 끝나고, 차의 향기가 사라지면, 오후의 한갓진 마법의 공간(magic circle)이 사라진다. 만능의 재주를 지닌 '딸 있는 어머니'라는 신분에서 '딸 없는 현실의 어머니'로 되돌아올 수밖에 없다.

그렇다면 어떻게 현실로 돌아올 수 있는가. 그것은 우화적 환상에서 벗어나 수필적 사유로 회귀하는 것이다.

이름도 없는 딸아. 그러나 한편 생각해 보면 너는 어쩌면 나에게서 외로움을 빼앗지 않으려고 내게 오지 않았는지도 모른다. 네가 내 곁에 든든하게 있는 한 나는 외로울 틈이 없었을지도 모르므로 내게서 끊임없는 사유와 자기 극복의 과정을 이루게 하기 위해 너는 내게 오던 발걸음을 멈추었는지도 모르겠다. 그리고 내 안에서 끊임없이 깨우치며 당겨주어 젊음에서 멀어지지 않게 긴장시키고 있는지도 모른다. 내게도 아쉬운 것 하나쯤은 있어야 되지 않겠니?

김행숙의 독백이 끝났다. 독백이 아니라 부재의 아픔을 관객에게 전하는 방백이 끝났다. 아이러니가 있다면 실제의 딸을 마주하지 않음으로써 어느 때보다 진솔하게 토로하는 편지 수필이 완벽해진다는 것이다. 나아가 〈오지 않는 딸〉은 절박한 결핍을 구현한 수필이라는 점에서 딸의 원형을 무리 없이 살려낸 수필이라고 하겠다.

백남오의 〈신근이〉

송신근은 실제 인물이다. 작가가 세상에서 사귀기를 원하는 이상적인 인간이기도 하다. 백남오가 신근이를 소개하고, 관찰하고, 서술하고, 평가하는 화자라면 신근이는 관찰의 대상에서 이상적 인격체로 발전한다. 평범한 신근이가 이상적인 인간상을 대행한다는 점에서 우화 속의 배역이기도 하다.

처음 등장할 때 송신근은 "지리산길에서 만난 친구 같은 아우"이다. 산을 좋아하는 백남오에게 친구가 되려면 산행 기록이 넉넉하고 천왕봉 겨울 종주에도 기꺼이 동행할 정도이어야 한다. 이러한 조건에 맞는 사람을 주변에서 찾아보면 쉽게 눈에 뜨이지 않는다. 그런데 작가는 인생의 길을 함께 걷는 인격적 품성까지 덧붙인다.

중년 남자가 원하는 친구의 조건은 무엇일까. 우선 자신과 비슷한 신분일 필요가 있다. 백남오는 중년의 교사로서 산을 좋아하는 보통 사람이다. 그에게 산은 생활 자체이므로 요산요수와 같은 인물이면 좋다. 그 조건은 "그와 산행을 하면 참 편하다"고 표현되고 생활의 조건은 "그가 있어야 안정이 되고 즐겁다"고 나타난다.

이후의 서술은 왜 신근이가 편하고 즐거운 친구인가를 설명하는 것이다. 신근이의 이력을 요약하면 다음과 같다. 섬에서 태어난 그는 초등학교를 마치고 무작정 육지로 나왔다. 보일러 기사, 건물 관리원, 병원시설과 직원 등 인생의 밑바닥을 훑은 팍팍한 삶을 거쳤다. 스스로의 노력으로 검정고시를 통과하고 국가고시로 법학사를 받았다. 맥가이버라는 별명처럼 주변의 부탁은 좀처럼 거절하지 못한다. 미혼으로 자식도, 재산도 없다. 하지만 정신면에서는 매우 풍요롭다. 여전히 착하고 순박하고 정직한 천성을 지켜온다. 누구든 그와 자리를 같이하고 싶어 한다. 행복한 미소를 잃지 않으며 이제는 어엿한 종합병원의 시설과장 명함을 갖고 있다. 무엇보다 책 읽기를 좋아하고 글쓰기에 관심이 많다.

이러한 인간형이 존재하는 것이 가능한가. 김행숙이 '오지 않는 딸'에 내건 조건처럼 신근이에게서 찾는 기대도 사실상 지나치다. 차이가 있긴 있다. 그것은 딸은 존재하지 않지만 신근이는 엄연히 현실에 존재한다는 사실이다. 그가 원하는 유형은 선한 친구라는 원형에 가깝고 "사람의 정"을 표방하는 점에서는 우화의 주인공으로 간주할 수 있다. 백남오가 사회에는 '정다운 정'을 찾기 어렵다고 덧붙임으로써 그 점은 더욱 분명해진다.

따뜻한 인간의 정이 그리운 시대, 각박한 세상에 부딪혀 아픔을 피하기 어려운 시대, 사람들은 신근이를 통하여 잃어버린 사람의 정을 찾고 있는 것이 아닐까 싶다.

〈중략〉

진정 나는 소망한다. 신근이가 가지고 있는 순수와 선량함이야말로 세상에서 가장 고귀한 가치로 대접받을 수 있어야 한다고. 그것이 결함이 아니라 빛나는 장점으로 인정받아야 마땅하다고. 그리하여 인간적인 정이 넘쳐흐르는 따뜻한 사회를 가꾸어나가야 하는 것이라고.

신근이가 지닌 장점은 상대를 평화롭게 만들어주는 힘이다. 이러한 마음은 물질적 욕망이나 욕구보다 더욱 본질적이므로 신근이의 행동은 상징성을 지닌다. 물론 신근이는 시대적 영웅이 아니고 작가도 신근이가 픽션이나 로맨스에 등장하는 영웅이기를 원하지 않는다. 다만 작가가 인간에게서 원하는 바람직한 미덕을 찾아 그에게 부여하고 있을 따름이다. 우화적 수필과 원형적 인물창조를 합친 수필시학에 동참하고 있는 것이다.

덧붙이며

수필은 리얼리즘의 문학이다. 등장인물이 실제적 개체성을 지닐지라도 인간의 꿈과 동경심을 무시할 수 없다. 만일 수필세계가 인간의 가치를 고양시키고 언어로 표현한다면, 수필은 주제에서는 우화성을, 등장인물에서는 원형성을 자연스럽게 지니게 된다.

그 점에서 장기오의 〈고독한 양치기〉에 등장하는 '그'라는 연출가는 자의식이 강하지만 세상에 대한 수용력이 부족하다. 〈오지 않는 딸〉에 등장하는 어머니는 누구보다 욕망의 결핍을 해소하려는 꿈을 꾸지만 사유를 통해서 현실로 돌아온다. 신근이는 평범하면서 바람직한 인물이므로 독자들의 호감을 얻는다. 장기오의 글이 자연주의적 사실주의에 머물러 있고, 김행숙의 글이 환상적 로맨스에 빠져 있다면 백남오의 글은 수필적 사실주의를 지켜낸다. 이렇게 구분할 수 있을지라도 3인의 등장인물 중에서 누구를 삶의 원형으로 삼고 싶은가의 결정은 독자의 몫이다.

| 작품 |
고독한 양치기

장기오

　그는 잉그마르 베르히만(Ingmar Bergman)을 존경했고 루이 말(Louis Malle) 감독의 미학을 입에 달고 다녔다. 우리들 모두가 그의 연출이론에 주눅이 들었고 멀지 않아 우리 드라마사의 명작이 그의 손에 의해 탄생될 것이라고 기대하고 있었다. 그러나 어찌된 일인지 그가 만든 드라마가 작품성 면에서나 시청율 면에서나 세간의 화제가 된 일이 거의 없었다. 그러함에도 그는 언제나 당당했다. 자신의 작품 한 커트, 커트를 설명하면서 작품의 그런 의미들을 제대로 해석하지 못하는 대중의 우매함을 질타하고 때가 되면 이런 작품들이 훨씬 더 각광을 받을 수 있고 앞으로의 TV드라마도 이런 방향으로 나아가야 한다고 역설했다. 아주 평범한 장면인데도 그 의미가 굉장했고 같은 연출자인 우리들도 이해가 잘 안 되는 부분에서는 그는 조목조목 의미를 부여했고 고개를 갸우뚱하면 그는 우리들의 무지와 천박함을 비웃었다. 그러나 나는 그의 그런 해석에 동조할 수가 없었다. 실험정신은 존중되어야 마땅하지만 드라마의 기본연출조차도 제대로 소화하지 못하면서 세계적인 거장의 작품을 전범으로 삼는다는 것은 어쩐지 겉멋이 들어보였고, 상식적으로 이해되지도 않은 전위적이고 난해한 작품들을 '위대한 작품' 운운하는 것은 지적 허영이나 자기과시로 비쳐졌다. 그리고 일반의 보편적 정서에 혼란을 주거나 지나치게 작위적인 해석을 요구한다든지 하는 따위는 대중문화 아이콘으로는 가당치 않다고 나는 생각했다.

그런 그가 유일하게 인정하는 연출자다운 연출자는 선배 K다. K도 그와 비슷한 경향을 견지하고는 있었지만 K의 연출은 그보다 의미전달이 보다 확실하고 미학은 대체로 사실적인 바탕 위에서 구사되었다. 그는 K의 연출을 본보기로 삼았다. 그래서 그런지 그 둘은 항상 어울려 다녔다. 작품에 대한 해석 같은 걸로 가끔 논쟁을 하기는 했지만 그는 항상 K의 말을 진지하게 경청했다.

그러나 K의 작품은 늘 화제의 중심에 있었지만 그의 작품은 그리 주목을 받질 못했다. 그러나 우리는 믿었다. 비록 그의 작품경향에는 동조할 수는 없었지만 때가 되면 그의 말대로 정말 거창한 작품이 나올 거라고 생각했다.

세월이 흘렀고 연륜도 쌓여 중견이 다 되었는데도 그의 작품은 여전히 그만그만했다. 아니 아슬아슬했다. 그가 전범으로 삼았던 K는 확고한 중견 연출자의 자리를 굳혀가고 있었다. 그러자 어느 날부터인지는 모르지만 그의 드라마가 이해부득의 수준으로 치달았다. 마치 전위 드라마를 보는 듯했다. 그럴수록 그의 고집은 더욱 단단해져갔다. 남의 말을 듣지 않았다. 점점 외톨이가 되어갔으며 제작에서도 소외되는 일이 빈번하게 일어났다. 그즈음을 기점으로 그가 한동안 존경했던 K에게도 비판의 날을 세우기 시작했다. K가 없는 술자리에서 K의 연출을 비판하는 일이 종종 있었고 급기야는 K의 연출보다는 자신의 연출이 한 수 위임을 역설했다. 그러나 우리들 누구도 그의 연출이 탁월하다고 인정하는 사람은 없었다. 그의 우월감이 이제는 과대망상으로 발전했다고 수군거렸다.

그런 어느 날 그가 드디어 사고를 쳤다. 오랜만에 제작을 맡은 그는 한껏 고무되었다. 기획단계에서부터 작가와 합숙을 하며 완성도 높은 원고를 위해 노력했으며 장소헌팅을 위해 통상보다 더 많은 날들을 지방 이곳저곳을 둘러보기도 했다. 대본이 나왔을 때 우리는 입을 다물고 말았다. 우리가 지금까지 제작하고 방송해 오던 드라마 패턴이 아니었다. 무엇이 어떻게 진행되는 건지 이해가 안 되는 '스토리 부재'의 드라마였던 것이었다.

대본심의에서도 그런 점이 지적이 되었고 간부들도 우려를 표명했다. 그러나 그의 의지는 확고했다. 현대인의 소외와 고독을 심리적 기법으로 풀어가는 드라마임을 강조하면서 두고 보라며 큰소리를 쳤다. 사실 드라마제작은 연출자의 능력과 자신감을 바탕으로 한다. 동시에 그 결과도 전적으로 자신의 몫이다. 몇 번 성공하면 메이저 대열에 들지만 거듭 실패하면 삼류가 된다. 드라마는 자신의 명예를 걸고 제작한다.

촬영이 시작되었다. 그는 잠을 자지 않았다. 깊은 밤중에 스태프들을 차례로 자기 방에 불러 작품에 대해 이것저것 지루하게 설명하고 준비를 지시했다. 자연히 스태프들도 잠을 자지 못했다. 촬영 내내 하루도 거르지 않고 이런 일들이 벌어졌다. 아주 일상적인 연기인데도 그는 NG를 내고 신경질을 내며 연기자를 다그쳤고 사소한 일에도 육두문자를 쓰며 스태프들을 몰아붙였다. 스태프 중에는 그보다 나이도 많고 경력도 수월찮은 사람들이 많다. 역할이 스태프일 뿐이지 작품을 보는 눈도 탁월한 사람이 많다. 제작현장의 분위기가 싸늘했다. 스태프 모두가 연출자의 눈에 띄지 않으려고 몸을 숨기는 등 분위기가 무거워졌다. 상부에 보고가 들어갔고 일부 스태프들은 교체해줄 것을 요구하기도 했다. 팀워크가 흩어졌다.

그런 그가 어느 날 촬영하다가 갑자기 NG를 내고 잠시 무언가를 심각하게 생각하더니 조연출을 불렀다.

"이봐, 헬리콥터 한 대 불러야 되겠어."

조연출은 농담하는 줄 알고 허허 웃었다.

그러자 그가 벌컥 화를 내며

"이 자식이 웃어! 너 연출을 우습게 보는 거야?"

비로소 심각함을 깨달은 조연출이 정색을 하면서

"아닙니다. 헬기는 택시 부르듯 부를 수 있는 게 아니잖아요?"
"이 자식이, 부르라면 불러! 헬기 올 때까지 촬영 중단!"
하고는 버스 속으로 들어가 버렸다.
조연출은 즉각 상부에 보고했다.
"연출자가 이상합니다."
"철수해!"

그는 곧바로 병원에 입원했다. 얼마 후 그는 복귀했지만 그 누구와도 어울리지 못하고 혼자서 떠돌았다. 말수는 눈에 띄게 줄어들었고 연민이 갈 정도로 외로워 보였다. 모두가 떠나버린 언덕에 혼자 남은 고독한 양치기 같았다. 그는 끝내 세인들에게 회자되는 대표작 한 편 남기지 못하고 IMF때 명예퇴직했다.

그는 잡을 수 없는 별을 잡으려 했던 돈키호테였던가? 아니면 시대와 타협하지 못한 불우한 연출가였던가?

나는 그가 추구했던 이상은 그리 부럽지는 않지만 그가 추구했던 집념만은 부럽다.

— ≪수필과비평≫, 137호.

| 작품 |

오지 않는 딸

김행숙

　조용한 오후, 향기로운 차 한잔을 들고 창가에 선다. 감미로운 바이올린 협주곡을 크게 틀어놓고 청소하고 빨래하다 보니 오전 시간이 어느새 지나갔다. 갑자기 너무나도 조용해졌다. 겨울 햇살이 다사로워 보이는 양지쪽에 서서 말없이 시간이 흐르는 소리를 듣는다.
　이럴 때 네가 있다면 얼마나 좋았을까…….
　내 속내를 그대로 나눌 수 있는 네 목소리를 들을 수 있다면 나의 삶은 한결 풍요로울 것이다. 세상을 살면서 남을 별로 부러워해 본 적이 없는 내게 친구 모녀의 다정한 눈빛이 두고두고 잊히지 않는 건 한낱 부질없는 욕심일까.
　유난히 예쁜 원피스와 땋은 갈래머리에 대한 향수를 갖고 있었지만 아들을 셋이나 낳기까지도 넌 내게 오지 않았다. 삼십 대 젊은 시절, 딸이 없으면 나이 먹은 뒤에 외롭다고 나를 걱정해 주시던 시어머님의 말씀을 별 느낌 없이 들었었다.
　그러다가 길가에서 예쁜 소녀를 만나면 안아보고 싶었고 여대생이 된 친구의 딸들이 눈부시게 성장하는 모습을 보며 비로소 나에게 딸이 없음을 실감했다. 그래, 넌 내 가슴속에서만 자라왔다. 또 하나의 내가 되어 젊고 발랄한 표정으로, 나의 그림자로 살아왔다.

나는 자주 내 속의 너와 대화하곤 했었지. 얼굴도 목소리도 알 수 없는 마음속의 대화지만 나에겐 적잖은 힘이 되곤 했었다. 네가 실제로 내 곁에 있다면 나는 아마 너와 무진장 많은 여행을 했을 것이다. 아무데로나 정처 없이 다니는 여행, 마음 내키는 대로 며칠씩 머물기도 하고 끊임없이 떠나기도 하는 여행을—. 우리는 말없이 온종일을 걸어도 좋을 것이다. 세상의 아름다움에 함께 잠기며 고즈넉한 저녁 빛의 아득함도 함께 맛보면서 나는 얼마나 마음 든든했을 것인가.

그리고 나는 너와 함께 요리하는 시간도 즐길 것이다. 생활인으로서 맛있는 음식을 만들어 가족들과 나누는 일이야말로 사랑을 나누는 중요한 순간이기 때문이다.

또 나는 네가 능력 있는 여자가 되는 걸 강조했을 것이다. 무슨 일이든지 잘 해낼 수 있고 누구에게나 인정받는 적극적인 성품이 얼마나 중요한지를 누누이 설명했을 것이다.

최선을 다하며 살거라. 받은 달란트를 사장시키지 말거라. 결코 게으름은 네 곁에 두지 말아라. 특별한 취미를 가져라……. 아마도 나는 네게 잔소리꾼이 되었을 것이다. 그러나 그 이전에 내 딸이라면 너는 이미 그런 성품을 타고 났을 것이다.

"쟤는 못 말려. 꼭 나 젊을 때 같다니까." 어쩌면 이렇게 흐뭇해하며 널 바라보고 있을지도 모르겠다.

외출하는 엄마에게 옷을 멋지게 코디해주고 액세서리를 골라주는 조언자, 엄마의 글을 읽고 냉정한 평을 아끼지 않는 수준 높은 젊은 독자로서 너는 정말 훈훈한 우군이었을 것이다.

데이트에서 돌아오면 사귀고 있는 남자에 대해 눈빛 반짝이며 얘기하는 사랑의 전령사를 나는 얼마나 바랐던가. 우리는 사랑의 본질에 대해, 사랑하는 방법에 대해, 보다 멋진 사랑의 기법에 대해 자주 토론했겠지. 넌 나에게 구태의연하다고, 요즘 젊은이들은 그런 식으로 사랑하지 않는다고, 가끔 면박도 주었겠지. 나는 그러는 네게서 젊은 세대의 사랑법을 배우겠지.

가끔은 나란히 목욕탕에 가서 서로 등을 밀어주고 빨개진 뺨으로 돌아오는 길에 한창 풋풋하게 젊은 또 하나의 나를 바라보며 마음 뿌듯했을 것이다.

어느 봄날 토요일 오후 모처럼 엄마와의 데이트를 위해 바바리코트 안에 물빛 스커트를 나부끼며 네가 달려오는 모습을 보며 나는 얼마나 가슴 두근거렸을 것인가! 그리곤 간절한 마음으로 기도하겠지. 저 사랑스런 딸을 하나님께 맡기겠노라고. 하나님의 크신 은총이 그의 평생에 가득하시기를…….

이름도 없는 딸아. 그러나 한편 생각해 보면 너는 어쩌면 나에게서 외로움을 빼앗지 않으려고 내게 오지 않았는지도 모른다. 네가 내 곁에 든든하게 있는 한 나는 외로울 틈이 없었을지도 모르므로 내게서 끊임없는 사유와 자기극복의 과정을 이루게 하기 위해 너는 내게 오던 발걸음을 멈추었는지도 모르겠다. 그리고 내 안에서 끊임없이 깨우치며 당겨주어 젊음에서 멀어지지 않게 긴장시키고 있는지도 모른다. 내게도 아쉬운 것 하나쯤은 있어야 되지 않겠니?

— ≪수필과비평≫, 137호.

| 작품 |

신근이

백남오

'송신근'은 지리산길에서 만난 친구 같은 아우다. 졸저 ≪지리산 황금능선의 봄≫에 수록된 작품의 대부분은 그와 더불어 산행한 기록이다. 함께 천왕봉을 올랐고, 겨울 종주를 했고, 텐트 속의 밤을 새웠고, 청학동을 찾아 그 머나먼 길을 헤매고 다녔다. 벌써 이십 년 가까운 세월이 흘렀다.

그와 산행을 하면 참 편하다. 운전도 내가 하고, 지리산 지형도 내가 더 많이 알고, 소소한 부담들도 내가 더 많이 하는데도 말이다. 그는 다만 나보다 여섯 살 젊고, 체력이 더 강하다는 이유로 배낭의 무게가 무겁다는 것뿐이다. 그럼에도 그가 있어야 마음이 안정이 되고 즐겁다.

신근이의 고향은 전남 신안군 흑산면 홍도다. 망망대해, 천연의 신비를 간직한 아름다운 섬에서 어린 시절을 보냈으니 첩첩산골에서 태어나 자란 나와는 너무나 대조적인 환경이다. 홍도에서 초등학교를 마치고 삶의 꿈을 찾아서 집안 친척이 있는 육지, 마산으로 무작정 나오게 된 것이다.

그런 그에게 삶은 팍팍하기만 했다. 보일러 기사로 시작해서 한의원 조무사, 건물관리원, 병원시설과 직원 등 안 해본 일이 없을 만큼 인생의 바닥을 모두 훑었다. 그 여정에서 각종 자격증을 취득하고 검정고시로 중등학교

과정을 거쳐 국가고시로 법학사까지 받았다. 지금은 어엿한 종합병원의 '시설과장' 명함을 가지고 있다. 그동안의 삶이 얼마나 외롭고 고달팠겠는가. 그런 와중에서도 지리산마니아가 되었고, 결국 지리산이 인연이 되어 우리는 만난 것이다.

신근이를 생각하면 이태준의 소설 속에 나오는 주인공들이 연상될 때가 있다. 그만큼 천성이 착하고 순박하다는 얘기다. 농담으로도 거짓말을 할 줄 모를 만큼 정직하다. 그러다 보니 그를 아는 사람 치고 그를 싫어하는 이는 누구도 없다. 전기, 보일러 등 고장만 나면 그를 불러 수리를 부탁하는 것은 이제 기본이 되어 있다. 뿐만 아니다. 그가 사는 동네사람들 몇 명만 모여도 그를 불러내어 함께 자리를 하고 싶어 한다.

직장에서는 '맥가이버'란 별명이 붙을 만큼 동분서주다. 한번쯤은 이런저런 핑계를 대어 거절할 수도 있으련만, 그는 절대로 그리하지를 못한다. 그러니 세상에서 가장 바쁜 사람 중에 속할 것이다.

신근이는 아직 미혼이다. 어린 나이에 객지에 나와 힘겨운 인생길을 걷는 것이 벅차기만 했으리라. 그러다 보니 혼기를 놓쳐버린 것이다. 신체 건강한 그가 혼자 사는 것이 늘 안쓰러워 반듯하고 다정다감한 여인이 하루속히 나타나기를 기다리고 있다. 정말 그랬으면 좋겠다. 그럼에도 정작 본인은 이제는 혼자 사는 것이 오히려 편하다고 씨익 웃기만 할 뿐이다.

따뜻한 인간의 정이 그리운 시대, 각박한 세상에 부딪쳐 아픔을 피하기 어려운 시대, 사람들은 신근이를 통하여 잃어버린 사람의 정을 찾고 있는 것이 아닐까 싶다.

나 역시 예외일 수가 없다. 신근이를 보면 마음이 평화로워진다. 그에게는 그런 묘한 힘이 있다. 세상 사람들은 얼마나 강한 욕망에 젖어 사는가. 가지고 또 가지고 전부를 가졌다고 보는데도 더 가지려 한다. 서푼 어치도 안 되는 지위나 힘을 과시하려고도 하고, 잘된 자식자랑을 하고 싶어서도 안달이다. 이런 사람과 함께하는 시간은 얼마나 불편하고 곤혹스러운가.

신근이는 정말 가진 것이 없다. 아내도 자식도 재산도 그에게는 없다. 그렇다면 전부가 없는 것이 아닌가. 그럼에도 언제나 행복한 미소를 잃지 않는다. 나 역시 따지고 보면 아무것도 내 놓을 것 하나 없지만 그래도 신근이보다는 훨씬 더 많은 것을 가졌다. 하지만 신근이가 더 즐겁고 나는 아플 때가 많다. 작은 상처에도 신근이의 위로를 받기만 한다. 이 얼마나 나의 옹졸한 그릇을 보여주는 대목인가. 그는 이미 세속적 욕망이 행복의 절대조건이 아니라는 삶의 참 이치를 깨달은 것이다. 아니, 그 이상의 도의 경지에 이르렀는지 모를 일이다.

진정 나는 소망한다. 신근이가 가지고 있는 순수와 선량함이야말로 세상에서 가장 고귀한 가치로 대접받을 수 있어야 한다고. 그것이 결함이 아니라 빛나는 장점으로 인정받아 마땅하다고, 그리하여 인간적인 정이 흘러넘치는 따뜻한 사회를 가꾸어 가야 하는 것이라고.

그런 신근이에게 문학적 인자가 있다는 것은 기쁜 일이다. 지리산 외, 우리가 가까워질 수 있는 소중한 공통분모다. 신근이 역시 나를 유달리도 따르는 이유이기도 하다. 바쁜 일상 속에서도 책읽기를 좋아하고 글쓰기에 관심이 많다. 사실 내가 등단하기 전부터 그는 가장 훌륭한 독자다. 나의 글에 대한 전반적인 느낌과 인상 깊은 구절을 피력하고 가감 없는 비판까지 서슴지 않는다. 실제로 나의 작품에는 그가 언뜻 던진 생각의 편린들이 녹아있는 부분도 있다.

그러다 보니 중요 문학행사까지도 함께하는 기회가 많아지고 있다. 우리는 언제나 가을을 기다린다. 9월에는 진해에서 '김달진문학제'가 열리기 때문이다. 월하 김달진 시인의 고도한 문학정신을 기리는 아름다운 행사에는 교과서에서나 만날 수 있는 문인들이 모인다. 이분들을 환영하고 함께 어울리는 일은 기쁨이자 영예다. 그 보람된 일에 나는 신근이와 함께 수년째 참여하고 있다. 진해가 꿈과 설렘의 도시로 인식되는 중요한 이유이기도 하다. 그 모두가 신근이이기에 가능하고, 즐거운 일이다.

요즘은 지리산을 가는 기회가 많이 줄어들었다. 그의 바쁜 일상 때문이다. 지리산을 가지 않는 주말에는 함께 무학산을 오른다. '학봉'을 타고 올라 '안개약수터'에서 시원한 물 한 모금 마시고 '대곡산'으로 해서 '만날고개'로 내려오는 4시간 전후의 코스는 멋지다.

세상에서 가장 편한 마음으로 산길을 걷는다. 바보처럼 히죽히죽 웃어도 보고, 밑도 끝도 없는 얘기를 해놓고 박장대소를 하기도 한다. 그러다 특정 이슈를 만나면 통렬한 비판의 화살을 쏘아도 댄다. 세상의 모든 것이 화제가 된다. 그야말로 행복한 재충전의 시간이다.

'댓거리'에 도착하여서는 늘 들르는 주막에서 푸짐한 해물안주로 막걸리 한 사발 걸치면 세상사 모든 슬픔은 녹아내리고 만다. 그러다 취흥이 오르면 노래방이라도 전전하면 또 어떠랴. 그렇게 삶의 위안을 얻는 것을.

신근이와 오래오래 삶의 도반이고 싶다.

— 《수필과비평》, 137호.

02 드러내기로서 수필 vs
       타자他者로서 여성들

　문학은 시선의 집합이다. 아담과 이브가 지식의 과일을 따 먹고 벗은 몸을 부끄러워할 때 출현한 타자는 수치심을 의식한 첫 인간, 바로 자기 자신이다. 그 후 자아가 타자를 억압하거나 외면하면 할수록 타자는 이성과 감성의 틈새를 비집고 나타나 숨은 신분을 보여주기 시작하였다. 드러난 자아의 '봄'과 숨은 타자의 '보여짐'을 가시화한 것이 문학으로 나아간다.
　여성은 천성적으로 남성에 대하여 타자성을 지닌다. 동시에 다른 여성의 타자이기도 하다. 서구사회에서 대표적인 이중 타자가 흑인 여성이라면 남성중심사회인 한국에서 이중 타자는 주로 여성이다. 그들은 자신의 존재를 가족에 일치시키거나, 주변 여성과 나란히 서면서 좌절을 느낀다. 불편함과 수치심마저 자각한다. 수필을 쓰고 싶다는 것도 그들에게는 '드러냄의 욕망'에 가깝고 그 점에서 여성은 남성보다 더 타자 지향적이다.

타자는 본질적으로 반성적인 모습을 취한다. 자아를 되돌아보며 비판하기도 한다. 그때 자아는 그것이 나의 대상이듯이 나도 그것의 대상이라는 사실에 당혹해한다. 타인 앞에서 느끼는 이러한 불안감은 타자라는 개념을 부정할수록 더욱 심각해진다. 이 순환적 시선이 수필 화자가 내면을 살펴보는 언어로 나타나는 것이다. 화자가 "(타자는) 나를 수치스럽게 만든다."는 사르트르의 말에 동의하는 것도 비난받을 만한 행동을 하여서가 아니라 그냥 숨기고 싶은 정체가 폭로되었다는 사실에 기인한다. 현실적 타자를 윤리적 타자로 전이시키는 것이 작가의식이다.

≪수필과비평≫ 135호에서는 여성적 타자가 주목을 끌었다. 작품의 서술자가 남성이든 여성이든 여러 작가들이 여성을 타자화하여 모성과 여성성을 나름대로 해석하고 있다. 그중에서 여성적 자아와 여성적 타자를 등장시킨 세 작품을 선정하여 '봄'과 '보여짐', '여성 자아'와 '여성 타자'와의 관계를 살펴보기로 한다.

백두현의 〈삼백 리 성못길 Ⅲ〉

〈삼백 리 성못길 Ⅲ〉은 '여성은 타자'라는 인식의 문을 여는 작품이다. 파란만장한 삶을 마친 할머니는 작가 백두현에게 여성적 타자로 존재한다. 할머니의 삶을 책임지는 일을 마지막 순간에 포기함으로써 할머니는 그의 양심을 비추는 거울이면서 숨겨진 타자가 되었다. "입이 없는" 할머니에게 가는 성못길도 타자를 대면하는 노정이 된다. "마음의 짐을 진 걸음"으로 "삼백 리 회한의 길"을 오가는 동안 그는 불편스럽지만 할머니와 대화를 나눌 수밖에 없다. 만일 할머니를 죽게 했다는 양심의 거리낌을 감당하지 못하여 회한의 길에서 벗어난다면 죄의식은 더욱 깊어질 따름이다.

　백두현의 할머니는 전근대적 운명을 겪은 여성의 전형이다. 꽃다운 열여덟 나이에 남편이 사할린 노역장으로 끌려간 뒤 그녀는 죽을 때까지 "청상과부"로 지냈다. 그뿐만 아니라 귀향하고픈 남편에게 뱃삯을 보내주지 못하여 남편이 북송선을 탔다는 죄책감으로 괴로워한다. 그녀의 호된 시집살이가 끝나면서, 아들은 암으로 먼저 떠나고 며느리마저 교통사고로 죽는다. 직장암에 걸리면서 그녀의 운명은 손자에게 맡겨진다. 어찌 보면 할머니에게는 타자의 인생이라고 말할 수 있다.

　화자에게 할머니는 이중적 존재이다. 손자로서 할머니를 부양해야 한다는 의무감과 경제적 부담감은 무기력뿐만 아니라 수치심마저 불러일으킨다. 할머니에게 연민과 불편한 마음을 품을지라도 그에게는 부담스러운 짐이다. 무엇보다 할머니를 볼 때마다 여성의 보편적인 운명을 저절로 인식한다. 할머니라는 타자에 의하여 도리어 '보여짐'의 대상이 되어버린 상황이 남자/손자에게는 희비극이 된 것이다.

　백두현의 주체성이 사라지는 전환점은 할머니가 직장암 수술을 받는 시점에 놓여진다. 그가 할머니의 운명을 결정해야 하지만 수술 여부는 "나는 가난했다."는 경제적 조건에 좌우되어 버린다. 병원비 "70만 원"을 감당하기 어려워 할머니를 요양병원으로 모시지만 그녀는 8개월이 지나도 죽지 않는다. "어서 빨리 시한부 6개월"이 지나기를 바랐던 그의 마음은 1년이 지나면서 "강박관념"으로 굳어진다. 타자인 할머니가 그를 죄의식에 빠뜨린 것이다.

　문제는 할머니가 예상대로 죽지 않았다는 사실이다. 그녀는 죽을 수 없다. 목숨 줄이 병원비가 아니라 북에 살아 있을 "남편"에 매여 있기 때문이다. 그는 그녀의 삶을 지옥으로 만든 사람임과 동시에 그녀를 구출해줄 수 있는 유일한 구원자이다. 그는 그녀의 존재성을 인정해주는 유일한 타자이므로 그녀는 남편과의 만남을 위해 살아남아야 한다. 그녀에게 주변 가족들은 한갓 물체일 뿐이므로 그 은밀한 꿈과 타자의식을 후손들에게 드러낼 수 없다.

할머니가 여전히 생존해 있다는 현실에 초조해진 그는 "무슨 수를 내어야만 한다."고 생각한다. 그는 불교 신자인 할머니를 천주교에서 운영하는 무료요양시설로 옮긴다.

> 그날 할머니는 내게 아무런 말씀도 않으셨지만 내가 자리를 비우자 고모에게 불같이 화를 내셨다고 한다. 절에 다니는 노인네를 이런 곳으로 데려왔다고 역정을 내시다 그날따라 약도 드시지 않고 지쳐 잠이 드셨다. 그리고 끝이었다. 거짓말같이 병원을 옮긴 바로 그날 모든 것이 끝났다. 나의 현대판 고려장이 끝난 것이다.

본의 아니게 할머니가 "현대판 고려장"으로 장사되었다. 그런데 상황은 끝나지 않았다. 할머니는 죽었지만 타자는 여전히 남아 있다. 타자로서 할머니가 드러낸 죄의식은 기독교적으로 표현하면 원죄이고, 불교적으로 말하면 업業이다. 심리학적으로 설명하면 타자의 시선이다. 그 어느 것이든 죽은 할머니는 백두현의 존재 일부를 훔쳐 버렸다.

이러한 상황에서 백두현은 "할머니(타자)가 나를 수치스럽게 만든다."고 고백할 수밖에 없다. 20여 년의 세월이 지난 지금도 "죄책감으로 안락하지" 않으며 고해성사와 주변의 위로는 아무런 위안이 못 된다. 그럼 어쩌란 말인가. 기껏 허용된 일은 "삼백 리 성못길을 묵묵히 다니는 것"뿐이다.

종교적 죄의식에는 끝이 없다. 그러나 그의 죄의식에는 끝이 보인다. 성못길을 오가는 걸음을 죄를 씻어내는 속죄방식으로 간주해보는 것이다. 더군다나 고행 길을 나선 그의 곁에 누군가 있지 않은가. 그 동행자가 바로 젊은 시절의 할머니다. 할머니는 "남편을 귀향시키기 위해 급전을 구하려 이집 저집 다니던 가난한 젊은 과부"로 변해 있을 뿐만 아니라, 남편을 구하지 못한 죄의식을 평생 지니고 살았다. 그래서 더더욱 손자인 그는 "사할린에서 고향마을까지 뱃삯을 마련해 들고 가는 심정"으로 성묘를 나서며 죽은 할머니와 서로에게 타자로 존재하게 된다.

〈삼백 리 성못길 Ⅲ〉이 구현하는 윤리적 가치는 실천이라고 하겠다. 그에게 성못길은 잃어버린 자아를 되찾는 길이므로 언젠가 자아를 회복할 가능성을 지니고 할머니와 여성은 윤리의식을 끊임없이 확인시켜주는 타자로 존재한다. 이로써 할머니와 손자는 모두 수치심으로 수치심을 극복해 나간다.

이미영의 〈자장가 가수〉

여성은 태어날 때부터 죽을 때까지 어머니라는 존재성을 지키려 한다. 딸로 태어난 여성이 모두 아내나 할머니가 되지 않는다 하더라도 모성이라는 타자성에서 벗어날 수는 없다. 자신의 욕망을 자식과 남편의 그것에 투사시키기 위하여 그들은 양육과 노동의 주체자 역할을 기꺼이 감수한다. 이것은 남성이 지닐 수 없는 타자성으로서 여성에게는 행동의 동력으로 작용한다.

이미영은 여성적 타자를 "자장가"라는 모티프로 풀어내고 있다. "자장가"는 여성의 생산성을 확인하는 언어이다. 그것은 아기를 타자화한다는 점에서 대표적인 여성 담론이며 〈자장가 가수〉의 화자도 어머니와 자식과 남편을 그 상대로 삼는다.

작가는 자장가를 부르는 엄마는 "어여쁜 엄마"라고 여긴다. 가사의 내용을 모르더라도 아이들이 엄마가 노래를 부르면 행복과 편안함을 느끼는 것은 그때의 엄마를 자상한 엄마로 믿기 때문이다. 대부분의 여성은 그 "어여쁜 엄마"가 되기를 원한다. 이미영의 자장가는 이러한 보편적인 기대와 거리가 있다. 이야기의 서두에서 작가는 "내 어머니가 불러준 자장가는 노동요였다."고 솔직하게 밝힌다. 그녀가 어렸을 때 들은 자장가는 지친 '읊조림'이었고 '온갖 아이들이 등장하는 자작곡'이었다. 어머니의 자장가를 기억할 때 기억하는 것이라고는 다섯 남매를 키웠던 어머니의 지친 삶뿐이다.

그렇다면 이미영이 두 아들에게 불러준 자장가는 어떤가. 그녀는 "나도 그랬다."고 실토한다. 어여쁜 엄마답게 모차르트의 자장가를 불러주겠다고 다짐하였지만 아이들을 키우는 내내 마음이 불편하였다. 가장 행복한 시간은 "아기가 잘 때"이고 아이들을 깨우는 지금은 자장가를 자명종과 모닝콜 벨로 사용한다. 그것은 자신의 목소리이므로 모성적 타자는 웬지 겸연쩍다. 윤리적 자아는 현실이 거북하기만 하였다. 독립된 자아가 모성적 타자에 억압당한 상황은 제주 민요 '웡이 자랑'에서 양육을 노동으로 풀이하는 데서 고스란히 노출된다.

〈자장가 가수〉의 모티프는 모성이다. 그녀가 자신을 드러내는 수단은 직업의식이나 전문지식이 아니라 어머니라는 얼굴이다. 자장가를 한숨 섞인 노동요로 간주하였으므로 그녀가 모성이라는 타자와 직면하면 자신도 모르게 주눅이 든다. 물론 절대적 희생을 다한 어머니일지라도 이런 자책감에서 벗어나기는 쉽지 않다. 모성은 여성이 물려받은 원죄이고 드러낼 수밖에 없는 타자인 것이다.

그러면 어찌해야 하는가. 모성은 새로운 대상을 찾을 필요가 있다. 그때 남편이 등장한다. 자장가를 불러줄 어린 자식들이 성장하였을 때 남편은 심리적 어머니역을 대신하는 아내에게 자장가를 불러달라고 부탁

한다. 남편이 머리를 아내의 가슴팍에 밀어 넣고 어리광(?)을 부리지 않더라도 마음으로는 남편에게 자장가를 불러주려 한다. 어른 자식이 있다는 것이 여성에게 얼마나 다행인가.

그를 아주 천천히 살펴보았다. 아릿한 뜨거움이 가슴에서 올라왔다. 빳빳하게 솟았던 어깨가 어느새 왈캉하게 내려앉았다. 검게 반질하던 머리칼이 희끗하게 탄력을 잃었다. 지친 내면이 푸석한 몸으로 드러나 안쓰럽게 다가왔다. 갑자기 조금 전까지 내가 알았던 사람이 아닌 것 같았다. 패기만만했던 굳센 턱선이 멋진 그였다. 언제 앓았는지 나긋한 모양으로 변신해 있는 것이 그제야 눈에 들어왔다. 좀처럼 바깥일을 내색하지 않던 그가 투덜거리는 소리를 시작했을 때 알아차렸더라면 좋았을 것을. 나도 위로가 필요하다는 말을 하고 싶었나 보다.

남편이 변하였다. 아내/어머니의 눈으로 바라본 남편의 풀죽은 모습이 다소 과장되었을지라도 "그 남자"가 달라졌다. 남편이 아내보다 강하든 약하든 중요한 것은 모성애를 재현할 수 있게 되었다는 사실이다.
　이러한 남편의 정신계를 다스리는 수단이 자장가다. 자장가는 남편의 몸을 잠재우고 정신을 일깨운다. 레비나스가 "타자와 관계한다는 것은 타자를 돕는 것"이라고 말한 타자에 무력한 남자가 포함된다. 이미영도 "제대로 자장가를 불러주고 싶다."는 속내를 드러낸다. 남성에게 여성이 '생식자, 동반자, 파괴자'라는 세 이미지를 지니지만 남성에게 남성은 오직 적대적 타자일 따름이다. 따라서 남성에게 위안의 자장가를 불러줄 타자는 여성뿐이다. 남성에게 최초의 여성이 어머니이듯이 마지막 여성도 어머니다운 여성일 수밖에 없는 것이다.
　여성의 경우는 다르다. 여성은 딸, 자매, 애인, 아내라는 다양한 형태의 타자를 거치지만 종래는 어머니라는 타자로 되돌아온다. 젊어서는 자궁을 통하여 아이를 생산하지만, 폐경기 이후에는 출산이 불가능해진다. 그러므로 그녀의 아이를 낳도록 해준 남편을 자궁에 가두는 것은 너무나 자연스럽다. 여성들은 이러한 욕망을 부인하지 않는다. 이미영도 '대문 밖 세상의 고달픔을 조금이라도 씻어줄 수 있다면 다시 목쉰 자장가 가수'가 되겠다고 다짐한다. 남편의 어머니가 됨으로써 그녀는 아이들에게 어여쁜 어머니가 되지 못했던 지난날의 죄책감에서 벗어날 수 있다. 그렇더라도 모성은 그들을 불편하게 하고 죄스럽게 만드는 영원한 타자이다.

김명자의 〈그 여자〉

문학은 타자를 가시화하는 장르이다. 이면에 숨겨진 비논리적이고 억압적인 심리를 드러내다 보면 문학은 개인의 무의식까지 건드린다. 여성 화자인 경우, 만일 여성에 대하여 여성적 타자를 자각하지 못했다면 복합 심리는 어느 때인가 드러난다. 여성의 영원한 타자는 여성이라는 사실은 여성은 동성同性에 대하여 연민의식과 동시에 대립의식을 갖는다는 데서 재확인된다. 그 이유는 타 여성이 자신의 세계를 훔쳐간다고 느끼기 때문이다.

여성에게 여성은 마네킹이 아니다. 마네킹이라면 단순히 사물 하나가 더 늘었다고 여길 수 있지만 사람이라면 정반대 현상이 나타난다. 낯선 타자를 의식하는 순간, 자신을 위해 있어야 한다고 믿었던 모든 것이 해체될지 모른다는 두려움에 빠져버린다. 심적 영토를 빼앗거나 침입당한 뺄셈 관계가 이루어지는 것이다.

김명자의 경우, "그 여자"가 그녀의 의식 안으로 침입해 들어온다. 아무리 노력하여도 그 여자에게 향한 시선을 뗄 수 없다. 외면하면 할수록 불편한 마음만 더 커진다. 그 여자의 목소리가 들리면, "거실로 나와 불을 켜고, 소파에 쪼그리고 앉아 귀를 모으고, 자신을 부르는 소리가 가까이 오면 불을 꺼 버리고, 문을 두드릴까 겁을 낸다." 그럴 때마다 "그 여자로 인하여 속상하다." 이런 악순환이 시시때때로 내적 동요를 일으킨다.

그 여자가 누구인가. 그녀는 김명자와 '성이 같고, 동일한 초등학교 고등학교 대학교'를 다녔다. 결혼하고 한동안 같은 동네에 살았으며 김명자를 대신하여 소개팅 장소에 불쑥 나타나 소동을 일으키기도 하였다. 남편조차 그 여자 남편의 상담자가 되어버렸다. 그 여자가 정실질환을 일으킨 후에도 그들 사이의 인연은 끊어지지 않는다. 여기서 독자가 놓치지 않아야 할 점이 있다. 서술자로서 김명자가 그 여자의 이름을 밝히지 않았다는 사실이다. 이것은 개인의 신상문제에 그치지 않는다. 그럼 무엇인가. 그 여자는 김명자의 분신이며 더 나아가 모든 여자의 대행자인 것이다. 그뿐만 아니라 자아와 타자로 이루어진 샴쌍둥이로서 그들의 관계는 악연이 아니라 "우리의 인연"으로 묘사된다. 그들 두 사람은 남성이 아닌 여성이니까.

여성은 자의식이 강하다. 자신이 신데렐라인가, 메두사인가, 아니면 테스인가를 부단하게 규명하고 싶어 한다. 이러한 복합심리를 공유할 타자가 필요하다. 타자로서 그 여자는 김명자의 결점과 열등감을 해결해 준다. 자신도 여자로서 불행하다는 연대의식을 지니는 한편 그 여자보다 덜 불행하다는 자기만족도 투시해낸다. 곧 모든 여자는 다른 모든 여자를 수치스럽게 만드는 타자이다. '여성은 불행하다'와 '나는 행복하다'는 감정의 모순을 해결하고 그 거리를 유지하기 위해서는 상대를 의식적으로 거부해야 한다. 기회를 엿보던 김명자도 그 여자의 거식증과 난폭성을 감당할 수 없게 되자 마음의 문을 닫아버린다. 뺏김이 중단되었는가. 아니다. 뜻하지 않은 문제가 생겼다. 타자를 거부함으로써 자아마저 함몰되어 버렸고 나아가 이 사실을 미처 깨닫지 못한 것이다.

지난봄 어느 날, 그녀의 사망 소식을 들었다. 절벽에서 떨어지는 기분, 굵은 끈이 '툭' 끊어진 것 같은 아득한 절망감을 맛보았다. 내가 그녀를 떠나게 한 것 같은 죄책감에 "고생 많이 했다."라는 말이 내겐 채찍질 같기만 했다. 내가 보듬지 못하고 밀어냈기 때문에, 좀 더 참아주지 못했기 때문에 그 여자가 세상을 등진 것 같았다. 잠깐만 피하려 했는데 영영 볼 수 없게 되었다.

그들은 이형동체였다. 그 여자의 정신분열증과 자살이 김명자의 책임이 아닐지라도 '그 여자는 소꿉친구였다. 인생의 친구이기에 앞서 서로에게 타자였다. 그런 만큼 "끈이 '툭' 끊어진 것 같은 아득한 절망감"은 그리 놀라운 반응이 아니다. 실제 그 여자가 죽으면서 작가는 죄책감 같은 강박관념에 빠진다. 자신의 반쪽이 사라졌다는 절망감, 간접 살인을 저질렀다는 죄책감, 친구들의 칭찬을 받아들이지 못하는 양심은 타자화로 설명하지 않으면 달리 해결할 방법이 없다.

그 여자는 김명자의 얼굴이고 음성이다. 타자는 자아에게 관계하여야 한다는 몸짓을 쉬지 않고 던졌지만 자아인 김명자는 상대를 성가시고 두렵게만 여겼다. 그러나 작가가 진정 두려워한 것은 그 여자의 거친 목소리나 무단출입이 아니라 인간은 혼자이며 세상은 무심하다는 단절감이었다. 무엇보다 여자라는 사실이 가장 두려웠다. 이처럼 여성은 서로에 대하여 억압심리와 두려움을 갖고 있다고 하겠다.

결미를 살펴보자. 김명자는 "가만히 그 여자 이름을 불러본다."고 말한다. 남에게 들리지 않을 목소리로 무엇을 불렀을까. 그것은 그들만의 비밀이 있다는 뜻이다. 숨죽여 부른 것이 상대의 이름일지라도 내포된 명칭은 '여자'라는 명사이다. 〈그 여자〉에 등장하는 "그 여자"는 3인칭 단수형이 아니라 "우리 여자들"이라는 1인칭 복수형이다.

덧붙이며

　문학은 아무려나 자아만을 드러내는 글쓰기다. 수필은 더더욱 의식적으로 멀리하고 싶은 타자를 끌어내어 반성적으로 드러내는 고백이다. 사물을 대상으로 하든 주변인을 소재로 하든, 타자를 진솔하게 드러낼 때만 수필은 굴절되지 않는다.

　자아가 실존하려면 타자라는 존재는 불가피하다. 바라봄과 보여짐이 균형을 이룰 때 비로소 수필은 나르시스적이고 자아 반영적인 글쓰기를 따른다. 나르시스는 투영된 자신의 모습을 미화한 신화 속의 주인공만이 아니다. '봄'과 '보여짐'의 대상으로서 자신을 고통스럽게 응시한 첫 화자이다. 그는 타자를 응시함으로써 자아에서 벗어나고, 타자를 사랑함으로써 자신을 해체할 수 있었다. 타자의 발견은 자아의 '훔침'을 허용해주었다.

　수필은 헤겔이 말한 "영혼이 내비치는 창"이어야 한다. 그러기 위하여 수필가는 타자로서 자아를 지켜보는 시선을 지켜낼 필요가 있다. 나를 대상화하는 불침번 같은 수필적 타자가 존재해야 하는 것이다.

| 작품 |

삼백 리 성묫길 Ⅲ

백두현

　나의 성묫길은 가도 가도 마음의 짐이 덜어지지 않는 회한의 길이며 또한 삼백 리 길이다. 그러나 요즘 젊은 사람들은 토지의 효율적인 사용을 핑계 삼아 이 나라의 산이라는 산은 전부 묘지가 되겠다는 탄식을 쏟아 낸다고 한다. 그래서 화장의 필연성을 부르짖는 모양이지만 그렇더라도 나는 조금도 그럴 생각이 없다. 내게 남겨진 날들이 몇 날 며칠인지 알 수 없으나 일 년에 두 번 가는 성묘가 남았으면 얼마나 남았겠는가. 한 줌의 가루로 만들어 바람을 따라 보내고 산으로, 바다로 여행이나 다닐 염치도 없거니와 모처럼의 연휴랍시고 휴양지에서 며칠 호사를 부린다고 그들처럼 행복할 것 같지도 않겠기에 그렇다.
　나의 할머니는 아버지가 미처 걸음마를 배우기도 전에 청상과부가 되셨다. 할아버지가 일제강제 노역장으로 끌려 가셔서 열여덟 꽃다운 나이에 생이별을 하셨기 때문이다. 할아버지는 지금의 러시아령인 사할린이라는 섬에서 탄광 일을 하셨는데 안타깝게도 그곳에서 한쪽 다리를 잃으셨다고 한다. 그래서 고향으로 가고 싶으니 뱃삯을 보내달라는 편지를 고향땅으로 보내셨다.

그런데 할머니는 그 돈을 세상 어디에서도 융통할 수 없었다. 남편을 찾으려는 마음도 마음이지만 아비 없는 자식들을 만들지 말아야겠다는 일념으로 이집 저집 급전을 구하러 다녔지만 힘없고 가난한 젊은 과부에게 선뜻 돈을 빌려주는 사람은 세상에 없었다. 그러다 8·15 광복을 맞았고 사할린은 뱃삯이 있어도 오고 갈 수 없는 공산, 소련 땅이 되었다. 그래서 고향으로 돌아올 길이 막혀버린 할아버지는 조금이라도 고향 가까운 곳에서 살다 죽겠노라고 불편한 다리를 이끌고 북송선을 타셨다는 것이다.

그날부터 할머니의 반닫이 함 속에서는 뱃삯을 보내달라던 할아버지의 편지가 반백 년을 할머니의 한숨 소리를 켜켜이 삭히고 있었다. 보다 못한 친정 오빠가 호랑이처럼 무서웠다는 증조할머니의 눈을 피해 할머니를 재가시키려고 무던히 애쓰시긴 했다고 한다. 몇 번이나 도둑고양이처럼 몰래 만나고 돌아가셨지만 그뿐이었다. 오히려 눈치가 빠르신 증조할머니의 눈 밖에 나 20년이나 친정에도 가지 못하고 더욱 더 호된 시집살이만 하시게 되었다.

그런 할머니는 고생 끝에 낙이란 속담을 잘 믿지 않으셨다. 어린 자식들이 눈에 밟히고 언젠가는 할아버지가 돌아오리라는 희망을 가지셨겠지만 그래도 남편 덕 없는 사람은 자식 덕도 없다는 속담을 더 믿고 사셨다. 그래서는 아니겠지만 종국에는 쉰넷 된 아들을 암으로 먼저 보내고, 간병인으로 따라다니던 며느리마저 교통사고로 잃고 말아 당신의 말년을 어서 빨리 죽기를 소망한다는 말과 함께 사셨다.

그런데 의사는 직장암이라고 했다. 수술을 하면 완치될 확률도 많다고 했다. 다만 환자가 고령이라서 마취에서 깨어나지 못하실 수도 있지만 그래도 수술을 하는 게 좋겠다고 했다. 늦은 밤까지 아내와 상의했다. 아내는 말이 없었다. 칠순을 앞두신 고모와도 상의했다. 고모 역시 내 결정에 따르겠다고만 하셨다. 병원비를 내가 낸다는 이유로 모든 선택은 오로지 내 몫이었다. 성공하면 장수하시는 거고 실패하면 6개월만 더 사시는 거였다. 그리고 나는 가난했다.

　고민 끝에 나는 6개월만 사시는 방법을 선택했다. 우습게도 사실 만큼 사셨다고 생각했다. 가난이란 핑계를 방패 삼아 저승에 가시면 그토록 그리워하는 아버지를 만나실 것이라고도 생각했다. 그래서 결정한 요양병원 생활은 의식주를 제공하고 아프지 않게 진통제만 놓아주는데 1개월에 70만 원이었다. 6개월간 할머니는 젊은 나도 한 번에 먹기에는 부담이 가는 분량인 색색의 진통제를 한 움큼씩 드셨다. 치료제인지 아시고 정성껏 드시는 모습을 차마 마주 보기 힘들었다. 점점 나아지는 것 같다고 좋아하시던 목소리가 문 밖으로 새나가지 못하고 다람쥐처럼 귓가를 맴돌다 피딱지처럼 굳어 귓속에 들어앉았다.

　그럴수록 쌓여가는 죄의식에 어서 빨리 6개월이란 시간이 지나길 바랐지만 이상하게도 할머니는 8개월이 지났는데도 아픈 분 같지가 않았다. 내심 불안해지기 시작했다. 2개월이 더 지나자 불안감은 초조함으로 바뀌었다. 1년이 지나자 무슨 수를 내야만 한다는 강박관념에 사로잡혔다. 수소문 끝에 천주교에서 운영하는 무료 요양시설인 호스피스가 있어 서둘러 할머니를 모시고 갔다. 부끄러웠지만 현실적으로 월 70만 원이라는 돈은 내게 너무 컸다.

　그날 할머니는 내게 아무런 말씀도 않으셨지만 내가 자리를 비우자 고모에게 불같이 화를 내셨다고 한다. 절에 다니는 노인네를 이런 곳으로 데려왔다고 역정을 내시다 그날따라 약도 드시지 않고 지쳐 잠이 드셨다. 그리고 끝이었다. 거짓말 같이 병원을 옮긴 바로 그날 모든 것이 끝났다. 나의 현대판 고려장이 끝난 것이다.

　그새 강산은 두 번이나 바뀌었다. 세월은 달리는 열차처럼 흘렀다. 죄책감은 싣고 달리는 세월의 열차 좌석은 끝없는 상실감으로 결코 안락하지 못했다. 성당으로 달려가 고해성사를 해도 조금도 마음이 가벼워지지 않았고 할 만큼 했다는 주변의 위로도 하나도 위로가 되지 않았다. 그런 내가 이제

와 할머니를 위해 할 수 있는 것이란 기껏 이렇게 삼백 리 성묫길이나 묵묵히 다니는 것뿐이다. 그런데 어떻게 화장을 하고 여행을 떠난다는 것인가.

길을 가다 무심코 밟히는 이슬방울 하나도 이 세상을 살아가는 생명에겐 더없이 소중한 인연이다. "푸드득" 이름을 알 수 없는 새 한 마리가 날아가는 소리마저 다시 만나고 싶은 인연이라고 생각하며 다들 살아가지 않는가. 살면서 인연이란 소중함을 아는 사람에게만 소중하게 지켜지는 법이다. 더욱이 가족으로 만난 그 소중한 인연을 스스로 깨우치지 못한다면 나처럼 뒤늦게 후회하고 남은 삶을 곤궁하게 만드는 것 같다.

사람에 따라 삼백 리 성묫길이 십 리 같은 사람도 있고 십 리 성묫길이 삼백 리 같은 사람도 있으리라. 나의 삼백 리 성묫길 역시 절대로 십 리 같지는 못하다. 그렇다고 천 리처럼 느껴지는 길도 아니다. 그저 걸을 수 있는 힘만 남아 있다면 계속해서 떠나야만 하는 운명의 길일 뿐이다. 그 길이 하루해가 모자라는 고행길이 되더라도 계속해서 나는 떠나야만 한다. 올 설날에도, 내년 설날에도 그리움을 안고 계속해서 나는 삼백 리 성묫길을 떠날 것이다. 한 가닥의 햇살과 또 한 가닥의 바람소리를 인연 삼아 성묫길을 떠날 것이다. 사할린에서 고향마을까지 뱃삯을 마련해 들고 가는 심정으로 갈 것이다.

– ≪수필과비평≫, 135호.

| 작품 |

자장가 가수

이미영

나의 자장가는 노동요였다. 쏟아지는 졸음을 이기려는지 뒤척이는 아기를 토닥여주며 부르는 사랑 겨운 노래가 아니었다. 늦은 밤 숨이 멎을 듯이 울어대는 아기를 들쳐업고 엉덩이를 두들겨 가며 부르던 억지 노래였다. 말이 통하기는커녕 목청만 돋우는 아기에게 짜증을 더해 불러주던 노래였다. 토막잠을 자다 깨다 하는 날이면 아무 일도 하지 못하기에 어떻게든 재워보 겠다고 부르던 한숨 섞인 노래였다. 업었다가 다시 안았다가 팔이 저려서 더는 품에 둘 수 없을 때 작은 흔들의자에 태우고 발로 밀어 주었다. 새벽녘에 도 잠 못 들고 빤히 쳐다볼 때면 멀미가 나도록 요동시켰다. 목소리는 갈라지 고 더 이상 노래가 안 나올 무렵이면 아기는 버티지 못하고 스르르 눈을 감았다. 역정이 나서 흔들어 대는 통에 어지러워 그리하였는지도 모르겠다.

나를 재우던 자장가는 듣지 못했다. 위로 언니 오빠에 아래로 동생이 둘이 나 있었으니 엄마는 내 차지가 될 틈이 없었다. 기억이 가물거리는 사이로 들리는 자장가라고는 늦둥이 막내동생에게 불러주던 지친 읊조림 같은 것이 었다. 자장 자장으로 시작해서 세상의 잠 잘 자는 온갖 아기들이 등장하는 자작곡이었다. 다섯 아이를 키우는 엄마가 잠시라도 눈을 붙이고 싶은 마음이 오죽했을까. 나도 그랬다. 아기를 곤히 재우려는 마음보다 하루 종일 피곤했던 몸을 어서 쉬게 하고 싶은 바람이 더 간절했던 것 같다. 아기를 재우러 가서 엄마만 잠든다는 소리를 달고 살았으니 말이다. 겨우 20개월 남짓 터울이 지는 아들녀석 둘을 키우자니 늘 수면 부족으로 정신이 몽롱한 상태였다. 아기가 자는 시간이라야 마음 편히 집안일도 할 겨를이 생겼다. 녀석들이 제일 사랑스러워 보일 때는 대낮이라도 이불 속에서 새근거리는 숨소리를 들려줄 때였다.

　중학교 음악시간이었던가, 모차르트의 자장가를 배우며 꿈을 꾸었다. 여리게로 시작하는 노래는 천상의 하모니처럼 아름다웠다. 선생님이 카세트테이프로 들려주던 빈 소년합창단의 연주는 천사의 속삭임인 양 보드라웠다. 엄마는 왜 이렇게 곱디고운 곡조로 재워주지 않았는지 원망을 하게 만들었다. 나는 꼭 모차르트나 슈베르트의 자장가를 불러주는 어여쁜 엄마가 되겠다고 남몰래 다짐도 했었다.

　아이들이 요람을 벗어나 교복으로 갈아입은 후부터 내 노래는 자명종으로 쓰이고 있다. 아침에는 단잠을 깨우는 성가신 벨소리가 되고 아이들의 시험 기간이면 졸음을 깨우는 귀찮은 모닝콜이 된다. 지난 시간에 대한 아쉬움 때문인지 아이들을 품에 안고 흥얼거리던 따스함을 다시 느껴보고 싶어진다. 콧수염이 거뭇거뭇 돋아난 녀석들에게 청을 넣어본다. 둥개둥개 한번 하자고 어르듯 매달린다. 어리둥절한 표정을 짓더니 곧장 자기가 안아 주겠다고 너스레를 떤다.

　남자들이 학교로 일터로 떠난 집은 싸움이 끝난 전쟁터이다. 널브러진 옷가지며 훑고 지나간 식탁이 파편처럼 어지럽다. 잔해를 수습하다가 라디오에서 흘러나오는 거친 노래 소리에 귀가 저절로 따라갔다. 나중에 다시 찾아보니 제주민요인데 자장가 〈웡이자랑〉이라고 했다. 가사는 또렷이 전달되지 않았지만 내가 불렀던 자장가 같다는 생각이 들어 웃음이 새어 나왔다. 투박한 목소리에 다정함과는 거리가 먼 투정이 담긴 노래다 싶었다. 아기가 말을 알아듣는다면 더 크게 울어버릴지도 모를 만큼 가사는 꾸지람을 하고 있는 듯했다. 가락은 느렸다가 빨라졌다가 도저히 자장가라고 할 수 없을 지경이었다. 이 녀석아 어서 자거라 니 녀석이 자야지 밥도 하고 빨래도 할 것 아니야. 어서 잠들라고 위협하는 노랫말 같았다. 엄마도 나도 제주도 어멍들도 다 같은 심정으로 속내를 토했던가 보다. 듣기에 아름다워야 노래가 되던가. 힘든 자신들의 사정을 허공에다 털어놓고 스스로를 위로하던 주문 같은 노래였던 게다.

시작과 끝의 경계도 없이 부르다 자다 하던 자장가는 이제 더는 부를 일이 없을 줄 알았다. 언제부터였는지 모르겠다. 남편이 자장가를 불러달라고 몇 번이나 머리를 가슴팍으로 밀어 넣었다. 한번쯤은 장난으로 그랬으려니 싶었다. 아이들이 밤늦게나 되어야 학교에서 돌아오다 보니 밤 시간이 여유롭게 느껴져 그런가 보다 하였다. 나중에는 얼토당토않다는 눈빛을 쏘았다. 어색한 미소를 짓는 그의 얼굴에서 서운한 기색을 읽어버렸다. 돌아앉아 TV를 켜는 그를 아주 천천히 살펴보았다. 아릿한 뜨거움이 가슴에서 올라왔다. 빳빳하게 솟았던 어깨가 어느새 말캉하게 내려앉았다. 검게 반질거리던 머리칼이 희끗하게 탄력을 잃었다. 지친 내면이 푸석한 몸으로 드러나 안쓰럽게 다가왔다. 갑자기 조금 전까지 내가 알던 사람이 아닌 것 같았다. 패기만만했던 굳센 턱 선이 멋진 그였다. 언제 닳았던지 나긋한 모양으로 변신해 있는 것이 그제야 눈에 들어왔다. 좀처럼 바깥일을 내색하지 않던 그가 투덜거리는 소리를 시작했을 때 알아차렸더라면 좋았을 것을. 나도 위로가 필요하다는 말이 하고 싶었나 보다. 아이들이 없는 틈에 가장이라는 무게를 잠시라도 내려놓으려 했던가 보다.

이제라도 그에게 제대로 된 자장가를 불러 주고 싶다. 단발머리 소녀를 환상으로 데려다 주었던 빈 소년합창단의 연주 소리가 다시 꿈틀거리며 심장을 뛰게 한다. 단순한 아름다움이 깃든 멜로디, 쓰다듬는 듯 포근한 울림, 사랑한다는 말보다 더 애정이 담긴 노랫말이 지금 막 음악실로 들어선 듯 생생하다. 아직 모차르트의 자장가를 불러보지 못했다. 머릿속에 그려지는 모습처럼 부르지는 못할 일이다. 우리가 만나 보낸 시간을 정성스레 엮어 또 다른 자작곡을 만들어 내도 상관없다. 토닥토닥 어깨를 두드려가며 서운했던 마음을 달래주고 싶다. 대문 밖 세상의 고달픔을 조금이라도 씻어줄 수 있다면 다시 목쉰 자장가 가수가 되어도 좋다. 기꺼이 한 사람을 위한 연주를 준비하려 한다.

- ≪수필과비평≫, 135호.

| 작품 |

그 여자

김명자

　누구를 부르는 듯한 소리에 잠을 깼다. 사위는 조용하다. '꿈을 꾸었나?' 다시 잠을 청하려는데 애절한 여자의 목소리가 들린다. 머리끝이 쭈뼛 서는 것 같다. "○○아빠, 어디 가?" 가슴이 저릿하게 아려 온다. 시도 때도 없이 울고 다니는 이웃집 여자가 오늘은 새벽에 운다.
　달아나버린 잠을 단념하고 거실로 나와 불을 켰다. 새벽 3시. 소파에 쪼그리고 앉아 바깥에 귀를 모은다. '저 여자에게 정말 죽은 남편이 보이는 걸까? 애절히 부르는 소리가 집 가까이 다가오자 얼른 불을 꺼버린다. 켜진 불을 보고 대문이라도 두드릴 것 같아 더럭 겁이 난다. 정신이 온전하지 못한 여인을 무시하기도 하고 놀리기도 하는 사람들을 보면 그 여자 생각에 속상하다.
　정신이 약한 그 여자가 신새벽, 늦은 밤 할 것 없이 전화를 하고 불쑥 찾아오기도 해서 난감했던 일이 한두 번이 아니었다. 한밤에 걸려오는 전화는 가슴 철렁한데 엉뚱한 말로 속을 긁을 때는 정말 소리라도 꽥 질러버리고 싶어진다. 자다가 일어나 식구들이 잠을 깰세라 소곤거리며 참을성 있게 전화하는 것은 쉽지 않다. 남편에게 부탁할 게 있으니 자고 있는 사람을 깨우라고 하기도 하고, 느닷없이 저녁에 찾아와선 어딜 같이 가자고 떼를 쓰고 조르기도 한다. 내가 따라 나설 때까지 소리 지르고 대문을 두드리거나 벨을 눌러대기도 한다. 거절 못하고 초등학교 남자동창의 회사까지 끌려가다시피 한 적도 있다. 한번 붙잡히면 빠져나오기가 쉽지 않다.

그 여자는 나와 같은 초등학교, 여학교 그리고 같은 대학교를 다녔다. 결혼하고도 한동안 같은 동네에서 살았다. 내가 결혼할 무렵 그녀는 정신병원에 있었다. 결혼 후 고향을 떠났기 때문에 소식이 끊어졌다가 우연히 버스에서 만나 같은 동네에 산다는 것을 알았다. 반가움과 동시에 걱정으로 가슴이 내려앉는 끈질긴 인연을 생각했다.

그 여자가 처음 발병했던 여고 때는 피하고만 싶었고 기쁘고 즐거웠던 지난 시간은 묻어두고 도망가려고만 했다. 낯설고 무서웠다. 정신병원에서 퇴원한 후 미술반인 나를 찾아와 미술실에서 살다시피 했다. 병나기 전에는 전교 1, 2위를 하던 그녀는 나와 같은 대학에 진학했다. 대학에서는 늘 우리 과에 와 있는 그 여자를 다른 사람들은 나와 같은 '과'로 잘못 알기도 했다. 지금도 나를 보면 자동으로 그녀가 생각난다는 대학동창이 있다. 학교에서도 기숙사에서도 차츰 그녀의 이상한 행동이 한 겹씩 드러났고 그때마다 모두 내게 물었다. 그녀 집에서도 문제가 생기면 내게 연락을 하고 부탁하게 되니 어느새 나는 그녀의 보호자가 되어 있었다.

2학년, 첫 학기 등록한 지 한 달이 채 못 되어서 그녀가 또다시 정신병원에 입원했다. 그의 부모님은 내게 등록금 환불을 부탁해서 대학 서무과와 학생처장실을 찾아다녔던 일도 있었다.

같은 동네, 같은 학교 졸업, 같은 대학, 같은 성씨로 인해 일어나는 수많은 오해와 이야기들은 서서히 나를 지치게 했다. 내가 맞선 본다는 이야기를 듣고 나보다 먼저 약속 장소에 나가 내가 선볼 남자와 마주 앉아있어 기막혔던 일, 누가 내게 대해서 물으면 "약혼했는데." 하며 터무니없는 말로 내 혼사를 방해해 경악케 한 일 등은 치명적인 일이었다. 끝내 그런 일에 대해서 물어보지 못했다. 정신이 온전하지 못한 사람에게 책임추궁을 할 수 없었다.

안개 속에 갇힌 듯한 그녀와의 재회로 우리의 인연은 다시 시작되었다. 그녀가 결혼한 것에 놀라고 걱정스러워하면서 나는 또다시 보호자가 되었다. 조그만 일만 있어도 그의 남편은 내게 전화했고 그 여자는 쪼르르 내게 달려왔다. 내 남편도 그녀 남편의 상담자가 되어갔다. 그것이 내게 주어진 의무라도 된 듯이 충실하게 당연히 내 할 일인 것처럼. 병든 아내와 전쟁하듯 살던 그 남편은 두 손 들었는지 그 여자와 두 자녀를 남겨둔 채 힘겨웠던 17년의 결혼생활을 마감하고 돌아오지 못할 곳으로 떠나버렸다.

남편마저 없는 그 여자를 주변 사람들은 더 힘들어했다. 거식증으로 세상을 거부할 때엔 그의 형제들도 연락을 두려워했다. 나이가 들면서 그녀는 점점 병세가 심해지고 광포해져 누구도 통제할 수 없게 되어갔다. 집안 문제와 발병으로 혼자 일어날 수도 돌아눕지도 못하고 숟가락질도 할 수 없는 통증에 시달리던 나는 나 하나도 버거웠다. 더는 감당하지 못한 나는 마음문 밖으로 그녀를 밀어내고 문을 닫아걸었다.

나날이 병이 깊어진 그녀는 입·퇴원을 되풀이했다. 형제, 친구, 주변사람들이 지쳐서 떠나간 지난 봄 어느 날, 그녀의 사망 소식을 들었다. 절벽에서 떨어지는 기분, 굵은 끈이 '툭' 하고 끊어진 것 같은 아득한 절망감을 맛보았다. 내가 그녀를 떠나게 한 것 같은 죄책감에 "고생 많이 했다."라는 말이 내겐 채찍질 같기만 했다. 내가 보듬지 못하고 밀어냈기 때문에, 좀 더 참아주지 못했기 때문에 그 여자가 세상을 등진 것 같았다. 잠깐만 피하려 했는데 영영 볼 수 없게 되었다.

그녀는 심한 조울증과 정신분열증으로 스스로 생을 마감했다. 그렇게도 삶이 힘들었던가 보다. 피폐해질 대로 피폐해져 어떤 생각에 매달렸을까? 수많은 갈등들로 얼마나 고통스러웠을까? 괴로움의 늪에서 허우적거렸을 그 여자! 날마다 남편을 찾던 이웃집 여인은 병원으로 가고 멍에처럼 짓누르던 그 여자는 내게서 영영 떠나고 없다. 자기를 제어할 수 없게 엉클어진 삶을 살고 간 그녀가 내게 고통과 피해만 준 것이 아니라는 것을 지금은 알 것 같다. 그 여자는 내 소꿉친구였다.

　더위가 수그러들고 서늘해지면 그녀를 만나러 갈 생각을 해본다. 묘소를 찾아 매몰차게 마음 닫았던 나를 용서받고 싶다. 아마 착했던 친구는 이미 용서했을 것이다.

　가만히 그 여자 이름을 불러본다.

- ≪수필과비평≫, 135호.

03 대중매체를 통한
보임(Seen)과 봄(Showing)

현대의 문학비평이 중요시하는 것은 관점이다. 등장인물을 제시하는 방식으로서 관점은 서술자-독자-인물간의 거리를 정해준다. 서술자가 등장인물의 심리와 감정을 직접적으로 드러내는 '말하기 기법'(telling)과 달리 '보여주기 기법'(showing)은 등장인물 스스로 자신의 행동과 생각을 표현한다. 말하기가 심리묘사에 치중한다면, 보여주기 기법은 독자가 등장인물의 성격을 직접 판단하도록 한다.

'보여주기' 기법으로서 '봄'은 카메라 기법이나 몽타주처럼 대상을 그대로 묘사한다. 인유라는 미학적 표현과 다소 거리가 멀지만 말하기와 달리 화자나 서술자가 자신의 선입관에서 어느 정도 벗어날 수 있어 독자와 청자에게 자율적인 해석권을 보장해준다. 반면에 '보임'은 대상을 주체로 하는 시점이다. 대상이 주체적 의지를 가지고 자신을 드러내기 때문에 대상과 작가의 관계를 더욱 객관화한다. 수필 속의 주인공도 행동을 펼치는 행위자보다는 외부의 자극을 읽어내고 받아들이는 수용자의 신분에 더 가까워진다. 이런 관계에서 작가의 의식은 배우가 연기하는 무대나

이미지가 비치는 사람의 망막과 같다. 무대와 망막을 공학적으로 변형시킨 것이 오늘날에는 영화, TV, 스마트 폰의 액정화면이라고 말할 수 있다.

수필은 대상이 지닌 의미를 찾아내는 작업이다. 작가가 사물을 보든, 사물이 보이든, 의미를 근원적으로 파악하는 것이 필요하지만 인식의 한계와 고정관념으로 인하여 사물의 본성이 왜곡되기 쉽다. 그럴 경우, 해석은 진정한 탐색이 아니라 그릇된 번역에 머무르기 쉽다. 본 월평에서 '봄'과 '보임'이라는 관점을 바탕으로 다루려는 작품들은 서술자가 등장하여 독자에게 말하기보다는 영화, 리모컨, TV라는 매체를 끼워 인간의 삶을 조명하는 방식을 취하고 있다.

영화는 인간의 삶을 영상을 통하여 보여준다. 감독의 지시와 배우의 연기, 그리고 영화 평론이 영화에 대한 관객의 해석에 영향을 미친다. 영화는 의미를 이미지화시킬 뿐 아니라 이미지를 의미화하기도 한다. 영화를 보는 동안 관객은 철학적 인식과 영상이 그려내는 이미지 사이를 오간다. 이런 인식의 교차를 앙드레 말로는 "인간의 뇌는 스크린"이라고 간략하게 요약하였다. 리모컨도 영화의 스크린처럼 말과 감정을 교류시키는 전자판 역할을 한다. 리모컨이 감각을 갖고 있지 않지만 단절된 존재를 확인시켜, '봄'과 '보임'의 차이를 밝혀낸다. TV는 대화를 단절하는 역기능과 소통의 순기능을 수행한다. 나아가 인간을 동일 공간 안으로 끌어들이기도 한다. 매체로 인하여 현실과 가상세계 간의 경계가 모호해지는 차이를 '보임'(seen)과 '봄'(showing)을 통해 살펴보기로 한다.

이난호의 〈영혼의 검은 즙汁〉

이난호는 영화 〈베니스에서의 죽음〉에서 "어느 노인"의 죽음을 목격하였다. 작가는 노인의 죽음으로 모든 '노인'의 쇠락과 죽음을 떠올린다. 아센바흐라는 노인은 딸아이를 잃고 요양하기 위해 베니스 해변을 찾아온 유명화가이다. 젊게 '보이기' 위하여 머리카락에 검은 물을 들이고 얼굴에 분칠을 한 그는 지중해 바닷가에서 조우한 소년 타지오에게 깊은 애착을 보인다. 그러다가 심장마비로 숨을 거둔다. 사인死因에 갖가지 해석이 뒤따르고 동성애 때문이라는 억측조차 끼어든다. 관객이 노인을 그렇게 보고, 노인이 관객에게 그렇게 보이는 것이다.

이난호는 영화 자체에 대해서 중립적이다. 그러면서 〈베니스에서의 죽음〉이 지닌 줄거리를 동성애적 관점으로 풀이하려는 일부 시각에 불쾌감을 품는다. 왜 사람들은 아센바흐를 일반적인 노인으로 보지 못하고, 특이한 취향과 성격을 가진 노인으로 바라보려고 하는가. 그냥 "관사 없는 아센바흐"로 볼 수 없는가라고 묻는다. 이런 질문으로 작가가 호기심 많은 관객과 평론가들의 편견에 반발하고 있다는 사실을 보여준다.

"검은 즙"은 노후의 추한 모습을 감추려는 염색약을 지칭한다. 염색약은 청춘과 젊음을 소생시켜주는 불로不老의 비약秘藥이다. 그것은 고대의 불사약과 불로초처럼 육신을 젊게 만들지만 늙음을 일시적으로 가리는 효과만 있을 뿐이다. 아센바흐가 머리를 검게 물들이고 얼굴에 분칠을 할지라도 젊은 청춘의 힘과 에너지를 따라갈 수 없다. 그는 누구보다 이 점을 절감한다. 소년 타지오처럼 신선한 회춘을 원할 뿐, 동성애적 욕망을 원하는 치장이 아니다. 이것이 이난호가 풀이한 것이다. 하지만 일부 독자들은 그를 동성애에 경도된 노인이라는 '보임'의 관점을 선택한다. 사실대로 바라보지 못하고 호기심에 휩쓸린 '봄'에 빠진 관객에게 이난호는 이렇게 말한다.

> 말러 교향곡 5번은 묵시한다. 저 질척한 고정관념에서 벗어나라고, 최소한 노예술가의 검은 즙을 예우하자고. 아름다운 소년이 있고 심신 건강이 위태로운 노인이 있는 '그림'에서 딱 멈춰보자고. 그리하여 자기 안에 고요가 차면 혹 더 긴 고요로 내쳐 빠질지 모르는 일이라고. 극상의 지경에서 아센바흐처럼 슬그머니 기울지도 모른다고. 그때야 비로소 당신은 노예술가의 검은 즙에 끄덕일 거고 그러는 당신이 보고 싶다고.

나아가 작가는 '영혼의 검은 즙'을 볼 때, 절제된 신중성을 지키도록 요구한다. 아름다운 소년과 늙은 노인이 서 있는 지점에서 '봄'의 시각을 멈출 것을 기대한다. 지나친 비약을 하지 말라는 것이다. "소년에게 잘 보이려는 하나의 열망으로 칠했던 가면의 즙"에 대한 이난호의 반론은 옳다. 만일 모든 노인이 모든 젊은이를 지켜보는 시선에 동성애 낌새가 깔려있다고 말한다면 젊음에 대한 동경과 회춘 이야기는 판타지로 변해버릴 것이다.

'봄'의 진정성은 이난호가 실토하는 경험으로 더욱 확실해진다. 그녀는 모로코의 '페즈' 시장터에서 지켜본 '무심히 풀무를 돌리던 소녀'의 맑은 눈동자에 끌렸다. 중국 고궁 회랑에서 '무심히' 앉아 있는 중년 남자를 본 후 한동안 마음이 설레었다. 소설에 등장하는 단역 등장인물을 만나며 마음이 흔들리기도 하였다. 이들은 이난호의 삶을 풍요롭게 만들고 시선을 깊게 해 준 인물들이다. 이난호에게 영향력을 미친 것은 그들이 지킨 무심과 무관심이다. 무심은 제대로 상대를 볼 수 있고 제대로 보일 수 있는 장치이다. 정관靜觀 같은 무심이 오히려 심적 동요를 불러일으키는 것이다.

이난호가 타지오 소년에게서 발견한 것도 소년의 무심이다. 그것은 동성애 감정이 아니라 인간에 대한 이해이며 사라진 젊음에 대한 동경이고 삶과 죽음에 대한 깊은 성찰이다. 늙은 예술가가 다다른 성을 초월하는 오성은 '그대로 보기'에서만 가능하다. 하지만 그의 인식은 역설적으로 죽음 같은 절망감을 불러일으키는 계기로 작용한다.

'그대로 보기'는 때때로 은폐된 것을 간파하기도 한다. 그의 시선은 상대를 의식하는 것이 아니라 인간이라는 존재를 인식한다. 그 기회를 영화에서 목격한 이난호는 자신의 해석이 순수하다는 사실에 만족해한다. 그대로 말하고 보고 쓸 수 있는 자아야말로 작가가 원하는 자유인이 아닌가. 타자의 논리에 물들지 않고 대상을 응시하는 무아의 자아로서 이난호는 〈베니스에서의 죽음〉에서 아셴바흐의 노쇠와 죽음을 이야기하면서 선정적인 시선에 빠진 인간들의 가벼움을 경계하고 있는 것이다.

〈베니스에서의 죽음〉은 카뮈의 〈이방인〉을 연상시켜준다. 뫼르소가 한낮의 태양에 현기증을 느끼고 아랍인을 총으로 쏘아 죽인 것은 '봄'이 아니라 '보임'에 굴복하였기 때문이다. 그렇다면 베니스 해변에서의 죽음도 선정적 보임에 가두어서는 안 된다. 지중해 해변처럼 베니스 해변에서 펼쳐진 사건은 좌절당한 어느 노인의 죽음이 아니라 순수한 인식과 관점의 죽음이라고 하겠다.

황정희의 〈김 여사가 사는 이야기〉

황정희의 '김 여사 이야기'는 신중년기에 다다른 여성의 일상을 다룬다. '김 여사'는 김 씨 성을 가진 특정 여인이 아니다. 그녀는 능청스럽고 체면을 마다하고 자기중심적이며 남자를 은근히 조롱하는 오늘날의 신종

新種 부인이다. 황정희도 김 여사이며, 경제적 여유와 약간의 교양을 갖춘 대부분의 중년 부인들도 김 여사이다. 칙릿 수필이 20대 직장 여성들의 성과 직업을 숨김없이 그려내는 세태수필이라면 〈김 여사가 사는 이야기〉는 중년 여인의 살판나는 인생을 보여주는 단막 드라마라고 하겠다.

그러면, 김 여사 같은 중년여인이 누리고 싶은 행복은 무엇일까. 우선 경제적으로 여유로워야 한다. 또, 남편을 눈치껏 조종하는 여성주의자이면서 고전적인 부덕婦德과 가문에 대한 책임의식도 느낀다 한갓진 삶을 블루베리나 값비싼 원두커피로 치장하기도 한다. 그런 자신을 '보여주고' 싶은 과시욕이 포함된다. 중년 아줌마가 "여사"로 보이려는 연출을 황정희 작가는 첫 장면에서 묘사한다.

김 여사가 사는 첫 번째 이야기는 남편과 느긋하게 TV를 볼 수 있는 여유이다. 김 여사(황정희)가 블루베리를 담을 때는 접시 두 개를 준비하는 것을 잊지 않는다.

> 저녁 설거지를 마친 김 여사는 블루베리를 씻어 접시 두 개에 들고 거실로 나온다. 남편은 소파에 앉아 다리를 탁자 위에 쭉 뻗고 가장 편한 자세로 TV를 보고 있다. 김 여사도 남편 곁에 다리를 뻗고 앉으며 접시 하나를 건넨다.

무대 세팅은 거실에 놓인 TV 한 대와 블루베리가 담긴 두 개의 접시로 이루어져 있다. TV는 두 중년 부부의 일체감—아내에 의하여 조작되었을지라도—을 상징하는 소도구이다. TV의 코미디 프로에 등장했던 '김 여사'가 나긋한 음성으로 자가용 운전수를 조종하듯 세간의 인기를 누렸던 김 여사(황정희 여사)도 남편을 길들이면서, "텔레비전을 마루에 하나만 두기를 역시 잘했어."라고 흐뭇해한다. 가정의 화목이라는 명분을 거역할 수 없는 남편은 아내의 선택에 줄곧 따른다. 이러한 분위기에서 펼쳐지는 가족에 대한 이야기를 나누는 저녁 한때는 김 여사에게 가장 즐거운 망중한이다.

　TV시청 장면은 여성주의 비평으로 볼 수 있는 구도를 지니고 있다. TV는 가정의 주도권이 남편으로부터 김 여사에게로 넘겨 왔음을 보여주고 블루베리 두 접시는 평등주의를 나타낸다. 따로 쓰는 침실은 노령기 부부의 편리한 일상이 아니라 잠자리 선택권이 서로에게 균점되어 있다는 것을 말한다. 각자의 독립성을 반영한 TV 한 대, 블루베리 두 접시, 두 침실은 부부가 주종의 관계가 아닌 남녀 평등성을 보여주는 은유적 장치라 하겠다.

　황정희가 내심 생각하는 부부 관계는 일심동체가 아니다. 남편에 의해서가 아니라 '김 여사'에 의하여 꾸며진 무대에서의 황정희는 무겁거나 진지한 삶을 좋아하지 않는다. 웃으며 볼 수 있는 연속극처럼 하루를 살아가고 싶다. 약간의 무게를 지닌 무척 가벼운 삶, 이것이 김 여사의 첫 번째 사는 이야기이다.

　김 여사의 두 번째 사는 이야기는 남편이 잠자리에 든 후 거실에서 홀로 생각할 때 이루어진다. 김 여사로서 황정희는 조선조의 부덕과 며느리로서의 의무를 소홀히 하지 않는다. TV 시청이라는 싸구려 대중문화를 만끽하면서도 친정아버지가 물려준 한학의 가르침도 잊지 않는다. 김 여사가 홀로 펼치는 의식은 과거와 현재와 미래를 함께 포용한다. 예의범절을 가르치는 친정아버지의 말씀이 과거라면 딸 셋을 걱정하는 것이 현재이고 손자들의 걱정거리는 미래이다. 시간의 혼융은 김 여사가 가족과 가문을 염려하는 여인이라는 사실을 보여주는 효과를 갖는다. 여유로우면서 약간의 불편을 갖는 것, 이것이 김 여사가 꿈꾸고 황정희가 추구하는 신중년상이다.

김 여사가 사는 세 번째 이야기는 안양천변 산책으로 나타난다. 안양천변은 오늘도 행복한 삶을 주위에 보여주기 위해 꾸며진 꽃향기 가득한 무대에 해당한다. '소똥 밭에 굴러도 이승이 더 낫다'는 말은 김 여사가 천국보다는 "꽃이 만발하고 향기 가득한" 현실을 더 좋아한다는 점을 보여준다. 남편의 희극적인 제스처를 동원하면서까지 현세가 영원하기를 기대하는 모습은 과시욕구가 없으면 거의 이해하기 어렵다. 여기에 '봄'이 아니라 '보임'이라는 현세적이고 과시적인 여성 욕망이 비친다고 하겠다.

김 여사는 자신의 삶을 드라마로 만든다. 멋진 안방과 꽃길 천변을 배경으로 블루베리 두 접시와 친정아버지의 고서古書를 비치하고 잘 기른 아이들도 단막배우로 등장시킨다. 그들은 세련되게 연출하고 연기를 한다. 모든 가정주부들이 동경하는 배역을 연기하는 황정희는 김 여사로 분장하여 자신이 사는 이야기를 보여주고 또한 말한다. 1인칭 서술자로서 작가가 사라지고 대명사 '김 여사'가 무대에 올라서서 행복한 주인공을 행복하게 연기하는 것이다. 연기演技에도 여유로운 '보임'이 없다면 어찌 이러한 연기가 가능한가. 그 점에서 '황정희가 사는 이야기'는 신중년이 주역으로 등장하고 싶은 스위트 홈 드라마이다.

이명준의 〈아들을 향한 리모컨〉

이명준은 아들이 보고 싶을 때 항상 리모컨을 켠다. 그러면 아들은 즉시 아버지에게 답장을 보낸다. 부자간의 소통을 가능하게 해주는 것은 편지나 전화가 아니라 액정화면이다. 액정화면은 만능스크린 기능을 지니고 있다. 아들의 인물사진과 활동 내용은 물론 사이버 선물조차 실시간으로 전송하고 배달해준다. 언어를 압축한 이모티콘 이미지까지 보낼 수 있다. 부자간의 '봄'(showing)과 '보임'(seen)의 소통창구 역할을 가능하게 해주는 매체의 발전사에서 보면 그들은 현대문명을 거리낌 없이 활용하는 감각과 기능을 지니고 있다.

리모컨은 문자나 화상과 이미지를 즉시 전달해준다. 문서 수령자가 제때 받지 못하여도 언제든지 답신을 해줄 수 있다. 다기능성을 지닌 리모컨이 소통의 수단일 뿐 아니라, 자신이 어디에 있다는 위치를 알려주고 존재 자체를 형상화해준다는 사실이 있어, 그와 아들과 리모컨을 연계시킬 수 있다. 부자가 거리상으로 멀리 떨어져있다 하더라도 동일 시공에 있다는 유대감을 리모컨이 만들어주는 것이다. 작가는 그 기능을 잘 알고 있으므로 항상 '아들을 향해' 리모컨을 켜 둔다.

현실적으로 이명준에게 아들의 존재는 부재이다. 아버지는 아들과 한 집에 살고 있지 않다. 그러나 리모컨의 시공성은 상대가 항상 곁에 있다는 착각과 착시를 불러일으킨다. 아버지는 아들의 부재가 애석하면서도 아들을 요술처럼 언제 어디서나 불러들일 수 있는 기능성에 안도감을 느낀다. "아들이 보고 싶어 휴대전화 문자를 보내자 금세 답장이 날아옵니다." 라는 증언은 아들이 자신의 의식 속에 담겨있다는 착각이 아니라, 믿음을 불러일으킨다.

이명준에게 아들은 미안함과 고마움의 대상으로 자리한다. 아들과 리모컨 대화를 나눌 때 아버지는 아들의 사춘기 시절부터 공군에 입대할 때까지의 삶을 회상한다. 옷 한 벌 사주지 못하고 좋은 신발 한 켤레를 사주지 못하였다. 두 누나의 그늘에 가려 조용하기만 한 아들이었다. 지방 국립대학에 가라고 윽박지르기도 하였다. 그 아들이 본인이 원하는 대학에 들어감으로써 부모의 은혜에 보답하였다. 지금까지 해 준 것이 거의 없지만 아들이 행한 효도를 생각하면 가슴이 벅차고 고맙기만 하다. 이러한 과거의 진실이 일기장 같은 리모컨에 내장되어 있다. 더군다나

일기장과 달리 스마트폰에 내장된 기억은 항상 꺼내볼 수 있다.
　그 아들이 서울에 유학을 갔다. 아들이 보고 싶을 때 하는 일은 인터넷으로 대학 기숙사 식당 메뉴판을 훑어보는 것이다. "날씨가 추우니 옷 따뜻하게 입고 밥 잘 챙겨 먹어라."라는 부탁이 기숙사 메뉴판의 이미지로 보인다. 식당 메뉴는 아들을 보는 것이 아니라 '보임'의 존재로 만들어 버린다. 이로써 그의 아들은 모든 아버지의 가슴에 이미지화된 아들의 대명사로 자리한다.

　　서울로 간 아들에게 힘이 되지 못해도 가끔 휴대 전화로 안부를 전할 수 있으니 얼마나 감사한 일인지 모릅니다. 아들은 이제 영원히 서울 사람이 될지도 모르겠습니다. 하지만 걱정 없습니다. 보고 싶은 드라마를 보듯 아들이 보고 싶으면 언제든 불러낼 수 있는 리모컨이 있으니까요.

　이명준에게 아들은 드라마 속의 주인공이다. 자식 걱정으로 늙어가는 부모에게 자식은 밥이고 힘이기도 하다. 아들의 존재는 밥처럼, 홈드라마처럼 따뜻하기만 하다. 그에게 아들은 영웅 같은 서사성을 지니므로 벅찬 감동도 불러일으킨다. 무엇보다 아들을 언제든지 불러낼 수 있다는 현장성이 가장 큰 안도감을 준다. 이것이야말로 아버지가 리모컨을 쥐도록 만드는 장점이다.
　작가는 아들과의 동숙을 기대할 수 없다. 아들이 입대하고, 취직하여 서울에서 살지도 모른다. 세월이 지날수록 아들과의 거리는 점점 멀어지면서 오직 자식이라는 이미지로만 남는다. 덩달아 이명준도 아들을 향한 리모컨을 켜는 아버지의 이미지로 살아가게 된다.
　'이미지'는 가상의 세계에서만 존재하므로 자식을 놓아주어야 하는 아버지는 애틋한 부성의 한계에 부딪칠 수밖에 없다. 리모컨은 '봄'의 기능을 수행하여 직접 볼 수 없는 일상을 보여준다. 이것이 오늘날 부자간의 냉엄한 현실이며 부모가 누릴 수 있는 행복의 한계이기도 하다. 이 작품은 자식에 대한 아버지의 행복한 회상이라기보다는 보임의 대상으로서 아들을 바라보는 아버지의 한계를 보여주는 문제작이라고 하겠다.

문학이 전통적으로 중시해온 주제와 등장인물에서 벗어나 '관점'을 작품 분석의 중요한 요소로 간주하면 다원적인 해석이 가능해진다. 수필이 작가가 직접 말하는 1인칭 산문이라는 형식은 경험성과 사실성을 유지시켜주지만 현대인이 지니고 있는 다양한 해석 욕망을 충족시킬 수 없다. 독자는 작가의 입장에서 작품을 이해하면서 자신의 관점에서 사건을 응시하거나 제3자의 시선으로 상황을 분석하려 한다. 그런데 작가가 1인칭 서술시점을 끝까지 고수하면 독자는 해석의 단조로움에 좌절해버린다. 무엇보다 작가와 독자는 진실의 문제를 확보하지 못한다. 여기에 말하기, 보여주기, '봄'과 '보임', 카메라 기법이나 몽타주 기법의 도입이 필요한 이유이다. 수필을 쓸 때 작가는 1인칭 시점을 유지하는 것이 아니라 다루는 소재, 대상, 상황을 제대로 그려낼 수 있는 시점의 다양성에 대하여 끊임없이 고민하여야 한다.

| 작품 |
영혼의 검은 즙汁

이난호

　소년이 등진 뒤편에 바다가 있었다. 안개 알갱이만 한 바다의 입자들이 일제히 햇살을 분사했다. 노인은 소년을 향해 전력을 다해 반쯤 손을 올린다. 한눈에 들어오는 둘 사이 모래벌판이 무한만큼 아득하다. 이 아득함이 영화 ≪베니스에서의 죽음≫이 내게 박혀온 이유였다.
　소년의 종아리는 그저 밋밋하고 날렵할 뿐 아직 성징性徵의 볼륨이 없다. 눈빛에도 '눈치'가 담기지 않아 무심하다. 미발未發에 잠재된 위력을 예감케 한다. 그것은 철들기 전 아기의 그것만큼 철든 이를 꼼짝 못하게 하는 힘이다. 검은 즙을 짜게 할 수도 있는 힘, 그러나 그 힘의 생명력은 짧다.
　성공을 거둔 아센바흐는 몇 개의 상처를 안고 베니스행 증기선을 탄다. 앞만 보고 곧게 걸어온 예술가는 명예를 훼손당했고 딸아이를 잃었고 요양을 경고받은 상태. 그는 아무것도 할 수 없다. 어쩌면 난생처음 무위의 시공에 부려졌을지 모른다.
　그때 소년이 보였다. 노예술가의 전생애가 휘청할 만큼 아름다운 소년, 비로소 그에게 할 일이 생겼다. 우선 그는 '구스타프 폰 아센바흐'를 벗어야 했다. 벗기 위해 머리에 검은 물을 들이고 얼굴에 분칠한다. 이제 그는 관사冠

詞 없는 아센바흐로 서는 것이다. 몰두할 것이다. 바야흐로 '타지오 소년보다 더 어린애여도 좋다!'가 된 것이다.

노인은 소년 타지오의 동선을 따르느라 기꺼이 헐떡거린다. 거기에 슬금슬금 퍼지는 아시안 콜레라의 어둑한 그림자, 모래벌판에 무수히 찍힌 발자국 위에 다시 발자국을 찍어가는 무심한 제3자들. 아주 가끔 여인의 긴 치마에 감기는 바람, 여전히 눈부신 바다, 거기 검은 실루엣으로 선 소년. 노예술가의 얼굴로 머리 염색약이 흘러내린다. 소년에게 잘 보이려는 오직 하나의 열망으로 칠했던 가면의 즙, 거기 어디 성애[愛], 동성애의 기미가 있는가.

이제 우리의 깊은 곳을 따뜻하게 봐줄 차례다. 그곳 해쓱한 빈혈기를 축여줄 차례다. 단 3분쯤이라도 용서할 차례, 바로 아센바흐와 겹쳐질 차례다. 우리가 거기 나신의 뮤즈로 서야 할 차례, 거기서 한 번 구차해질 대로 구차해지면 안 될까. 반듯하고 명료한 이분 논리에 정신없이 난타당하고 가슴 째였으니 이제 딱 3분만 '용서받을 짓'을 눈감아달라고 빌면 안 될까. 제발 이 영화를 동성애 프리즘을 통해 읽지 말자는 뜻, 아센바흐의 갈증을 그대로 받아주자는 간절함을 빙 돌려 해본 거다.

《말러 교향곡 5번》은 묵시한다. 저 질척한 고정관념에서 벗어나라고, 최소한 노예술가의 검은 즙을 예우하자고. 아름다운 소년이 있고 심신 건강이 위태로운 노인이 있는 '그림'에서 딱 멈춰보자고. 그리하여 자기 안에 고요가 차면 혹 더 긴 고요로 내쳐 빠질지 모르는 일이라고. 극상의 지경에서 아센바흐처럼 슬그머니 기울지도 모른다고. 그때야 비로소 당신은 노예술가의 검은 즙에 끄덕일 거고 그러는 당신이 보고 싶다고.

나는 아센바흐의 즙을 짠 적이 많다.

모로코의 '페즈' 시장터 좁다란 구리세 공장에서 무심히 풀무를 돌리던 소년, 짧게 스친 소년의 맑은 눈동자로 나는 며칠 앓았다. 중국의 고궁 회랑에 무심히 앉아 있던 중년남자의 시선으로 앓았다. 잠깐 스친 이국 어부로도 앓고 소설 속에 단역으로 잠깐 스친 사람의 인품으로도 나는 오래 앓았다.

행일지 불행일지 내 이런 외사랑 바람기는 그리 오래가지도 않고 그다지 깊지도 않았지만 한동안 나를 풍요롭게 했다. 거기엔 하나의 일치점이 있었다. 상대의 무심함, 무방비일 때 가장 크게 동요했다는 것. 당연히 동요를 들킨 적은 없었다.

그러면서 이해심이 싹텄을지 모른다. 어느 형태의 사랑이든 단칼로 갈래 짓는 횡포에서 벗어났을 것이다. 하여 타지오 소년에게 기울어지는 아센바흐를 나는 맑은 눈으로 볼 수 있었다. 소년에게 함몰된 늙은 예술가에게서 성애의 기미를 느낄 수 없었던 건 정말로 행운이다. 내 이런 '그대로 보기'는 쉽게 휘발하지 않을 것이다. 사랑에 관한 한 대책 없이 헤퍼지는 자신에게 제동을 걸자, 걸자 하는 동안 내 몸, 마음의 무덤이 먼저 오면 어쩌나 무척 긴장하고 있으니까.

결국 내 숨겨진 어느 부분을 이해받고 싶음, 저 선명한 이분논리에서 영원히 문맹이고 싶은 응석일 것이다. 고백건대 나는 공상으로라도 나를 자주 풀어줘야 했으므로. 철없이 헤픈 내 안의 '그'가 고뇌와 고통을 거쳐 후줄근히 돌아왔을 때 깊이 안을 수 있었으므로. 나는 내 속의 이 철부지 '자유인'이 무한 이쁘다.

들것에 들려 옮겨지는 늙은 예술가를 보며 혀를 차는 당신에게도 행운이 있기를.

바람이 가까이 왔고 햇살은 여전히 소년의 뒤편에서 별처럼 튀었다.

― ≪수필과비평≫, 151호.

| 작품 |

김 여사가 사는 이야기

황 정 희

    저녁 설거지를 마친 김 여사는 블루베리를 씻어 접시 두 개에 나눠 담아들고 거실로 나온다. 남편은 소파에 앉아 다리를 탁자 위에 쭉 뻗고 가장 편한 자세로 TV를 보고 있다. 김 여사도 남편 곁에 다리를 뻗고 앉으며 접시 하나를 건넨다. 지난 번 마트에 가서 곧 끝물이 될 블루베리를 많이 사다 뒀는데 이것이 마지막이란다. 예전에는 값이 비싸 얼른 집어 들지 못했었는데 요즘은 칠레산 덕분에 자주 사다 먹게 되었다.

    남편이 좋아하는 스포츠 시간이 끝나고 곧 김 여사가 즐겨보는 일일 드라마가 시작되는 시간이다. 둘은 접시 하나씩 들고 블루베리를 열심히 집어 먹으며 드라마에 열중한다. 김 여사는 이 시간이 느긋하고 넉넉하다. "텔레비전을 마루에 하나만 두기를 역시 잘했어." 속으로 흐뭇해하며 남편을 흘끔 훔쳐본다. 서로 즐겨보는 프로그램이 달라서 불편하다며 안방에 텔레비전 하나 더 들이자는 남편 말에 김 여사는 한사코 반대를 했다. 잠자리에 드는 시간도 다르고 나이 들어가면서 잠이라도 편히 자자고 침실도 따로 쓰는데 각자 TV를 보면 퇴근해서 돌아온 남편과 언제 차분하게 얘기를 나눌 수 있으랴 싶어서였다. 남편은 찝찝해 하면서도 반박할 구실이 없었는지 결국 프로그램도, 시간도 김 여사의 주장에 따르기로 합의를 했다.

저게 뭐가 재미있다고 그렇게 열심히 보냐고 빈정대던 남편이 이젠 김 여사보다 더 열심히 드라마를 본다.

"여보, 저 여자 교통사고로 틀림없이 기억 상실증이 될 거야. 저거 봐, 내 말이 맞지?

"당신이 아예 대본을 쓰지 그래요."

주거니받거니 둘은 여유롭게 웃어가며 연속극을 즐긴다. 두 사람은 많은 이야기를 나눈다. 하루에 있었던 일들, 밖에서 들었던 이야기들을 주고받으며, 자식들 이야기, 손자들 대학 갈 걱정까지 하면서 함께 시간을 보낸다. 하루 중 그들에게 가장 행복한 시간이다. 이 시간이 그들에게는 바로 망중한이다. 먼저 잠자리에 드는 남편이 방으로 들어가면 다음부터는 김 여사 세상이다.

김 여사는 조용한 거실에서 홀로 많은 생각에 잠긴다. 늘 그러듯이 살아온 날들을 되돌아본다. 무엇보다 우선이었던 자식들을 키우면서 김 여사 마음속에는 늘 친정아버지의 말씀이 있었다.

밭이 있어도 갈지 않으면 곳간이 비고(有田不耕倉廩虛)
책이 있어도 가르치지 않으면 자식이 어리석게 된다.(有書不敎子孫愚)
― 백락천白樂天의 〈권학문勸學文〉에서

물론 여기서 가르침은 지식知識보다 예의禮義다. 창고가 비면 생활하기에 어려운 것같이, 예의에 어두우면 사회생활을 하는데 막힘이 많은데, 자식을 가르치지 않아 자식이 우매해지는 것은 부모의 잘못이라 했다. 자식들 키우면서 가르친다고 가르쳤고, 딸 셋 다 맏며느리로 시집을 보내면서 누누이

일렀건만 잘하고 있는지 늘 궁금하고 걱정이다. 다음에는 손자들 걱정으로 넘어간다. 걱정은 끝없이 이어진다.

"사람은 백년도 채 못 살면서 항상 천년의 시름을 품는다."고 한다. 맞는 말이다. 김 여사는 웬 시름이 이렇게 많은지 이제는 다 내려놓자고 매번 다짐을 한다. 더 이상은 내 책임이 아니라며 한발 뒤로 물러나면 마음이 한결 여유로워지겠지.

작년 언젠가 남편이 퇴근해서 집에 들어오면서 밝은 목소리로 말했다.
"여보, 많은 사람들을 대상으로 통계를 냈는데 우리 나이가 일생 중 가장 행복한 나이래. 모든 짐에서 벗어나 부부가 가장 행복하게 즐길 나이라니 우리도 즐겁게 삽시다."

장황하게 늘어놓는 남편의 설명을 들으며 김 여사는 그 말에 백번 동감했고 동의했다. 그 후 웬만한 걱정은 다 좋은 쪽으로 생각했고 남편에게도 너그럽고 여유가 있었다. 남편의 늘어가는 우김질도 가볍게 웃어 넘겼다.

며칠 전 미국에서 잠깐 다니러 온 올케가 ≪노예 12년≫이라는 영화를 봤는데 한번 보라고 권했다. 그러자 대뜸 남편이 "여기 노예 50년 산 사람도 있는데요 뭐." 했다. 김 여사는 당연히 남편이 마누라와 자식을 위해 50년 노예로 살았다고 생각하는구나 하면서도 예전처럼 따지지 않고 웃어 넘겼다. "속으로는 나도 마찬가지요." 하면서도. 올케가 돌아간 뒤 남편이 말했다.
"여보, 나는 당신을 두고 말한 것이었는데 처남댁은 나를 말하는 걸로 생각하는 거 같던데."

그렇게 생각해 주는 남편이 고맙고 또 고맙다. 웃고 넘어가길 참 잘 했다고 생각하니 흐뭇하다.

요즘 김 여사는 젊음이 다시 찾아온 것처럼 살고 있다. 마치 버킷 리스트라도 작성해 놓은 양 느긋하고 여유롭게 하고 싶은 것을 차근차근 챙긴다. 최근 일본에서는 김 여사의 나이 대를 일컫는 새로운 단어가 생겼다고 한다.

"신중년新中年." 영어로 "Active Senior." 얼마나 멋진 단어인가! 김 여사를 살맛 나게 하는 말이다. 인생은 짧다고들 하지만 지금은 100세 시대가 아닌가. 100세가 되려면 아직도 강산이 세 번은 바뀌어야 한다.

아침에 남편과 함께 안양천변을 걸었다. 십 년 전만 해도 볼품없고 냄새나 던 이곳이 이렇게 꽃향기 가득한 아름다운 곳으로 변하게 될 줄이야. 제방 길은 만개한 벚꽃으로 양쪽이 모두 터널을 이루었다. 앞을 보아도, 뒤를 보아도, 위를 쳐다보아도 온통 형광 빛 화사한 벚꽃뿐이다. 소문이 나지 않아선지 산책하는 사람도 간간이 눈에 띌 뿐 한적하기 그지없다. 꽃향기에 취해 걷노라니 마치 낙원을 거니는 양 착각 속에 빠져든다. 머리 위로 한두 개씩 꽃잎이 떨어지고 아래쪽 천변 길에는 자전거를 타는 사람, 조깅을 하는 사람들이 즐거운 표정으로 지나간다. 제발 오래오래 시샘하는 비도, 바람도 불지 마라. 저 예쁜 꽃잎들이 지지 않게 해다오. 속으로 이렇게 빌며 걷던 김 여사가 남편에게 말을 건넸다.

"여보, 천국도 이렇게 꽃이 만발하고, 꽃향기 가득한 곳이겠지요?"

남편은 갑자기 하늘로 팔을 들어 올리더니 "하나님, 이승이 이렇게 아름다운데 누가 하늘나라까지 가고 싶어 하겠습니까?"라며 감탄사를 토해낸다.

그래, 사람들은 "아무리 고생스러워도 이승이 천국 보다 낫다."고들 하는데 이승이 이렇게 아름답고 좋은 바에야 더 그러지 않겠는가.

요새 김 여사는 틈만 나면 기도한다.

"하나님! 감사합니다. 예서 무얼 더 바라겠습니까?"

— ≪수필과비평≫, 151호.

| 작품 |

아들을 향한 리모컨

이명준

"○○야, 별일 없나? 날씨가 추우니 옷 따뜻하게 입고 밥 잘 챙겨먹어라."
"네, 아빠. 밥 먹었어요. 아빠도 잘 지내세요."
 삼남매의 막내인 아들이 보고 싶어 휴대전화 문자를 보내자 금세 답장이 날아옵니다.
 2년 전, 이맘때쯤, 아들을 기숙사에 남겨놓고 오던 날, 아빠는 왠지 모를 허전함과 섭섭한 마음으로 돌아서는데 아들은 자신이 원하는 대학에 오게 됐다며 마냥 좋아만 하고 있었습니다. 아직 철이 없어 보이기도하고 순진해 보이기도 해 그냥 웃으며 돌아섰지만 고속도로를 달리는 내내 미안한 생각이 들었습니다.
 사춘기인 중고등학교 다닐 때, 좋은 옷 한 벌 못 사주고, 좋은 신발 한 켤레 못 사줬다는 생각에 눈시울이 뜨거워지기도 했습니다.
 집안분위기를 압도하는 누나들의 그늘에 가려, 있는 듯 없는 듯 조용하기만 하던 아이였기에 오늘따라 더 보고 싶어집니다.
 초등학교를 졸업하고 중학교 입학할 무렵, 대학생이던 제 누나가 유명상 표가 붙은 가방 하나를 사줬는데 그 가방이 닳고 해지도록 메고 다니며 중고등학교 6년을 결석 한번 하지 않았네요. 그러면서 자신이 꿈꾸어 왔던 대학에 가고 싶어 누구보다 열심히 공부했는데 가정형편 운운하며 지방 국립대 가라고 은근히 회유하고 윽박질렀던 일이 새삼 미안해지기도 합니다.

늘 곁에 있을 것만 같던 막내아들이 서울로 올라간 지 벌써 2년이 지났습니다.

아들이 보고 싶을 때면 인터넷으로 아들이 다니는 대학 기숙사의 식당 메뉴판을 훑어보기도 합니다. 아들이 좋아하는 메뉴가 나오면 안심이 되기도 하지만, 속 깊은 녀석, 부모 생각하고 호주머니 생각하느라 제대로 챙겨먹지 못할까봐 걱정이 되기도 한답니다.

늘 열심히 공부하는 아이였지만 놀기도 잘했답니다. 시험이 끝나는 날이면 어김없이 친구들과 PC방에 찾아가 밤늦도록 게임을 즐기다 왔고 여름방학 때에는 뜨거운 뙤약볕 아래서 온종일 축구하느라 얼굴이 빨갛게 익어서 들어오곤 했답니다. 하지만 한 번도 말리지 않았습니다. 커가는 아이들이 공부만 할 수는 없을 테니까요.

고등학교 1학년 여름방학 때에는 2박 3일 동안 방문을 닫아놓고 컴퓨터게임만 하고 있더군요. 마음속으로 걱정이 되긴 했지만 '게임 하지 마라.'는 말은 하지 않았습니다. 그냥 '밥이나 먹고 쉬어라.'고만 말했습니다.

무더운 방안에서 땀을 뻘뻘 흘리며 게임에 몰두해 있는 녀석을 보니 우습기도 했고 부모 속을 몰라주는 것 같아 야속하기도 했지만 화는 나지 않았습니다. 아들을 믿었으니까요. 그러던 아이가 이달 말, 공군에 입대한답니다.

그동안 속 썩이지 않고 열심히 공부한 두 딸아이들은 나란히 초등학교 교사가 되었으니 이제 다 자란 아이들을 생각하면 가슴이 벅차고 흐뭇해집니다.

자신의 길을 묵묵히 걸어온 아이들이 너무 고맙습니다. 가진 건 없지만 자식들을 생각하면 늘 가슴이 뿌듯해집니다. 세 아이들을 공부시키면서 한 번도 '공부하라.'는 말을 하지 않았던 것 같습니다. 그런 아버지가 오히려 무서웠는지 아이들은 스스로 공부하며 한눈팔지 않았습니다. 자신이 꿈꾸고 부모가 바라는 대로 잘 커주고 있습니다.

그래도 베이비부머 세대인 아빠는 늘 자식 걱정에 늙어가는 줄도 모르고 있습니다. 벌써 오십 중반이 넘었고 경제적으로 그리 넉넉하지는 못해도 자식들을 생각하면 힘이 납니다.

남들은 외국 유학도 쉽게 보내지만 아들 하나 서울로 유학 보내는 일조차 힘겨울 정도로 녹록지 않은 형편이지만 힘이 닿는 대로 열심히 밀어줄 생각입니다.

서울로 간 아들에게 힘은 되지 못해도 가끔 휴대전화로 안부를 전할 수 있으니 얼마나 감사한 일인지 모릅니다. 아들은 이제 영원히 서울 사람이 될지도 모르겠습니다. 하지만 걱정 없습니다. 보고 싶은 드라마를 보듯 아들이 보고 싶으면 언제든지 불러 낼 수 있는 리모컨이 있으니까요.

"○○야, 잘 있나?"

"네, 아빠도 잘 지내시죠?"

오늘도 막내가 보고 싶어 휴대전화 버튼을 누르자 TV 켜지듯 금세 아들의 문자 메시지가 휴대전화 화면에 떠오릅니다.

― ≪수필과비평≫, 151호.

04 후설의 시간의식과 수필자아의 반성

들어가기

　시간은 정지를 거부하고 부단히 흘러간다. 시작의 출발점을 알 수 없고 정지의 끝 지점도 알 수 없다. 존재로서 나아가는 인간은, 시간이라는 무한 띠에 얹혀살다가 사라진다. 인간은 살아가는 동안 자신이 어느 시간대에 있는가를 생각하고 주변 상황을 살펴보기 마련이다. 시간 자체는 누구에게나 동일하지만 그것을 의식하는 개인의 방식과 입장에 따라 자연 시간, 삶의 시간, 의식 시간, 역사적 시간 등으로 구분된다. 그중에서 자연 시간처럼 천체의 운행에 기초를 둔 시간을 객관적 시간이라 부르고, 삶과 의식과 역사와 관련되는 시간을 주관적 시간 또는 체험 시간이라 부른다.
　헤겔은 시간을 둘로 나누어 자연시간과 개념시간으로 불렀다. 자연시간이란 공간적으로 함께하는 시간을 말하며 개념시간은 질적으로 비약하는 생의 시간을 가리킨다. 이 구분은 후설과 하이데거에서도 되풀이된다.

현상학의 창시자 에드먼드 후설(Edmund Husserl)의 시간론은 시간의 근원에 대한 물음에서 출발한다. 후설에 의하면 근원적 시간은 우리가 상식적으로 알고 있는 자연 시간을 초극하는 데서 시작한다. 그의 시간의식은 시간의 주관성을 확보하기 위한 것으로 시간의 본질에 관한 성찰이라고 말할 수 있다. 시간을 문학적으로 설명할 때도 먼저 요청되는 것이 자연시간을 의식의 시간으로 환원하는 것이다. 이러한 환원이 이루어질 때 내적 고백의 "과거 – 현재 – 미래"라는 띠가 구성된다.

문제는 현재가 정지해 있지 않다는 것이다. "현재가 만약 언제나 그대로 존재하고 과거로 이행하지 않는다면, 그것은 현재가 아니고 영원"이라고 아우구스티누스는 《고백록》에서 말한다. 시간의식에 빗대어 설명하면 과거의 현재는 기억으로, 현재의 현재는 지각으로, 미래의 현재는 기대로 이루어진다는 것이다. 또, 후설은 인간이 과거를 파지하고 미래를 예지한다고 설명한다. 현재는 경험과 감각을 통하여 알고 있다가 뜻대로 재현하는 파지把持(retention)와 지금에로 다가오는 것을 이어받는 활동인 예지叡智(protention)와 현재 중에서 가장 밀도가 높은 근원을 자각하는 근원인상根源印象으로 나누어진다.

따라서 내적 시간의식은 "과거 – 현재 – 미래"라는 계열로 구성되며 확대된 현재는 "(과거)파지 – 근원인상 – (미래)예지"라는 계열을 성립한다.

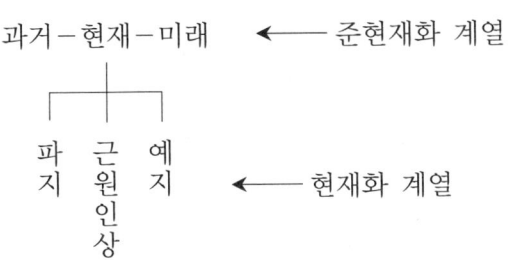

그런데 자아는 항상 시간 선상에 놓이기 마련이다. 동시에 반성하는 자아(cogito)와 지각되고 반성되는 자아(cogitatum)로 구별된다. 반성되는 자아는 '바로 전에' 반성하던 자아이다. 반성이 자아의 고유한 능력으로 '지금'과 '바로 전' 사이에 다리를 놓는 간격이라면 자아는 반성에 의하여 시간적 존재로 드러나게 된다. 그러면 '있었다'라는 과거와 '있다'는 현재는 자아를 시간적 존재로 만든다. 이로써 시간과 반성은 서로 불가분의 관계를 맺는다.

지난 호에는 후설의 시간성 이론을 바탕으로 수필화자의 시간의식을 살펴볼 만한 작품이 다수 눈에 띄었다. 그중에서 준현재화 계열과 현재화 계열이 함께 어울린 세 편을 선정하여 반성의식이 어떻게 언어화하고 있는가를 살펴보도록 한다.

최영애의 〈어제 오늘 내일 또〉

최영애는 공간이 아니라 시간에 머물고 있다. 그녀의 의식에서는 과거와 현재와 미래가 어울려 있으며 방금 지나간 과거와 곧 닥쳐올 미래가 현재 안에 함께 존재한다. 후설이 말한 준현재화 계열과 현재화 계열이 함께 자리하고 있다. 이점을 의식하는 그녀는 "더는 미룰 수 없는 일"을 실행함으로써 '어제 오늘 내일'이라는 자연 시간대를 펼치려 한다. 그녀가 살아야 하는 시간을 재정리하는 구체적인 행위는 작고한 남편을 위한 유작미술전을 개최하는 것이다.

그가 그곳에 있었다. 생전 그대로 대형 이젤과 마주하고 물감을 캔버스에 덧칠하고 있었다. 오롯이 그림 속에 빠져 있는 옆모습이 지금까지 지탱하고 있던 내 마음을 와르르 무너뜨렸다. 금방 빠져나올 만큼 생생한 그가 나를 향해 돌아서 미소를 던질 것만 같았다. 가까스로 정신을 차려 사진으로 박힌 그의 그림을 더듬기 시작했다.

작가는 지금 유작전 화첩에 실린 남편의 사진을 바라본다. 사진을 바라보는 그녀의 시점이 현재지만, 남편이 영면한 시간은 과거이며 유작전이 펼쳐질 시점은 미래이다. 작가는 과거라는 시간을 파지하고 미래를 예지함으로써 현재 중의 근원에 자리하고 싶어 한다. "그가 그곳에 있었다"는 상황이 지금까지 지탱해온 가슴을 무너뜨릴지라도 도록에 실린 그림을 생전의 모습처럼 계속 응시한다. 그동안 작가는 현재에서 연어처럼 과거로 거슬러 올라갔다가, 내일 개막되는 유작전으로 시점을 옮겨간다. 이런 의식의 흐름은 과거에서 미래로 흐르는 준현재화 계열을 따른다.

유작전이 열리는 전날 전시된 그림을 홀로 돌아보는 그녀는, 후설이 말한 바 있는 시간의식에 빠져든다. 후설은 우리가 생각해온 태양의 위치와 시계로 계측한 시간이 차단되면, 다양한 지각이라는 체험에 의하여 모든 시간 체험들을 통일한 현상학적 시간이 나타난다고 하였다. 최영애도 과거, 현재, 미래를 관통하는 시간지각과 유작에 담긴 화가의 삶을 살피는 회고에 의하여 현상학적으로 시간대를 자각하게 된다. 그 시간은 과거-현재, 현재-현재, 미래-현재라는 뫼비우스의 띠를 형성한다. 현재는 최영애가 주체이며 파지-근원인상-예지의 흐름은 작고한 남편이 이끌어간다.

과거-현재의 현상학적 시간은 "그의 작품 '어제'는 그랬다"로 시작한다. 칠남매의 늦둥이로 태어난 남편은 어머니에게서 받은 사랑과 행복을 고봉밥처럼 담긴 콩나물로 표현한다. 콩나물 시리즈는 "노스탤지어의 노란 손수건"이라는 이미지를 풍긴다. 화가에게는 유년시절을, 작가에게는 남편과 함께한 시절을, 그림을 구입한 해외교포에게는 고국에 대한 향수라는 시간의식을 불러일으킨다.

반면에 현재-현재를 표방하는 그림은 새로운 예술적 변신의 시기를 보여준다. 남편이 새로운 기법을 모색할 때 무언의 커피 한 잔을 타주었던 그때를 작가는 가장 인상 깊은 추억으로 기억하고 있다. 새롭게 찾아낸 기법은 캔버스라는 공간 위에 물감을 사포로 문질러 모기장같이 만든 무수한 단위공간에 대상을 그려 넣는 것이다. 그 이중적 공간은 현재 속의 현재라는 시간구도에 일치한다. 화가가 그림을 그렸고 지금 아내가 남편의 그림을 살펴보는 두 체험은 초시간적 의식에 의하여 지속한다. 시간의식을 현상학적으로 분석하면 그 중심에는 살아있는 그녀의 의식이 발견된다. 근원인상이라고 부르는 이 의식이 시간과 사물을 결합시키는데, 최영애의 경우는 남편에 대한 회고와 존경이라고 하겠다.

현재-미래의 시간은 "내일 또"라는 바람의 공간으로 이루어진다. '내일 또'는 과거로 거슬러 올라간 현실이 지향해야 할 시점이다. "변두리 판잣집, 적산가옥, 시한부 삶, 천막비닐, 뿔뿔이 흩어진 사람들"로 이루어진 공간은 황량하다. 도시의 외진 곳은 화실도 이젤도 화가도 사라진 작가의 현실을 떠올려준다. 그 상황은 "그림 속에는 시간만 남아있다"는 말로 표현된다. 최영애가 홀로 거니는 화랑에 그림이 걸려있고 화첩 속에서 남편이 그림을 그리고 있을지라도 작가가 느끼는 의식은 "모든 것이 지나갔다."

하지만 작가는 글을 통해 개념시간으로 승화시킨다. 자연과학이나 철학이 도저히 이루어낼 수 없는 영원성을 남편이 그림으로 이루어냈다면 최영애는 문학을 통하여 표현해내는 것이다.

밖에는 어둠이 조용히 깔린 시간, 고즈넉한 그의 작품을 바라본다. 평생 그림만 그리고 살 수 있어 행복하다고 말하던 그 사람, 병실에 누워서도 그림을 그리려던 그는 지금 여기에 없다. 캔버스에 그려진 그림도 마음에 그려지면 그리움이 되는가. 오늘 저녁, 나는 마음속에 그를 그리고 있다. 내일이면 유작전이 오픈한다.

서두에서 작가는 "그가 그곳에 있었다."고 과거라는 시간을 파지시켜 과거-현재라는 시간의 구조를 만들었다. 남편의 그림을 수필에 응집시킨 작가는 "오늘 저녁 나는 마음속에 그를 그리고 있다."라는 현재성에 다다른다. 그녀는 그림을 그리지 않지만 유체이탈을 한 듯 시계가 범할 수 없는 초현실적 세계에서 남편과 함께 자리한다. 남편의 존재를 한 편의 수필에 담아낸 작가는 내일이면 유작전을 연다. 그녀는 의식적으로 '내일이면 유작전이 오픈할 것이다'라고 미래형으로 표현하지 않는다. 모든 과거와 미래가 현재에 모이도록 한다. 후설은 회고와 회상과 추억은 현재에 대한 시간의식이라고 말한다. 작가도 "내일이면 유작전이 오픈한다."고 말함으로써 남편과 그녀의 존재를 현재화한다. 그녀의 일상에서는 하루가 지나 내일이 과거가 될지라도 모든 시간이 '지금'이라는 현재로 남겨지는 것이다.

최영애는 공간이 아니라 시간 속에서 산다. 남편이 남긴 그림에 담긴 불멸성이 그녀의 삶 곳곳에 스며들도록 노력한다. 그 덕분에 남편의 예술성과 작가의 문학성이 남다른 생명을 얻는다. 그 점에서 〈어제 오늘 내일 또〉는 수필이 시간개념을 어떻게 다루어야 하는가를 입체적으로 보여준다고 하겠다.

최종희의 〈성장일기〉

〈성장일기〉는 작가 자신의 성장기록이 아니라 세월호 사건으로 목숨을 다한 희생 학생들의 삶을 상징하는 미완의 기록을 은유하는 제목이다. 아이들의 현재는 불시에 멈춤으로써 성장기록에는 과거와 현재가 존재하지만 미래가 없는 준계열화 시간성을 지닌다. 당연히 이러한 현재성은 자연 시간에 어긋나면서 개념시간으로만 풀이할 수밖에 없는 기록으로 자리한다.

최종희는 2014년 한국을 탄식의 도가니로 만들어버린 세월호 사건을 시간의식으로 조망하려 한다. 그는 문학이 사회문제를 어떻게 그려내야 하는가를 잘 알고 있다. 사회의 참극을 다룰 경우, 서술자가 지나치게 비분강개하면 선동형 글이 되기 쉽고, 최루성 감상주의에 익사하면 사건의 본말을 제대로 소화하지 못하여 가벼운 글이 되어 버린다. 이러한 우려와는 달리 작가는 '성장일기'라는 환유법을 도입하여 4월의 참극에 잔잔한 문학성을 성공적으로 접목시켰다.

사회적 사건을 다루는 최종희는 후설의 시간의식을 도입한다. 일기는 반성적 산물이고 반성적 기술 그 자체는 시간의식에 밑받침되어진다. 후설이 말한 '반성'에 의지한다는 것이다. 작가가 펼치는 성장일기도 과거라는 시간의식으로 다루는데 그 의식의 본질은 '없어짐'이다.

> 더 이상 쓸거리가 없어졌기 때문이다. 굴렁쇠 다루는 방법을 가르쳐주고, 계곡에서 튜브를 타며 물놀이를 즐기고, 악기를 치면서 입을 모아 노래를 부르던 바위가 하루아침에 사라졌다. 텔레비전 속 동영상에는 어렸을 때부터 자라온 과정이 또렷이 남아 해맑은 웃음소리가 울려 퍼진다. 그러한 아이를 더 이상 눈으로 볼 수도 없고, 손으로 만지지도 못한다는 사실을

어떻게 받아들일 수 있을까. 아이가 떠난 이후 가족들의 시간도 정지상태가 되었다.

가족의 현재의식이 부서진 이유는 아이가 사라졌기 때문이다. 아이가 실종되거나 죽음으로써 가족들의 시간이 정지된다. 동영상이 거듭 되풀이되지만 그 형태는 무의미하기 짝이 없다. 그러므로 가족들은 오직 추억을 더듬어 과거로 들어갈 수밖에 없다.

그 시간의 단절을 작가는 어른들의 탓으로 돌린다. 그는 거듭 "저질렀다, 짓밟았다, 짐작조차 못했다"라는 무력감을 나타내는 동사들을 열거한다. 최종희는 어른이므로 아무 일도 할 수 없었던 무력감을 마다하지 않는다.

아이들의 책상 서랍 속에서 찾아낸 버킷리스트는 미래를 형상화하는 환유이다. 스물다섯 가지의 소망이 적힌 버킷리스트는 미래를 상징하지만 버킷리스트를 작성한 주체가 사라짐으로써 현재라는 개념조차 무의미해진다. 그렇더라도 시간을 복원시켜야 하는 사람이 작가이다. 부모들은 아이들이 이루지 못한 버킷리스트의 소망을 실현함으로써 미래라는 시간을 되살리려고 하듯 글을 쓰는 목적은 분명 사라진 미래를 되살리는 데 있다. 비록 "검은 권력의 농간과 행정체계의 난황"이 수백 명의 귀한 생명을 앗아갔지만 어른들이 그들의 꿈을 대행하면 미래를 되살릴 수 있다. 이것이 어른이 수행하여야 할 반성적 시간의식이다.

최종희는 배신을 당한 아이들처럼 "미안하다는 말밖에 하지 못하는 무력감을 절감한다." 이것은 후설이 말한 반성적 담론에 해당한다. 그는 지금까지 자신의 일이 아니므로 "침묵했었다." 침묵은 무관심과 무의식을 의미하며 시간의식이 존재하지 않았다는 것을 자인하는 것이다. 만일 과거에 사회적 모순에 대하여 큰 목소리를 냈다면 이런 현실이 없었을지도 모른다.

　　소름이 돋도록 끔찍한 사고들도 세월이 지나면 잊히는 것이 우리의 현실인가 보다. 오늘도 어제와 다름없이 똑같은 일들이 재발되는 악순환을 겪고 있다. 눈을 뻔히 뜨고 바다가 아이들을 집어삼키는 현장을 지켜보면서, 내가 몸담고 있는 사회가 침몰하는 세월호와 같은 운명일지도 모른다는 두려움이 밀려왔다.

　현실의 엄숙함과 엄숙한 현실성이 교차한다. 그에게 현재는 끔찍한 사고들이 이어진다는 관념으로 존재하고 이것이 확장되어 미래에도 사고들이 이어질 것이라고 예감한다. 그의 시간의식이 세월호 사건으로 인하여 부정적으로 바뀌어 버렸다.
　주목할 점은, 그는 결코 절망적인 시간의식에 묶여있지 않다는 것이다. 그는 "더 밝게 내일을 소생시키는 데 필요한 과제가 필요하다."라는 데 동의한다. 그렇다면 우리가 끝까지 망각하지 않아야 할 진정한 시간은 무엇인가. 그것은 상처 입은 현재이다. 피해자가 가장 두려워하는 것은 그들이 겪은 현실이 미래의 어느 시점에서 잊히는 것이다. '지금'을 잊고서는 결코 "정의로운 미래를 꿈꿀 수" 없다. 이것이 최종희가 최종적으로 인식한 시간이다.
　그러므로 〈성장일기〉는 시점에 대한 재해석으로 끝날 수밖에 없다. 그는 "아이들의 성장일기는 현재진행형으로 계속된다."는 점을 강조한다. 성장일기가 더 이상 쓰이지 않음에도 현재진행형으로 계속된다는 것은 어른들이 아이들의 미래를 되살려주어야 한다는 책임감을 의미한다. 아이들이 이루지 못한 버킷리스트의 소망을 시대의 소명으로 실천할 때 자연시간과 개념 시간이 일치할 수 있다. 이때만이 세월호가 하지 못한 본분도 완성된다. 그래서 작가는 "다시는 침묵하지 말고 벌떡 일어나" 시대의 양심을 세워야 한다고 말한다. 이것이 곧 시대의 "성장일기"라고 하겠다.

이상원의 〈손난로〉

이상원은 뜨거운 햇볕이 쪼이는 여름에 춥다고 느낀다. 무더운 여름임에도 추위를 타는 것은 그의 자연시간이 제대로 작동하지 못한다는 걸 보여준다. 바깥 계절이 여름임에도 점퍼를 걸칠 정도로 추위를 느끼는 이유는 마음의 한기 탓이다. 과거·현재·미래처럼 봄·여름·가을·겨울을 자연적 계절이 아니라 개념의 계절로 의식하는 마음이 그것이다. 마음의 한기가 체온을 떨어뜨릴 때 잠시나마 데워주는 것이 손난로이다.

시간이 조금 흘렀다. 몸은 아직도 한기를 느끼지만 주변 사람들을 의식해 점퍼를 벗는다. 마치 초봄에 내복을 벗는 느낌이랄까. 한기를 극복해 보려 무엇인가를 찾아본다. 정리되지 않은 책상 서랍 안쪽에 지난겨울에 쓰던 일명 '핫팩'이라 불리는 '손난로'가 있다.

손난로는 자연의 온도를 인공적으로 조절해주는 장치이다. 그것은 잠시 겨울의 추위를 잊게 해줄 열기를 전해주지만 추위의 원인을 근원적으로 제거시켜 주지 못한다. 작가는 곰곰이 여름이라는 계절을 제대로 의식하지 못하게 하는 것이 무엇인가를 생각해 본다. 마침내 그는 그리움과 열정과 우정의 소멸에서 한기의 원인을 찾아낸다. 이것들의 부재는 과거, 현재, 미래로 이어지는 준현재화 계열의 혼돈을 빚어낸다. 그러므로 사라져버린 과거에 대한 회상을 차례차례 과거에 결속시킨다. 그 첫 번째가 그리움이다.

그렇다고 하면 막연한 '그리움'일까. 다시 돌아오지 못할 어린 시절의 시골 삶터를 그리워한 적이 있다. '그리움의 물 컵'이 찰랑거릴 때 가끔 찾아가 그곳에서 있었던 좋은 추억들을 떠올리면 다시 일상으로 돌아올 수 있었고 힘을 낼 수 있었다. 이십 년도 더 지나버린 지금 그 시절과 그곳에 대한 '그리움의 물 컵'은 '현재의 삶'이란 더 커다란 컵에 잠겨버렸다.

그리움의 정체는 다시는 돌아오지 못하는 것이다. 그리움으로 삶의 에너지를 얻던 시절은 세월 속에 매몰되어 버렸다. 현재가 과거를 파괴해 버린 것이다.

이상원이 따뜻한 손난로를 쥐고 생각하는 두 번째의 매듭은 열정이다. 과거의 열정도 식어버렸다. 그리움처럼 지나간 흔적으로 남아있을 뿐 과거-현재-미래로 이루어지는 준현재화 계열에 실리지 못하고 있다. 많은 일에 열정을 쏟았지만 지금의 손난로처럼 차가워졌으므로 "지금은 어떤가."라는 회의에 빠져드는 것을 피할 수 없다. 그가 의식하는 현재는 〈성장일기〉에 등장하는 학부모처럼 허탈감과 공허감을 남긴다. 열정이 입으로만 중얼거리는 단어가 되어버렸다는 것이 작가가 수행하는 반성의 기표이다. 존재란 살아 있는 자아이지만 유동하는 자아이기도 하다. 후설은 시간 속에서 움직이는 자아는 자기 부정적 시각으로 과거를 반추한다고 설명한다. 반성하는 작가는 자기 부정적이면서 반성되는 자아와 동질적이므로 문제를 해결하기 위해서 과거를 의식하지 않을 수 없다. 과거를 현상학적 현실의 위치에 놓을 때 자아는 독립적이 아니라 시간과 긴밀하게 교감하는 것이다.

현실 속에서 수행하고 있는 파지-근원인상-예지라는 현재화 계열은 이번에는 우정으로 옮겨진다. 이상원은 우정으로 뭉친 많은 친구들을 곁에 두었다. 우정은 그리움이나 열정과 달리 현재를 초월하는 미래성을 지니고 있다고 믿기까지 하였다. 그런데 지금 주위를 돌아보니, 친구들은 모두 "저마다 바쁜 모습을 보여줄 따름"이다. 작가와 친구들이 '지금'이라는 시점을 공유할지라도 과거의 공동의식과 미래의 시간을 함께할 수 없다. 오직 개체로서 남겨지고 미래의 시간 또한 순간순간으로 존재하게 된다. 이것이 작가가 의식하는 미래이다.

이상원이 개념시간을 복원시킬 수 있는 방법은 "그리움, 열정, 우정"의 의미를 변증법적으로 해석하는 것이다. 손난로는 뜨거웠던 액체가 식어버리면 단순히 철가루 통이 되어버린다. 그리움과 열정과 우정도 영원한 이데아가 아니고 유한한 방식에 불과하다고 인정해주는 것이다. 이것들은 인간의 마음을 데워주는 삶의 근원적인 열기가 아니라는 것이다. '인간에 대한 실망감'을 수긍할 때 역설적으로 '인간'이 희망이며 시간을 움직이는 동력이라는 사실을 배우게 된다.

〈손난로〉는 본질적으로 한시적인 시간을 바탕으로 한다. 그의 삶에는 과거에서 미래로 이어지는 물리적 시간이 존재하지만 손난로에는 (과거)파지-근원인상-(미래)예지라는 시간이 존재할 수 없다. 손난로가 현재에만 유효한 겨울장비인 것처럼 우리에게 그리움, 우정, 열정은 현재에만 유효한 삶의 부분적인 방식에 불과하다. 이 점을 자각하기 위해서 이상원은 "그렇다면 사람에 대한 실망감은 아닐까." 하고 스스로를 달래는 법을 배워야 한다.

덧붙이며

자아는 항상 유동한다. 유동하는 자아는 시간성을 갖는다. 유동하는 체험을 분석하면 "의식은 시간성을 갖는다."는 사실이 발견된다. 이것은 후설이 말하는 내재적 시간의식이기도 하다. 후설이 말하는 시간의식을 수필에 접목하면 현상학적 시간은 의식 그대로 "지금, 이전, 이후, 동시, 계기"와 같은 양태로 나타난다. 이것이 작가가 포착하여야 하는 시간의식이라고 하겠다.

그러므로 수필작가는 자신이 겪거나 지켜본 사건을 수필에 담을 경우 시인이나 소설가보다 더욱 시간의식을 자각할 필요가 있다. 수필은 과거-현재-미래로 이어지는 시간을 포착하는 장르이므로 글이 쓰이는 현재화 계열을 보다 면밀하게 들여다보는 것이 바람직하다. 삶이 이루어지는 준현재화 계열과 글이 이루어지는 현재화 계열이 상호 균형을 이룬 수필이 후설이 말한 현상학에서의 시간의식을 제대로 구축한 글이라고 여겨진다.

| 작품 |
어제 오늘 내일 또

최영애

　더는 미룰 수는 없었다. 아들이 갤러리를 계약하고 전시 준비를 하는 동안 나는 무엇에 쫓기듯 마음의 갈피를 잡지 못했다. '어제 오늘 그리고 내일 또'로 이름 붙여진 유작전을 위한 작품 도록이 인쇄되어서 배달되자마자 첫 장을 넘겼다.
　그가 그곳에 있었다. 생전 그대로 대형 이젤과 마주하고 물감을 캔버스에 덧칠하고 있었다. 오롯이 그림 속에 빠져 있는 옆모습이 지금까지 겨우 지탱하고 있던 내 마음을 와르르 무너뜨렸다. 금방 빠져나올 만큼 생생한 그가 나를 향해 돌아서 미소를 던질 것만 같았다. 가까스로 정신을 차려 사진으로 박힌 그의 그림을 더듬기 시작했다.
　유작전이 열리기 전날, BS갤러리로 디피 전문 선생님께서 오셨다. 남편의 깐깐한 성격과 취향을 곧잘 짚어내던 분이다. 서로 취향이 맞았는지 개인전시회를 개최할 때마다 그에게 일을 맡겼다. 김 화백님의 그림을 서정적으로 걸어 보겠다며 그림의 분위기와 크기를 조절해가며 천천히 화랑 벽에 걸기 시작했다. 수필가로 첫 발을 내딛게 해준 나의 등단작 〈11월 노랑나비〉에 모티브를 제공한 그림은 남편이 지어준 '여운'이란 표제를 달고 입구 첫 번째

자리에 걸렸다. 전시화랑이 마침내 그의 예술혼으로 가득 찼다.

나는 그림 하나하나와 조우하고 있었다. 그와 다시 마주하게 되었다. 그는 작품이 완성될 때마다 나를 불러 평가를 해주기를 원했다. 화가 아내로 살면서 생긴 안목 때문일까. 그것보다는 아내에 대한 지아비의 애정 표현일 것이다.

'더 이상 붓질하면 이상해지겠지?'

그림 앞에 선 그가 지금 그렇게 묻고 있었다. 갑자기 눈앞에 운해가 내린다.

그의 작품 〈어제〉는 그랬다. 처음 그는 콩나물을 즐겨 그렸다. 성장 환경의 표현이라고 말했다. 칠남매의 늦둥이로 태어나 듬뿍 받은 어머니의 사랑을 복고적으로 승화시킨 콩나물 시리즈였다. 미를 골라내어 시루에 안치고 잊지 않고 물을 주어 키운 정성처럼 어머니는 그렇게 가족을 키웠다. 콩나물을 고봉밥처럼 담아 가족의 먹을거리를 걱정하던 어머니의 아픔과 보람을 그려냈다.

콩나물을 그리기 위해 전통방식을 고수하는 공장을 찾아 헤맸다. 부산 사직동에서 나무통에다 콩나물을 기르는 공장을 찾은 후에는 화구박스를 챙겨 그곳에서 살다시피 했다. 캔버스에 옮겨진 서민적 콩나물 작품은 누구에게나 친근감을 주었다. 재일교포들은 고국의 향수를 느낀다며 한두 작품씩 구입해 가기도 했다. 변형적 구도로 그려진 콩나물 작품들이 공모전에 출품되었고 그를 추천작가의 반열에 올려놓았다. 가난했던 화가에게 콩나물이야말로 일용할 양식이면서 노스탤지어의 노란 손수건이었다.

자리를 옮겨 〈오늘〉의 작품 중의 하나인 〈소외된 공간〉 앞에 선다. 쉬 닿을 수 없는 기법을 수차례 시도하는 동안 초조한 속내를 감추며 가능성이 보이기를 함께 목말라 했다. 실패가 이어지는 동안 술 담배를 모르는 그에게 닥쳐온 스트레스는 잠마저 앗아갔다. 그에게는 포기가 없을 정도로의 노력과 타고난 재질은 대단했다. 따끈한 커피 한 잔이 내가 줄 수 있는 전부였다. 그는 그것을 무언의 위로로 받아들여 주었다. 그는 그만의 독특한 세계를 이렇게 설명했다.

    이중적 공간은 캔버스와 망이 만나 공간을 또 다른 하나의 공간이라 하고, 그 위에 색이 얹어지므로 해서 생겨나는 무수히 많은 단위 공간을 말하는 것이다. 이 많은 단위 공간들은 망선 위에서 물감이 적절히 배치함으로써 두텁거나 혹은 얇게 조형적 균형을 얻게 된다. 사포로 문지르는 과정을 거치면 마침내 악어 등짝 같은 묘한 형상을 드러낸다.
    거시적 형태가 단순히 표현으로 드러나는 것이 아닌 단위 공간 속에 쌓여있는 색의 두터움의 차이에 의한 것이라는 인식의 전환을 감상자에게 일으키게 한다.
                                                               – 제3개인전 작가의 설명 중에서

이런 시도는 마침내 그만의 작품세계를 탄생시켰고 대한민국미술대전에서 인정받았다.
〈내일 또〉는 바람의 공간이다. 화실 창문 밖으로 보이는 변두리 판잣집이 모여 있는 도시, 소외된 인간과 가족의 집들. 언제 철거될지도 모르는 적산가옥에는 시한부 삶들이 살고 있었다. 지붕을 기껏 천막비닐로 가린 채 오늘을 넘길지라도 내일을 위해 조그만 희망을 품고 산다. 그는 그냥 살아야 하는 인간의 모습을 그곳에서 보았다. 그곳은 자신의 소외된 심적 공간이기도 했다. 부모 형제로부터 화가라는 직업을 인정받지 못한 외길에 그는 혼자서 있다. 가옥들이 철거되고 사람들이 뿔뿔이 흩어졌다. 그곳을 애절하게 바라보던 화가는 떠나버렸고, 그림 속에는 시간만 남아 있다. 그는 영원한 화가이고 나는 그의 아내로 살아서 행복하다.

밖에는 어둠이 조용히 깔린 시간, 고녁한 그의 작품을 바라본다. 평생 그림만 그리고 살 수 있어 행복하다고 말하던 그 사람, 병실에 누워서도 그림을 그리려던 그가 지금 여기에 없다. 캔버스에 그려진 그림도 마음에 그려지면 그리움이 되는가. 오늘 저녁, 나는 마음속에 그를 그리고 있다.

내일이면 유작전이 오픈한다.

― ≪수필과비평≫, 155호.

| 작품 |

성장일기

최 종 희

　성장일기가 멈추어 버렸다. 혈기왕성한 이야기들이 쭉 이어져야 할 시점에서 더 이상 쓸거리가 없어졌기 때문이다. 굴렁쇠 다루는 방법을 가르쳐 주고, 계곡에서 튜브를 타며 물놀이를 즐기고, 악기를 치면서 입을 모아 노래를 부르던 아이가 하루아침에 사라졌다. 텔레비전 속 동영상에는 어렸을 때부터 자라온 과정이 오롯이 남아 해맑은 웃음소리가 울려 퍼진다. 그러한 아이를 더 이상 눈으로 볼 수도 없고, 손으로 만지지도 못한다는 사실을 어떻게 받아들일 수 있을까. 아이가 떠난 이후 가족들의 시간도 정지 상태가 되었다. 사무치는 그리움에 발걸음을 앞으로 내딛지를 못하고, 아이와 함께 보낸 추억을 찾아 과거로만 거슬러 간다.
　제주도 수학여행 길에 세월호는 뱃머리를 돌려 수많은 청춘들을 하늘나라로 데려가는 만행을 저질렀다. 피어나는 어여쁜 꽃송이들을 처참히도 짓밟았다. 가방에는 새로 산 옷을 넣고, 희망 가득 설렘 잔뜩 안고 집을 나섰으리라. 잘 다녀오겠다며 인사말을 하는 그 순간이 마지막이 될 줄 짐작이나 했겠는가.
　눈에 넣어도 아프지 않을 자식을 떠나보낸 가족들의 이야기가 그저 비극적인 드라마였으면 하는 안타까운 생각이 든다. 주인이 떠나고 없는 빈 방에는 이루지 못할 내일의 희망들이 널브러져 있다. 가족들은 그 공간에서 여전히 아이와 함께 울고 웃는다. 어느 날은 책상 서랍 속을 정리하다 아이가 구상한 삶의 설계도를 발견한다.

버킷리스트에는 죽기 전에 하고 싶은 일 스물다섯 가지 소망이 담겨있다. 공부 잘하기, 진정으로 봉사하기, 연예인과 결혼하기, 유명 뮤지션 사인 받기, 세계여행 혼자 하기, 책 이천 권 읽기……, 이러한 계획을 세운 설계도의 주인을 세월호에게 빼앗긴 채 넋을 놓고 있다. 가족들은 산산이 부서진 그 꿈을 붙잡아 실천하며 아이와 함께 살기로 결심한다. 소외계층을 찾아가 봉사를 하고 유명 뮤지션에게 사인을 받고, 책 이천 권 읽기에 도전하며 미래를 향해 나아간다.

짧은 인연으로 이 세상에 다녀 간 아이들에게 미안하다는 말밖에 할 수 없는 현실이 너무나 미안하다. 모두의 가슴에 상처로 얼룩진 나날들이다. 국민국가란 국민에게 세금과 국방의 의무를 요구하고, 국민의 안전을 책임지는 역할을 한다고 알고 있다. 그런데 우리를 보호해 줄 것이라 맹신하였던 절대적인 존재가 철저하게 배신하는 장면을 보고 말았다. 검은 권력의 농간 아래 애초 띄워서는 안 될 배가 떴고, 행정체계의 난항으로 살릴 수 있는 생명들을 무더기로 희생시킨 사실에 억장이 무너진다. 수백 명의 귀한 생명을 앗아갔지만 가해자는 없고 피해자의 아픔만 남아 있을 뿐이다.

오래전, 유치원에서 견학 중에 사고로 아이를 잃은 학부모의 절규하는 목소리가 귓전에 생생하다. 아이를 빼앗아간 나라가 싫어 이민을 떠날 것이라며 울부짖었다. 삼풍백화점사고, 대구지하철사고, 성수대교 붕괴사고와 같은 대형사고가 났을 때도 자신은 침묵했었다고 고백했다. 내가 아니어서 다행이라는 안이한 생각에 어떠한 행동도 취하지 않았다는 것이다. 그때 만약 눈을 부릅뜨고 큰 목소리를 냈더라면 아이를 그렇게 허망하게 보내지 않았을 거라며 뼈저린 후회를 했다.

진정한 정의란 피해자와 똑 같은 아픔을 겪는 심정으로 대처하고 방안을 모색하는 것이 아닐까. 대구 지하철사고가 났을 때 나도 철저히 방관자였다. 대구에 살면서 지하철을 자주 이용하였고, 시간적인 차이만 났을 뿐 당시 사고현장은 신발밑창이 닳도록 드나들던 장소였다. 피해자가 아니어서 천만 다행이라 여겼고, 불행이 비켜간 사실에 안도의 가슴을 쓸어내렸다. 상처를 받은 사람들이 외로운 싸움을 벌일 때 침묵으로 일관했었다. 그 무관심이 또 다른 희생자를 줄줄이 낳아버렸을 수도 있으리라.

소름이 돋도록 끔찍한 사고들도 세월이 지나면 잊히는 것이 우리의 현실인가 보다. 오늘도 어제와 다름없이 똑같은 일들이 재발되는 악순환을 겪고 있다. 눈을 뻔히 뜨고 바다가 아이들을 집어삼키는 현장을 지켜보면서, 내가 몸담고 있는 사회가 침몰하는 세월호와 같은 운명일지도 모른다는 두려움이 밀려왔다.

어쩌면 꿈을 꺾인 수많은 영혼들이, 더 밝은 내일을 위해 꼭 필요한 과제를 던져주고 있을지도 모른다. 다시는 침묵하지 말고 벌떡 일어나 주기를, 더 이상 이러한 아픔이 발생하지 않기를 당부하고 있지 않을까.

모두가 한마음 한뜻으로 무사귀환을 염원하며 펄럭이던 노란 물결이 끝내 절망 속에서 막을 내렸다. 그러나 아직 희망을 포기하기는 이르다. 아이들을 마지막까지 보호해준 선생님들, 선원들, 학생들은 난파당한 세월호에서 건져 올린 값진 양심들이었다. 이제 다시 시작이다. 역사에서 배우지 못하면 역사는 되풀이된다고 했다. '엄마, 아빠, 누나 사랑해요.'라는 메시지를 남기며 이 세상을 떠나간 아이들이다. 어른들을 따르고, 이 나라를 믿는 착한 바보들에게 무엇을 해 줄 수 있을까. 진정으로 믿고 부대끼며 사랑할 수 있는 그날을 위하여 어떻게 할 것인지 깊은 고민에 빠진다.

유가족들은 아이들이 세상에서 쉽게 잊힐까봐 두렵다고 말한다. 우리는 그들이 제시해준 과제를 실천하며 정의로운 미래를 꿈꿀 수 있으리라. 고귀한 희생이 한 줄기 빛이 되어 우리들의 의식도 무럭무럭 커가고, 암울한 사회를 밝게 인도해 줄 희망의 새싹이 싹틀 것이라 믿는다. 아이들의 성장일기는 끝나지 않았다. 여전히 현재 진행형으로 계속된다.

― ≪수필과비평≫, 155호.

| 작품 |

손난로

이상원

춥다. 아니 춥게 느껴진다. 지금은 바깥 온도는 높고 햇볕은 뜨거운 여름이다. 그런데도 춥다. 에어컨 때문에 걸린다는 '냉방병'도 아니다. 겨울 이후 의자 뒤에 걸려 있던 긴 점퍼를 걸쳐 본다. 좀 나아진 것 같다. 사람들이 한마디씩 한다. 어디 아프냐고. 특별히 그런 것은 아니지만 그렇다고 대답해 버린다.

시간이 조금 흘렀다. 몸은 아직도 한기寒氣를 느끼지만 주변 사람들을 의식해 점퍼를 벗는다. 마치 초봄에 내복을 벗는 느낌이랄까. 한기를 극복해 보려 무엇인가를 찾아본다. 정리되지 않은 책상 서랍 안쪽에 지난겨울에 쓰던 일명 '핫팩'이라 불리는 '손난로'가 있다. 살짝 흔들어 본다. '사각사각' 안에 들어 있는 철가루 소리가 들린다. 이번에는 봉투를 뜯고 오른손에 쥐어 마음껏 흔든다. 시간이 지나자 서서히 열이 나기 시작한다. 손난로가 뜨거워지지 못하고 식어 버릴까 멈추지 않고 계속 흔든다. 그러다가 자연스럽게 나를 춥게 만든 것이 무엇인지 원인을 찾아보기 시작한다.

추위의 원인은 그리움, 열정 그리고 우정 때문일 수도 있다고 생각된다. 그렇다고 하면 막연한 '그리움'일까. 다시 돌아오지 못할 어린 시절의 시골

삶터를 그리워한 적이 있다. '그리움의 물 컵'이 찰랑거릴 때 가끔 찾아가 그곳에서 있었던 좋은 추억들을 떠올리면 다시 일상으로 돌아올 수 있었고 힘을 낼 수 있었다. 이십 년도 더 지나버린 지금 그 시절과 그곳에 대한 '그리움의 물 컵'은 '현재의 삶'이란 더 커다란 컵에 잠겨버렸다. 그렇기에 이제 그리움이란 것은 가끔 찾아오는 희미한 '꿈'일 뿐이다. '그리움'이란 것이 나를 춥게 만들어 버린 것은 아닌 것 같다.

무엇을 하고 싶다는 '열정'일까. 많은 것들에 대하여 열정을 쏟았다. 종류와 그 횟수를 정량화할 수는 없지만 내가 가지고 있던 열정은 그 누구보다도 뜨거웠다. 어쩌면 손에 들고 있는 손난로가 최고로 낼 수 있는 뜨거움과도 비교가 되지 못할 것이다. 그중에서도 여자 친구를 아내로 만들 때, 그녀의 사랑을 독차지하기 위해 노력할 때가 가장 열정적이었던 것 같다. 글쎄, 지금은 어떤가. 그 시절 내가 갖고 있었던 뜨거운 '열정'이란 것은 그냥 입술의 작은 움직임일 뿐이다. '열정'이라는 단어 자체가 내포하고 있는 뜨거움을 터뜨릴 수 있는 '뇌관'이 빠져 버린 것 같다. 뇌관만 다시 바꿔 끼우면 열정이 가진 뜨거움을 터뜨릴 수 있기에 '열정' 또한 나를 춥게 만들어 버린 원인은 아니다.

더욱 더 생각해 보려 한다. 원인을 찾아야 한다. 나를 이렇게 춥게 만든 무엇인가가 분명히 있다. 다시 회복해 정상 컨디션이 되도록 하여야 한다. 원인을 찾아야 한다는 생각이 머릿속을 가득 채운다. 손에 쥐고 있던 손난로는 따뜻함을 넘어서서 뜨끈뜨끈하다. 손으로 쥘 수 없을 정도로 뜨겁지만 그래도 움켜쥔다. 생각의 손난로도 따뜻하게 하고 싶다는 생각이 들수록 마음이 조급해진다. 내 몸을 차갑게 만든 원인을 찾는 생각들은 아직 손난로 안의 철가루들처럼 차갑다.

생각은 다시 '우정'이라는 단어로 옮겨간다. 살면서 친구와의 우정을 느껴 보지 않은 자 누가 있을까. 나도 그렇다. 그 누구보다도 우정으로 뭉쳐진 친구들이 주위에 많았다. 그런 우정은 나의 결혼식과 딸애의 돌잔치에서 빛날 수 있었다. 그중에서도 친구들의 우정을 강조하던 친구는 요즘 통 연락이 없다. '우정'이란 것이 따뜻함을 가지고 있었는지도 모르게 식어버린 것 같다. 하지만 '우정' 앞에 우린 다시 연락할 수 있고 만날 수도 있으니 '우정' 또한 나를 춥게 만들어 버린 것은 아니다.

나를 춥게 만든 것들이 무엇일까 생각하다가 고개를 들어 주위를 살펴본다. 저마다 분주한 모습이다.

사람들의 모습을 보다가 점심시간이 되었다. 오늘이 내 주먹 속에 있는 손난로처럼 마지막 더위를 불사르는 말복末伏이란다. 삼계탕을 먹어볼까. 뜨끈한 삼계탕을 국물까지 후후 불며 다 마셔보면 내 안의 한기寒氣 또한 없어질까.

어쩌면 '그리움', '열정', '우정'이란 것들은 한껏 태우고 사그라지는, 손안에서 식어가는 손난로와 같다는 생각이 문득 든다. 그러다 열이 식어버린 손난로처럼 다시 뜨거워질 수 없는 철가루로 남아 버릴지 모른다. 하지만 다시 생각해봐도 이런 것들이 나를 춥게 만든 것은 분명히 아니다. 그렇다면 사람에 대한 실망감은 아닐까.

— ≪수필과비평≫, 155호.

05 이저의 레퍼토리 이론과 수필 텍스트

수필을 텍스트라고 말할 때 글은 문학적, 비문학적 체계로 이루어진다고 말할 수 있다. 작가는 소재를 선별하고 주제를 전개하는 가운데 자신과 작품이 처한 사회의 관습, 규범, 가치를 서로 결합시킨다. 독자의 글 읽기를 강조하는 독자수용비평가 중의 한 사람인 볼프강 이저(Volfgang Iser)는 '문학 텍스트 내의 요소'를 레퍼토리라 하였다. 그가 말하는 레퍼토리는 문학적 요소와 비문학적 요소를 서로 결합시킨 체계라 하겠다. 작가는 문학 요소와 비문학적인 자료 중에서 가장 적절한 것을 선별한다. 그 점에서 레퍼토리는 미적 규범과 사회 규범은 물론 이전의 문학적 방식까지 수용한다. 예를 들어 어떤 작품이 풍자성을 지닌다면 그 작품은 풍자문학이 지녀야 할 조건뿐만 아니라 당대 사회에서 유행하고 있는 해학적인 어투와 표현과 양식까지 포함된다. 텍스트가 작품 주위의 환경에 반응할 수밖에 없다는 것이다.

이저는 미적 창조 과정인 레퍼토리는 3단계를 거친다고 보았다. 첫째는 요소의 차원, 두 번째는 전략의 차원, 세 번째는 독자에 의한 실현의 차원이다. 이것을 쉽게 설명하면 수필의 미적구조와 작가의 창작과 독자의 이해라고 말할 수 있다. 평론의 입장에서 말하면 수필론은 요소의 차원이며 수필쓰기는 전략의 차원이며 수필읽기는 실현의 차원인 셈이다.

레퍼토리 요소의 차원은 텍스트를 계열적 측면으로 이해하는 것이다. 시와 소설과 달리 수필은 비문학적 체계를 더 많이 지니고 있다. 그래서 미적 규범이 많을수록 수필적이 되고 사회규범이 강할수록 에세이에 가까워진다.

전략의 차원은 통합적이다. 전략은 형식주의자들이 말하는 기술로서 텍스트마다 개별적으로 나타난다. 전략으로서 서술기법과 서술 관점은 선별과 강조를 통하여 인물, 상황, 줄거리라는 특정요소를 전면에 등장시키거나 배후로 물러나게 한다. 선별과 강조가 레퍼토리에 누적의 효과를 일으켜 독자의 시선을 묶는 역할을 한다.

이저가 말하는 내포독자는 작품이 빈곳이나 미흡한 부분을 채워나간다. 작가가 작품 속에서 끊임없이 인물과 줄거리와 상황을 수정해나가는 이유는 내포독자의 존재 때문이다. 그 결과, 불확정성을 제거하는 전략이 부분적으로 제약받지만 미적 경로는 보다 신축성 있게 설정되어질 수 있다.

작가와 텍스트와 독자로 이루어진 레퍼토리는 해독력을 높여준다. 이저의 레퍼토리가 텍스트의 체계를 견고하게 해줌으로써 독자는 보다 효과적으로 역동적인 문학 읽기를 할 수 있다. 레퍼토리라는 차원을 염두에 두면서 쓰인 박홍일의 〈직박구리〉, 전미란의 〈내 사랑 문 씨〉, 강서의 〈고향집 눌할망〉을 집중적으로 살펴보고자 한다.

박흥일의 〈직박구리〉

박흥일의 〈직박구리〉는 이저가 제시한 레퍼토리의 세 단계인 구성의 차원, 전략의 차원, 실현의 차원을 차례로 보여준다. 그는 주말이면 시골에 가서 콩밭을 가꾸고 무화과나무를 돌본다. 자연에서 과수를 키우는 만큼 원치 않는 경쟁자가 찾아온다. 먹을거리에 대한 각자의 레퍼토리가 다르다. 작가는 먹을거리 겸 관상용으로 키우지만 새와 고라니는 살기 위하여 콩과 무화과 열매를 먹어야 한다. 생존경쟁이 벌어진다. 밭주인이 누구인가를 두고 펼쳐지는 레퍼토리는 누가 더 끈질기게 버티는가라는 양육강식을 중심으로 한다.

전원생활이라는 주제를 구성하기 위하여 작가가 선택한 문학적 기법은 풍자이다. 풍자는 인간의 오만과 어리석음을 비꼬아 교정시키는 기법으로서 작가는 산비둘기와 고라니와 직박구리를 우위에 두어 인간의 좁은 속내를 드러낸다. 박흥일의 풍자는 인간을 희롱하는 동물들의 관점을 담아내어 인간을 골려주는 방식을 택한다. 인간과 자연과의 화해와 공존이라는 주제를 제시하기 위하여 전략적으로 선택한 소재는 자연의 생명체들이다. 동물과 새를 주인공으로 선택한 우화는 작가가 처한 상황을 보다 사실적으로 전달한다. 야생생동물이 인간이 가꾸는 콩과 과일을 따 먹는 행동은 불법이 아니라 자연의 당연한 규범으로 묘사되고 있다. 이것이 〈직박구리〉를 구성하는 비문학적 가치체계라 하겠다.

　　허탈한 마음으로 집에 돌아왔다. 그런데 이번에는 집 뒷마당에 심어둔 무화과나무가 시끄러웠다. 무슨 영문인지 몰라 멀찌감치 떨어져 엿보았다. 갈색의 직박구리 한 쌍이 무화과나무에 부리를 씻으려 짹짹거리는 꼴이 심상치 않았다.

직박구리 한 쌍이 무화과나무에 눈독을 들인다. 밭주인 박흥일이 정성들여 가꾸었던 콩밭을 산비둘기가 이미 망쳐버렸다. 고라니는 콩대까지 모조리 잘라 먹어버렸다. 이번에는 무화과 열매를 지키기 위하여 직박구리와 힘든 싸움을 벌여야 한다.

작가 박흥일이 처한 딜레마를 해결하기 위한 수정 전략은 대화이다. 대화는 투쟁보다는 화해를 지향한다. 직박구리가 짹짹거리고 박흥일은 물끄러미 지켜볼 따름이지만 그들 사이에는 말대꾸가 이어진다. 새를 의인화하면 새의 관점과 인간의 관점을 서로 바꿀 수 있다. 심지어 과거의 행위와 상황에 새로운 서술시점을 설정할 수도 있다. 사건 초기에 직박구리가 "우리가 먹으면 얼마나 먹는다고? 백 번을 쪼아도, 일주일 내내 먹어도 무화과 하나를 먹지 못해요."라고 불만을 터트렸을 때 박흥일은 "다 먹지도 못하면서 이것저것 쪼아놓는 심술 때문에 땅벌의 위험천만한 습격도 당한다."라고 말대꾸를 한다. 잠시 후 새들은 "주인은 주말에 잠깐 왔다 가므로 월요일부터 금요일까지는 우리가 주인 노릇"을 한다고 말하면서 눈치껏 들락거리자는 타협안을 제시한다. 서술기법의 선별과 강조는 이러한 연장선상에 놓여진다.

작가가 직박구리와의 대화를 통해 제시하는 모티프는 자성과 화해이다. 자성은 작가가 군인이었을 때 저지른 고추서리를 반성하는 것이며 화해는 자연과 생태적 공존을 이루는 것이다. 이러한 심경의 변화는 레퍼토리가 전략의 차원에서 실현의 차원으로 넘어가는 분기점이 된다.

작가는 내포 독자가 자신의 글을 살펴주기를 바란다. 작품 속에 가입한 내포독자의 역할을 알고 있는 박흥일은 반전의 줄거리를 만들어낸다.

무화과 하나 더 먹겠노라 천진무구한 직박구리에게 치졸한 텃새를 부린 내가 더 우습다. 무화과나무 가지를 시원하게 쳐서 비좁은 가지 사이로 눈치를 보며 숨어드는 직박구리의 하늘 길을 넓게 터 주어야겠다. 거름도 넉넉하게 해서 직박구리가 먹고 남을 만큼 무화과가 풍성하게 열리도록 해야겠다. 직박구리가 알아먹든 모르든 간에 "주말에 내가 먹을 무화과 하나만 남겨 다오."라고 화해의 문자 메일을 보내야겠다.

박흥일이 레퍼토리를 마무리하는 실현의 차원은 지금까지의 이기적이었던 욕심과 텃세를 포기하는 것이다. 그것은 "…야겠다"는 동사모드로 나타난다. 그는 "길을 넓게 터주어야겠다, 풍성하게 열리도록 해야겠다, 화해의 문자메일을 보내야겠다."는 의지형 동사를 반복함으로써 상대방과 화해를 시도한다. 직박구리의 입장에서 보면 텃밭과 뒤뜰은 그들의 것이지 인간의 소유가 아니다. 박흥일이 공동체를 이루는 방식은 자아와 타자의 관계를 역전시켜 서로가 상대의 입장을 이해하고 다툼이 없는 공동구역을 마련하는 것이다.

박흥일이 〈직박구리〉에서 구사하는 레퍼토리는 문학적 기법에서는 풍자를, 비문학적 체계에서는 생태적 화해라는 규범을 선택한다. 이 전략은 인간의 우둔함을 일깨워주고 생태계에 대한 공경의 정신을 구현함으로써 인간중심의 전원생활과 다른 풍자적 생태수필을 구축할 수 있게 한다.

전미란의 〈내 사랑 문 씨〉

전미란은 사랑에 빠졌다. 그녀는 외롭거나 결혼에 배신당한 것이 아니지만 "문 씨"라는 상대와 열애와 가까운 사랑에 빠져버렸다. 어두운 골목을 홀로 걸을 때도, 많은 사람과 함께할 때도, 몸과 마음의 신경을 곤두서게 하는 사랑을 만났다. 그녀가 부단하게 "내 사랑 문 씨"라고 부르는 대상은 우선 '존재'로 표기된다. 존재는 어떤 신분을 가진 자인가. 모습과 이름이 있긴 있는가. 밝혀서는 아니 될 어떤 남자인가. 아니면 인간 이상의 귀한 신분인가.

그녀가 사랑이라는 레퍼토리를 설정하기 위하여 선택한 기법은 의인화와 에로티시즘이다. "당신"이라는 호칭을 거듭 사용함으로써 그 기법의 효과가 고조된다.

> 정말 당신은 사랑해선 안 될 존재인가요. 가정이 있는 제가 당신을 알게 된 것은 십여 년 전이었습니다. 결혼 생활이 권태로울 무렵 당신이 나타났죠. 뜨겁게 사랑하고 싶었죠. 결혼한 여자도 당당히 사랑할 수 있다는 걸 만인에게 보여주고 싶었습니다.

전미란이 빠져버린 사랑은 금기에 가깝다. 결혼한 여자가 하는 사랑은 무엇이든 불미스러운 것으로 매도되기 쉽다. 예술에 대한 순수한 관심도 그렇게 여겨질 수 있다. 그래서 작가가 '당신에 대한 사랑'이라는 레퍼토리를 펼치기 위해서 도입한 비문학적 요소는 사회적 관습을 빌려오는 것이다. 결혼한 여자가 사회의 관습에서 살아남으려면 불륜이 아니어야 하므로 그 상대는 "존재"로 표기될 수밖에 없다. 존재란 형태가 없이 이상적 가치를 지닌 어떤 것이다. 성性도 몸도 호적도 없어야 한다. 사람에게 가장 높은 그 존재는 절대자이다. 작가 전미란의 대상은 무엇일까. 눈치 있는 실제독자라면 "내 사랑 문 씨"라고 호칭을 들었을 때 문학이 아닌가 라는 예감을 가질 것이다.

문학과의 만남을 은유하는 그녀의 전략은 남녀 사이에서 벌어지는 사랑의 단계를 도입하는 것이다. 사랑이 어떻게 싹트고 뜨거워지는지, 배신당하면서도 왜 순애로 나아가는지를 보여줌으로써 문학에 대한 애정도 유사하다는 점을 밝히려 한다. 남녀 사이의 사랑과 문학애를 병렬시키는 전략은 자연스럽게 에로티시즘과 섹슈얼리즘으로 구성될 수밖에 없다. 전미란이 빠져버린 초애初愛의 단계는 '숨긴 사랑'이다. 그들은 남몰래 손을 쥐거나 어두운 골목길에서 "달콤한 입맞춤"을 한다. 이 은유적 행동은 "뒤늦게 당신을 만난" 애석함을 보상하려는 몸짓이다. 나아가 과일을 살 때, 먹자골목으로 들어설 때, 홀로 걷지 못하는 노인을 마주칠 때마다 "당신이 나에게 침범해 들어옵니다"라는 노골적인 표현을 사용한다. 이러한 문구들은 에로틱한 만남을 강조하고 만남의 에로티시즘을 부여하려는 작가의 동기에서 비롯한다.

문학과 이루어진 초애의 단계는 열애熱愛로 나아간다. 문학에 몰두할수록 고통이 비례하지만 주위 사람들은 "더 열렬히 깊이 사랑해 버리라"라고 부추긴다. 비련의 여인이 되었다는 아픔조차 행복으로 간주할 정도로 사랑의 고통과 환희는 일치한다. "오밤중에 눈을 떠도 당신이 떠오릅니다"라고 고백할 만큼 문학이라는 당신에 빠져버렸다. 문학이라는 연인을 등장시키는 방식 중의 하나는 묘사이다. 남편이라는 당신은 배후로 밀려나고 문학이라는 당신이 전면에 앞선다.

> 당신의 눈동자와 그 입술은 이 가슴에 있습니다. 오밤중에 눈을 떠도 당신이 떠오릅니다. 나는 잠을 자고 있는데 당신이 깨어나 나를 보고 있는 것처럼 느껴집니다……. 매일 세수를 하거나 거울을 보거나 머리를 빗으면서도 당신 생각뿐입니다.

전미란의 사랑 행위는 시간이 지남에 따라 누적됨으로써 강렬한 정서적 충격을 일으킨다. 그녀는 분명히 사랑의 행위를 느낀 그대로 서술하고 있다. 그것이 문학이라는 특정한 심리적 지평 아래서 다시 묶이고 있다.

마침내 비슷한 열애에 빠졌던 선배의 "더 열정적으로 사랑하고, 안달하고, 그의 품으로 뛰어들어 일을 저질러버려라"라는 도발적인 충고마저 받아들인다.

문학에 대한 맹목적인 익애溺愛의 단계를 표현하는 "당신의 입술은 이 가슴에 있습니다."라는 고백은 환상적인 에로티시즘이다. 전미란에게 애석한 사실은 문학은 육체를 가진 남성이 아니라는 것이다. 육체의 부재는 배신은 당하지 않으리라는 안도감을 주지만 글로만 서로의 애정을 전달할 수밖에 없으므로 완벽한 사랑이 될 수 없다. 이것이 문학과 작가 사이에 놓인 한계이다.

전미란이 문학적 열정을 위해 선택한 언어는 맹목적 헌신이다. 그녀는 문 씨에게 "이렇게 확실한 감정은 일생에 단 한번 오는 것"이라고 동의를 구하면서 "저의 감성과 상상력을 정복해 주세요!"라고 청원한다. "저의 감성과 상상력을 정복해 주세요!"라는 호소는 위협적인 요구로 들리기까지 한다. 전미란이 구사하는 고백과 호소와 청원은 내포독자뿐만 아니라 실제독자에게 설득력을 지닌다.

이런 대담한 언술은 중년을 훌쩍 넘긴 여성의 몸말이다. 사랑으로 다시 여자가 되고 싶지만 사회적으로 제약받음으로써 문학을 더 간절하게 희구한다. 문학을 영감으로 받아들이는 것이다. 정복당함으로써 정복하기를 원하는 그녀의 차원은 순애殉愛에 가깝다. 순애의 단계는 "우리의 사랑이 단 한 권의 책으로 정리될 때" 이루어진다. 전미란에게 사랑의 실현과 결실은 책으로 육화한다. 책이라는 자식을 출산함으로써만 사랑의 완성을 이룰 수 있다는 점에서 〈내 사랑 문 씨〉는 미완의 글이다.

〈내 사랑 문 씨〉에서 펼쳐지는 레퍼토리는 남녀 간의 사랑을 알레고리로 삼고 있다. 초애初愛에서 순애殉愛의 차원으로 발전하는 동안, "내 사랑 문 씨"를 밤낮으로 외칠지라도 그는 쉽게 다가오지 않는다. 오직 "단 한

권의 책"을 생산하는 제한된 사랑에 만족하여야 한다. 문학에 대한 사랑은 "영원한 미래진행형"이므로 실망할 수도 없다. 작가란 그 비극을 고스란히, 반갑게 받아들이는 자이다. 이때 문학애라는 레퍼토리는 미적 실현을 이룬다.

강서의 〈고향집 눌할망〉

〈고향집 눌할망〉은 제주도 풍속을 제주 방언으로 표현하여 제주 민속의 가치를 전달한다. 수용주의 비평가인 이저는 레퍼토리의 세 차원은 소재를 미학적으로 설정하여 독자에게 문학의 아름다움을 전해주는 것이라고 설명하였다. 강서도 독자가 텍스트를 읽을 때 작가가 부여한 미학적 요소를 얼마나 이해하는가를 궁금해 한다.

어느 작가든 텍스트를 구성할 때는 주위의 자료 중에서 가장 적절한 자료를 선택한다. 〈고향집 눌할망〉의 레퍼토리를 문학적 요소와 비문학적 요소로 나누면, 문학적 요소는 토속적 신앙이라는 소재이며 비문학적 요소는 제주에서 전래되는 미신에 대한 작가와 어머니의 태도이다. 강서는 제주도에 살고 있으므로 그가 구사하는 레퍼토리의 첫 단계에는 제주도 안주인의 신앙인 눌할망과 어린 시절에 장독을 깨뜨린 사건이 서로 어울린다. 두 번째 전략 차원은 눌할망에 대한 태도를 바꾸는 것이며 세 번째 실현의 차원은 제주민들의 눌할망에 대한 믿음을 재확인하는 것이다. 이것이 서로 결합하여 레퍼토리를 이룬다.

강서는 "누구에게나 아끼는 것"이 있다는 명제로서 주제를 심화시킨다. 사람들이 주로 아끼는 것은 묵은 살림살이나 값진 보석 같은 것이다. 그러나 작가는 "어린 시절의 바닷가에 지친 내 영혼을 부려 놓았던 달콤한 추억"이 자신이 아끼는 "사라지지 않는 기억과 추억"이라고 말한다. 이런 설명은 눌할망이 지닌 토속성과 향토성을 강화시켜 준다.

레퍼토리의 두 번째 차원인 전략을 이저는 기술의 통합체라 하였다. 통합체로서 전략은 서술기법과 서술관점으로서 인물이 처한 상황을 바라보는 시선이다. 인물과 상황을 처리하는 방법은 작가와 텍스트에 따라 달라진다. 강서가 지녔던 서술 관점은 집안에 복을 가져다주는 눌할망에 대한 부정적인 생각이었다. "어머니가 정성스럽게 해마다 제를 지냈고 끝나면 무당에게 쌀밥과 과일, 게다가 돈까지 바치는 게 나는 늘 못마땅했다."라는 회상은 눌할망은 받아가기만 할 뿐 베푸는 것이 없다는 것이다. 이런 관점은 "절대 미신 행위를 하지 않겠노라"라는 다짐으로 발전한다.

그러나 레퍼토리는 내포독자에 의하여 수정되어진다. 강서가 맞이한 변화의 계기는 된장 항아리를 깨뜨린 사건이다. 아홉 살 때, 된장 항아리를 눕혔다 일으켜 보려는 장난 끝에 항아리를 깨뜨리고 몸은 된장 투성이가 되어 버린다. 어머니에게 야단맞을지 모른다는 걱정보다 눌할망이 지켜보았다는 사실이 더 무섭다. 눌할망이 전지전능하다면 넘어지는 항아리를 일으켜 세워야 했다. 그렇지 않다면 눌할망은 무능하거나 자신을 일부러 골린 것이다. 어린 강서는 자신의 잘못을 남의 탓으로 돌리고 싶어 한다.

어린 마음에도 노할까 두려워 소리 내어 말은 못하고 속으로 모든 원망을 눌할망에게 돌렸다. 인간의 생사여탈을 쥐고 있으면 최소한 넘어지는 항아리를 더 이상 넘어지지 않게 내가 힘을 주며 받칠 때 같이 밀어내 세웠어야 했다. 그까짓 것도 못하면서 해마다 꼬박꼬박 쌀밥에 나물을 받아먹는가 말이다. 그것도 비싼 무당 불러다 요령소리를 내며 제를 지내주는데 된장 항아리 하나 세워 주지 못하다니, 에잇!

된장 항아리를 깨뜨린 잘못을 변호하려는 과정이 필요하다. 어린 강서는 펌계의 대상인 눌할망은 매번 쌀밥과 나물을 공짜로 받아먹지만 서술자의 잘못을 예방해주지 못했다고 여긴다. 이런 미신은 비문학적 체계의 일부를 이룬다. 하지만 어른이 된 강서는 어린 시절에 품었던 불신감을 고치는 데 속죄라는 레퍼토리의 실현의 차원을 이룬다.

〈고향집 눌할망〉은 근본적으로 죄와 벌, 혹은 죄와 속죄의 주제를 갖고 있다. 속죄를 종교적 관점에서 설명하면 고백과 참회와 고행과 보속으로 이루어진다. 제주도 민속이라는 특정한 지평 안에서 속죄의 행위가 새로운 어감을 갖도록 작가는 잘못을 고백할 때 '나가 할망 싫어 해부난 장항(된장 항아리) 깨지게 해수과' '난 이제 어떵허랜 말이우꽈'라는 타지방 사람들이 이해하기 어려운 제주도 방언을 구사한다. 동생과 함께 깜깜한 숲을 지나서 어머니를 마중 나가는 고행을 수행한다. 이것은 항아리를 깬 자신에게 부과하는 일종의 징벌이다. '나는 수굿해져서 공동 수돗가에서 물을 길어다 물 항아리를 가득 채워 놓았다'는 보속 행위도 마다하지 않는다. 부모에 대한 미안함도 있지만 무의식에서는 눌할망이 자신에게 화를 품고 있으므로 어떡하면 그 분노를 풀 수 있을까를 생각하고 행동한 것이다.

이저가 말하는 내포독자와 작가는 수필화자의 변심에 합리성을 부여한다. 강서 작가는 내포독자와 합의하여 결미에서 눌할망과 화해를 시도한다. 장독대가 윤기를 잃고 어머니가 이젠 없지만 '변화를 거부하는 물건'에 대해서는 "달콤한 추억"을 품는다. 그 대상이 눌할망이다. 눌할망은 시간이 아니라 제주 사람들의 마음속에 살아 있다. "우주의 모든 피조물에는 흥망성쇠가 있다"는 무당의 본풀이를 받아들이면서도 눌할망에게는 흥망성쇠가 없다는 믿음을 받아들인다. 그러므로 나이를 먹을수록 강서에게 눌할망의 존재는 더욱 견고해진다. 강서가 다시 "된장 범벅이 된 어린 소녀"로 되돌아가는 것이야말로 눌할망과 신뢰의 관계를 맺고 싶어 하는 작가의 내면의 관계를 보여주는 결미라고 하겠다.

강서의 〈고향집 눌할망〉은 '죄와 벌'이라는 레퍼토리를 믿음의 모티프로 펼쳐낸다. 죄와 불신이 강서라는 작가의 개인의 차원이라면 믿음은 제주민의 신앙적 차원이 된다. 전자가 작가의 전략이라면 후자는 독자의 몫인 실현의 차원이라는 점에서 강서의 〈고향집 눌할망〉은 제주 주민들의 향토적 신앙을 보여준다.

덧붙이며

어떤 수필이든 문학성을 지니려면 문학적 텍스트와 비문학적 텍스트라는 두 영역을 서로 교차시켜야 한다. 전자는 수필의 형식을, 후자는 수필의 내용과 소통력을 결정하므로 이저가 말한 레퍼토리라는 비평 담론을 바탕으로 작품이 지닌 미적 규범과 사회적 체계를 도입하면 더욱 쉽게 이해할 수 있다. 이러한 체계는 작가가 독자를 얼마나 염두에 두고 쓰고 있는가를 알게 해준다. 레퍼토리의 세 차원은 그 점에서 작가와 독자 간의 거리를 측정할 수 있는 척도라고 말할 수 있다.

수필을 쓸 때 작가가 유의할 점이 있다. 그것은 독자에게 읽히는 글을 써야 한다는 사실이다. 독자가 읽어주지 않는 글은 대부분 문학적 전략이 결핍되어 있다. 레퍼토리의 요소와 전략이 미흡하면 문장이 좋다 하더라도 문학의 마지막 단계인 독자와 작가 간의 소통이 이루어질 수 없다. 그 점에서 레퍼토리의 세 단계에서 실현은 가장 중요한 수필의 차원에 해당한다.

| 작품 |

직박구리

박흥일

　콩을 심었다. 일주일이 지나도 싹이 나지 않았다. 너무 깊게 심어 그럴 수 있겠다 싶어 약간 얕게 심었다. 이번에도 싹이 나지 않았다. 세 번째는 아예 막대기에다 눈금을 표시하고, 도장을 찍듯이 정확하게 깊이를 재가며 세 알씩 삼각형으로 심었다. 따가운 햇볕에 여린 싹이 말라버릴까 걱정이 되어 콩 심은 자리를 마른풀로 덮어 놓았다.
　주말이 돌아왔다. 연록의 이파리가 팔랑거릴 산비탈 콩밭에 갔다. 이파리는 간데없고 갓 올라온 콩대마저 낫으로 벤 듯 싹둑싹둑 잘려나가고, 몰염치한 침입자가 저지른 만행의 흔적이 뚜렷하게 남아 있었다.
　콩밭을 망친 주범으로 산비둘기를 지목했다. 텃밭에 갈 때마다 전깃줄에 홀로 앉아 졸고 있는 그 산비둘기가 의뭉스러웠다. 내가 가까이 가면 인기척에 놀라는 시늉을 하며 더 구슬피 울던 비둘기다. "계집 죽고, 자식 죽고, 망건 팔아 초상치고, 외로워서 못 살겠네, 배고파서 죽고 싶네, 구구구구, 구구구구." 구성지게 흥글타령을 하며 측은지심을 구걸하던 그 비둘기다. 콩 심는 것을 곁눈질하고 있다가 내가 텃밭을 떠나기 무섭게 몽땅 파먹은 것이다. 콩밭에서 모래목욕을 하며 노닥거린 놈이 그 비둘기 말고 누구이겠는가.

 엎친 데 덮친 격으로 말문이 막힐 황당한 현장을 목격했다. '도둑질을 하고 그곳에 똥을 싸놓으면 잡히지 않는다.'는 속설을 어떻게 알았는지, 고라니란 놈이 군데군데 똥을 싸놓았다. 간이 배 밖에 나오지 않고서야 감히 콩잎을 모조리 훑어 먹는 횡포를 부릴 수 있을까. 내가 농심의 수습과정修習課程만 거듭 이수하고 있는 순진한 주말 농군이라는 것을, 밤낮으로 콩밭을 지킬 형편이 아니란 것을 고라니가 간파한 것이다. 나는 백기白旗를 들었다. 올해 콩 농사는 접기로 했다. 이미 파종의 절기를 놓치기도 했거니와 떡잎조차 파먹고 콩대까지 모조리 잘라 먹는 불한당의 배를 채워준 헛고생이 억울했기 때문이다.

 허탈한 마음으로 집에 왔다. 그런데 이번에는 집 뒷마당에 심어 둔 무화과나무가 시끄러웠다. 무슨 영문인지 몰라 멀찌감치 떨어져 엿보았다. 갈색의 직박구리 한 쌍이 무화과나무에 부리를 씻으며 짹짹거리는 꼴이 심상치 않았다.

 "농익은 무화과를 즉석에서 따먹는 재미로 텃밭을 가꾸는 게 아닌가봐. 내가 얄미워서 설익은 무화과까지 야박하게 몽땅 따 가다니. 우리가 먹으면 얼마나 먹는다고? 백 번을 쪼아도, 일주일 내내 먹어도 무화과 하나를 먹지 못해요. 부산에서 비싼 고속도로 통행료 내고 이 먼 데까지 들락거리는 심보를 도대체 모르겠어. 나 같으면 차라리 청과시장에 가서 때깔 좋은 무화과를 사먹겠다."

 나도 직박구리에게 혼잣말로 말대꾸를 했다. "농익은 무화과 하나만 골라서 먹는다면 박수치며 대접하지. 그까짓 거 뭐라고. 해마다 감나무 꼭대기에 까치밥을 남겨두는 내 마음 씀씀이를 두 눈으로 보고도 모르냐. 다 먹지도 못하면서 이것저것 쪼아 놓는 심술 때문에 단맛을 맡고 날아드는 땅벌의 위험천만한 습격은 왜 내가 당해야 하냐고. 설익은 무화과를 따서 시들하게 익혀먹어야 하는 내 심정을 알기나 하냐고."

직박구리가 겁도 없이 나를 째려보며 속마음을 떨어낸다. "입에 닥치는 대로 무화과를 찍어댄 우리 잘못은 그렇다 치자. 그래봐야 당신만 속상하지. 주말에 잠깐 와서 잘 가꿔놓고 가면 뭐하냐고. 월요일부터 금요일까지는 우리가 주인 노릇 하는지 모르나봐. 주말만 참으면 농익고 달콤한 무화과는 몽땅 우리 간식거리지. 주인의 인심이 야속하지만 무화과나무를 통째로 잘라버리기 전에 우리도 자중하자고. 주인이 오는 날에는 눈치껏 들락거리고 눈에 띄지 말자니까."

직박구리에게 뒤통수를 맞았다.

사실 나도 한때는 직박구리짓을 했다. 매콤한 풋고추만 봐도 군침이 돌며 전투력이 백 배 상승하던 때의 이야기다. 스푼으로 대충 자른 풋고추 한 조각만 넣어도 싸리비같이 뻣뻣한 콩나물 된장국이 육개장으로 변신하는 매운맛의 묘미를 모른다면 맛의 병역을 미필한 거나 다름없다.

40여 년 전이다. 강원도 인제의 청정 골짜기, 부대로 귀대하는 길목에 밭고랑이 엄청 길고 넓은 고추밭이 있었다. 수십 명의 병사가 일렬로 고추밭 고랑에 바싹 붙어 오줌을 누는 시늉을 하다가 주변에 민간인이 없다는 수신호가 떨어지면 닥치는 대로 한 움큼씩 고추를 훑어 호주머니에 넣었다. 수십 명의 직박구리 병사가 스쳐간 고추밭은 메뚜기 떼가 지나간 것처럼 쑥대밭이 되었다.

어느 날, "장병 여러분! 제발 길가 밭고랑 고추만 따가세요."라는 투박한 글씨의 호소문이 고추밭에 내걸렸다. 철조망을 치거나, 부대장을 찾아와 변상을 청구하지 않고, 힘들게 농사지은 고추밭 한 고랑을 병사들에게 선뜻 내놓았던 농부의 심정은 어떠했을까.

무화과 하나 더 먹겠노라 천진무구한 직박구리에게 치졸한 텃세를 부린 내가 우습다. 무화과나무의 가지를 시원하게 쳐서 비좁은 가지 사이로 눈치를 보며 숨어드는 직박구리의 하늘 길을 넓게 터주어야겠다. 거름도 넉넉하게 해서 직박구리가 먹고 남을 만큼 무화과가 풍성하게 열리도록 해야겠다.

직박구리가 알아먹든 모르든 간에 "직박구리야! 주말에 내가 먹을 무화과 하나만 남겨다오. 잘 익은 꿀맛 무화과가 보이면 부리로 꼭꼭 찍어 표시해 두면 진짜 고맙겠다."라고 화해의 문자메일을 보내야겠다.

천하위공天下爲公이라 했던가. 고라니나 직박구리의 입장에서 보면, 텃밭과 뒤뜰이 내 것이라 우길 명분은 없다. 어차피 산비탈 콩밭은 비둘기의 모래 찜질방이고, 뒤뜰의 무화과나무는 직박구리의 휴게실일 바에야 서로를 존중하며 다툼 없이 함께 어울릴 수밖에 없지 않겠나.

─ ≪수필과비평≫, 157호.

---

* 직박구리는 참새목 직박구리과의 한 종으로, 몸길이는 14~28㎝정도의 텃새이다. 갈색과 회색을 띠며 과수원에서 흔히 볼 수 있다.

| 작품 |

내 사랑 문 씨

전미란

　정말 당신은 사랑해선 안 될 존재인가요. 가정이 있는 제가 당신을 알게 된 것은 십여 년 전이었습니다. 결혼 생활이 권태로울 무렵 당신이 나타났죠. 뜨겁게 사랑하고 싶었죠. 결혼한 여자도 당당히 사랑할 수 있다는 걸 만인에게 보여주고 싶었습니다.
　한때는 짝사랑인가 싶어 외로웠습니다. 그런데 당신은 나를 향해 찡긋 웃어주기도 하고 많은 사람들과 길을 걸을 때 등 뒤로 몰래 내 손을 가져가 꼭 쥐어 주기도 했습니다. 더 솔직해지겠습니다. 둘만이 어두운 골목을 걷게 되었을 때 담벼락에 저를 바짝 세워 놓고 달콤한 입맞춤을 해 주기도 하였지요. 당신을 만나고 나서야 자신이 다른 존재가 되길 간절히 바라왔다는 것을 알게 되었어요. 뒤늦게라도 당신을 만난 게 얼마나 행운인지요.
　장을 보러갔다가 오렌지와 바나나와 같은 이국의 과일을 양손에 들고 집에 올 때도 당신이 생각나고, 해 질 녘 먹자골목 죽은 시계탑 밑으로 사람들이 모여들 때도 생각나고, 앙상한 유모차를 지팡이 삼아 걸어가는 노인과 마주칠 때도 당신이 침범해 들어옵니다.
　불륜의 고통은 사람들에게 말 못하는 고통이 제일 크다고 하지요. 그래서 작년 가을, 조명이 쏟아지는 낭독모임 무대에서 떨리는 목소리로 당신과의 사랑을 공개했지요. 당신과 나 사이에 있었던 달콤했던 추억을 사람들이 부러워했습니다. 나와 가까이 지내는 사람들이 당신과 더 열렬히 깊이 사랑해버리라고 부추겼습니다.

하지만 쉽게 곁을 내주지 않는 당신에게선 사철 얼음냄새가 납니다. 애초에 만나지 않았던들 이런 괴로움은 없었을 것을. 당신의 눈동자와 그 입술은 이 가슴에 있습니다. 오밤중에 눈을 떠도 당신이 떠오릅니다. 나는 잠을 자고 있는데 당신은 깨어나 나를 보고 있는 것처럼 느껴집니다.

어느 때부턴가 별다른 이유 없이 당신은 서서히 멀어져갔고, 연락마저 끊어 버렸죠. 너무 오랫동안 당신에게서 연락이 없기에 우리 사이가 다시는 회복될 기회는 영 지나가 버렸다고 생각했습니다. 매일 세수를 하거나 거울을 보거나 머리를 빗으면서도 당신 생각뿐입니다. 목소리라도 듣고 싶었지만 전화마저 연결이 되지 않았습니다. 늘 떠도는 듯한 당신에게 최첨단 통신 기기도 무용지물입니다.

답답한 마음에 당신을 잘 안다는 선배와 찻집에서 당신에 대한 얘기를 나눴습니다. 당신에 대한 평판은 좋았고, 선배의 말이 당신은 절대로 배신하지 않을 것이니 더 열정적으로 사랑하고, 안달하고, 그의 품으로 뛰어들어 일을 저질러버리라고 하였습니다. 하지만 좀처럼 마음의 문을 열어주지 않는 당신 때문에 울컥 복받쳐 눈물을 흘리고 말았습니다.

열정적으로 사랑하지 않는다고 당신은 당신대로 저한테 서운해 하고 저는 저대로 서운하고, 게으르고 무기력한 저에게 당신은 정나미가 뚝 떨어지고만 거죠? 내가 당신이라 해도 그랬을 거예요. 당신과의 사랑이란 미치지 않고서는 안 되는 일인 것 같아요. 사랑을 글로만 표현할 줄 아는 당신과 멀쩡한 정신으로 사랑하기란 속 터지는 일입니다. 나와 당신과의 싸움, 토라짐, 서운함을 다 접고 제 쪽에서 화해의 손을 내밀어도 얼른 잡아주지 않는 당신. 한 번쯤 헤프게라도 웃어줄 수는 없나요? 당신 앞에서 이 이상 더

초라한 여자가 되고 싶지 않아요.

내 사랑 문 씨! 이제 당신께 무슨 일이든 저지를 수 있다고 마음을 다잡아 봅니다. 우리가 사랑할 때란 바로 지금 이 한때뿐이라는 절박한 심정. 어느 영화 대사처럼 애매함으로 둘러싸인 우주 속에서 이렇게 확실한 감정은 일생에 단 한 번 오는 것이 아닐까요.

사랑을 속삭일 은밀한 곳으로 오세요. 그리고 저의 감성과 상상력을 정복해 주세요! 그러면 당신은 이렇게 말하겠죠. '엉덩이를 붙이고 진득하게 집에 좀 붙어 있어요, 그러면 찾아 갈게요.'라고. 그렇게 말한 당신은 애타게 기다려도 오지 않기도 하고, 기다리지 않아도 불쑥 오기도 하지요.

실컷 함께 있다가도 돌아서면 또다시 그리워지는 내 사랑 문 씨. 당신과의 사랑이 영원히 정답이 없다 해도 포기하지 않을 거예요. 쓰는 것이 모든 것의 끝이라는 릴케의 말을 저는 믿으니까요. 열정적으로 씀으로써 그리움도 고요해져 우리의 사랑이 단 한 권의 책으로 정리될 수 있다면 행복하겠습니다. 영원한 미래 진행형인 당신의 이름은 '문학'입니다.

― ≪수필과비평≫, 157호.

| 작품 |

고향집 눌할망

강 서

　누구에게나 아끼는 것들이 있다. 손때 묻은 오래된 살림살이거나 보석과 같은 값진 물건일 수도 있다. 나에겐 너무 오래되어 닦아도 지워지지 않는 얼룩처럼 어느 한때의 기억이나 추억이 도무지 사라지지 않고 더욱 명료해지는 것들이 있다.
　지치고 힘든 시간들 속에 인간이 주는 어떤 것으로도 위로가 되지 못할 때, 잠시 눈을 감고 어린 시절의 바닷가 오목한 자리에 지친 내 영혼을 부려 놓는다. 그리고 나서 이젠 돌아갈 수 없는 어린 시절의 달콤한 추억을 한 입 베어문다.
　그때의 아이들은 밭일을 끝내고 어두워야 돌아오는 부모님을 위해 보리밥을 지었고, 겨울에는 씻을 물을 데워 놓아야 했다.
　오뉴월 보리 베기가 한창이었던 때였다. 길가에는 사람 하나 없이 조용했고 집엔 나 혼자였다. 저녁밥을 짓고 나서 국에 넣을 된장을 뜨러 뒤란으로 갔다. 그날따라 장독대의 항아리들이 낯설게 느껴졌다. 주위를 둘러보니 언제나처럼 눌할망이 있었고 옆에는 잘 자란 깻잎들이 살랑거릴 뿐이었다.
　우리 집은 일 년에 한 번 무당을 불러 조왕제와 칠성제를 지냈는데, 다른 집들은 개명바람이 불어 굽까지 없애버렸고 무당 청하는 일을 하지 않았다. 그러나 어머니는 정성스럽게 해마다 제를 지냈고 끝나면 무당에게 쌀밥과 과일, 게다가 돈까지 바치는 게 나는 늘 못마땅했다.

"이런 거 안 해도 다른 집은 잘만 삽디다. 뭐하러 심방 빌어당 이런거 햄수과."

"이런 공이라도 들인 덕에 영 살암쪄. 부정탄다, 조용해라."

내가 구시렁 댈 때마다 역정을 내셨다. 어머니는 제사나 명절 때도 안칠성인 고팡할망을 위해 제물을 차려서 대접했다. 그런 것들을 보며 나는 절대 미신행위를 하지 않겠노라 다짐하며 자랐다.

뒤란의 된장 항아리는 너무 커서 작은 항아리를 엎어놓고 그 위를 밟아 된장을 떠야 했는데 아홉 살 작은 발이 항아리 위에서 발발 떨렸다. 하마 그 속으로 떨어져 된장범벅이 될 뻔한 적도 있었다. 그날은 누가 떠서 건네주기라도 하는 것처럼 능숙하게 해냈다. 무슨 생각에서 그랬을까, 어린 나는 된장 항아리를 눕혔다 일으켜 세워 보고 싶었다. 아니, 완전히 눕히지는 못해도 살짝 기울여 내게 굴복시킨 다음, 흐뭇한 마음으로 다시 제자리에 놓고 싶었는지 모른다. 항아리를 잡은 두 손에 힘을 주어 잡아당겼다. 꼼짝도 하지 않았다. 두 번째 힘을 줄 때는 더 세게 당겼다. 조금씩 움직이는가 싶더니 조금 더 힘을 주는 순간, 순식간에 앞으로 넘어지면서 폭삭 깨져버렸다.

'허, 이 일을 어쩌지?'

항아리가 몸까지 부숴가며 굴복을 했건만 내 기분은 영 아니었다. 다행히 다치진 않았지만 발목부터 온통 된장 투성이였다. 낙담하여 고개를 들었다. 눌할망이 지켜보고 있었다.

'눌할망! 나가 할망 싫어 해부난 장항(된장 항아리) 깨지게 해수과. 경해도 우리 어멍이 메역(미역) 파랗게 무치고 콩나물까지 무쳐서 곤밥에 해마다 제 지내는디 경허므로사 장항을 깨지게 헙니까. 난 이제 어떵허랜 말이우꽈.'

어린 마음에도 노할까 두려워 소리내어 말은 못하고 속으로 모든 원망을 눌할망에게 돌렸다. 인간의 생사여탈을 쥐고 있으면 최소한 넘어지는 항아리를 더 이상 넘어지지 않게 내가 힘을 주며 받칠 때 같이 밀어내 세웠어야 했다. 그까짓 것도 못하면서 해마다 꼬박꼬박 쌀밥에 나물을 받아먹는가 말이다. 그것도 비싼 무당 불러다 요령소리를 내며 제를 지내주는데 된장 항아리 하나 세워 주지 못하다니, 에잇!

내가 눌할망을 미워했던 것은 그 신주 속으로 뱀이 들어가는 것을 본 후부터다. 그 생각만 하면 오만 정이 다 떨어지는데 어머니는 꼭 그 부근에 깻잎을 심어서 여름마다 나를 곤혹스럽게 했다.

혼이 나간 상태에서 본 깨진 항아리 조각에서는 비애가 느껴졌다. 눈물 범벅이 된 채 공동 수돗가에서 나는 발과 함께 떨리는 가슴까지 씻어냈다.

그날도 부모님은 어두워질 때까지 돌아오지 않았다. 동생을 데리고 늘 가던 자자기터라는 곳까지 갔다. 그곳을 지나면 소나무밭이 계속 되기 때문에 우리는 늘 거기까지만 갔다. 그러나 그날은 세 살 아래 남동생 손을 잡고 밭 가까이까지 갔다. 왠지 그래야 할 것 같았다. 깜깜한 밤에 숲을 지나야 하는 무서움으로 그 일이 없던 것으로 된다면야.

그곳에서 집으로 돌아오는 부모님을 만난 우리는 펑펑 울었다. 동생은 무섭다가 어머니를 만나서 울었을 것이고, 나는 무서움과 깨진 항아리 때문에 더 서럽게 울었다.

집으로 돌아와서 입을 다물었고, 그 후의 기억은 없다. 나는 다시 재잘거리는 소녀로 돌아왔고, 다만 몇 날 며칠을 아버지께선 축구하는 아이들이 공주우러 왔다가 항아리 깨뜨렸다고 동네 남자아이들을 노려보곤 했다. 그때마다 나는 수굿해져서 공동 수돗가에서 물을 길어다 물 항아리를 가득 채워 놓았다. 이 일은 지금까지 우리 가족 누구도 모르는 특급비밀이다.

어머니의 살림살이 중에서 가장 크고 좋은 항아리는 깨져 버렸고, 그 해 된장은 어떻게 조달했는지 나는 모른다. 버리기가 아까웠는지 아랫 부분만 남은 항아리는 오랫동안 그곳에 놓여져 있었다. 여름엔 빗물을 가득 채워

장구벌레를 키웠고, 겨울엔 흰눈을 가득 머금고 있었다. 그 옆의 눌할망도 함께 거들고 있는 듯했다.

　이제 어머니는 집에 안 계시고 장독대는 윤기를 잃었다. 언젠가 돌보는 이 없게 된 항아리 뚜껑을 열어 본 적이 있다. 지금은 생산되지 않는 물비누와 돌처럼 굳어버린 가루비누들이 그 속을 채우고 있었다. 오래 전에 시간이 멈춘 물건들을 꺼내며 흐르는 눈물을 주체할 수 없었다. 어린 시절 잊지 못하는 기억 저편의 한순간들이 주저리주저리 딸려 나오는 것 같았다.

　나도 모르게 눌할망에게 눈길이 갔다. 칠성제를 지낼 때마다 읊던 무당의 '설운 애기'로 시작되는 본풀이가 들려오는 듯했다.

　"설운 애기야, 슬퍼마라. 우주의 모든 피조물은 흥망성쇠가 있나니, 꽃은 피고 지고 젊은이는 늙어 지하로 내려간다. 이 모두가 하나의 순리가 아니겠느냐."

　고개를 들었다. 어디선가 낯선 바람이 불어왔다. 눌할망 옆 깻잎 무더기 사이로 된장 범벅이 된 어린 소녀가 얼핏 보이는 것 같았다.

― ≪수필과비평≫, 157호.

---

* 눌할망: 밧칠성으로 뱀신. 부와 장수를 기원하는 것으로 안주인의 신앙.
* 안칠성: 안할망, 고팡할망으로 고팡에 모시는 뱀신.
　　　　(제주민속사전－한국문화원연합회 제주특별자치도지회)

06 문학의 근원으로서 그리움: 사라짐의 허무와 그 언어적 부활

 문학은 근본적으로 그리움을 이야기하는 언어망이다. 지나버린 계절, 떠나온 고향, 사라진 사람에 대한 아픔을 언어로 소생시킨다. 인간의 시간은 흘러가지만 문학 속의 시간은 흘러간 상념을 되살려준다. 죽은 것을 부활시킬 수 있는 능력은 오직 조물주만이 지니고 있다. 인간은 신처럼 전지전능하지는 않지만 언어로써 부활을 이루는 방식을 찾아내었다. 동서양의 시인 묵객들이 문학에 종사하는 이유 중의 하나도 대상을 부활시켜 불멸이라는 가치를 음미하기 위해서다. 중세의 음유시인부터 현대의 낭송시인에 이르기까지 면면이 계승된 언어의 힘이 이것을 알려준다.
 수필은 체험과 상상의 접점에 자리한다. 체험을 떠나서 수필쓰기를 할 수 없고 상상을 도외시하면 체험을 제대로 소생시킬 수 없다. 사라진 것에 대한 그리움이란 초시간적인 문학에서만 가능하므로 작가는 경험을 상상으로 승화시키려 한다.
 그리움이란 단순히 과거로 회귀하는 것이 아니다. 그리움은 그때, 그곳, 그것, 그 사람의 존재에 대한 순수한 고백이므로 그것을 되찾으려는 노력은 순정을 바탕으로 한다. 과거를 현실화하는 문학적 부활은 가장 아름답고 품격 있는 사랑 행위에 속한다. 그리움을 심층심리학으로 설명하면 이드가 지닌 욕망에서 초자아가 지닌 이상의 세계로 상승하려는 운동이다. 프로이트는 초기 임상 환자의 대부분이 성적 경험과 관련한 억압 경험이 있음을 발견했다. 그리움이란 억압되어 의식적으로 알 수 없도록 바닥에 깔린 성적 회상임은 부인할 수 없다. 긴장과 불안이 고조되면 심리적인 방어기제를 통해 그리움은 여러 가지 형태로 억압된다. 사회의 가치 기준과 도덕관을 내재한 초자아는 조정자 역할을 담당하여 정서의 균형을 취하려 한다. 그 심미적 해결이 그리움이라고 말할 수 있다.

지난 1월호에는 사라진 사랑에 대한 그리움을 담아낸 글이 많았다. 신년에 대한 각오를 펼쳐낸 작품이 없지 않았지만 다수의 작품들이 한 해를 마감하는 12월에 완성되었다는 점을 고려하면 그리움의 모티프가 다양한 것이 오히려 자연스럽다. 그중에서 김재환의 〈그곳엔 물레방아 집은 없었네〉, 최영애의 〈그립고 그립고 그립다〉, 양일섶의 〈나의 첩〉은 각각 물레방아 집에 얽힌 서정적 회고, 해바라기라는 비유법, 첩이라는 의인법으로 대상에 대한 애틋한 그리움과 작가의 쓸쓸함을 담아낸 내용과 형식으로 주목을 끈다.

김재환의 〈그곳엔 물레방아 집은 없었네〉

김재환 작가는 구산리 물레방아 집 그녀를 찾아간다. 우포늪에 에워싸인 구산리는 낙동강 하류변의 조그마한 마을이다. 8월 끝자락이지만 구산리로 가는 길에는 안개가 자욱하다. 반세기 세월 동안 적어도 수없이 그곳을 찾아가고 싶었지만 그 충동을 억제하였다. 그런데 문학행사에 참가한 김재환은 분위기에 흔들려 구산리로 찾아든다. 길 풍경은 "신비롭고 몽환적"이다. 꿈같은 풍경은 작가의 심정을 간접적으로 드러낸다. 사업차 가는 발걸음이 아니므로 환상 속에서 생각한 구산리 풍경하고 과연 동일한지 확인하고픈 것이다.

그에게 그리움의 대상은 누구이며 왜 그리워하는가. 대상은 비슷한 또래의 문학소녀였다. 그녀는 오래전에 세상을 떠났지만 추억거리는 어디엔가 남아 있을 거라는 기대가 적어도 한번은 찾아가야 한다는 의무 같은 당위성을 만들었다. 그리움이란 마음속에서 자라는 나무이다. 이 나무는 비가 내리지 않더라도 결코 죽지 않는다. 아무리 태풍이 닥쳐와도 쓰러지지 않는다. 그 나무는 비바람과 태풍을 맞이할수록 더욱 잘 자란다. 작가는 그 모순 같은 그리움을 만나고 싶어 한다. 그것이 현실에서든 문학적 상상의 세계에서든.

그와의 첫 만남이자 마지막 만남은 십대 끝자락이었으니 반세기가 다 되어간다. 꽤 긴 세월이 우리를 가르고 강물처럼 흘러갔다. 이 세상 고뇌를 짊어지고 끙끙대며 살아가던 열여덟 살, 만추였다.

그녀와 처음 만난 계절은 빨간 능금이 무르익는 만추였다. 그들의 나이는 성하의 청년기였다. 청춘의 문턱에 막 들어선 문학청년들은 필연인 듯 우연인 듯 백일장 대회에서 입상자로서 만났다. 문학이 서로에게 호감을 품도록 매체 역할을 한 것이다.

그들 사이에 있는 악조건조차 가까워질 수밖에 없는 호조건으로 바뀐다. 소백산맥을 사이에 둔 전주와 대구간의 먼 거리가 문학이라는 끈에 의하여 감미로운 장애물이 되어버린다. 수년간 편지가 빈번해지면서 감정은 농익어간다. 빨간 사과가 무르익은 만추조차 그들에게는 어떤 기대감의 예언으로 작용한다. 열여덟 청춘의 나이는 호감과 열정을 혼동하기에 충분하다. 그들의 감정이 평생에 겪는 단 한 번의 사랑인지 아닌지는 중요하지 않다. 다만 "지금도 잊지 못한다."고 작가가 회고할 만큼 그 무렵의 감정은 절실하였다.

김재환이 지닌 그녀에 대한 기억은 현실적이면서 신비적이다. 그녀는 "대구 K여고에 다니는 L" 그리고 "Y대학 재학생"이다. 시상식 후 첫눈이 왔을 무렵 받은 첫 편지의 발신 주소는 "경상남도 창녕군 부곡면 구산리 물레방아 집"이다. 물레방아 집은 그녀의 신분을 신비적으로 만든다. "초겨울 파르스름한 연기, 가냘프고 새하얀 코스모스, 날렵한 청자와 백자, 가볍지 않은 아픔과 슬픔"은 회상적인 실루엣을 만들어내기에 충분하다. 문학청년들이 나누는 편지 속에 적힌 철학, 문학, 신화 이야기는 서로를 우상화한다. 연서는 누구나 겪는 청춘의 신열이므로 자기과시의 편지로 간주되지 않는다.

그리움의 실체는 사실상 현실에서는 좀처럼 찾기 어렵다. 인간은 그리움을 좇는 사냥꾼이라기보다는 그리움을 만드는 건축가이다. 우물을 파서 물을 가두듯이 그리움을 마음속에 간직한다. 그 추상의 세계가 고갈되면 인간은 하염없이 우물 속을 들여다본다. 내면의 의식을 반추하는 것이다.

그녀에 대한 김재환의 생각도 마찬가지다. 작가는 그녀가 죽은 후 반세기 동안 구산리와 가까운 주남저수지, 화왕산, 진해의 안민고개를 찾아왔지만 물레방아 집을 "강 건너 등불"처럼 쳐다보기만 했다. 그녀와의 만남을 추억의 페이지에 온존하게 남겨두고 싶었던 것이다. 추억만으로도 가슴이 쾅쾅거리는데 구산리로 찾아가는 길은 어떠할까. 감정적으로 감당하기가 무척 어려웠을 것이다.

만남이 있었던 수년 후의 동생으로부터 받은 편지에는 L이 세상을 떠났다는 소식이 담겨있다.

L의 동생이라고 자기 소개를 한 뒤, 편지가 끊긴 사연과 언니는 오랫동안 앓아온 몹쓸 병을 끝내 이기지 못하고 샛노란 은행잎 따라 만추 속으로 스무 살 안타까운 삶을 마감하였으며 나를 단 한 번만이라도 보고 싶어 했으나 뜻을 이루지 못하고 홀연히 떠나버렸다는 내용의 행간을 읽으며 그 위에 눈물이 떨어졌다.

그렇다면 구산리에는 무엇이 있는가. 무엇이 변하지 않아야 하는가. 구산리 마을에 가까워질수록 김재환은 더욱 초조해진다. 사랑의 현장을 찾아가는 주변 풍경이 몽환적일수록 독자의 마음도 덩달아 동요한다. 그녀가 세상에 없다 할지라도 독자들은 구산리 물레방아 집이 남아있기를 기대한다. 김재환이 찾아간 구산리에는 아무것도 없다. 작가는 제목에서 "물레방아 집은 없었네"라고 말한다. "물레방아 집이 없었네"가 아니라 "물레방아 집은 없었네"이다. 전자가 원래부터 없는 절대적 부재를 의미한다면 후자는 예전에는 분명히 있었다는 것을 암시한다. 마을회관을 찾아 수소문한 결과, 그때 그곳에는 물레방아 집은 없지만 큰 정미소가 있었다는 사실을 전해 듣는다.

여기서 강조되는 것은 언어가 지닌 심미적 효과이다. L양은 집주소를 "정미소 집"이 아니라 "물레방아 집"으로 적었다. 물레방앗간은 소설 속의 장면처럼 로맨틱하면서 시적인 사랑의 이미지를 떠올려준다. 순진무구한 사랑에 대한 공감대도 문학청년들에게 확산된다. 그들은 수년간 연서를 주고받는 동안 각자의 마음속에 '물레방앗간다운 순애보'를 키웠다. 단 한번만이라도 만나 서로에게 사랑의 순수성을 이해시키려 했다. 그러나 그 꿈은 영화나 소설에서와 달리 현실에서는 쉽게 이루어지지 않는다.

작가는 물레방아 집이 정미소였다는 실망감을 해소해야 한다. 그리움의 근원이 물레방앗간이라는 공간이었음을 교정해야 한다. 그 방식은 지금까지의 "애틋한 그리움"을 지금 성년이 된 시점에서 '진정한 그리움'으로 재해석하는 것이다. 전자를 버리고 후자를 찾은 길이 "구산리 가는 길"이었음을 자신에게 납득시켜야 한다. 과거의 감정을 재해석한 그는 "그것은 사랑도 연민도 아니라 동질성을 가진 우정"이었다고 생각한다. "정한의 끈을 풀어버리자."는 다짐이기도 하다.

스무 살 청년의 그리움을 스스로 허문 원인은 좌절감에 있다. 그가 받은 편지 중에서 "아침에 눈 뜨면 죽지 않은 자신을 증오한다."는 구절을 읽었을 때 불치의 질병을 이미 예감하였다. 그때 아무런 도움을 줄 수 없었다. 그것이 당시의 현실이고 반세기 동안 잊지 못하는 죄의식의 원인이기도 하다. 사람마다 나타나는 그리움의 현상은 다르다. 그러나 근원은 동일하다. 그리움을 정리하기 위해서든 되찾기 위해서든 "추억하러 가는 길" 자체가 그리움이다.

최영애의 〈그립고 그립고 그립다〉

최영애는 가을이 되면 그리움의 꽃을 피운다. 그녀의 그리움은 "시골 감나무의 홍시"처럼 뜨겁고 늦가을 바람에 휩쓸리는 은행잎처럼 처연하다. 그녀의 그리움은 남편의 죽음을 바탕으로 한다. 〈그립고 그립고 그립다〉에 등장하는 화자는 그리움을 앓지만 적막 같은 외로움을 마음속에 묻어둘 수 없다. "가을빛 풍경이 짙어질수록 쌓이는 외로움"을 어떠한 방법으로든 풀어야 살아남을 수 있다. 상처를 치유할 수 있는 힐링 글쓰기가 그녀에게 필요한 이유가 여기에 있다.

왜 그립다는 말을 세 번이나 되풀이하는가. 목이 쉬도록 속내를 터뜨리는 어법은 그리움이 그녀에게 얼마나 간절한가를 강조한다. 그리움의 대상이 세 가지라는 사실도 알려준다. 그것은 불시에 세상을 떠난 남편, 남편이 추구하던 예술, 그리고 모든 인간이 태초부터 지녀온 그리움이다. 최영애에게 그리움의 모티프는 해바라기이다.

　모든 사물은 기호이다. 기호는 의미는 지닌다. 그녀는 남편이 화가인 덕분에 보통사람보다 사물에 대하여 섬세하게 반응하는 능력이 탁월하다. 그녀의 감성이 포착하는 사물은 무엇이든 기호로 바뀐다. 남편이 그린 해바라기도 당연히 기호에 포함된다. 시골 들판에서 피고 지는 해바라기는 "남편이 그린 그림"의 대부분을 차지한다. 해바라기를 바라보면서 남편이 예술적 영감을 떠올렸다면 화자는 순간적인 현실에서 벗어나 남편과 함께한 과거 속에 영원히 머물고 싶다. 그리움이라는 해바라기의 꽃말이 깊은 정서로 안내해 준다.

　　　　꽃이 태양을 닮아 있고 하염없이 태양을 바라보므로 "해바라기"로 이름이 붙여졌다는 꽃말이 그러하듯이 시도 때도 없이 바라보던 그림은 나에게는 그리움이다.

　남편에 대한 작가의 마음은 태양이 이동함에 따라 꽃 머리를 돌리는 해바라기와 동일하다. 남편이 즐겨 그렸던 해바라기를 지켜볼 때도 그녀의 마음은 그리움으로 향한다. 작가는 남편을 태양으로, 자신을 해바라기로 관계 맺기를 하는 것이다.

　문제는 남편이 그린 해바라기는 개량품종이 아니라 토종이라는 사실이다. 시골에서 자라는 토종 해바라기는 키가 크고 꽃 머리가 넓다. 그 꽃은 남편이 떠나온 고향과 향유하지 못한 가족의 행복에 대한 안타까움과 상실감을 은연중에 비추어준다. 그의 아픔을 잘 알고 있는 작가에게 해바라기는 남다른 의미를 부여해준다.

그의 작품에 그려진 해바라기는 노란 꽃잎을 떨어내는 완숙기가 지난 늙은 해바라기다. 노란 꽃잎을 떨구고 씨앗을 까맣게 채워 목이 무거워 고개를 숙인 그림이 대부분이다. 터치와 색은 완전히 그의 기법으로 표현되어 있다. 해바라기가 그의 예술혼을 지켜내고 있듯이 그의 생애도 해바라기 속에 살고 있다. 그런 생각은 나의 그리움 때문이라 해도 어쩔 수 없다.

남편은 오직 예술을 위해 평생 살아온 화가이다. 그림을 통해 세계를 해석하고 자신의 세계를 해바라기로 표현하였다. 화가의 아내로서 그녀는 남편의 예술혼 주변을 서성이는 또 하나의 해바라기이다. 이로써 〈그립고 그립고 그립다〉의 작품은 예술에 대한 애호심을 담아낸 격조 높은 주제를 지니게 된다.

작가의 집에는 남편이 그린 해바라기 그림이 걸려있다. 그 꽃은 더 이상 자라지도, 늙지도 않고, 햇빛을 따라 머리를 돌릴 수도 없다. 물리적 시간을 초월하여 존재한다. 그녀는 해바라기의 꽃말을 보다 절실하게 느끼기 위해 진짜 해바라기를 보러 간다. 김재환이 물레방아 집이 있는 구산리에 갔듯이 최영애는 해바라기 축제가 펼쳐지는 함안 강주마을로 찾아간다.

강주마을로 가는 길은 그리움의 이미지로 가득하다. "노랗게 물든 들판의 벼, 하늘거리는 코스모스, 9월 대낮의 따가운 햇살" 등은 아름다운 풍경이면서 남편의 체취를 맞이하려 가는 아내에게 바치는 자연의 선물이다. 그만큼 해바라기 축제가 성스럽고 엄숙하기를 기대한다. 그녀가 품은 축제에 대한 기대치가 예술에 가깝다면 남편에 대한 그리움은 신앙심을 연상시켜 준다. 그녀에게 해바라기는 태양을 바라보는 꽃이 아니라 그리움을 형상화하는 몸짓 그 자체이다. 달리 말하면 올 수 없는 임을 초혼하는 표상이다.

해바라기는 고흐와 남편의 예술세계를 연결시킨다. 노란색에 강렬한 열정을 가진 고흐처럼 남편의 노란색은 해바라기를 통하여 예술적 영감을 불러일으켰다. 생전에 화단의 인정을 받지 못한 고흐가 절망을 이겨내며 붓을 놓지 않았던 것처럼 남편은 화단의 인정을 받지 못하는 외로움 속에서도 지치지 않고 그림을 그리다가 한껏 명성을 피울 즈음에 생을 마감하였다. 지금도 살아 있다면 화가로서 명성을 더욱 얻었을 것이다. 그렇게 되지 못한 좌절감을 가슴 아프게 여기는 최영애는 고흐의 해바라기를 바라보며 남편의 재능을 안타까워하고 그리워한다.

최영애의 그리움은 과거에 머물러 있지 않다. 그들의 아들이 아버지 뒤를 이어 화가가 되었다. 이로써 해바라기는 가족애와 예술적 재능을 동시에 표현하는 아이콘이 된다.

강주마을 해바라기 축제에 함께 간 아들은 남편의 환생처럼 보인다. 작가는 해바라기를 통하여 부자의 애정과 예술세계가 상통하기를 기원한다. 아들도 아버지의 예술세계를 전수받기를 원한다. 아내가 남편에게 그리움을 품고 있다면 아들은 아버지의 예술에 그리움을 품고 있는 셈이다. "해바라기는 분명 그리움으로 키를 키웠으리라"는 말은 문학적 수사가 아니라 이심전심의 표현이다.

작가는 지금 거실에 걸린 캔버스 속 해바라기를 마주하고 있다. 의식이 집안 거실과 강주마을, 이승과 저승을 빈번하게 오가고 있다. 대상이 비록 멀리 떨어져 있다 하더라도 그리움이라는 감성은 일순간에 소통된다. 그 정서적 교감은 더욱 강렬해진다.

그림 속의 해바라기는 성장할 수 없다. 그러나 그 해바라기는 죽지 않는다. 최영애에게 노란 꽃잎은 남편의 언어이므로 "한때 즐겁고 행복했노라."라는 말을 항상 들을 수 있다. 두 사람이 주고받는 대화를 독자가 들을 수 없을지라도 "그리움"에 모아진다는 것은 너무나 잘 안다. 그녀의 가슴속에는 여전히 팔레트를 들고 오가는 남편의 모습이 선연하게 새겨져 있다. 그녀의 그리움은 불사不死의 해바라기에 있으므로 언제나 "그립고 그립고 그리운" 것이다.

　최영애는 현실에서든 상상에서든 꽃을 찾는다. 꽃과 남편의 그림이 상호 연관이 되면 그리움을 맞이하는 길이 만들어진다. 남편, 남편의 그림, 그리움 그 자체를 영접하려는 그녀에게 겨울도 꽃 피는 계절이 된다. 길과 꽃이 일향성一向性 그리움이 되는 이유가 여기에 있다.

양일섶의 〈나의 첩妾〉

　〈나의 첩妾〉은 통상적인 그리움의 개념을 초월한다. 양일섶은 대상이 죽거나 떠나버림으로써 빚어지는 그리움을 말하지 않는다. 그보다는 쇠잔해지는 육신이 언젠가는 대상을 안을 수 없다는 한탄을 바탕으로 그리움을 말한다. 그가 선택한 대상은 최영애 남편의 해바라기처럼 늙지도 병들지도 죽지도 않는다. 초록 젊음을 고스란히 지켜낸다. 죽지 않는 존재는 신이고 늙지 않게 하는 것은 불로초이다. 작가는 절대적 존재와 환상적인 약초의 비법에 의지하지 않고도 그의 기호품인 술을 죽거나 늙지 않는 존재로 만든다.

　서두는 "애소愛燒는 아직 젊고 예쁩니다."이다. 애소는 소주에 그가 붙여준 애칭이다. 소주는 그에게 애정과 그리움의 대상이다. 소주는 주류공정에 의하여 끊임없이 개량된다. 여자에 비유하면 갈수록 아름답고, 착하고, 요염해진다. 매력도 더하여 술꾼에 대한 유혹의 강도는 높아진다. 이러한 여인이 있다면 모든 남자들이 치열한 쟁탈전을 벌일 것이다. 양일섶은 독점하거나 싸우려 하지 않고 공동 애모의 대상으로서 소주에 대한 지극한 그리움을 말하고 있다.

〈나의 첩妾〉에서는 풍부한 비유가 구사되고 있다. 의인법은 물론 직유와 은유, 역설과 아이러니, 유머와 풍유를 자유자재로 동원하여 내용과 형식의 일체감을 조성해간다.

소주를 다룬 애첩론은 "서민들과 희로애락을 함께하는 것"으로 시작한다. 그것의 미덕은 "사회적 약자에 대한 친밀감, 조건 없는 사랑, 불철주야의 헌신, 자신의 욕심을 챙기지 않는 이타심"으로 희생적이고 순수하고 헌신적인 자세를 보여준다. 작가가 "나는 그녀를 더 좋아합니다."라고 공공연히 선언할 수 있는 것도 사회적 약자를 위해 봉사하는 헌신에 경탄하기 때문이다.

〈나의 첩妾〉에 대한 양일섶의 애착은 일찍부터 시작한다. 약관의 나이에 소주를 처음 마셨다. 첫 느낌은 "청명하고 순결한, 마실수록 따뜻한, 대면할수록 짜릿함"이었다. 겉으로는 차갑지만 만남이 빈번해질수록 인정에 매혹되어버린 그는 60이 넘은 나이여서 "그녀를 감당할 수 없다"고 짐짓 말하지만 뿌리치지 않는다. 소주의 종류를 "참이슬, 처음처럼, 시원, 좋은데이"라고 열거할 때도 "혼자 있는 애소"가 가장 좋다고 고백하며 소주의 담백미를 칭찬한다.

작가는 애소에서 모성적 보호심리도 느낀다. 고통 받는 인간을 위로하는 자애심을 모두에게 골고루 베풀기가 쉽지 않다. 그러나 애소는 첫사랑의 아픔, 부모님과 사별하는 슬픔, 수십 년 동료와 헤어지는 아쉬움을 거뜬하게 해소시켜준다. 인간은 기쁠 때나 슬플 때나, 무엇을 상실하거나 쓸쓸함을 토로하고 싶을 때 조용히 들어주는 누군가가 필요하다. 그가 "애소"이다. 애소는 눈과 귀가 없지만 독특한 오감으로 고통의 아픔을 녹여준다. 좌절한 사람에게 희망과 도전정신을 키워주기도 한다. 그 인품이 있기에 애소는 우리의 영원한 멘토라는 이름을 얻는다. 작가가 술을 애첩과 멘토로 부르는 이유도 그만한 존재가 없기 때문이다.

작가는 소주론을 펼치면서 갖가지 비유법을 동원하여 여성화하는 데 주력한다. 녹색 옷을 입은 여자, 마음이 깨끗하고 순한 여자, 무엇이든 잘 먹는 여자, 나아가 허리와 엉덩이 사이즈가 똑같이 펑퍼짐한 여자라는 의인화로 마음이 넉넉하고 푸근한 여성 이미지를 만들어낸다. 제시한 여러 여성 이미지를 결합시키면 남성이 꿈꾸는 여성이 나타난다. 그것은 애첩과 아내를 합친 인격체이다. 애첩 "애소"에게는 밤이든 낮이든 만나 주기를 원하며 아내에게는 그것을 눈감아주고 자상하게 주변을 챙겨주기를 기대한다. 남성은 가능하다면 애첩과 아내로부터 함께 봉사받기를 원한다.

　　애소를 가슴에 품고 집에 가는 날이면 아내는 웃어줍니다. 이제 아내도 애소를 인정해 줍니다. 그리고 나의 옷과 양말을 벗겨주고는 거실로 갑니다. 나는 시끄럽고 격렬한 밤을 애소와 함께 보냅니다. 새벽에 눈을 뜨면 애소는 어디론가 사라지고 없습니다.

양일섶의 꿈은 환상에서만 이루어질 수 있다. 세상에는 아내와 애첩의 성품을 합친 여인이 존재하지 않는다. 남자는 그런 여인을 찾지 못한 대리 욕망을 "녹의를 입은 불혹"의 소주에서 찾는 것이다.

이 작품은 남성중심주의 관점에서 풀이한 소주 애호론이다. 이 글을 읽는 여성 독자는 술을 여성화하고 애첩으로 격하시킨 데 대하여 반감을 품을지 모른다. 한 술 더 떠서 "나의 첩妾"을 "나의 기둥서방"이라는 내용으로 반박할지도 모른다. 이 점을 우려한 듯 작가는 지금까지의 육감적인 이미지를 격조있게 바꾸어버린다. "애소는 기쁘게 만나서 즐겁게 대화하는 사람"을 제일 좋아한다는 고백으로 건전한 주도酒道를 내세운다.

작품에 그려지는 그리움은 어디서 시작하는가. 김재환과 최영애의 그리움이 타자의 죽음에 근원을 둔다면 양일섶의 그리움은 자신의 죽음을 예감하는 시점에서 시작한다. 소주가 떠나는 것이 아니라 작가가 소주와 결별하는 것이다. 소주의 수명은 무한하고 인간의 생명은 유한하므로 죽음을 상상하는 작가는 유언을 애소에게 남긴다.

유언은 문장의 해학미를 더욱 끌어올린다. "세상을 떠나는 전날 밤, 너를 힘껏 부둥켜안고 마지막 힘을 다해 사랑을 나누고 싶구나."라는 문장에는 성애적 상상력과 허무주의가 동시에 담겨있다. 유언에는 임종 후의 절차까지 포함되어 있다. "내가 밤마다 별을 헤아리며 지루하게 누워 있으면, 한번쯤은 나를 찾아와 나를 무겁게 덮고 있을 메마른 잔디 위에 달콤한 눈물이라도 뿌려주려무나."라는 부탁은 독자의 웃음과 눈물을 자극하기에 충분하다. "40년을 함께한 첩의 의무"라고 타이르는 당부에 다다르면 애주가로서 작가의 처지를 새삼 확인할 수 있다.

양일섶의 〈나의 첩妾〉을 읽는 독자들도 나름의 "나의 첩妾"을 상상한다. 애주가는 애주가대로, 애연가는 애연가대로, 애인愛人가는 애인가대로 사랑의 환상에 빠졌다가 깨어난다. 〈나의 첩妾〉에 그려진 그리움의 특징은 대상이 죽은 자가 아니라는 것이다. 그러므로 독자는 작품에 숨겨진 또 다른 의미를 간파하여야 한다. 그것은 철저하게 현실 속에 존재한다는 점이다. 일단 죽은 서방은 소용이 없다. 돈도 쾌락도 줄 수 없다. 이것이 소주에 첩의 속성을 부여함으로써 생기는 그리움의 한계이고 유한해지는 조건이다.

덧붙이며

수필이 말하는 '그리움'은 감성을 바탕으로 하는 순정주의에 속한다. 그리움은 한국의 전통적 정서이기도 하지만 내적 울림이 가장 큰 감흥이다. 그리움이 만들어내는 실체는 이성적 해석에 좌우한다. 왜 그것이 그리우며 왜 그리움의 감성에 빠져드는가를 작가는 끊임없이 해석해내야 한다. 가장 감동적인 그리움의 주제는 이성과 감성이 상호 교감할 때 나타난다.

평설한 작품에 투영된 그리움은 통상적 개념에서 벗어나 남다른 영역을 다룬다. 김재환의 그리움은 문학을 바탕으로, 최영애의 그리움은 예술을 바탕으로, 양일섶의 그리움은 주당론을 바탕으로 한다. 감성과 지성이 융합되어 독자가 지금까지 만나지 못했던 감흥의 여파를 증폭시켜준다. 그리움이 슬픔을 주지만 때로는 흥겹게 그려질 수 있다는 사실은 작가 나름의 체험과 창작술이 결합할 때 더욱 분명해진다.

| 작품 |

그곳엔 물레방아 집은 없었네

김재환

　구산리 가는 길은 팔월 끝자락 한여름인데도 안개가 자욱했다. 아침이라 그럴까. 주변 낙동강과 주남저수지 우포늪에 에워싸인 마을 구산리는 낙동강 하류 강변마을이다. 본포나루 앞에서 심호흡을 하고 낙동강 다리를 건넜다. 학포리 삼거리에서 자동차를 멈추고 다짐을 확인한다. 강변 양안兩岸 낙동강 나루터 포플러와 버드나무 숲 사이로 물안개가 피어오른다. 희뿌옇게 아침을 열고 있었다. 신비롭고 몽환적이다. 물안개 위로 그의 모습이 흐릿하게 나타나 강바람 속으로 스멀스멀 사라진다.
　팔구십 년대 꽤 많이 오갔던 온천 부곡하와이는 신혼여행지로 각광받던 곳이었다. 오늘부터 B호텔에서 모지母紙가 주관하는 문학단체의 여름 세미나가 하룻밤 이틀 낮 동안 열린다. 창원에서 살다 진해 불모산 자락 자은지구 새집으로 이사한 불알친구의 집도 둘러보고 회포도 풀 겸 어제 이 지역에 왔었다. 그리운 얼굴들이 스친다.
　그와의 첫 만남이자 마지막 만남은 10대 끝자락이었으니 반세기가 다 되어간다. 꽤 긴 세월이 우리를 가르고 강물처럼 흘러갔다. 이 세상 고뇌를 다 짊어지고 끙끙대며 살아가던 열여덟 살, 만추였다. 능금과 미인의 도시, 대구를 거쳐 경산을 찾아가고 있었다. C대학과 D대학이 통합하여 Y대학교가 되었다. Y대학이 주최한 전국고교생백일장대회에 입상하여 수상자 자격으로 시상식에 참석하는 중이었다. 그곳은 두 번째였다. 처음은 중학교 수학여행 때 신라 고도 경주를 다녀오면서 스친 기억이 또렷하다. 비포장 신작로 흙먼지를 뒤집어쓴 빨간 능금이 뿌옇게 매달려 있던 과수원의 풍경을 지금도 잊지 못한다. 사과의 주산지 대구 근교 경산군이었다.

그는 초겨울 파르스름한 새벽 연기 같았다. 가냘프고 새하얀 코스모스였다. 날렵한 청자와 백자가 혼재된 실루엣이었다. 괴기스러울 정도로 신비감이 감돌았다. 결코 가볍지 않은 아픔과 슬픔을 느꼈다. 왜 그의 첫인상이 지금까지 뚜렷하게 각인되어 오래 남아 있는 걸까.

대구 K여고에 다니며 이름은 L. 내가 아는 그의 프로필 전부였다. 그와 나에겐 Y대학 4년간 장학금 수혜와 입학 특전이 주어졌었다. 나는 나의 길 창공에서 노닐기 위해 보라매가 되었고, 그는 그 학교 재학생이 되었음을 훗날 알았다.

당일 오전 중으로 물레방앗간의 그림자와 L의 흔적을 밟고 싶었다. 그러나 이 길은 처음이었다. 기약 없는 먼 훗날을 위해 아껴두었었다. 피했었다는 게 옳을 것이다. 우연과 필연 사이를 서커스하듯 일부러 다른 길을 밟아 부곡온천을 오고갔었다. 그날이 오늘인 것 같다.

지난 반세기 가까운 세월, 주남저수지에서 철새들과 노닐고, 화왕산 바람의 억새와 속삭였고, 우포늪 수초 밑으로 영원히 가라앉아 침잠하고 싶었던 순간들도 있었다. 진해 여좌천과 안민고개에서 도에 넘치는 순백의 벚꽃과 정염을 불사르던 짧은 생애를 빛내고 싶었던 나날들, 온천 마금산에 와서도 강 건너 등불만 쳐다보다 외면했던 구산리. 아련한 추억의 한 페이지로 남겨두고 싶었는지도 모른다. 가슴이 쿵쾅거리고 목젖이 말랐다.

시상식을 마치고 한 달쯤 지나 첫눈이 올 무렵 학교에서 낯선 편지를 받았다. 그 후 젊음의 고뇌와 방황, 불투명한 앞날의 진로, 이런저런 잡다한 이야기가 편지봉투에 실려 전주와 대구를 넘나들었다. 한 해를 넘긴 뒤 편지의 발송지가 경상남도 창녕군 부곡면 구산리 물레방아 집으로 바뀌었다. 마을 이름도 번지도 없었다. 그래도 편지는 별 탈 없이 소백산맥을 넘어 호·영남을 잘 오고갔다. 2년여 간 편지가 오갔다. 쇼펜하우어, 키에르케고르, 카뮈의 〈이방인〉과 시시포스의 신화, 철학이 뭔지도 모르며 문학과 철학 이야기로 유식한 체를 했었다. 편지가 끊겼다. 이러구러 서로 자연스레 멀어져 갔다.

 몇 년이 지나 한 통의 편지를 어렵게 받았다. 편지봉투의 글씨는 기품 있고 깔끔하며 고아한 L의 글씨와 비슷한 듯했지만 아니었다. 보내는 사람 역시 L이 아니었다.

 L의 동생이라고 자기 소개를 한 뒤, 편지가 끊긴 사연과 언니는 오랫동안 앓아온 몹쓸 병을 끝내 이기지 못하고 샛노란 은행잎 따라 만추 속으로 스무 살 안타까운 삶을 마감하였으며, 나를 단 한번만이라도 보고 싶어 했으나 뜻을 이루지 못하고 홀연히 떠나버렸다는 내용의 행간을 읽으며 그 위에 눈물이 떨어졌다. 어깨너머로 오고간 사연을 알기에 오랫동안 인내하다 한계점에 다다라 묵은 소식을 전한다 했다. 자기도 언니의 뒤를 이어 국문학을 전공하였고 교단에 서 있다는 사연이었다.

 구산리 마을이 가까워질수록 초조하고 불안했다. 마을 뒤편에 제법 높은 산이 있고 드넓은 벌판은 부촌이었을 것 같았다. 물레방앗간이 있었을 만한 곳은 아니었다. 마을회관을 찾았다. 팔순을 넘기신 토박이 어른들과 반세기 전으로 세월을 되돌려 보았다. 80여 년 이전은 몰라도 살아생전 물방아 집은 없었단다. 큰 정미소가 있던 곳을 가리켜 준다. 정미소집의 집안 내력과 가족 관계, 이곳을 떠난 지 오래되었고 형제들은 서울과 대구 부산 등에서 살고 있단다. 모든 게 어렴풋이 짐작이 되었다. 물레방아 집이 정미소였을 뿐 모든 게 다 맞았다. 그녀는 정미소가 싫었을 것이다. 로맨틱한 뉘앙스의 물레방앗간이기를 꿈꾸었을 것이다.

정미소는 큰 주택으로 변해 있었다. 문명이 동네 정미소를 역사 속으로 내쫓아버렸다.

산촌에 고향을 둔 나는 물레방앗간의 기억이 새롭다. 방아도 찧고 전기를 생산, 전등불 아래서 책 읽고 스피커 방송을 들어 저 먼 세상과 소통할 수 있었다. 삐걱거리며 쉼 없이 돌아가는 물레방앗간의 추억은 이효석의 〈메밀꽃 필 무렵〉의 물방앗간보다 더 아련하다.

1박2일 세미나 기간 내내 내 정신은 구산리 물방아 집을 벗어나지 못하고 있었다.

금아 피천득 선생은 아사꼬와 세 번째 만남을 후회하였다. 그러나 나는 단 한 번의 만남도 후회해 왔었다. 두 번째 세 번째 만남이 없었기에 애틋한 그리움으로 남아 있는지도 모른다. 반세기 만에 찾아간 길은 아니 감만 못하였다. 추억하러 간 길은 잊으러, 버리러 찾은 길이 되었다. 케케묵은 추억의 편린을 멀리 던져 흘려보내자. 돌이켜 생각해 보니 그것은 사랑도 연민도 아니었다. 동질성을 가진 차진 우정이었다. 야무진 정한의 끈을 이제는 풀어 놓아 버리자. 세미나를 마치고 돌아오는 길, 낙동대교에서 바라보는 하오의 햇살은 누부시게 빛났다. 금물결 은물결이 차디찬 겨울하늘 별처럼 찬란하게 반짝이고 있었다.

그가 자주 인용한 "이상과 현실의 부조리 속에서 방황하고 고뇌하며 힘겨운 하루를 엮는다. 아침에 눈뜨면 살아 있다는 것에 감사하기보다는 죽지 않은 자신을 증오한다."는 글귀에서 그녀의 죽음의 그림자를 엿보았었지만, 나는 그때 그에게 아무 도움을 줄 수 없었다.

― ≪수필과비평≫, 171호.

| 작품 |
그립고 그립고 그립다

최영애

　가을로 접어든다. 그리움도 시골 감나무의 홍시처럼 익어가는 계절이다. 한결 높아진 하늘에서는 구름이 여러 가지 그림을 만들며 흘러간다. 나뭇잎은 아직도 초록인데 길섶 억새는 벌써 가을을 맞이하는 꽃을 피우기 시작한다. 이제 시시각각으로 풍경은 가을빛으로 짙어갈 것이다.
　거실 벽에 걸린 해바라기에도 가을이 영글고 있다. 남편이 그린 그림이다. 나는 혼자 남겨져, 해바라기 그림을 바라보며 그리움에 젖어든다. 꽃이 태양을 닮아있고 하염없이 태양을 바라보므로 '해바라기'로 이름이 붙여졌다는 꽃말이 그러하듯이 시도 때도 없이 바라보는 그림은 나에게는 그리움이다.
　요즘의 해바라기는 개량품종으로 꽃송이가 적고 키도 작다. 그림의 작품 소재로서 뭔가 부족하다는 아들의 푸념을 종종 듣는다. 내가 어린 시절 시골에는 집집마다 해바라기가 담 너머를 내려다봤다. 큰 얼굴을 살짝 내밀고 세상 구경하는 고개를 숙인 해바라기는 시골 풍경에서 빠질 수 없다. 해바라기 씨가 까맣게 영글어 머리가 무거워 고개를 푹 숙일 즈음이면 친구와 담벼락에 쪼그리고 앉아 해바라기 씨를 까먹었다. 그 계절 맛이 참 고소했다. 부산으로 이사와 살면서 어쩌다 해바라기를 보긴 했지만 크고 노란 꽃 머리를 흔하게 보지 못했다. 제대로 가을을 만나지 못했던 내게 가을꽃은 코스모스나 국화꽃이 아니다. 노란 얼굴을 내민 해바라기다.

함안 강주 마을에 해바라기 축제가 열린다는 소식을 접했다. 그곳 마을의 꽃송이는 토종이어서 엄청나게 크다고 했다. 끝이 보이지 않는 넓은 부지에 해바라기 꽃밭을 조성하여 관광객을 불러 모으는 9월 대낮의 햇볕은 얼마나 더 따가울까.

해바라기 맞이 길을 나섰다. 들판의 벼들은 노랗게 물들어 고개를 숙이고 있다. 길옆 코스모스도 나름대로 하늘거린다. 눈앞에 펼쳐져 스치는 차창 풍경들은 그냥 아름답다. 자연은 어느 능력 있는 인간이라도 겨눌 수 없는 솜씨 좋은 예술가다. 벼이삭만으로도 아름다운 계절을 만들어내니 말이다. 아무런 흥미도 희망도 느끼지 못한 나조차 무언가 아름다운 생을 채우고 싶다는 의식이 슬며시 솟아오른다. 그래서 사람들도 여행을 떠나게 되나 보다.

강주마을은 함안에서도 한 시간 반이나 더 걸리는 곳이다. 초행의 시골길을 찾아가기란 여간 힘든 게 아니지만 차창 밖 눈길 가는 곳마다 독특한 풍경이 서 있어 심심하지 않다. 마치 액자 속 그림이 밖으로 나온 듯한 풍경에 빠져있을 무렵 차는 강주마을 정류장에 도착했다.

작은 마을이 해바라기 꽃 축제로 들썩이고 있다. 마주 보이는 언덕에는 해바라기의 노란 물결이 끝없이 일렁이고 있다. 도처에서 모여든 사람들이 해바라기 숲을 향해 지그재그 언덕길을 줄지어 올라가고 있다. 갖가지 색깔의 복장을 한 사람들이 마치 해바라기 그루로 보인다. 흥은 무리 지어야 하는 법, 관광객들 속에 섞여 천천히 언덕을 올랐다.

언덕배기에는 바람에 날린 노란 물결이 일렁인다. 이국의 풍경을 보는 듯하다. 누가 가르친 것도 아니건만 해바라기 줄기가 같은 방향으로 서 있다. 태양만 바라보는 꽃으로만 알았는데 오지 않는 그리운 이를 하염없이 기다리고 있는 애절한 모습 같아 마음에 슬픔이 인다. 구경 온 사람들이 저마다 추억을 남기느라 연신 카메라를 들이대며 밭 속으로 파고든다.

해바라기라면 고흐의 그림을 떠올린다. 꿈을 추구하는 태양의 색이라고 생각했던 고흐는 노란색에 대하여 강렬한 열정을 가지고 있었다. 고흐에게 해바라기는 뜨겁고 격정적인 감정을 대변하는 영혼이 있다. 그것을 그리는 것이 유일한 희망과 기쁨이므로 그는 회오리치듯 꿈틀거리며 힘으로 붓질을 해댔다. 그 열정이 있어 고흐는 생전에는 인정받지 못했지만 현대미술의 토대를 형성하는 데 빼놓을 수 없는 화가가 되었다.

남편도 해바라기를 소재로 여러 작품을 그렸다. 그의 작품에 그려진 해바라기는 노란 꽃잎을 떨어내는 완숙기가 지난 늙은 해바라기다. 노란 꽃잎을 떨구고 씨앗을 까맣게 채워 목이 무거워 고개를 숙인 그림이 대부분이다. 터치와 색은 완전히 그의 기법으로 표현되어 있다. 해바라기가 그의 예술혼을 지켜내고 있듯이 그의 생애도 해바라기 속에 살아있다. 그런 생각은 나의 그리움 때문이라 해도 어쩔 수 없다.

해바라기 숲에 서 있는 아들은 자신이 원하는 작품 구도를 잡아보느라 분주하다. 아들도 아버지와 다른 기법으로 누군가의 마음에 울림을 주는 태양의 꽃을 그려내기를 바란다. "님이 그리워 자꾸만 자꾸만 얼굴만 크게 만들고 있다"는 어느 시인의 시 구절처럼 강주마을 언덕에 피어있는 해바라기는 아직도 뜨거운 태양을 받으며 한 사람을 기다리며 서 있다. 해바라기는 분명 그리움으로 키를 키웠으리라 여겨진다.

지금 나는 거실에 앉아 캔버스 속 해바라기 그림과 마주하고 있다. 그림 속의 해바라기꽃들은 그와 함께 행복했던 즐거운 한때를 보여주듯 노란 꽃잎이 미소처럼 화사하다. 말없이 캔버스와 팔레트를 오고가던 그의 손길만 안개 속처럼 뿌옇게 흐려진다.

오늘따라 그 해바라기 화가가 더욱더 그리운 날이다.

― ≪수필과비평≫, 171호.

| 작품 |

나의 첩妾

양일섶

　애소愛燒는 아직 젊고 예쁩니다. 그녀의 시조始祖는 페르시아인입니다. 칭기즈 칸의 손자가 한반도에 진출했을 때, 우리나라에 정착하며 살기 시작했습니다. 이제는 완전한 우리나라 사람이 되었습니다. 하지만 제사상을 차리는 곳에서는 아직도 문전박대를 면치 못하고 있습니다.
　애소의 집안 가훈은 서민들과 희로애락을 함께하자는 것입니다. 사회적 약자에게 친밀하고 아낌없는 사랑을 나누어 주려고 불철주야 노력하고 있습니다. 그렇다고 정계에 입문하려는 마음은 추호도 갖고 있지 않다고 합니다. 그래서 나는 그녀를 더 좋아합니다.
　내가 약관보다 더 어린 나이에 포장집 희미한 전등 아래서 애소를 처음 만났습니다. 청명하고 순결한 그녀는 조금 차가운 인상이었지만 대화를 할수록 따뜻한 매력이 넘쳐흘렀습니다. 말 한마디 한마디에 핏줄을 타고 흐르는 짜릿함을 느꼈습니다. 촌철살인 같은 힘으로 갑갑한 속을 뻥 뚫어 주었습니다. 젊은 패기와 용기를 앞세워 그녀를 하룻밤에 두세 번 이상 만나는 날도 있었습니다. 이제 육십갑자의 '갑甲'을 기다리는 이놈의 몸뚱어리는 아직도 불혹인 그녀를 감당할 수가 없습니다.

사람들은 그녀에게 예쁜 별명을 많이 붙여주고 있습니다. 이슬처럼 영롱하다고 '참이슬', 첫 만남처럼 만나자고 '처음처럼', 만나면 즐겁다고 '좋은데이', 근심거리를 날려 준다고 '시원이'. 그녀는 성격이 원만해 많은 열매와 잘 어울려 놀기도 합니다. 사과, 포도, 배, 딸기, 매실, 살구, 자두, 앵두, 밀감, 오이, 모과, 구기자. 그러나 나는 혼자 있는 애소가 좋습니다. 다른 친구들과 섞여 있으면 시끄럽고 머리가 아픕니다.

애소는 심리상담사 자격증을 갖고 있습니다. 힘겨운 군에서의 제대, 사랑하는 사람과의 결혼, 회사에서 승진하는 기쁨을 나누는 시간에 그녀는 행복을 두세 배 증폭시켜 줍니다. 첫사랑의 아픔, 부모님과 이별하는 슬픔, 수십 년 만나온 동료들과 헤어지는 아쉬움을 느낄 때, 오로지 그녀만은 우리 곁을 지켜주면서 새로운 희망과 도전정신, 자신감을 심어줍니다. 애소는 우리의 영원한 멘토입니다.

애소는 항상 녹색 옷을 입고 있습니다. 자신의 마음이 깨끗하고 순한 여자라는 것을 보여주기 위해서입니다. 음식은 아무거나 잘 먹습니다. 어린 시절에는 새우깡, 건빵, 쥐포, 라면을 좋아했고, 성인이 되어서는 김치, 족발, 고갈비, 짬뽕 국물을 좋아했습니다. 나이를 먹으면서 식성이 바뀌어 지금은 생선회, 두부김치, 부대찌개, 닭볶음, 골뱅이무침 등을 좋아합니다. 그래서 허리와 엉덩이의 사이즈가 똑같습니다.

애소는 마술사입니다. 신기하게도 자신의 신체를 7개의 조각으로 나눌 수 있습니다. 그래서 두 사람이 나누어 가지면 모자라고, 세 사람, 네 사람, 다섯 사람, 여섯 사람이 나누어도 모자랍니다. 일곱 사람이 나누어 가지면 너무 작습니다. 그러면 그녀는 다시 몸을 합쳐서 새 모습으로 사람들 앞에 나타납니다. 사람들은 그녀의 그런 변신을 놀라워하지 않습니다.

애소는 아내와 달리 잔소리를 하지 않습니다. 나는 집에서 서열이 4위에 불과하지만 그녀는 항상 나를 왕처럼 대접해 줍니다. 내가 인근에 사는 맥양麥孃과 바람을 피워도 묵묵히 지켜만 봅니다. 오히려 같이 어울리기도 하면서 잘 놀아줍니다. 1주일 만에 그녀를 만나러 가더라도 짜증도 내지 않고 방긋 미소를 지으며 반겨줍니다.
　나는 애소를 밤에만 만납니다. 그렇다고 그녀가 야행성은 아닙니다. 낮에는 열심히 일하면서 볼일을 보고, 시간이 나면 언제든지 만나러 오라고 그녀가 부탁을 하기 때문입니다. 적당한 시간이 지나면 집에 일찍 가라고 합니다. 내가 싫어서 그런 것은 아닙니다. 본처가 조금은 무서워서 그럴 겁니다. 그러면서 진한 이별의 키스를 보내줍니다. 황홀함에 빠진 나는 비실비실 집으로 갑니다.
　애소를 가슴에 품고 집에 가는 날이면 아내는 웃어줍니다. 이제 아내도 애소를 인정해줍니다. 그리고 나의 옷과 양말을 벗겨주고는 거실로 나갑니다. 나는 시끄럽고 격렬한 밤을 애소와 함께 보냅니다. 새벽에 눈을 뜨면 애소는 어디론가 사라지고 없습니다. 아내가 친정이나 여행을 가고 없으면 나는 애소를 안방으로 부릅니다. 그동안 미뤄왔던 깊은 사랑의 이야기는 밤이 새는 줄을 모르고 이어집니다. 그녀도 이제 옹녀 같은 힘은 사라지고 많이 약해져 있습니다.
　애소는 기쁘게 만나서 즐겁게 대화하는 사람을 제일 좋아합니다. 그런데 좌석이 끝나기도 전에 평생 지울 수 없는 사고를 치는 몰상식하고 파렴치한 인간들이 너무 많습니다. 그녀 볼 면목도 없고 변명할 여지도 없습니다. 그녀에게 아낌없는 사랑을 한없이 받은 내가 선물한 것은 고작 해장국밖에 없습니다. 이제라도 인삼녹용을 챙기며 그녀에게 좀 더 가까이 가고 싶지만 이미 때는 늦었습니다.
　애소야!
　이제 추억의 앨범을 덮어야겠다. 너와의 이별을 앞둔 나의 마지막 소원을 말해야겠구나. 세상을 떠나는 전날 밤, 너를 힘껏 부둥켜안고 마지막 힘을 다해 사랑을 나누고 싶구나. 덧붙여서, 내가 밤마다 별을 헤아리며 지루하게 누워 있을 때, 계절에 한 번쯤은 나를 찾아와 주렴. 나를 무겁게 덮고 있을 메마른 잔디 위에 너의 달콤한 눈물이라도 뿌려주려무나. 그것은 40년을 함께한 첩으로서 너의 당연한 의무가 아니겠니?

  윤회설에 따라 내가 다시 태어난다면 애소와 또 다른 사랑을 나누고 싶습니다.

— ≪수필과비평≫, 171호.

제 3 부

01 상상의 실재를 위한 세 가지 질문

02 수필의 내적 화술: 존재론과 현상학의 직조

03 구조와 탈구조의 배합으로서 수필시학

04 텍스트의 존재성을 구현하는 해석학

05 전복顚覆의 힘으로서 문학적 상상력

06 수필가의 공간과 수필의 공간시학

01 상상의 실재를 위한 세 가지 질문

　모든 문학은 상상에서 출발한다. 실증적 인문학이 의식적인 관찰을 바탕으로 한다면 문학은 역동적인 상상에서 시작한다. 작품이 작가의 독자적인 상상에 의하여 완성된다면 상상은 질문을 통하여 구현된다.
　상상을 구현하는 질문은 하나의 시공과 세 가지 관점으로 이루어진다. 시공에 대한 질문은 작가와 피사체가 놓인 시간과 공간에 대한 의식이 어떤가를 묻는 것이다. 이들이 어떤 장소와 시간에 놓이는가에 따라서 세 가지 질문은 각기 다른 양상을 지니게 된다. 예를 들면 자작나무가 산에 있는가, 들에 있는가, 혹은 도시의 정원에 있는가에 따라 질문의 관점이 달라진다. 관찰자가 미루나무를 자신의 고향에서 보았는가, 해외 나들이에서 보았는가에 따라 대상을 지켜보는 시선도 변한다. 대상이 어디에 놓여 있는가에 대한 시공적 질문이 이루어지면 외향적, 내향적, 횡단적 질문이 자연스럽게 뒤따르게 된다.
　첫 질문은 대상을 통해 우주 전체를 인식하는 방향으로 나아간다. 이것은 제재가 종種, 사회, 자연, 그리고 우주와 어떤 관계를 맺고 있는가라는 외향성을 갖는다. 우주의 원소로서 개체는 다른 개체와 유기적 관계를 맺고 있으면서 서로가 다른 서로를 전체의 부분으로서 반영한다. 가령 새를 생각한다면 새와 나무, 새와 하늘, 새와 바람, 그리고 새와 인간 간의 관계를 밝혀주면 모든 제재가 우주의 일부이면서 독자적인 존재임을 자각할 수 있다. 진지한 작가라면 어떤 제재를 통해서든 우주의 전모를 드러낼 수 있다.

두 번째 질문은 대상이 지닌 본질과 근원에 대한 내향적 진로를 따라간다. 소재가 지닌 내면의 정체를 부단하게 탐구함으로써 그 근원을 밝혀보려는 것이다. 대상은 이데아를 형상화하는 질료이므로 내향적 성찰을 이어가면 사랑과 미움, 아름다움과 추함, 생명과 죽음의 근원에 다다를 수 있다. 본질적 가치를 추구하는 질문이야말로 수필이 담당하여야 할 미적 탐색이라고 하겠다.

세 번째는 대상으로서 제재와 관찰자로서 인간과의 관계를 밝히는 횡적 질문이다. 대상을 우주적으로 직관하고 내면을 분석한다고 하더라도 인간과의 관계를 규명하지 않는다면 모두의 존재성을 제대로 파악할 수 없다. 대상과 자신과의 유기적인 패러다임을 구축해내는 작가만이 개성을 바탕으로 한 독자적인 답을 찾아낸다.

수필이란 대상에 대한 심층적인 해석학이다. 문학이라는 생태계에서 살아남으려면 대상을 제대로 분석하고 분석한 것을 다시 종합하여 새로운 관계를 설정하는 다면적인 능력이 요구된다. 좋은 수필인가 아닌가의 성패는 대상을 얼마나 유기적으로 정립하는가에 좌우된다. 앞서 제시한 세 가지 질문이 이루어질 때 비로소 역동적인 상상을 한다고 하겠다. 이번 호에서는 상상이라는 물류 작업이 세 가지 질문을 바탕으로 어떻게 전개되는가를 살펴보기로 한다.

유석재의 〈깨어나라, 돌부처여〉

유석재는 운주사에 와 있다. 그가 서 있는 시공은 구름 한 점 없는 하늘과 푸른 능선이 펼쳐진 늦여름 야외이다. 그곳을 그는 '터'라고 부른다. 터는 장소라는 말과 달리 심리적 반응이 원활하게 작동할 수 있는 공간이다. 운주사라고 말할 때 독자들은 부서진 돌부처들이 여기저기 널브러져 있는 야외 들판을 먼저 떠올린다. 유석재도 여름날의 무더위를 마다하고 석불이 흩어진 운주사 경내를 헤매고 있다. 그렇다면 "깨어나라."라고 외치는 염원의 공간은 법당 안이 아니라 열린 자연이라고 하겠다.

유석재는 지금 돌부처 무리를 지켜보고 있다. 돌부처들은 "깨지고 무너지고 부서져 의뭉스레 알싸한 단내를 풍길 정도로 곰삭은 조각"에 불과하다. 그는 깨어진 석불이 부활하도록 생명의 숨길을 불어넣기 시작한다. 도선대사가 하룻밤에 천불천탑을 세웠다는 전설을 믿고 있는 그는 법당에 정좌한 황금불상을 외면하고 비바람이 몰아치는 대지에 누워있는 석불들을 가난하고 핍박받는 중생의 구원자로 일으켜 세우려는 상상의 작업을 도모하는 것이다.

작가는 지금까지 깨진 석불들은 염원을 이룰 수 없는 돌이라는 고정관념에 빠져있었다.

　　참으로 추했습니다. 바위 밑 그늘에 비스듬히 지친 몸을 기대고 있거나, 쭈굴쭈굴한 마애磨崖에 흐릿한 형상으로 남아 있거나, 쪼갠 파편에 망치와 정 자국 몇 줄 그어놓은 모습으로 때로는 비슷비슷한 옆자리 불상에 몸을 의지해 있거나, 아예 땅 위로 목만 남겨놓은 그 불상들의 모습은 일견 비참하고 궁상맞아 보였습니다.

'쓰러진 불상들은 비참하고 궁상맞다.' 이것이 지금까지 석불에 대한 고정된 인식이었다. 그러나 운주사 불상은 있는 그대로 놓여 있고 누워있었듯이 누워있을 따름이다. 작가는 그 모습을 다시 바라보려 한다. 균형과 조화만이 아름다움의 조건이라고 여겼던 작가는 균형과 조화의 그 고정관념으로부터 돌부처를 해방시켜 준다.

깨진 부처가 인간을 구원하는 메시아라면 얼마나 좋으랴. 그러나 쓰러져 있는 불상들이므로 버려진 돌덩어리이다. 그 돌덩어리를 향하여 깨어나라고, 일어나라고, 일어서라고, 주문을 거듭 외치는 작가의 의지는 "구원의 주체"이기를 원하는 마음의 표현이다.

고정관념의 탈피는 낯설게 보기의 전환점이자 역사에 대한 새로운 해석으로 나아가는 첫걸음이다. 작가는 쓰러진 돌부처를 바라보는 순간 고통 받는 민중을 떠올렸다. 외향적 질문과 답은 돌부처를 구원의 메시아라는 개념과 연관시켜 인류와 민중을 구원하는 구원의 대상으로 등장시킨다. 이러 과정은 지금까지 답습해 온 사고를 뒤집고 미륵불 사상을 펼쳐낸다. 작가는 "띄엄띄엄 도열한 불탑에서 이상한 기가 온몸에 전해오는 것"을 느꼈다고 고백한다. '전라남도 화순군 도암면 대초리'라는 공간에 놓여 있는 돌부처와 '잠실역이나 노량진역'으로 모여드는 시민들을 일치시키면 민중의 소망은 무엇인가 라는 새로운 화두가 나타난다. 땅바닥에 쓰러진 부처와 도시의 민중들은 간절히 바라는 무엇을 공통적으로 지니고 있다. 그것이 무엇인가도 중요하지만 더 중요한 핵심은 깨어나고 헤아릴 수 없는 업과 사회적 모순을 끌어안아 나아가는 대열이 나타나기를 기다리는 집단적 염원이다.

비 오면 비를 맞고, 눈 오면 눈 맞으며, 바람 불면 바람에 몸을 맡겨가면서, 애초부터 그들의 갈망이란 일조일석一朝一夕은커녕 그들의 대代를 몇 십 개씩은 훌쩍 뛰어넘어 먼 미래를 바라보는 묵시적 갈구를 자신들의 몸안에 내재하고 있었습니다.

　작가는 돌부처가 깨어나기를 간절히 기원한다. 돌부처가 깨어나면 천지개벽이 일어나고 중생을 구하는 구원자가 나타난다. 운주사 석불을 지켜볼 때 작가가 떠올리는 담론은 '묵시적 갈구'이다. 묵시적 갈구란 침묵 속에서 이루어지는 동의이다. 돌부처가 일어나면 민중들도 자신들의 행복한 삶을 위해 일어서리라. 이 작품은 인류의 구원을 기원하는 종교적 염원과 민중적 봉기를 선동하는 정치적 요소를 함께 지니고 있다. 그러므로 오랫동안 내려온 침묵의 세월을 더더욱 한탄할 수밖에 없다.
　하지만 누워 있는 돌부처와 민중들은 조급하지 않다. 그들은 폼을 잡거나 위엄을 갖추려 애쓰지 않는다. 풍우에 휩쓸리는 나무나 바위처럼 기꺼이 핍박의 세월을 감내하리라 처음부터 작정하고 있다. 그 점에서 운주사에 누워 있는 석불들은 여타 절에서 찾을 수 있는 좌불보다 더욱 위엄 있고 위험스러워 보인다.
　유석재는 운주사 석불과 인간 구원이라는 문제를 연결하기 위해 외향적 질문을 부단히 계속하였다. 그리고 와불이 지닌 새로운 의미를 마침내 찾았다. 그것은 다름 아닌, 민중과 중생을 구원하려는 미륵사상과 민중해방이라는 모티프이다. 운주사는 배가 움직이는 곳이다. 배가 바다로 나아가면 석불들도 일어나 배를 타고 새로운 이상향을 찾아 떠나갈지도 모른다. 이것이 유석재가 상상한 석불이 던지는 메시지가 아닌가 싶다.

정정예의 〈도시의 민달팽이〉

정정예는 아스팔트와 시멘트로 세워진 도시에 산다. 현대도시는 지상과 지하로 구성되어 있고 인간도 지상의 인간과 지하의 인간으로 구분되어 있다. 대부분의 사람들은 지상에 건축된 거주지에 살면서 햇빛을 즐기는 양지생활을 유지한다. 지하의 습한 시멘트 바닥에 웅크리고 누운 사람들은 생활경쟁을 포기한 사람들이 대부분이다. 그들은 양지가 두려워 어둠 속으로 숨어든 파충류와 같다. 도시의 지상에 살지만 지하도로를 오가는 작가는 그곳에 거처를 둔 사람들에게 남다른 관심을 보여준다. 이것이 정정예가 처해 있는 시공에 관한 인식이다.

대부분의 사람들은 어두운 지하도를 편리한 통행구역으로 간주한다. 지상으로 올라서는 순간 지하에서 목격한 대부분의 광경을 잊어버린다. 그런 점에서 지하 노숙자들은 사람이 아니다. 정정예조차 그들을 사람이나 인간으로 부르지 않고 민달팽이로 간주한다. 하지만 정정예는 그들을 무관심과 방임이 아니라 "그들은 누구인가"라는 내적 질문의 대상으로 삼고 있다는 점에서 일반 사람들과 차이를 보인다.

〈도시의 민달팽이〉는 상징이라는 비유법을 택하고 있다. 상징은 원관념을 생략하고 보조관념만으로 작가가 말하고자 하는 주제를 전달한다. 지하도에서 목격한 노숙자들이 무엇과 유사한가라는 끊임없는 내향적 질문을 한 끝에 그가 찾아낸 형상이 껍질이 없는 민달팽이이다.

등에 붙은 나선형의 껍질달팽이가 아닌 민달팽이는 껍질 없이 미끌미끌한 몸을 느리게 밀고 다닌다. 짊어지지 않고 제 등껍질 떼어냈으니 햇볕과 바람 피해 음습한 곳을 찾아 숨어들 수밖에 없다.

달팽이는 등껍질이 있어야 생존할 수 있다. 제 등껍질을 지니고 있으면 햇빛이 비치는 지상으로 올라와도 별 문제가 없다. 등껍질이 연약한 몸체를 보호해주기 때문이다. 만일 등껍질이 없다면 어둡고 습한 곳이 싫을지라도 떠날 수 없다. 민달팽이 같은 인간을 보호해줄 수 있는 것도 빵조각이나 우유팩이 아니라 등껍질 같은 기능을 하는 것이다. 그것이 무엇일까. 작가는 그 점에 대한 끊임없는 질문을 이어간다. 그 질문이 부여되지 않는 민달팽이는 지나가는 사람의 구둣발에 밟히거나 시멘트 바닥을 기어가다가 진이 다하면 말라 죽을 수밖에 없다.

민달팽이는 자연에서 고단한 삶을 형상화하는 대표적인 존재이다. 지하도의 노숙자도 현대사회의 냉혹한 자연법칙을 드러내주는 잉여존재이다. 그들이 지닌 무기력의 근원을 찾아내려는 내향적 질문을 작가가 계속하는 이면에는 개인의 비실존성과 사회의 무책임성을 고발하려는 동기가 숨어있다. "제 등집은 어디에 떼어놓았는가. 제 등껍질조차 그리도 버거운가. 습진 환경에서 얼마나 오래 버틸 수 있는가. 그들은 현실조차 꿈이라고 여기지 않는가?" 등의 질문들로 사회 부조리를 거론한다. 동시에 정체성을 묻는 질문에는 노숙자를 민달팽이의 이형동체로 간주하는 전제가 깔려있다.

　　지하도에서 신문지 한 장을 의지한 채 시멘트 바닥에 드러누워 뒹구는 사람들의 모습이다. 그들은 연체동물처럼 머리 촉수만 보여 민달팽이 같다. 머리맡에 흩어진 빵 봉지와 우유곽이 그들의 체액을 만들어내기 위한 영양분인 듯.

노숙자를 지켜보는 정정예의 시선이 쌍방향 질문으로 나아간다. 질문의 양끝에는 민달팽이와 노숙자가 있다. 도시 사람들에게 노숙자는 귀찮고 더럽다. 통행에 방해를 주는 부수물에 불과하다. 지상의 시민들은 노숙자 옆을 지날 때 존재감이 없는 무력한 미물로 간주한다.

정정예는 이러한 무관심 속에서 노숙자의 본질을 읽어낸다. 그들의 늙은 눈빛에서 쇠잔한 세월을 찾아내고 "쇠 힘줄같이 질긴 삶이 짓이겨진" 현실에 안타까워한다. 그들에게도 가족이 있으리라는 상상도 한다. 민달팽이가 어디에 있든 자연의 일부라면 노숙자도 가정과 사회의 일원이라는 것이다. 정정예는 노숙자라는 대상에 대하여 종교적이고 우주적인 외향적 질문을 하지는 않지만 "너는 나다."라는 내향적 질문을 거듭함으로써 존재의 근원을 들추어낸다. 그 근원은 노숙자와 자신이 사회적 영역 안에 있다는 것이다. 이러한 질문과 답변은 인생의 패배자도 사회에서 공존할 자격이 있다는 것이다.

정정예는 희망과 절망의 이원성을 성찰하고 있다. 삶은 소중하고 아름다운 것이므로 함부로 버려서는 안 된다. 절망이 고통스럽지만 살아 있는 것이 희망이므로 살아내는 것만으로도 고결하다. 작가는 노숙자에게 "살아내어야 하는 삶이기에 희망"이라는 명제를 표방하기 위해 자연물인 민달팽이를 등장시켰다. 삶은 언젠가 희망으로 바뀔 수 있으므로 음습한 공간조차 절망적이지 않다. 그래서 노숙자들에게 "스스로 세상을 향해 촉수를 세워 환한 보름달 빛을 받으라."라고 조언한다.

아쉽게도 작가가 놓친 한 가지 질문이 있다. 지하도에 비치는 조명은 전등불일 뿐 보름달은 결코 지하도에 뜰 수 없다는 사실이다. 민달팽이들이 지하도를 벗어나 지상에 올라가야 달빛이 그들의 몸을 비춰 줄 수 있다. 둥근달이 비치는 지상으로 인간 민달팽이가 올라오도록 하려면 어떻게 해야 하는가. 작가는 "간곡히 올리는 어머니의 기도가 그들의 귓전을 세게 때렸으면 좋겠다."는 해결책을 제시한다. 이 방법이 무익하지는 않지만 노숙자가 필요로 하는 것은 아니다. 그들이 원하는 것은 어머니의 기도가 아니라 현실적인 사회의 보살핌이다. 하다못해 지하도를 지나가는 사람들의 구둣발이 그들의 신문지를 밟지 않는 것이다. 정정예는 지하도에 살고 있는 노숙자의 존재를 사회적 이슈로 삼았지만 생존을 위한 구체적 해결책을 제시하지 못하고 있다. 왜냐하면 노숙인과 지상의 인간과의 관계를 보다 밀도 있게 풀어낼 수 있는 일련의 질문이 중단되었기 때문이다.

김선화의 〈아버지, 망치를 들다〉

　김선화는 시골 친정집에 머물고 있다. 부모들과 형제들이 살던 집을 인수받아 자신의 의지처로 삼기 위해 1년 넘게 공사를 하고 있다. 집을 리모델링하는 동안 작가는 자신이 남자였다면 건축 일에 종사하였으리라는 아쉬움을 토로할 정도로 전원생활의 꿈에 지쳐있다. 그 감정은 집수리가 늦어지는 것에 대한 안타까움과 반발심의 발로이다. 시골집이 가족의 공간이라는 점에서 김선화가 수행하고 있는 상상은 대상과 자신을 잇는 횡단적 질문으로 꾸려진다.
　친정집을 그대로 둘 수 없는 이유가 적지 않다. 전원생활을 실현하기 위해 몇 년 간 딴 장소를 물색하는 동안 집과 어머니는 더욱 쇠약해졌다. 고향집을 개축하는 일을 맡은 충청도 목수가 느리기 짝이 없다. 그동안에 어머니는 별세하였다. 이제 바라기는 하루라도 빨리 공사를 마무리하는 것뿐이다. 고향집은 가문의 유산이므로 쓰러져가는 집은 어떤 꿈도 구현해 주지 못한다. 이 모든 것을 단숨에 해결하기 위해서는 공상이라는 상상이 도입될 수밖에 없다.
　공상은 비현실적 상상이다. 현실에서 이뤄지기 어려운 일을 마법처럼 단숨에 해결할 수 있는 것이 공상이다. 공상계에서는 현실에서 가능하지 않은 갖가지 해결책이 동원될 수 있다. 꿈이나 환각상태처럼 공상은 헌 초가집을 웅장한 궁궐로 만들 수 있을 정도로 마법의 힘을 지닌다.

김선화 내외는 고향집을 "옹성"으로 만들려 한다. 옹성은 외부의 어떤 침입으로부터 방어할 수 있는 성곽의 일종이다. 옹성과 성곽을 쌓기 위해서는 건축술을 지닌 기술자가 필요하다. 노련한 기술자를 현실에서 찾기란 쉽지 않다. 더군다나 일을 맡긴 충청도 목수는 게으르기 이를 데 없다. 당연히 화자는 그 일을 맡아줄 다른 사람을 찾게 된다. 김선화가 가장 잘 알고, 집 구조를 누구보다 잘 알고 있는 기술자는 아버지다. 망치 하나만으로도 온갖 일을 단숨에 해치우는 아버지야말로 불러들이고 싶은 단 한 명의 건축가이다.

"간밤에 길 뜨신 지 13년이나 된 아버지를 만나 뵈었다."라는 서두는 집수리를 공상으로 옮겨가는 출발이다. 아버지의 삶을 상징해주는 연장은 망치이다. 망치는 가정에 대한 아버지의 헌신을 형상화하는 사물이라는 점에서 환유의 역할을 한다.

> 젊은 날의 아버지는 지게, 망치 등속으로부터 자유로울 수 없었다. 땔감이며 모든 농사에 필요한 짐들을 지게로 져 날라야 했으니까. 생활반경이 산골이니 수레도 없을뿐더러 리어카길이 났을 리 만무하다. 그러한 중에 망치는 갖은 일에 쓰였다.

아버지에게 망치는 가장과 농부로서 성실한 노동을 의미하는 도구이다. 망치로 외양간을 고치고, 토끼집을 지으며, 논두렁을 관리하고, 비바람을 막는 돌담을 쌓아 올렸다. 딸에게 아버지는 가문을 재건하는데 필요한 가장 이상적인 건축가이다. 무너져 내리는 고향집을 지켜보면서 가장 안타까워했을 사람도 아버지이다. 망치를 든 아버지가 환생하면 단숨에 담장 정리가 끝나고 지붕개량을 마치고 석축 쌓는 일도 해결된다. 그 일을 맡아 주어야 할 아버지가 오래전에 돌아가셨다. 어떻게 다시 모실 수 있는가. 아버지가 나타날 수 있는 공간은 꿈과 환상이라는 무대뿐이다. 작가와 집, 집과 아버지, 아버지와 딸 사이에 횡단적인 상상과 환상이 이어질 때만이 친정집 건축은 완성되어진다.

　　보다 못한 아버지가 꿈길에 망치를 드셨다. 예서 하루만이라도 살아보고 숨 거두길 소망하신 어머니 첫 기일을 이레 앞두고, 아버지가 폼 나게 오셨다. 그러고는 거침없이 뚝딱뚝딱 일을 하셨다. 꿈속이지만 지원군이 있어 든든했다. 가슴속 응어리도 다 소멸되는 것 같았다.

　김선화는 집이 하루빨리 완성되기를 원하였다. 그녀의 소망과 달리 어머니는 사랑방을 한번도 열어보지 못하고 세상을 떠났다. 어머니가 떠난 안타까운 현실과 그녀의 꿈에서나마 이루어진 아버지의 환생을 묶으면 공상 같은 염원이 된다. 역으로 말하면 그 소망은 하룻밤 꿈속에서만 가능할 뿐, 현실에서 이루어질 수 없다.
　대상과 작가 사이에서 이뤄지는 횡단적 질문이 진행될수록 염려스러운 점이 있다면 그것은 질문에 대한 답이 자칫 주관적이고 환상적인 방향으로 흐르기 쉽다는 것이다. 소재도 사적인 경우가 많아지고 해석의 관점이 감상적으로 흐르게 된다. 이런 취약성을 알고 있음에도 불구하고 그녀는 모든 딜레마를 단숨에 해결할 수 있는 보호자가 필요했다. 비유하면 물에 빠진 도끼를 건져주는 산신령과 같은 능력자가 아쉬웠다. 현실 속에서 물에 빠진 도끼는 산신령에 의하여 되찾을 수 없다. 작가는 꿈속에서 이 문제를 해결한다.

김선화는 13년 전 돌아가신 아버지의 육신을 일으켜 쓰러져가는 집을 하룻밤 만에 반듯하게 세운다. 옹성을 쌓아올리는 작업은 현실에서는 오랜 시간이 필요하다. 어떻게 요술처럼 단숨에 뚝딱뚝딱 시골집을 완성할 수 있는가. 그 두 번째 공간이 문학이다. 문학은 사물과 작가 간의 횡단적 통로를 마련하여 작가가 간절히 바라는 소망을 이루어내는 심미적 공간이라고 하겠다.

덧붙이며

글쓰기는 대상을 어떻게 보고 해석하느냐에 따라 달라진다. 창작이란 대상이 지닌 존재성과 가치성과 작가와의 관계를 설정하는 새로운 인식이다. 그것을 이루기 위해서는 부단한 긍정과 부정의 질문이 필요하다. 그것은 무엇인가. 그것이 나에게 어떤 의미가 있는가, 왜 나는 그 대상에 주목하는가 라는 내적, 외적, 횡적 질문을 통하여 대상과 자신이 유기적 관계를 맺어야 한다. 그 점에서 상상이란 피상적인 공상이나 망상이 아니라 보이지 않지만 치밀한 관계망을 구축하는 과학적 분석과 통합에 가깝다.

영국의 시인 코울리지는 상상(imagination)은 예술가가 완수하여야 할 창조적 작업이라고 하였다. 수필도 마찬가지이다. 대상에게 끊임없는 질문을 던지지 않는 글은 가벼운 신변기에 그쳐버린다. 글이란 문장 구사력에 있는 것이 아니라 대상을 해석하고 의미를 찾는 상상의 여부에 있다. 수필쓰기는 첫 단락의 첫 문장을 쓰기 전에 이미 완료된다. 그 이후는 밑그림을 본뜨는 복사와 다를 바 없다.

| 작품 |

깨어나라, 돌부처여

유석재

운주사運舟寺에 다녀왔습니다. 배를 움직이는 곳. 그러니까 몇 년 전 늦여름이었습니다. 하늘은 구름 한 점 없었고, 아직 그 끝물이 채 가시지 않은 더위의 적들이 철늦은 구슬땀 되어 속살에 맺혔습니다. 남도 땅, 얕은 구릉의 능선들 새로 살포시 스며든 길쭉한 분지. 그곳에 그 터가 있었습니다.

운주사雲柱寺라고도 합니다. 구름이 머무는 곳. 전라남도 화순군 도암면 대초리, 광주에서 버스를 타고 한 시간 반. 일부러 들르지 않는다면야 누구라 지나가랴 싶을 만큼 고즈넉한 그 한 떼기 양지陽地, 그곳에 채 깨지지 않은, 무너지고 부서져 내리기 다하지 않은, 의뭉스레 알싸한 단내를 풍기는, 곰삭은 염원念願의 조각들이 흩어져 있었습니다.

그랬습니다. 농염한 달빛 밝은 보름이면 스님들이 모여들어 물건을 서로 바꿔갔다는 중장터에서 버스를 내려 총총히 낮은 비탈길을 걸어간 사람이라면 누구나 자기 속으로부터 풍겨나오는 설익은 구도자求道者의 냄새를 맡았을 법했습니다. 그곳은 비범했습니다. 도선대사가 하룻밤에 천불천탑千佛千塔을 세워놓았다는 그곳, 황석영의 소설 《장길산》에서 숱한 반노叛奴들이 민중의 소망을 담아 불탑을 만들었다는 그곳. 하나 많은 사람들이 신라도 조선도 아닌 고려 중후기에 세워진 불탑군으로 비정하는 곳. 분명 세워진 지 기껏 이삼 년일 어색한 일주문을 지나자 수백 년 켜켜이 쌓인 짙푸른 이끼와도 같은 갈망의 자취가 짙게 풍겨졌습니다.

참으로 추했습니다. 바위 밑 그늘에 비스듬히 지친 몸을 기대고 있거나, 쭈글쭈글한 마애磨崖에 흐릿한 형상으로 남아있거나, 쪼갠 파편에 망치와 정 자국 몇 줄 그어놓은 모습으로 때로는 비슷비슷한 옆자리 불상에 몸을 의지해 있거나, 아예 땅 위로 목만 남겨놓은 그 불상들의 모습은 일견 비참하고 궁상맞아 보였습니다. 탑들은 또 어떠했는지요. 의미를 찾을 수 없는 사선斜線 몇 줄로 자신을 표현하고 있거나, 둥근 핫케이크를 하나씩 포개놓은 듯하거나, 심지어 '거지탑'이라 부를 만큼 아무 돌이나 주워 올린 듯한 탑도 있었습니다. 그나마 수백 년 세월의 풍화를 견디지 못해 닳을 대로 닳아 있었습니다. 하나같이 비뚤어지고, 아귀가 맞지 않고, 가지런하지 않은 모습들이 듬성듬성 늘어서 있었습니다.

추한 건 제 눈이었을지도 모릅니다. 균형과 조화를 아름다움으로 생각해 온 고정관념적 미의식을 부지불식간에 전수받아 체화시킨 것이었을까요. 사실 그렇게 배웠습니다. 논산 관촉사의 미륵불, 고창 선운사의 마애불…. 고려시대의 불상들이란 저 빛나는 삼국시대와 남북국시대의 화려한 양식미를 일거에 말아먹어버린, 못난 후손들의 태작에 불과하다는 것이 정설이나 다름없었습니다. 역사란 항상 진보하는 것만은 아니라는 걸 드러내는 좋은 실례實例이겠거니 생각했었습니다. 정말로 그러했었습니다.

그런데, 그렇게 땅에 발붙일 제자리 하나 찾지 못해 이리저리 띄엄띄엄 어색하게 도열한 그 불탑들에서 문득 저는 이상한 기氣가 온몸에 전해오는 것을 느꼈습니다. 그건 아마도 잠실역이나 노량진역을 지나갈 때마다 소매를 붙잡고 물어보는 "…에 대해 관심 있으십니까?"라는 멀쩡한 젊은 사람들의 질문 속에 나올 만한 기氣와는 전혀 다른 종류의 것임을 인지하기는 그리 어렵지 않았습니다.

― 아아, 저들은 모두 같은 표정을 하고 있잖아!

그 '민짜'에 가까운 무뚝뚝한 얼굴들, 두 손을 항마촉지인降魔觸地印이나 지권인智拳印으로 부여잡은 모습들은 무언가를 간절히 바라고 있었습니다. 그건 밤늦게 불을 켜놓고 가슴을 치며 집단으로 통곡하는 사람들에게서 터져 나오는, 즉각적이고 즉자적인 보상을 추구하는 정서와는 너무나 거리가 멀었습니다.

세상에, 그들 모두는 북극성北極星을 중심으로 배치됐다고 합니다.

만들다 만 듯한, 연습 삼아 조각한 듯한, 일부러 못 만든 듯한 그 불상들에게서 번져 나오는 그 타는 듯한 염원들은 수없이 많은 밤과 낮, 아니 영겁永劫의 업이라도 능히 기다리고 감내할 수 있다는 묵묵한 끈질김이었습니다. 비 오면 비를 맞고, 눈 오면 눈 맞으며, 바람 불면 바람에 몸을 맡겨가면서, 애초부터 그들의 갈망이란 일조일석一朝一夕은커녕 그들의 대代를 몇 십 개씩은 훌쩍 뛰어넘어 먼 미래를 바라보는 묵시적 갈구를 자신들의 몸안에 내재하고 있었습니다. 투박하고, 질박하며, 솔직하고, 소박한 그 모습들은 크고 작고 어긋나고 비뚤어진 강약強弱과 고저高低의 악보를 거치는 사이에 골짜기 전체를 거대한 교향곡으로 오케스트레이션하고 있었습니다.

그 오랜 세월들을! 그 세월들이 진실로 다 채워질 수 있다는 것을 과연 짐작이나 할 수 있겠으랴마는.

그들은 조급하지 않았습니다. 그들은 성을 내거나 폼을 잡거나 위엄을 갖추려 애쓰지 않았습니다. 스스로 일상과 격리된 지존至尊의 자리에 높이 앉아 있음을 내세우지 않았습니다. 풍우風雨에 휩쓸린 바위나 나무, 풀뿌리들과 똑같은 운명을 겪게 될 것임을 처음부터 자처한 것만 같았습니다. 룽먼이나 아잔타나 타지마할이나 세인트 피터의 그 존귀하고 위풍당당한 정서는, 그 골짜기 어느 곳에도 찾아볼 수 없었습니다. 그들은 알고 있었습니다. 면면히 저 낮은 곳에 내재돼 흐르는 그 갈망과 희구를. 장대한 대리석 위에 앉혀진

성전聖殿이 아닌, 밑바닥 여항閭巷의 땟국 흐르는 살림살이에 처하고자 했던 그 고뇌와 만난萬難을. 그들은… 넉넉했습니다. 그리고 평화로웠습니다.

서양사학자인 고 민석홍閔錫泓 교수는 일찍이 피렌체의 아카데미아 미술관에서 보았던 미켈란젤로의 미완성 조각품들에 대해 이렇게 적었습니다. "비범한 예술적 감각을 가지지 않은 범상인도 차디찬 생명 없는 대리석 속에서 새로운 생명이 힘차게 탄생하고 있는 것을 실감할 수가 있다." 대리석도 아니요, 르네상스기의 과학적 조화와도 거리가 먼 이 쉬이 부서지는 돌들에서도 또한 그 '생명'의 움직임을 볼 수 있었습니다. 그들은 모두 한곳을 바라보고 있었습니다. 억겁의 세월을 견디면서 조금씩 달라져가는 새로운 세계를.

그리고, 와불臥佛 앞에 섰습니다. 도올 김용옥이 운주사를 '한국의 잃어버린 마야잉카'라 칭송하고 "좌불은 왜 누웠는가, 깨어나라 한얼아."라고 탄식한 그 와불입니다. 채 못 일으켜 세운 커다란 부처 두 분이 넙죽 누워 있었습니다. 애초 계획한 대로 일으켜 세웠더라면 운주사의 중심불이 됐을 것이라고 합니다. 그리고… 이들이 일어서는 날이 오면, 오 세상에, 세상이 바뀐다는 전설이 있답니다.

— 돌부처가 일어나면, 세상이 바뀐다.

그 자리에서 이런 생각을 했습니다.

그들의 못다 한 꿈들이 깨어나는 그날. 층층이 쌓인 억겁의 한恨을 딛고 일어서는 그날, 돌쩌귀와 파편들 하나하나에 밴 그 '바람'들을 다시 일으켜 세우는 날, 면면綿綿하고 도도滔滔하게 이어지고 이어진 그 전통과 역사와 문화들의 총체가 다시금 빛을 발하는 날. 그날은 세계를 아我와 타자他者로 이분하고 모든 비아非我들을 일거에 절멸시키고자 하는 날선 광신이 아니라, 눈에는 눈으로 이에는 이로 반드시 복수의 피를 흘려야만 멈추는 문명의 가식이 아니라, 헤아릴 수 없는 업業과 업들을 한데로 끌어안아 모든 중생들에게 진정한 포용과 깨달음을 가져다주는 대오大悟의 순간이어야 할 것이라고 말입니다.

― ≪수필과비평≫, 163호.

| 작품 |

도시의 민달팽이

정정예

　풀 한 포기 자라나지 못하는 어두운 지하도에 달팽이가 산다. 푸릇푸릇 배추 이파리처럼 달팽이들이 신문지 이파리에 잔뜩 달라붙어 영양분을 긁어 먹고 있다.
　등에 붙은 나선형의 껍질 달팽이가 아닌 민달팽이는 껍질 없이 미끌미끌 한 몸을 느리게 밀고 다닌다. 짊어지지 않고 제 등껍질을 떼어냈으니 햇빛과 바람 피해 음습한 곳을 찾아 숨어들 수밖에는 없다. 따가운 땡볕 쪼이기라도 한다면 금방이라도 등거죽이 바짝 말라 죽을 수도 있으니 그래서인지 어둡고 습한 곳을 아예 떠날 줄 모르고 산다.
　지하도에서 신문지 한 장만 의지한 채 시멘트 바닥에 드러누워 뒹구는 사람들의 모습이다. 그들은 연체동물처럼 머리 촉수만 보여 민달팽이 같다. 머리맡에 흩어진 빵 봉지와 우유곽이 그들의 체액을 만들어 내기 위한 영양 분인 듯.
　지나가던 사람의 구둣발이 신문지를 밟았다. 민달팽이는 신문지 이파리에 서 떨어지지 않으려고 안간힘을 쓰며 솜털 같은 잔가시 위에 허연 체액을 흘려 몸을 뒤튼다. 차가운 바닥을 꿈틀대며 배로 밀고 기어가던 민달팽이가 사람들의 구둣발에 촉수가 밟혔는지 몸을 잔뜩 움츠린다. 달팽이는 사람들의 발길에 차일까 두려운지 기어가던 몸을 움찔거리곤 시멘트 바닥에 바투 몸을 밀착시킨다. 발걸음 소리가 멀어져 갈 때야 밟혔던 달팽이가 사력을 다해 남은 촉수로 널브러져 있는 신문지 이파리로 기어든다. 언제부터 여기 살게 되었을까. 민달팽이의 고단한 삶의 궤적을 본다.

신문이파리가 따스한지 좀처럼 벗어나지 못한 이곳, 이파리 속에 파고든 얼굴은 보이질 않는다. 제 등 집은 어디에 떼어놓았을까. 제 등껍질 짊어지고 다니기가 그리도 버거웠을까. 등 헐고 물집 잡혔어도 제 등껍질 떼어버리지 않았더라면 더위와 추위는 능히 피할 수 있었을 텐데. 등에 굳은살이 박힐 때까지 인내했더라면 그랬더라면 제 몸 쓰라려 이리 뒤틀고 뒹굴지는 않았을 터이다.

애초에 집조차 짊어질 수 없는 민달팽이는 이러한 환경에서 얼마나 더 버텨 견디어 낼 수 있을지 모른다. 고통으로 옷 입어 너덜너덜한 민달팽이로 살아가는 것이 때론 꿈과 꿈 사이에서 매일매일 나쁜 꿈을 꾸고 있노라고, 다른 사람들과 균등하지 못한 자신들의 비루하게 살아가고 있는 현실마저도 꿈을 꾸고 있노라고 믿는 것은 아닐는지. 벼랑 끝으로 밀려 아득히 떨어진 삶을 누가 건져줄 수 있으랴. 지하도 불빛이 명멸한다.

어느 틈에 기어 나왔는지 지하도 계단 앞에서 민달팽이 같은 한 남자와 한 여자가 싸운다. 남자는 여자를 계단 위로 질질 끌어 잡아당기고, 여자는 끌려가지 않으려고 엉덩이 쭉 빼고 발버둥친다. 남녀 머리칼은 철사수세미 같이 엉키고 뻗쳐 떡 되게 뭉쳤다. 남자가 여자의 머리카락을 한 주먹 움켜쥔 채 주먹으로 여자의 얼굴을 마구 후려갈겼다. 여자가 악을 쓰며 짐승처럼 울부짖는다. 여자가 끌려가지 않으려고 몸을 구르지만 지나쳐가는 사람들은 방관자로 미간을 찌푸릴 뿐이다. 여자의 비명소리가 계단 밖에 파란 하늘을 정신없이 흔들고 있다. 하늘이 찢어질 것만 같다.

흔들어 놓은 하늘에서 녹슨 별들이 우수수 떨어진다. 깨진 전쟁이다. 아직도 푸른빛 청청하게 남았지만 그 눈빛의 늙음을 본다. 꿈을 버린 젊음이 쇠잔하다. 어두운 눈으로 어둠을 더듬고 어두운 길에서 어둠을 길러서 먹었으니 민달팽이의 창자도 시커멓게 되었을까. 그 입에서 나오는 말이 검다. 쇠 힘줄같이 질긴 목숨이 삶에 짓이겨짐을 본다. 어둠 속에 추락한 별들의 적멸이다.

저들 가족 중에는 생사를 알지 못해 날마다 애태우고 있을지도 모른다. 어느 어머니는 마음 졸이며 뜬눈으로 밤 지새우다 혀끝에 마른 한숨으로 애끓는 기도를 바치다가 기어이 펄펄 끓는 눈물을 쏟아냈으리라. 밤마다 낡은 아들의 책상에 엎드려서 설핏 잠들다 악몽에 시달려 퀭한 눈 뜨고 진저리치던 날이 손으로 셀 수 없었으리. 애끓는 자식 사랑에 간 졸아드는 야윈 어머니는 불면 검불같이 날아가 버릴 것만 같았을 것인데. 간곡히 올리는 어머니의 기도가 저들의 귓전을 때렸으면 좋겠다. 눈에서 불이 번쩍거리도록. 어미의 뼈아픈 마음을 헤아려 볼 줄 알았으면 좋으련만.

삶이 소중하고 아름답다는 것에 눈 떠야 그 삶을 함부로 굴리거나 버리지 않을 거다. 때론 견딜 수 없는 고통이 찾아와 목구멍 뜨겁게 북받쳐 오는 눈물에 밥 말아먹게 하여도 삶 자체가 희망이기에 더욱 고결하다. 삶의 가치란 자신이 살아있다는 단 하나만의 이유로도 충분히 삶의 가치를 지니고 있음을 깨달아야 하는 것. 자기 자신을 희망으로 안고 있을 때 희망은 슬며시 곁에 서서 따스한 옷을 입혀 주리라.

도시의 민달팽이로 살 수밖에 없었던 저들이 스스로 세상을 향해 촉수를 세워야 하지 않을까. 지하도에 밝고 환한 보름달 뜨기를 빌어본다. 민달팽이들이 둥근 달 위로 무수히 기어 올라가는 것을 보았으면 좋겠다.

모두가 고요히 잠든 사이 푸른 배추밭에 새벽이슬이 흠뻑 내리고 있다.

― ≪수필과비평≫, 163호.

| 작품 |

아버지, 망치를 들다

김선화

  내가 아마 남자였다면 하고 싶은 일 중에 건축 일도 들어있을 것이다. 남자가 아니어도 이렇듯 불뚝불뚝 그 건설적인 일에 매료되니, 실제 그리 태어났다면 얼마나 열망하는 일이 많을까 짐작이 간다.
  간밤엔 길 뜨신 지 13년이나 된 아버지를 만나 뵈었다. 고향집 너른 앞밭을 성큼성큼 걸어 올라오시더니 새 돌로 서툴게 쌓아올린 담장을 쓱 둘러보았다. 우리 내외가 구상은 잘했으나 힘이 달려 돌을 올려놓기에 급급한 옹성이다. 출입구를 낸 앞쪽으로는 훤하게 남겨두고 양 옆을 넓게 잡아 성곽처럼 쌓아올렸다. 그리고 사람이 기거해야 하는 안쪽으로는 둥그렇게 오밀조밀 제법 흉내를 냈다.
  "이래서야 어디 담장 구실을 하겠는가."
  아버지는 혼잣말처럼 한마디하시더니 이내 뭉툭한 망치를 집어 들었다. 그리고는 딸은 본 듯 만 듯하고 안으로 튀어나온 큰 돌부터 힘을 가하기 시작했다. 펑~펑~펑~ 소리가 시원스러웠다. 그 장단 따라 돌들이 차츰 교열되어 갔다. 꿈쩍할 것 같지 않았던 바위도 망치질이 잇따르자 서서히 뒤로 물러나 안쪽이 고르게 되었다. 그렇게 됨으로써 바깥쪽은 자연스런 미를 구축하고 있었다. 들쑥날쑥하긴 했지만, 외려 햇살과 바람이 돌 틈에 앉아 놀다 가지 싶었다. 묵묵히 지켜보던 나는 '아, 담은 저렇게 치는 거로구나.' 하며 고개를 끄덕였다. 남편도 그윽하게 장인어른을 바라보았다.

젊은 날의 아버지는 지게, 망치 등속으로부터 자유로울 수 없었다. 땔감이며 모든 농사에 필요한 짐들을 지게로 져 날라야 했으니까. 생활반경이 산골이니 수레도 없을뿐더러 리어카길이 났을 리 만무하다. 그러한 중에 망치는 갖은 일에 쓰였다. 외양간을 짓거나 닭장, 토끼집을 지을 때 등등. 그것이 없으면 기초적인 일부터 할 수가 없었다. 논두렁 밭두렁이 빗물에 흘러내려도 나뭇가지를 잘라다가 망치질 몇 번으로 방천을 쌓았던 시절이다.

그렇게 아버지의 손때 묻은 물건들이 공주 시골집에 있다. 헛간 시렁에까지 올라앉아 어험! 하며 헛기침소릴 낸다. 나는 그 집을 1년 전부터 기술자들에게 맡겨 수리 중인데, 맨 처음 한 일이 외관상 가장 먼저 눈에 들어오는 담장 정리였다. 소를 키우던 외양간 한 채를 후딱 헐어치웠다. 그 휑한 자리는 어른 가슴께 높이의 신식 담으로 멋을 부렸다. 앞 담과 옆 담이 그럴듯하게 키 맞춤을 하자 마음이 한결 말끔해졌다.

그 다음으로 한 일이 지붕개량이었다. 전형적인 흙집에 빨간색 기와가 얹혀있던 안채를 검정 기와 꼴로 올리고, 좌청룡 우백호 격의 사랑채 두 곳을 적색 함석으로 바꿨다. 산 아래 집이니 빗물 스며드는 것을 방지하기 위해 흙벽 아래쪽에는 어쩔 수 없이 시멘트로 옹벽을 쳤다. 그리고 황토 마당에는 질퍽거리는 것을 방지하기 위해 뒤꼍까지 자갈을 몇 차 부렸다. 이만큼만 수리를 해놔도 마을에 들어서면 집이 한 인물 났다. 동네에 들어서며 첫 번째 집이니 마을의 첫인상에 누가 되지는 않을 성 싶었다.

아버지가 세상을 뜨시자 장남인 오빠는 어머니만 쏙 빼서 이사 나간 집이다. 그곳에 어머니가 간간이 들러 사나흘씩 묵으며 텃밭을 일구고 이웃과도 정을 나누었다. 그때만 해도 안채가 온전했고, 이웃 할머니들이 평안했다. 하지만 노인들이 한분 두분 길을 뜨고 집도 기운이 쇠해 서까래 한곳이 휘어

제3부_01 상상의 실재를 위한 세 가지 질문 299

졌다. 그리되자 어머니는 서둘러, 짐을 사랑채로 옮기게 하고 혼자 묵는 일이 없어졌다. 혹 사랑채를 들여다보고 싶어 하셔도 내가 열쇠를 빼앗아두고 드리지 않았다. 수도권에서 지방에 오고가는 딸의 게으름이 한몫을 한 것이지만, 혼자 기거하시다 무슨 변고라도 날까 싶은 기우가 그리 주춤거리게 했다.

전원생활을 꿈꾸는 내가 여기저기 풍수를 살피고 다니자 어머니 속은 새까맣게 타들어갔다. 지나가던 스님이나 아버지 말씀으로 이 집터가 꽤 쓸 만하다 했다며 설득하기에 바빴다. 그러나 나는 3년을 더 방황하다가 이차저차로 결국 친정집을 인수하기에 이르렀다. 동생이 유산으로 받은 것을 누이가 의지처로 삼겠으니 넘기라 한 것이다. 금전적 가치를 떠나 부모형제와 살을 비비고 살아온 애환 깃든 공간이니, 누구라도 감행해야 할 일이었다.

그렇게라도 구옥의 외형부터 수리하고 나자 이웃사람들에게 체면치레는 한 느낌이었다. 그러나 헌집 고치는 일이란 생각처럼 능률이 오르지 않았다. 최대한 옛것을 살려두며 사람살이에 지장 없이 하려니 건축업자와의 사이에 마찰도 잦았고, 변덕도 자주 일었다. 그러면서 공사 시작한 지 근 1년이 가까워오고 있다. 어머니는 이미 사랑방 한 번을 열어보지 못한 채 먼 길 뜨시고……. 그 뒤에야 이 딸은 청개구리처럼, 어머니께 따스한 진짓상 한 번 지어올리고 싶었던 옛집에 마음 매달려 기웃댄다.

느려도 너무 느리다. 집 고치는 일로 거래하는 충청도 사람 말이다. 나도 충청도 출신이지만 그 성정이란 것이 사람 따라 다르지 땅 따라 다른 것은 아닐 터, 오리지널 그 업자는 아예 나무늘보다. 한다 한다 하면서 미루기를 몇 계절, 여름 가고 가을 가고 겨울 가고 봄이 무르익고 있지 않은가. 차라리 내가 할 줄 안다면 직접 나서고 싶은 마음 굴뚝같다. 하지만 장가 안 든 자식까지 남자가 셋인 집안의 아낙이니 벙어리 냉가슴 앓기다.

보다 못한 아버지가 꿈길에 망치를 드셨다. 예서 하루만이라도 살아보고 숨 거두길 소망하신 어머니 첫 기일을 이레 앞두고, 아버지가 폼 나게 오셨다.

그리고는 거침없이 뚝딱뚝딱 일을 하셨다. 꿈속이지만 지원군이 있어 든든했다. 가슴속 응어리도 다 소멸되는 것 같았다. 일이 더뎌지니 경계를 넘어서서 직접 나서신 걸까. 애태우는 딸을 더 두고 볼 수 없어 어루만져주는 것일까.

 흑백이 명료한 보여주기 한 판 꿈! 돌이켜 생각할수록 미소가 고인다. 꿈속의 아버지 기세라면 천하에 다시없는 늘보라도 긴장하지 않을 수 없을 터, 이제 곧 희소식이 들려오려나 보다.

- ≪수필과비평≫, 163호.

02 수필의 내적 화술: 존재론과 현상학의 직조

글쓰기는 자신과의 치열한 싸움이다. 자의식을 해체하고 재결합하여 표현하는 글쓰기를 향해 돌진하는 작가는 삶 자체의 근원을 포착하고 설명하게 된다. 개인의 실존은 사회제도나 편의시설이 해결해 줄 수 없다. 작가는 기억하고 싶지 않은 과거를 불가피하게 들추고 때로는 자신을 위무할 수 있는 즐거운 일보다는 자아를 괴롭히는 언어와의 싸움에 몰입한다. 작가는 과거를 장식해온 벽걸이 뒤에 가려져 있는 상처를 드러내는 사람이므로 논리적인 접근이 아니라 언어적 표현을 냉엄하게 갈고 닦을 필요가 있다.

작가란 비판적 자의식을 지닌 자이다. 신성시 되어 왔던 허상을 던져버리고 자아에 대한 엄중한 진실을 인식하려 한다. 진실을 구하되 수사나 문장을 구걸해서는 안 된다. 오직 자신만의 방식으로 자신을 점검하는 비평적 글쓰기가 필요하다. 그러므로 작품은 처음부터 끝까지 삶의 불가피성과 앎의 불가능 사이를 오가게 된다.

에드문트 후설(Edmund Husserl)은 존재론과 현상학의 개념을 연결시킨 평론가이다. 후설의 존재론은 사물의 본질에 바탕을 둔다. 그에게 있어서 존재는 사물의 본질로서 주변에 있는 대상이 그 자체로서 진실한가를 판단하는 기준이다. 이때 사회적인 요인과 관계없이 그 자체를 파악할 수 있는가라는 의문이 생긴다. 문학이 다루는 존재는 본질적 구성이 중요하다. 현상학은 사물의 본질보다는 그것을 수용하고 지각하는 관찰자나 독자의 관점에서 정의된다. 사물에 대한 의식이 어떤 양상을 보이는가, 어떻게 묘사하고 인지할 수 있는가라는 문제가 현상학의 관심사이다. 존재론과 현상학은 문학 작품에서 양축을 이룬다. 존재론과 현상학이 상호 영향을 미친다는 미학에 대하여 후설은 존재론을 우선으로 하되, 현상학적인 성찰로 뒷받침되어야 한다고 말한다.

심선경의 〈애벌레를 꿈꾸며〉, 변애선의 〈불의 고리 위에서〉, 이은희의 〈방, 길들이기〉는 삶의 본질을 비유로서 포착하고 서사로서 설명한 작품이다. 이 작가들은 각자의 방식이 무엇이든 "인간은 누구인가?"라는 문제에 해답을 주고 있다. 작가로서 진실성을 인식한다는 뜻이다. 이러한 자각이 대상에 대하여 끊임없이 자문하고 자아를 성찰하게 만든다. 그 과정을 작품분석을 통해 살펴보기로 한다.

심선경의 〈애벌레를 꿈꾸며〉

심선경의 〈애벌레를 꿈꾸며〉는 카프카의 《변신》처럼 내적 자아의 변태를 꿈꾼다. 애벌레는 성충으로 성장하여 하늘을 날고 싶어 하는 동경체이다. 작품을 읽을 때, 애벌레를 심선경으로 바꾸어 읽어 나가면 자신에 대한 절박한 갈등에 공감하게 된다.

작가의 성찰은 "집안에 조그만 나방들이 하나둘 날아다니기 시작했다."

로 펼쳐진다. 나방이 집안에 날아다니는 현상이 "요것들이 어디서 생겨났을까?"라는 의문과 질문들의 단초로 작동한다. 오래된 쌀자루는 벌레를 나방으로 변신시킨 소굴이다. 일반 생활인이라면 쌀벌레 나방들을 퇴치하고 쌀자루를 정리하는 것으로 행동은 끝난다. 이런 경우에는 쌀벌레가 날아다니는 현상이 있지만, 쌀벌레의 원형은 존재하지 않는다.

그런데 심선경은 달리 행동한다. 무법천지가 된 창고방에 살충제를 뿌리고 쌀알들을 털어내면서 뭉쳐진 쌀벌레의 유충이 "내 몸의 일부를 이루고 있는 각각의 세포"라는 생각을 갖는다. 쌀알에서 쌀벌레가 생기고 쌀벌레에서 나방이 태어나는 변태의 과정은 "나는 누구인가?"라는 내면적 글쓰기를 자극한다. 쌀 나방을 통해 자의식을 해체하고 재결합하는 가운데 일상이라는 벽걸이 뒤에 숨어있던 자아가 드러난다.

나방들이 해충이 아니라 작가의 내면을 반영하는 상징체라는 점은 질문과 답변의 화술에서 살필 수 있다. 쌀벌레 나방들이 날아오를 때 작가는 "저 쌀알들을 감싸고 있는 힘은 도대체 무엇일까?"라고 자문한다. 쌀자루가 쌀벌레들의 무차별적인 공격의 대상이 되었을 때, "나는 참 무던히도 여름을 보내고 있었던 게다."라고 무감각했던 자신을 자성한다. 쌀뜨물 위로 나방의 시체들이 떠오를 때, "쌀알마다 저 벌레들이 박혀있다."고 상상한다. 옥상에 펼친 돗자리 위에 쌀을 말릴 때는 "전쟁에서 패한 병사들이 참호 속에서 두 손 들고 하나둘 투항"하는 장면을 상상한다. 그뿐만 아니라, 쌀벌레가 쌀을 먹어치운 흔적을 "남과 나누어 먹어가며 살았던 흔적"으로 풀이한다. 일련의 자문자답은 인간 자체에 대한 진실한 처신과 반성의 현상에 속한다.

쌀자루에 든 쌀벌레를 향한 나의 처신은 한낱 열무 잎사귀만도 못한 한심한 처사가 아닌가 싶기도 하다. 쌀 무덤에서 나온 벌레가 사람이었던 나를 벌레로 만들기는 쉬워도, 하느님이나 부처님이 벌레 같은 나를 사람다운 사람으로 만들기는 몹시도 어려울 듯하다.

심선경은 죽어버린 쌀벌레를 자신에 빗대어 "벌레 같은 나"로 간주한다. 자신의 내면을 지켜볼 때도 쌀벌레가 떠오른다. 쌀과 쌀벌레 사이의 관계와 달리 자신은 '자연과 자연 사이에 오가는 정'조차 없었음을 자성한다. 작가는 "내가 벌레만도 못한 존재라는 생각"을 떨쳐버릴 수 없는 내적 화술을 쓰고 있다. 이렇듯 〈애벌레를 꿈꾸며〉는 심선경 작가의 참회록이기도 하다. 아무튼 그가 필요로 하는 것은 진정한 생에 다다르는 것이다. 그렇게 하려면 변신과 변태가 필요하다. 쌀자루만을 탐하는 쌀벌레가 아니라 들판과 숲 속으로 날아오르는 성충으로서 나비가 되어야 한다.

벌레로 머물지 않으려면 변태를 이루려는 의지가 필요하다. 시시포스처럼 추락할지라도, 달팽이처럼 떨어질지라도 쉬지 않고 삶의 등걸을 타고 올라가야 한다. 상승 통로의 욕망으로 지켜보므로 벌레의 움직임은 새롭기 짝이 없다.

그 여리고 작은 벌레는 뱃살을 둥글게 말았다 풀었다 하며 온몸으로 길을 밀었다. 일보궁배—步弓拜, 한 걸음 한 걸음을 옮길 때마다 마치 활처럼 온몸을 굽혀 절하는 작은 벌레는 묵묵히 순례의 길을 가는 라마의 선승이었다. 끄나풀 하나 없이 맨 몸으로 거친 길을 밀며 삶의 벼랑을 타오르는 끈기와 인내에 마음이 짠해져서 그만 애벌레를 원래 있었던 곳으로 옮겨 주고 말았다. 나는 단 한번이라고 그 벌레처럼 부단히 한곳을 향해 목숨을 걸고 올라 본 적이 있었던가.

심선경이 쌀벌레에서 마음속의 벌레라는 존재를 끄집어낼 때 현상에서 존재로의 전환이 일어난다. 마음속의 벌레는 식욕과 욕망을 탐닉한다. 욕망이 욕망을 낳는 것은 벌레의 부화와 다를 바 없다. 그는 지금까지 "내 삶 자체가 커다란 슬픔의 덩어리"였고 걸어온 길은 낭떠러지로 향한다고 여겼다. 당연히 진퇴양난에 빠진 그는 진실한 목소리를 터뜨릴 수도 없었다. 내면에 서식하는 벌레 같은 욕망과 슬픔을 쫓아낼 수 없었다.

이제 그는 자신의 벌레에게 말한다. "느린 걸음 속에 숨어있는 날개 한 쌍"을 기억하라고 격려하기도 한다. 쌀벌레도 언젠가는 날개를 펼칠 수 있으므로 "높은 나뭇가지에 고치로 매달려 무수히 바람에 흔들"릴 것을 주문한다. 날개를 달기 위해서는 어둠과 바람이라는 시련에 부딪쳐야 한다. 스스로 가한 억압으로부터 해방되고 자유로워지기를 원하면 기억하고 싶은 과거가 아니라 기억하고 싶지 않은 과거를 인식하면서 역설적으로 자신의 허상을 벗겨내야 한다. 그만큼 작가의 심정은 절박하다. 그는 '나비를 꿈꾸며'라고 말하는 대신에 '애벌레를 꿈꾸며'라고 말한다. 쌀벌레는 꿈틀거리는 이미지를 가지고 있고, 나비는 활짝 펼치는 이미지를 가지고 있다. 애벌레가 없는 나비를 상상할 수 없듯이 상상이 없이는 글을 쓸 수 없다. 심선경은 무력해진 자아의 변신을 꿈꾸면서 깊게 상처받은 자신을 글로써 위로한다. 이 정신적 모험은 어느 누구도 도와줄 수 없다. 그러므로 심선경은 삶의 등걸을 타고 오른다. 우리에게 굴절된 삶이 때로는 불가피할지라도, 앎은 결코 불가능하지 않는 법이다.

변애선의 〈불의 고리 위에서〉

변애선은 삶이라는 서사구조를 '불의 고리'라는 상징성을 바탕으로 서술한다. 여성이 거치는 삶의 과정은 연애, 결혼, 출산, 양육, 권태, 모성회복이다. 그녀는 이 현상을 추적하면서 내재된 갈등과 적응을 설명하고 있다. 후설이 말한 존재와 현상의 관계를 쉽게 이해하려면 그릇과 내용물을 빗대면 된다. 수필이라는 그릇이 아무리 유리처럼 투명할지라도 그릇 속에 담긴 존재에 직접 다다를 수 없다. 유리라는 장애물을 제거하는 것이 능사가 아니라 잘 짜인 '본질적인 구성'일수록 맑은 유리 역할을 한다. 본질적인 구성의 핵심은 수사학적인 비유가 아니라 정직성에 있다.

변애선의 상황을 설명하는 두 단어는 '불의 고리 위에서'와 '아등바등'이다. 불의 고리란 지구가 지진 화산대 위에 놓인 땅덩어리라는 뜻이며, 아등바등은 '어차피 우리는 아주 잠시 머무르다가 떠나갈 존재들'이므로 어떤 이념과 주의를 갖고 살아야 한다는 것을 의미한다. 그러나 다수의 인간들은 언제 폭발할지도 모르는 지구 위에서 살아가고 있다는 사실을 깨닫지 못하고 있다. 변애선은 인간은 유한한 존재라고 인정한다. 그렇다면 문제는 어떻게 살아야 하는가이다. 그녀는 '쾌락과 미혹'에 빠져 살아야 하는가 아니면 다르게 사는 것인가."라는 양자택일을 제시한다.

그녀의 인생서사는 '당장 폭발해버릴 것만 같은 그 여름'에 시작한다. 지금까지 그녀는 가족을 위해 하루 종일 약국에 매여 있었다. 인내의 임계점에 다다랐다. 그때 한 남자가 나타난다. 남자는 단둘이 여행을 가지고 제의한다. 변애선은 '단둘이만 가자'라는 말 속에 숨어있는 위험성을 깨닫고 있지만 따라나선다. 그들은 텐트를 치고 찌개를 끓이고 잠자리를 편다. 남자가 쉴 사이 없이 움직일 동안 작가는 하염없이 쉬었다. 각자 잠이 들었고 그 다음날도 일은 모두 남자가 하고 그녀는 책을 읽고 그가 해준 음식을 먹고 그에게 노래를 배웠다. 평온하지만 불온한 긴장이 숨어있다. 약국이라는 현실에 순응하는 동안 그녀는 자신의 삶이 불만스럽다. 치열하지 않았고 사랑을 마음껏 하지 못했다. 그의 삶은 가족을 위한 헌신과 희생에 불과하였다. 이것을 부정할 수 없다.

그가 말했다. 아무 걱정하지 말라고, 친정 걱정, 형제들 걱정, 그런 건 모두 알아서 할 테니 앞으로 그런 걱정은 하지 말라고 하였다. 대학을 졸업하자마자 가족들의 생계를 책임지는 일에 내몰린 당시의 나는 그 말이 얼마나 고마웠던지. 어떤 도움을 받기도 전에 평생 갚고 살리라 결심을 할 정도였다.

그녀는 남자의 말에 감동한다. 남자의 말은 현상에 숨은 존재의 문제를 건드렸다. 둘째 날 밤에 송충이가 그녀를 건드리면서 남자 쪽으로 몸을 돌아눕고 '그렇게 그 사람은 나의 모든 것이 되었다.'라는 사건이 일어난다. 그건 송충이 때문이 아니라 내적 필연성이 때가 되어 분출하였을 뿐이다. 그녀는 어떤 남자에게든 그렇게 '완전한 수용'이 될 수밖에 없다.

작가는 현 시점에서 결혼식 전후를 되돌아본다. 작가는 결혼하기 전 두 달을 열정적으로 살았다. "평생 사랑할 일을 소진해 버렸"고 "하늘이 노랗게 느껴질 정도로 집중"을 했다. 문제는 그 두 달과 결혼 후의 시절 중에서 어느 것이 본질이고 현상인가라는 문제이다.

결혼의 후유증은 '살아내야 한다.'는 것이다. 이것은 '신혼 첫날부터 현실은 가차 없었다.'라는 냉혹한 문장으로 드러난다. 신혼여행을 마치고 임신을 하고 출산을 했다. 아이들 이야기를 빼면 부부는 서로 할 말이 없었다. 성장한 아이들이 떠나면서 각 방을 썼고 다른 공간에서 지냈다. 살다 보면 다시 좋아진다고 하는 "말 따위는 개에게 주라."고 자학하기도 하였다.

그녀는 결혼의 안락이 아니라 자유를 원했다. 자유란 실존을 회복하는 것이므로 타자의 구속을 제거하여야 한다. 문제는 자유를 얻었지만 자유롭지 않다는 점이다. 왜 그런가. 자유에 대한 해석의 오류 때문이다.

기다려 주는 사람이 있었기에 늦게 들어가고 싶었던 거다. 구속할 사람이 있었기 때문에 그토록 자유가 그리웠던 것이다. 헌신할 대상을 잃어버린 채 이런 건 자유라고 하면서 혼자 밥을 차리고 빨래를 너는 일이 얼마나 끔찍하든지, 헌신할 대상을 갖지 못한 채 살아가는 건 이미 죽음이었다. 기쁠 일도 없고 슬플 일도 없는 상태야말로 죽음과 뭐가 다른가. 헌신이야말로 인간이 살아가는 이유라는 확신까지 생겼다.

진정한 자유는 상대로부터의 도피가 아니라 자신의 내부에 있다. 변애선은 마침내 갈등과 방황에서 벗어나 헌신과 의무가 없는 것은 "공허함 그 자체"라는 의식의 변화를 경험한다. 남편도 세월이 흐르면서 동일한 의식의 변화를 겪은 것으로 보인다, 그들은 결혼하기 전의 대원사 계곡의 두 남녀로 돌아온다. 별거와 재결합이라고 해야 할지도 모르겠다. 그녀가 깨우친 것은 시공의 단절이 때로는 사람을 절연시키기보다 영육의 합일을 이루어 내기도 한다는 사실이다. 영혼과 육체의 합일이란 애초 존재하지 않을지도 모른다. 있다 하더라도 결혼식 이전 두 달 동안에 한껏 만끽하였다. 나머지 인생은 참고 견디는 것이다.

각자가 해결할 문제는 삶의 단계마다 "헌신과 희생을 바칠 대상을 정하는 것"이다. 불의 고리라는 지구 위에서의 존재의 진정성은 현상으로서 고립된 자유가 아니라 존재로서 헌신과 희생을 바칠 대상이 있느냐 없느냐인 것이다. 그녀가 현실에서 선택한 헌신은 '새끼를 낳아서 기르는 일'이었다. 심지어 자식 양육을 "헌신의 최후의 경지"라고 여긴다. "그런 기억이 없었더라면 나의 인생은 황무지에 불과하였을 것이라고 회고"하는 그녀에게 언어는 그녀의 존재성을 완벽하게 규정하지는 않지만 헌신의 대상을 제시했다는 것이 중요하다. 어차피 인간은 유한의 존재이므로 쾌락과 미혹에서 벗어났다는 것만으로도 존재로서의 명분을 가질 수 있다.

이은희의 〈방, 길들이기〉

이은희의 〈방, 길들이기〉는 '서재'라는 공간과 작가의식과의 만남을 다룬다. 작가의 마음이 서재에 적응하는가, 서재가 작가 마음을 안아주는가라는 상호간의 교감은 뜻밖에 쉽게 이루어지 않는다. 이은희는 난생처음 자신만의 서재를 마련하면서 열심히 글을 써야겠다는 각오를 다진다. 여자가 작가가 되려면 자신만의 방을 가져야 한다는 버지니아 울프의 가르침을 충실히 따르는 학생이 되어 작가의식이 존재의 절대조건이라는 관점을 증명하려 한다. 이것은 외부현실과 부딪치는 갈등이 아니라 작가의식의 죽음과 부활이라는 내적 갈등이 그녀 수필의 초점임을 보여준다.

이은희가 '길들이기' 하는 대상은 작가의식이다. 심선경과 변애선이 불확실한 삶을 긍정적 삶으로 전환시키려 고민한다면 이은희는 서재를 마련한 이전과 이후 작가의식이 어떻게 달라졌는가를 진단하고 있다. 그 과정을 '방을 길들이는 것'으로 표현한다. 방을 길들이는 것인지, 방에 자신을 길들이는 것인지 불투명하므로 공간 적응은 쉽지 않다. 한 달이 지나도 여전히 몸은 들썩거리고 지그시 앉아 있지 못하고 '정리가 덜 된 곳'과 '지저분한 것'에 자꾸 눈길이 간다. 서재가 아니라 그냥 방이기 때문이다. 무엇보다 방값을 하는 작품을 써야 한다는 강박관념에 억눌려 있기 때문이다. 이것이 그녀의 글이 불통된 이유이다.

> 네모난 서재에 나를 가둔다. 모든 것과 단절하고 골방에 들어박히듯 방문을 굳게 닫는다. 우선 나를 유혹하는 황홀한 야경을 블라인드로 덮어버린다. 이제 나의 눈에 보이는 건 모니터 화면과 책뿐이다. 손을 모으고 생각을 가다듬는다. 글감을 찾고자 여러 책을 뒤적이나 별수가 없다. 시간만 죽이고 앉아 있다.

작가는 스스로를 '네모난 서재'의 포로로 자처한다. 이것이 모순이다. 문학이라는 공간으로 입문하려면 현실이라는 감옥에 갇힌 자아를 해방시킬 필요가 있다. 그런데 '나를 가둔다'라고 말한다. 그것이 아니라 '네모난 서재에 나를 풀어 놓는다.'고 상상하는 것이 바람직하다.

작가는 지금껏 서재가 없는 처지를 불행으로 여겼다. 가족들이 그녀가 글을 쓸 수 있도록 자리를 피해주고 독자 역할을 자임하였을지라도 '거실과 의자가 있는 식탁'만이 그녀의 글쓰기 무대였다. 당연히 글이 제대로 되지 않으면 서재가 없는 탓이라고 생각하였다. 서재가 없다는 심리적 상처를 치유하기 위하여 그녀만의 서재를 간절히 원하였다. 그런데 서재가 없는 것은 현상이고 좋은 글을 쓴다는 것은 존재의 문제이다. 십수 년간 습관화된 글쓰기의 행위를 바꾸려는 것이 '나를 새로운 공간에 길들이기'가 된 연유이다.

그녀는 자신의 딜레마를 '비상하는 새'에 비유한다. 비상하는 새를 방안에 가둘 수 없다면 '틀 안에 나를 가두는 일'도 쉽지 않다. 이 점을 자각한 이은희는 자신을 변형시키기보다는 서재를 새롭게 해석하는 것이 바람직하다고 여긴다. 그리고 국내외 작가들이 생각하는 서재관을 두루 살펴본다. 베르나르 베르베르, 신경숙, 조정래, 그리고 황상 등은 서재를 달리 보았다. 그들에게는 '모든 공간이 자신의 서재'였다. 글을 쓰면 어디나 서재라는 것이다. 비로소 이은희는 '책이 살고 있는 집, 책이 쉼 쉬고 있는 공간'이 서재라는 믿음에 다다른다.

돌아보니 나의 서재도 동지였다. 내 마음의 상태가 그런 환경이나 사물과 어울릴 준비가 되어 있어야 자연스럽다. 아무리 좋은 공간이라도 마음속에 걱정이 가득하다면 즐거울 수가 있겠는가. 눈앞에 서재가 들어올 리가 만무하다. 사람마다 살아가는 방식도 즐기는 방식도 다르다. 조정래 작가는 서재가 영혼의 보물창고이자, 내 삶을 구속하는 영혼의 감옥이란다. 그는 나와는 다르게 골방에 들어야 글이 써진단다.

둥지가 무엇인가. 둥지란 물리적 공간이 아니라 심리적이고 정서적인 곳이다. 서재가 둥지가 되려면 육신에게는 감옥일지라도 영혼에게는 해방공간이 되어야 한다. 그곳에서 작가적 존재가 살아난다. 어떻게 그곳을 찾을 수 있는가. 방을 자신에게 길들이거나 자신을 방에 길들이지 않는 것이다. 어디에 있든 "예전처럼 나를 자유로이 놓아두"려는 의지를 유지하는 것이다. "책을 읽는 공간이 어디든 개의치 않는다."는 생각은 옳다. 글이 만인이 함께 삶을 나누는 공간이듯이 서재도 방과 작가와 책이 서로에게 마음을 여는 공간이어야 한다.

이은희의 존재는 서재에 대한 공간애를 먹고 자란다. 방은 그 자체로서 서재가 될 수 없다. 작가가 존재할 때 방이 서재로 변한다. 중요한 것은 참된 작가정신이 우선하고 작가가 서재 그 자체가 되는 것이다. 이은희는 현상을 존재론적 관점으로 이해하는 과정을 〈방, 길들이기〉에서 성공적으로 보여준다.

덧붙이며

수필은 일상적 현실을 심리적이며 인식론적인 개념으로 풀이한다. 그렇게 재해석된 개념과 의미만이 작가의 존재와 관련된다. 문학 텍스트는 경험과학이 아니라 자율적이면서 내성적으로 자아를 분석하여 얻어야 한다. 나아가 현상학을 바탕으로 한 예술적 탐색이 작가의 언어와 진술에 미적 가치를 부여한다.

  수필작가는 제시하려는 문제를 진지하게 고민하겠다는 의지를 가져야 한다. 비판적인 성찰만이 숨겨진 상처를 드러내고 효과적인 처방을 내릴 수 있다. 영혼의 검증은 이렇게 이루어진다. 여기에는 여러 가지 질문들이 따른다. 나에게 닥쳐온 글쓰기의 시간을 어떻게 받아들일 것인가. 현상을 어떻게 존재의 저울 위에 올릴 수 있는가. 내 자신의 문제를 구성원 다수의 문제로 제시할 수 있는가. 그런 질문들이 이어지면 나약하고 미숙한 육신은 사라지고 언어와 치열한 대결을 벌일 수 있는 작가의식만이 남는다. 이러한 변신이야말로 수필화자가 다다르고 싶은 초자아라고 하겠다.

| 작품 |

애벌레를 꿈꾸며

심선경

언제부턴가 집안에 조그만 나방들이 하나 둘 날아다니기 시작했다. 요것들이 어디서 생겨났을까. 설마 하는 마음으로 창고 방문을 열자, 하얀 벽면과 쌀자루 주변에 쌀벌레 나방들이 새까맣게 달라붙어 있다. 아뿔싸! 진작 살펴보았어야 했다.

무법천지가 되어버린 창고 방을 살충제로 진압하고, 쌀자루를 부랴부랴 바깥으로 옮긴다. 나일론 끈으로 단단히 봉해놓은 쌀자루의 입을 여는 순간, 어느 틈새로 들어갔는지 셀 수도 없는 숫자의 쌀벌레 나방들이 일시에 바깥으로 날아오른다. 놀란 가슴을 억누르고 쌀자루 안을 들여다보니 쌀알이 작은 머루송이처럼 오종종 달라붙어 있다. 저 쌀알들을 감싸고 있는 힘은 도대체 무엇일까.

족히 40kg은 넘어 보이는 쌀자루가 쌀벌레들에게 무차별 공격을 당하고 있다는 사실도 모른 채, 나는 참 무던히도 여름을 보내고 있었던 게다. 쌀벌레가 실을 뽑아 거기에 온통 알을 까놓은 것이다. 쌀알에서 부화한 애벌레는 잘 발달된 턱으로 종이나 비닐봉지, 심지어는 섬유조직도 우습게 뚫고 나온다. 좀 더 자라서 나방으로 변태한 쌀벌레는 온 방안을 휘젓고 날아다니며 새까만 몸에서 지저분한 가루를 떨어뜨리기도 하는데, 편안하고 포근해야 할 집이 그들로 하여금 삽시간에 혐오스런 공간으로 변하고 만다.

벌레 먹은 그 많은 쌀을 버릴 수가 없어 물을 붓고 쌀알을 빡빡 비벼서 씻어보는데, 쌀뜨물 위로 곧 처참한 사체들이 떠오르기 시작한다. 까만색 쌀바구미는 물론, 흰색 실을 짧게 잘라놓은 것 같은 쌀 애벌레들이 쌀을 씻고 물을 버릴 때마다 계속하여 미끄럼을 타고 내려온다. 쌀알 한 톨 한 톨마다 저 벌레들이 박혀있다고 생각하니 밥맛조차 그만 뚝 떨어진다.

뒤늦은 수습이지만 옥상에다 널따란 돗자리를 펼쳐놓고 쌀을 모두 쏟아 붓는다. 강렬한 햇볕에 못 이겨 숨어있던 애벌레들이 꼬물꼬물 기어 나온다. 마치 전쟁에서 패한 적군의 병사들이 참호 속에서 두 손 들고 하나 둘 투항하듯이 그 무리가 부지기수다.

쌀자루를 통째로 보관할 만한 냉장고가 없으니, 어느 정도의 쌀알은 쌀벌레들에게 양보하는 것이 옳은 것인지도 모르겠다. 채소가게에 가면 상처 없이 잎사귀가 매끈한 열무보다 벌레 먹어 구멍이 숭숭 뚫린 열무를 사들고 온다. 매끈한 잎을 가진 채소들보다 벌레 먹은 잎사귀를 달고 있는 열무가 농약을 좀 덜 뿌렸을 것이라는 안도감도 있지만, 제 것을 나누어 남을 먹여가며 살았던 흔적이 보여서다. 저 혼자 배 채우지 않고 조금은 남에게 나눠주며 사는 것이 자연과 자연 사이에 오가는 정일 텐데, 쌀자루에 든 쌀벌레를 향한 나의 처신은 한낱 열무 잎사귀만도 못한 한심한 처사가 아닌가 싶기도 하다. 쌀 무덤에서 나온 벌레가 사람이었던 나를 벌레로 만들기는 쉬워도, 하느님이나 부처님이 벌레 같은 나를 사람다운 사람으로 만들기는 몹시도 어려울 듯하다.

쌀벌레의 유충이 뭉쳐져 있는 번데기에서 쌀알들을 일일이 떨어내며, 그 쌀알들이 내 몸의 일부를 이루고 있는 각각의 세포라는 생각이 언뜻 들었다. 혹시라도 내 몸속, 내 입에서 풀어낸 끈끈한 실에 걸려들어 밥 구실을 제대로 못하는 쌀알은 없을까. 제대로 관리하지 않아서 눅진해진 쌀알들처럼 유난

제3부_02 수필의 내적 화술: 존재론과 현상학의 직조   315

히 감성적인 성향 때문에 매사 즉흥적으로 반응하는 못난 내 모습이 쌀알들 위에 겹쳐진다. 들판이나 숲 속이 아닌 집안을 배회하며 남의 공으로 쌓아놓은 쌀자루만을 탐하는 쌀벌레 나방처럼, 나 또한 더 넓고 낯선 세계로 나갈 생각 없이 그저 편안한 밥을 먹으려 하지는 않았을까. 내 주린 배를 채우려고 남들의 밥을 움켜쥐고 있지는 않은가.

　세상엔 많은 애벌레들이 있지만 그들의 나중은 각각 다른 모습이다. 가끔은 내가 벌레만도 못한 존재라는 생각이 들 때도 있다. 그 작고 보잘 것없는 벌레도 제 살 집을 짓고 자기 몸집보다 훨씬 더 큰 열매를 옮겨오기도 한다. 나뭇잎에 꼼짝 않고 붙어 있는 애벌레를 장난기가 동해서 손으로 슬쩍 떨어뜨린 때가 있었다. 벌레는 등걸을 타고 자신이 조금 전까지 붙어있던 나뭇가지를 향해 열심히 올랐다. 미끄러운 나무를 타고 오르다가 바닥까지 다시 추락하기도 여러 번이었다. 나는 작은 나뭇가지를 주워 벌레를 들어올린 다음, 그가 붙어살았던 나무에서 멀리 떼어놓으려 수풀이 없는 흙더미에 던져놓았다. 그러나 그 여리고 작은 벌레는 뱃살을 둥글게 말았다 풀었다 하며 온몸으로 길을 밀었다. 일보궁배—步弓拜, 한 걸음 한 걸음을 옮길 때마다 마치 활처럼 온몸을 굽혀 절하는 작은 벌레는 묵묵히 순례의 길을 가는 라마의 선승이었다. 끄나풀 하나 없이 맨몸으로 거친 길을 밀며 삶의 벼랑을 타오르는 끈기와 인내에 마음이 짠해져서 그만 애벌레를 원래 있었던 곳으로 옮겨 주고 말았다. 나는 단 한번이라도 그 벌레처럼 부단히 한곳을 향해 목숨을 걸고 올라 본 적이 있었던가.

　언제부턴가 내 마음속에 벌레가 산다. 식욕이 왕성한 이 벌레 때문에 내 속은 한시도 편안하지 않다. 하지만 더욱 한심한 것은 그러한 욕망의 벌레 한 마리라도 마음속에 키우고 있기에 내 삶을 연명할 수 있다는 사실이다. 벌레는 내 속에서 무수한 욕망의 알을 낳고 또 부화시킨다. 한때는 내 삶 자체가 커다란 슬픔의 덩어리 같았다. 걸어간 모든 길의 끝은 낭떠러지였다. 한 발 앞으로 내밀 수도, 뒤로 물러설 수도 없었던 형국에서 내 안의 소리는 바깥으로 뛰쳐나올 수 없었다. 지름길을 두고 먼 길을 돌아 여기까지 왔지만, 아직도 내 속에 사는 벌레를 쫓아내지 못했다.

 쌀자루에 빌붙어 사는 쌀벌레들을 채로 걸러내며 내 마음속에 사는 벌레에게 속삭여본다. 한 발 한 발 서툰 걸음마이지만 느린 걸음 속에 숨어있는 날개 한 쌍을 기억하라고. 가장 찬란한 순간, 화려하게 빛나는 나비의 날개를 활짝 펼치려면 저 멀리 숲 속, 높은 나뭇가지에 고치로 매달려 무수히 바람에 흔들려야 한다고.

− ≪수필과비평≫, 165호.

| 작품 |
불의 고리 위에서

변애선

당장 폭발해 버릴 것만 같은 그 여름이었다. 새벽부터 자정까지 약국을 열던 시절이라 임계점에 달한 듯 한계를 느꼈다. 그럴 때 마침 지리산 대원사 계곡에서 휴가를 함께 보내자는 그의 전화를 받았다. 단둘이만 가자고 했는데, 그래도 갔다.

아이스박스부터 침낭까지 잔뜩 짊어지고 온 그가 텐트를 치고 찌개를 끓이고 고기를 구울 동안에 나는 태양에 달구어진 바위를 엉덩이에 깔고 앉아 얼굴을 다듬거나 머리를 빗었다. 일곱 살 연상인 그는 끊임없이 움직였고 나는 하염없이 쉬었다. 저녁예불이 끝날 무렵 그는 계곡 건너편 방앗간에서 등겨를 여러 번 져다 나르기 시작했다. 그것을 두둑하게 깔아서 바닥을 고른 다음에 침낭을 깔고 잠자리를 마련하였다. 달빛이 어리는 계곡에서 몸을 숨기듯 목욕을 하였고 각자 잠이 들었다.

그 다음 날도 그렇게 보냈다. 잠시 대원사 경내를 둘러보았을 뿐, 그는 계속 움직였고 나는 책을 읽거나 그가 해 준 음식을 먹었다. 그러다가 포도가 먹고 싶다고 말했다. 한여름인데 포도가 맞나. 오래된 기억이라 잘 모르겠지만 그래도 포도가 맞다. 그가 과일을 구하러 나선 무렵은 점심 설거지를 마친 후였고 그가 돌아온 때는 저녁 무렵이었다.

그날 밤은 그에게 노래를 배웠다. 그가 말했다. 아무 걱정하지 말라고. 친정 걱정, 형제들 걱정, 그런 건 모두 알아서 할 테니 앞으로 그런 걱정은 하지 말라고 하였다. 대학을 졸업하자마자 가족들의 생계를 책임지는 일에 내몰린 당시의 나는 그 말이 얼마나 고마웠던지. 어떤 도움을 받기도 전에 평생 갚고 살리라 결심을 할 정도였다. 어떤 사람은 나와 결혼을 하고 싶다더니 도대체 언제가 되어야 형제들 학업이 끝나며 친정을 살리는 일에서 자유로워질 수 있는지를 묻던데. 이 남자는 참 고맙다. 그런 마음은 무의식중에 드러나고 말았다. 잠결에 뭐가 툭 떨어지는데 그건 송충이다 싶었다. 새벽 한기와 무서움을 핑계로 그의 쪽으로 돌아누웠다. 너무 무서워요. 그렇게 그 사람은 나의 모든 것이 되었다.

계곡을 떠나던 날에도 그가 모든 것을 챙겼다. 거기서부터 그의 집에 도착할 때까지 택시비를 계산할 때를 빼고는 나의 손을 꼭 잡고 놓지 않았다. 그의 가족들은 그의 결혼을 애타게 바라고 있었기 때문에 나의 무엇도 건드리려고 하지 않았다. 완전한 수용. 그런 마당에 결혼이 어떤 것인지 생각해 볼 겨를이 없었다. 선본 지 두 달 만에 결혼식을 치르고 말았다.

결혼하기 전 그 두 달 동안에 어쩌면 평생 사랑할 일을 소진해 버렸는지 모른다. 미지의 존재를 향해 하늘이 노랗게 느껴질 정도로 집중을 했다. 그는 계곡에 놀러갔을 때도 그랬지만 별로 말이 없는 편이었다. 그래서 내 마음대로 느끼고 생각되고 해석되었다. 자기 해석으로 가득 찬 그 위험한 오해의 상태로 결혼에 발을 내딛던 것이다.

신혼 첫날부터 현실은 가차 없었다. 예약과 달리, 바다를 바라보는 전망의 방이 배정되어 있지 않았다. 항의가 제대로 받아들여지지 않자 분노한 그가 로비에서 고함을 지르는 동안 구석에 조용히 앉아 있었다. 그 대가로 외국 정상들이나 묵을 법한 방에서 지내게 되었으니 그의 분노는 정당했을 것이지만, 구석에서 기다리는 동안 환상 따위는 박살이 나는 기분이었다. 아침에 눈을 뜨면 카메라를 챙겨 바로 출격을 하려는 그를 따라나서려면 너무 피곤했다. 뭐든 느릿느릿한 편인 나는 그와 절망적으로 달랐다. 신혼여행을 다녀온 날은 선물 포장을 거칠게 뜯는다는 이유로 시비를 걸어 싸웠다. 빨리 정돈을 하고 나서 쉬고 싶어서 그랬을 것인데 그때는 이해할 수가 없었다. 싸우고 나면 한동안 말을 하지 않았고 애써 차려놓은 밥상을 무시하고 나가 버렸다. 마음이 풀릴 때까지는 목구멍으로 뭘 삼키지 못하는 성정의 남자와, 눈물을 흘리면서도 밥을 삼키는 체질의 여자가 그렇게 살았다. 차라리 깨부수고 욕을 하고 때렸더라면 더 나았을 것이다.

달라지거나 나아진 것도 없는 상태로 임신을 하고 출산을 했다. 그는 술집으로 돌았고 나는 그를 기다렸다. 아이들이 곁에 있는 동안은 잘 지냈다. 아이들 이야기를 빼고 나면 서로 할 말이 없었다. 그가 좋아하는 건 내가 별로였고, 내가 좋아하는 건 그가 싫어했다. 아이들이 떠나가자 견디기가 힘들었다. 각 방을 쓴 지는 이미 오래지만 아침저녁으로 잠시 스치는 것도 거북하고 힘이 들었다. 그토록 누르고 눌렀던 무언가가 폭발하는 것 같았다. 그래서 각자 다른 공간에서 지내기로 하였다. 살다보면 다시 좋아지기도 한다지만 그런 말 따위는 개에게 주라고 하고 싶었다.

처음에는 날아갈 것 같았다. 마음대로 술집에 다닐 수 있고 아무데나 가서 잔다고 누가 뭐랄 사람도 없었다. 그런데 정말 재미가 없었다. 술에 취해서 혼자 집에 들어가는 일이 너무 싫었다. 밤차를 타고 부산역에 내려서 택시를 잡을 때는 그에게 가서 항복을 하고 싶을 정도로 참혹하였다. 증오의 말조차 그리웠다. 기다려 주는 사람이 있었기에 늦게 들어가고 싶었던 거다. 구속할 사람이 있었기 때문에 그토록 자유가 그리웠던 것이다. 헌신할 대상을 잃어 버린 채 이런 건 자유라고 하면서 혼자 밥을 차리고 빨래를 너는 일이 얼마나 끔찍하든지. 헌신할 대상을 갖지 못한 채 살아가는 건 이미 죽음이었다. 기쁠 일도 없고 슬플 일도 없는 상태야말로 죽음과 뭐가 다른가. 헌신이야말로 인간이 살아가는 이유라는 확신까지 생겼다.

이후 시간은 엉망이었다. 나는 헌신을 갈구했고 그들은 순간을 갈구했다. 그래도 어딘가 반드시 그런 사람이 있을 것이라고 고집을 하다가 사기까지 당하고 말았다. 헌신이 가능한 관계를 지향할수록 그들은 형편없는 비겁함을 드러내며 달아나 버렸다. 헌신과 의무가 불필요한 만남이 남기는 건, 공허함 그 자체였다. 결국 내가 헌신할 대상은 그 남자다. 그런 생각에 미치자 드디어 그가 그리워졌다. 나의 마음이 달라진 딱 그만큼 어느새 그도 달라져 있었다. 대원사 계곡의 그 남자로 돌아온 것 같았다.

시간과 공간의 간격이 우리를 절연하게 만들기보다 이해하게 만들다니 참으로 아이러니가 아닌가. 영육의 합일이라는 신기루를 좇다가 평생 슬픔에 싸여 지낸 것이야말로 허송세월이었다. 영혼과 육체의 합일, 그런 건 아예 없다. 아주 잠시 오는 것이라면, 결혼식 이전 두 달 동안 이미 치르고 말았다. 나머지 평생은 참고 견디는 것이다. 그런 인생에서 헌신과 희생을 바칠 대상을 정하는 것이야말로 운명이 아닐까. 개나 고양이를 선택할 수도 있고 남자 또는 여자를 고를 수도 있다. 예술이나 학문이어도 좋다.

만약 나에게 선택하라면 결혼을 하고 아이를 가질 것이다. 자궁이 마를 때까지 열 명이라도 더 낳지 못한 것이 후회가 된다. 새끼를 낳아서 기르는 일이야말로 헌신을 헌신답게 하는 최고의 경지다. 아이들 때문에 모든 것이 뒷전이었을 때 시간은 화살 같았다. 이제 아이들은 나의 헌신을 바라지 않는다. 자식이고 뭐고 내팽개치고 어디 무인도라도 가서 잠이나 실컷 자보았으면 소원이 없겠다 하면서 바빠 살았지만, 그들이 떠난 지금에야 그때가 정말 좋았다는 생각이 든다. 열이 절절 끓어서 칭얼대는 아이를 업고 밤새 꾸벅꾸벅 서서 졸면서 아아 도대체 결혼은 왜 하였고 아이는 낳았단 말인가 정말 가슴을 치고 싶었던 그런 날들이야말로 이제야 돌아보면 가장 완전한 순간이었다. 그런 기억이 없었더라면 나의 인생은 황무지에 불과하였을 것이다.

칠레 지진에 이어서 히말라야 인근 네팔의 지진은 사망자가 팔천 명을 넘어섰는데도 진정될 기미를 보이지 않는다. 일본 혼슈 지역에도 지진이 활발하다. 인도네시아 시나붕 화산도 2월에 이어서 6월에 다시 폭발을 하였고, 말레이시아 보르네오 섬에도 지진이 덮쳤다. '불의 고리', 환태평양 지진 화산대가 요동치는 판 위에 마천루를 세우고 아등바등 살아가고 있다는 사실이 허망하지 않은가. 어차피 우리는 아주 잠시 머무르다가 떠나갈 존재들이다. 쾌락과 미혹에 바치며 살아가는 일이 아직도 지루하지 않다면, 당신은 그렇게 살면 된다. 나는 그렇게 살지 않겠다.

─ ≪수필과비평≫, 165호.

| 작품 |
방, 길들이기

이은희

  오늘도 역시 엉덩이가 들썩거린다. 한자리에 지그시 앉지 못하고 있다. 벌써 한 달째이니 야속할 정도다. 나도 모르는 사이에 창밖을 보고 있거나 아니면 정리가 덜 된 곳을 찾아든다. 지저분한 것을 못 보는 성격 탓도 있다. 아니다. 지금껏 가져보지 않은 나만의 새로운 공간이 생긴 탓일까. 그 공간에서 좋은 작품을 낳고 싶은 강박감도 한몫했으리라.

  네모난 서재에 나를 가둔다. 모든 것과 단절하고 골방에 들어박히듯 방문을 굳게 닫는다. 우선 나를 유혹하는 황홀한 야경을 블라인드로 덮어버린다. 이제 나의 눈에 보이는 건 모니터 화면과 책뿐이다. 손을 모으고 생각을 가다듬는다. 글감을 찾고자 여러 책을 뒤적이나 별수가 없다. 시간만 죽이고 앉아 있다.

  나의 영혼이 빠져 버린 듯하다. 어쩌면 이렇게 아무 생각도 나지를 않는가. 걸어온 길을 되짚듯 이사 오기 전 나의 모습을 그려본다. 남편과 딸과 아들, 시어머니를 모시니 나만의 공간을 가질 수가 없는 형편이었다. 식구들이 수시로 드나드는 거실 양 벽면이 책장이고, 긴 탁자가 책상이다. 거실과 의자가 있는 식탁, 침실 구분 없이 모든 공간이 나의 서재였다.

내가 책을 읽거나 글을 쓸 때 식구들은 알아서 자리를 피해 주는 것 같다. 나 또한 가족이 곁에서 떠들어도 개의치 않는다. 무엇보다 나의 글을 가지고 대화의 장이 열린다. 가족은 내 글의 첫 독자이다. 남편과 딸은 글에 관한 한 전문가가 아니지만 내가 볼 때는 인정사정없는 평론가다. 어색한 문장을 예리하게 꼬집는다. 그 부분을 퇴고하여 더 나은 글로 거듭난다. 가족이란 이름을 떠나 독자에게 알게 모르게 도움을 받고 있으니 일거양득인 셈이다.

십수 년을 해온 나의 행위를 강제로 바꾸려고 했던 것이다. 마음을 다잡지 못한 것도 당연하다. 나를 새로운 공간에 길들이기, 아니 방이 나를 길들이기인가. 자유로이 비상하는 새의 날개를 붙잡아 방안에 앉힌다는 것이 어디 쉬운 일이랴. 틀 안에 나를 가두는 일이 쉽지 않은 일이라는 걸 알게 된다.

별을 바라보는 사람에게만 빛을 준다고 했던가. 얼마 전 인터넷에서 내로라하는 국내외 작가들의 서재를 소개하는 기사를 보게 된다. 소설 ≪개미≫의 작가, 베르나르 베르베르의 서재는 집안 어디에나 있단다. 집안의 모든 공간이 자신의 서재이고, 자신의 서재는 단지 하나의 공간을 의미하지 않는다. 세기의 작가인 베르베르 서재의 환경이 나와 비슷한 상황이라는 것에 놀랍다. 그런데 더 놀라운 것은 소설 ≪엄마를 부탁해≫로 큰 인기를 얻은 신경숙 작가도 비슷하다. "자신의 서재는 둥지이다. 집 전체가 그냥 서재, 그냥 책이 살고 있는 집, 책이 숨 쉬고 저희와 소통하고 있는 그런 살아 있는 공간이다."라는 말이 마음을 울린다. 나를 구획된 공간에 애써 가두려고 했던 발상이 오산이라는 걸 깨닫는다.

돌아보니 나의 서재도 둥지였다. 내 마음의 상태가 그린 환경이나 사물과 어울릴 준비가 되어 있어야 자연스럽다. 아무리 좋은 공간이라도 마음속에 걱정이 가득하다면 즐거울 수가 있겠는가. 눈앞에 서재가 들어올 리가 만무하다. 사람마다 살아가는 방식도 즐기는 방식도 다르다. 조정래 작가는 서재가 영혼의 보물창고이자, 내 삶을 구속하는 영혼의 감옥이란다. 그는 나와는 다르게 골방에 들어야 글이 써진단다.

노후에는 한적한 산방에서 지내고 싶다. 번잡한 도시를 떠나 자연과 친밀히 벗하고 싶어서다. 그곳에서 은자처럼 살아도 좋으리라. 많은 지식인이 일속산방을 회자한다. '일속산방'은 '좁쌀만 한 집'이란 뜻이다. 집안일을 잘 못하고 시와 옛 글만을 좋아한 지식인, 말년의 황상(1788~1863)이 살았던 집이다. 그의 집은 세상에서 제일 작은 '좁쌀만' 했지만, 그의 서재에는 온 세상이 들어 있었단다. 가보지 않은 세계에 대한 동경인가. 그저 상상만 해도 좋다.

지금은 예전처럼 나를 자유로이 놓아두련다. 열린 공간은 모두 나의 서재다. 방 크기가 크든 작든, 책을 읽는 공간이 어디든 개의치 않는다. 어차피 내가 지은 글도 만인을 위한 글이니 함께 나누는 삶이어야 한다. 새로운 공간은 선인처럼 문화를 논하는 산실의 장으로 열어두고 싶다. 내 방식대로 '방', '너'를 길들이기에 돌입한다.

— ≪수필과비평≫, 165호.

03 구조와 탈구조의 배합으로서 수필시학

　현대를 살아가는 우리는 항상 무언가의 과잉 속에 살고 있다. 사람의 과잉, 정보의 과잉, 그리고 상품의 과잉에 파묻혀 살아간다. 나아가 책의 범람 속에서 살아간다. 그 잉여의 물결에 얹힌 것에는 수필도 포함된다. 날마다 발표되는 수필을 대하면 마치 나를 읽어달라고 손발을 들고 떼를 쓰는 것 같아 그냥 앞을 헤치며 빠져나간다. 이것이 사람과 상품과 글의 홍수 속에서 살아가는 우리의 현실이다. 여기에는 우선멈춤이라는 여유나 학습의 시간이 없다.

　그런데 어느 날, 눈길을 끄는 글을 만난다. 이미지즘 시인인 에즈라 파운드가 지하철역의 우중충한 군상 틈에서 찾아낸 선연한 한 송이 꽃 같은 소녀를 닮은 글을 만난다. 제목이 마음에 들어 한두 줄 읽다가 그만 끝까지 주욱 읽어버린다. 괜찮다는 호감으로 제목과 작가의 이름을 기억한다. 다음 번에도 그의 글을 읽고 싶다는 생각이 들고 작가가 누구인지 궁금해진다. 작품을 만나는 게 이런 것이다. 알게 모르게 독자의 마음속에서 일종의 결속과 해체라는 비평이 일어난 결과이다.

위의 일화는 문학 작품은 처음부터 완벽하게 존재하는 것이 아니라 형성하는 것임을 보여준다. 작가가 글을 제작하는 것이 아니라 쓰는 그와 읽는 나에 의해서 텍스트가 작품으로 완성해간다는 뜻이다. 비평이란 존재하는 작품을 다루는 것이 아니라 텍스트가 작품으로 형성해가는 현상을 주목하는 말로서 텍스트의 구조를 해체하는 탈구조를 통해 주체와 객체의 현상을 주시하는 것이다. 문학은 문장을 통한 낯설게 하기의 결과물이라고 말하는 것도 실은 텍스트는 완성상태가 아니라 작가가 구조화하고 해체하는 반복을 통해 텍스트를 만들고 독자와 비평가들이 다시 읽고 재해석하는 과정을 거쳐 정전화가 이루어짐을 말한다.

앞서 이야기하였듯이 진리 탐색은 주체와 객체가 만나 현상을 구조화하는 데서 시작한다. 주체와 객체는 분리된 채로 대립하는 것이 아니라 융합된 상태에 있다. 구조가 탈구조화하고 탈구조가 구조화한다. 문학작품에 대한 인식도 여기서 출발할 필요가 있다. 문학은 우선 정신적, 언어적 구조가 성립하고 그 구조 위에서 특정의 아름다움이나 작품이 작용 반작용을 거치면서 자신의 가치를 이끌어 낸다. 그렇다고 하여 완벽한 틀을 갖는 것은 아니다. 구조를 다시 해체하여 이분법적 모순을 자각하고 해소하려는 노력이 필요하다. 그 모순은 텍스트와 독자와의 역동적 관계에 의하여 해소될 수 있다는 점에서 작품은 구조화와 탈구조화의 반복을 거칠 수밖에 없다.

문학작품이라고 일컫는 글들이 보통 가지고 있는 내재적인 성격이나 구조들로 인하여 문학작품이 될 따름이지 그것 자체가 문학작품의 결정인자가 아니라는 것이다. 이번 문제작에서는 텍스트의 관점에서 부단하게 작품을 구조화하고 다시 해체하는 자기정제의 과정이 뚜렷한 작품을 선정하여 구조화와 탈구조화의 순환성을 살펴보고자 한다.

임병식의 〈월석〉

임병식은 달을 감상하기 위하여 하늘을 쳐다보지 않는다. 달은 하늘에 떠 있다는 구조화된 의식을 거부하는 그는 앞에 놓여 있는 조그마한 수석을 응시하고 있다. 천문가다운 과학적 관찰이 아니라 애석인으로서 심미적 사유에 빠져들고 있다. 그래서 임병식은 자신은 월석을 쳐다보지 않고 '월석을 들여다본다'고 말한다.

달을 지켜보는 그의 시선은 무엇인가. 수석인이 돌에 박힌 달의 형상을 지켜보려면 심안으로 읽고 상상의 나래를 펴고, 깊은 사유를 끌어내야 한다고 믿고 있다. 그에게는 마음과 상상과 사유가 월석을 감상하는 안목이다. 그의 월석 감상법은 판타지적인 비현실성에 빠져들지 않고 있음으로 달에 대한 소회를 수필로 기록할 때 관찰이라는 단선적 시선을 거부하고 입체적인 하이퍼텍스트적 수법을 동원한다.

하이퍼텍스트란 필요한 하부의 갖가지 텍스트를 빌려와 체계적으로 구성하는 방법을 일컫는다. 임병식이 구사하는 하이퍼텍스트는 천문, 회화, 문학 등으로 구성됨으로써 하늘에 떠있는 달보다 수석에 박힌 달을 더 신비롭고 경이로운 풍경으로 만든다. 그는 과학적 이성적 논리에 의존하지 않고 심미적인 방식으로 월석을 소개하려 한다. 이로써 매번 지켜볼 때마다 월석의 영상과 이미지는 시시각각으로 시원始原을 알 수 없는 파노라마를 연출한다.

육안으로 보이는 월석은 물리적 대상에 불과하다. 월석의 포인트는 중앙에 약간 비껴서 박힌 흰 석영이다. 석영이 달을 상징하는 포인트가 되고 있다. 임병식은 '달은 지구의 위성이다.'라는 일원론에서 벗어나 달의 위치, 모양, 빛을 해체하여 새로운 이미지와 가치를 만들어 내고 있다. 오석의 피면도 칠흑의 밤을 연출한다. 그는 작가이자 달의 애호가이므로 오석을 밤의 검은 하늘에 일치시키고 하얀 보름달을 흑백 이미지로 구조화한다.

달을 보며 때로 생각에 잠긴다. 대저 저 달은 얼마나 많은 사람을 웃기고 울렸을까. 간운보월看雲步月이라는 말이 있지만 달밤에 내닫는 구름을 보며 얼마나 많은 사람이 눈물지었을까. 그리움은 또 얼마나 깊을 것이며 현실에서 느끼는 회한은 얼마일 것인가.

달에 몰입한 임병식에게 달은 일정한 형상으로 나타나지 않는다. 시시각각으로 달라지는 감정에 따라 수많은 형상으로 변하면서 달을 동서고금에 소개된 회화에 대입시킨다. 혜원의 〈월하정인〉은 달을 통해 그리움을 자각할 때이다. 초저녁 서쪽에 뜬 초승달에서 중세의 해적선을 떠올리는 것은 시각 이미지에 몰입하는 때이다. 보름달에서 충분한 볼륨을 연상하는 감각은 명절날과 치성의 의식을 알고 있기에 생성한다. 담묵처리도 진경산수도의 멋을 살려준다. 결국 달이란 하늘에 떠 있는 것이 아니고 돌 위에 박힌 것도 아니고 감상자의 마음에 박혀 있음이 드러난다. 그는 하늘의 보름달보다 달의 이미지를 더 좋아한다. '보름달은 가장 많은 상상력을 달리한다.'고 믿고 있듯이 만삭의 여인, 월하정인, 생명의 주기조차 석영 보름달에서 나온다. 그래서 작가는 '그런 보름달이 돌 속에 박혀서 항상 나의 곁에 있으니 얼마나 좋은지 모른다.'고 말하게 된다.

무엇보다 월석 덕분에 그는 일상으로부터 벗어날 수 있다. 그가 입문하고 싶은 세계는 사랑이다. 어둠과 달이 배경이라면 더없이 풋풋한 사랑을 꿈꾸기에는 적합한 것이 없다고 믿는 임병식은 월석을 마주보고 있지만 무한대의 의식공간을 유영하고 있다. 매체는 오석에 박힌 흰 석영에 불과하지만 상상계가 투입됨으로써 하늘의 달보다 더 아름다운 미적 원형이 탄생하는 셈이다. 나아가 역사에 등장하는 여러 인물들이 느꼈던 흥취와 미감의 세계를 빌려와 하이퍼텍스트라는 새로운 구조를 완성한다. 그 점에서 임병식은 구조화와 탈구조의 효과를 적절하게 구사하는 문인일 뿐 아니라 보통사람들과 달리 텍스트를 통하여 항상 보름달을 대면할 수 있다. 그때마다 연상을 끊임없이 부여함으로써 아름다운 월석의 세계를 펼치는 하이퍼텍스트를 생산하고 있다.

이상원의 〈검은 껌〉

이상원의 〈검은 껌〉은 앞서 다룬 임병식의 미적구조와 달리 이념의 탈구조화를 펼쳐낸다. 그의 텍스트에 준비된 상징물은 검은 껌이다. 검은 색이라는 색채 이미지와 껌이라는 일회성 기호품이 합쳐진 검은 껌은 길바닥에 버리거나 다른 사람들이 함부로 밟는 인격체를 상징한다. 그 점에서 이상원에게 검은 껌은 읽고 분석하고 의미를 부여해야 하는 은유의 작은 텍스트로 나타난다. 그가 말하려는 껌은 사회조직에 의하여 소모되어 더 이상 쓸모가 없어져 버린 샐러리맨을 지칭한다.

껌은 도시인의 인기 품목이다. 사건의 무대는 자연스럽게 도시로 설정된다. 껌을 씹던 사람이 불쾌감을 느끼는 때는 "블록 바닥에 있던 껌이 신발에 진득하게 붙었을 때"이다. 그 껌은 쉽게 떨어지지 않으려 한다. 그뿐만 아니라 무심한 행인이 밟아 아메바 모양으로 검게 되어 버렸다. 힘들고 패배당한 인생의 모습이랄까.

저 껌들도 처음에는 흰색이었다. 새콤달콤 오묘한 맛을 지닌 채 계산대 앞 진열대에 놓여 있었다. 꼬마부터 노인까지 손쉽게 선택하는 인기 상품이었다. 하지만 누군가에게 단물만 빨린 채 길거리에 맨몸으로 버려졌다. 짓밟히고 밟혀 하얗던 색은 검은색이 되었다. 신발에 붙어 떨어지지 않는 껌을 바라보자. 누군가, 길게 늘어나면서도 떨어지지 않으려 안간힘을 쓰고 있어 '안 떨어지는 껌'이라고 표현한 그 선배가 생각난다.

이상원은 껌의 제조과정이 아니라 씹히고, 버려지고, 밟히고, 변색하는 해체의 과정을 묘사한다. 껌의 구조화된 언어는 '씹는 것'이지만 그 언어구조가 해체되어 '밟히는 것'이라는 새로운 물상과 의미를 생성시킨다. 나아가 밟히는 것은 '밟히는 사람'이라는 의미구조를 등장시킨다. 이상원이 생각한 껌과 선배가 지닌 공통점은 단물을 모두 빼앗기고 버려져 수모를 받는 타자이다. 선배는 초기에는 진열대의 껌처럼 인기를 얻고 비싼 값으로 불리며 승승장구하면서 능력을 발휘하지만 건강에 이상이 생긴다.
살아있는 모든 동식물들은 번성과 쇠락을 거치기 마련이다. 조직이 해체되는 것이 숙명이고 자연이 지닌 불변의 법칙이다. 일반적으로 사회는 강자이고 개인은 약자이며 사회는 갑甲이고 개인은 을乙이다. 약자로서 을이 선택할 수 있는 길은 너무나 좁다. 직장에서 한때 촉망받던 그도 병이 들면서 자신의 뜻과 다른 직장경험을 하게 된다. 그 개인적인 흥망성쇠는 발에 밟힐 수밖에 없는 껌과 같아진다.
사람이면 누구나 달콤한 맛을 보면서 진열대 윗면에 진열되었다가 비싼 값에 팔리고 싶어 한다. 노동 시장에서는 고용주와 피고용자 사이의 생각이 정반대이다. 전자는 비용절감을 생각하지만, 후자는 보상심리에 의존한다. 어느 누구도 바닥에 붙어있는 껌이 되려 하지 않는다. 어느 누구도 아스팔트 바닥에 붙어있는 껌을 비난할 수 없는 까닭은 누구에게나 있을 수 있는 개연성의 구조이기 때문이다. 이상원은 사회의 모순을 해체하기 위하여 '단물만 빼먹고 함부로 버린 세상에 대해 항의'하는 수필을 쓰고 있으나 그 외에 할 수 있는 선택은 별로 없다. 신발 밑창에 붙어있는 껌은 그냥 두면 자연스럽게 떨어진다. 계속 붙어있다 하더라도 그대로 두는 게 낫다. 이상원은 사회에서 이루어지는 부당한 갑을 관계를 객체의 입장에서 살펴 모순을 지적하지만 개혁 방법을 제시하는 텍스트는 쓰지 않는다. 오직 추방된 피고용자의 일화를 빌려 냉혹한 사회를 향하여 항의의 언어를 날리고 있을 따름이다.

박경주의 〈보따리〉

박경주의 〈보따리〉는 담긴 내용물이 세월에 따라서 어떻게 달라지는가를 이야기한다. 내용물의 질량이 보따리의 크기를 결정한다. 물건이 클수록 보따리가 커질 수밖에 없다. 사람들은 보따리에 자신이 원하는 물건을 집어넣거나 끄집어냄으로써 인생의 보따리를 꾸려간다. 박경주도 인생 보따리에 여러 물건을 넣거나 끄집어내고 있다. 그런데 박경주의 텍스트가 묘사하는 보따리는 세월에 맞추어 크기와 내용물의 가치가 달라진다.

이 작품은 "작은 보따리를 집어라."로 시작한다. 작은 보따리에는 작은 물건밖에 들어갈 수 없다는 고정관념이 논쟁거리로 등장한다. 한국전쟁 후 구제품을 나누어줄 때 가톨릭으로 개종한 어머니는 보따리의 크기와 내용물의 가치가 상관이 없다는 것을 일찍이 깨닫는다. 사람들은 큰 보따리를 선택하지만, 어머니는 경험에 의하여 작은 보따리 안에 더 귀한 구제품이 들어있음을 알아차린다.

많은 보따리들이 멍석 위에서 주인을 기다렸다. 큰 보따리에서 중간 크기의 보따리, 그리고 아주 왜소한 보따리들까지 가지각색의 보따리가 쌓여 있었다. 미국 사람들이 각자의 물품을 걷어 보내준 것이라 했다. 줄을 설 때마다 미국 사람이 되고 싶었다.

어린 시절 박경주가 성당에서 배급하는 구제품을 받기 위해 줄을 섰을 때 그가 눈으로 바라본 것은 현상 그 자체이다. 큰 보따리에는 크고 좋은 물건이 들어있다는 믿음은 현상과 실제는 일치하는 데서 비롯한다. 구제품 보따리는 어린 박경주가 해독하여야 하는 일종의 텍스트이다. 그는 보따리에 대한 단일화된 사상체계에서 벗어나, 여러 환경과 현상을 포괄적으로 수용하는 탈구조주의라는 재인식을 힘겹게 습득해나간다. 그가 읽어내는 보따리라는 텍스트에는 상상이나 환상이 끼어들지 않는다. 배급 순서가 가까이 다가올수록 어머니의 선택이 옳은 것인가에 대해 궁금해 한다. 그럴 때마다 작가는 "엄마 말씀대로 제일 작은 보따리를 집어"오지만 "막상 물표를 내고 보따리를 집을 때면 큰 보따리를 잡고 싶었다."라고 말한다. 왜 다른 사람들은 큰 것만 가져가느냐고 질문하면 엄마는 "큰 것은 구질구질한 것만 있어."라고 내용과 형식을 분리시켜 준다. 이렇듯 작가는 어린 시절부터 외적 구조가 아니라 내적 가치로 전이하는 인생론을 배워나간다.

비록 큰 보따리가 허깨비라 할지라도 큰 것을 기대하는 욕심을 포기했기에 작은 것을 택할 수 있을 것이었다. 살면서 작은 게 소중하다는 걸 새삼 느낄 때가 많다.
세상의 큰 보따리들은 가지지 못한 자들의 희원일 뿐이다.

박경주는 성년 시절에 필요한 물건을 하나씩 소유하고 있다. 새색시 시절엔 아들을, 경제적 여유가 있을 땐 집을, 자식을 일류대학에 넣는 욕망을 차례차례 이루어간다. 작가는 어린 시절 구호물자 '보따리 파티'에 참가하였듯이 지금의 그는 인생 보따리에 현실을 담아간다. 동시에 인생이란 보따리에서 텍스트를 하나씩 끄집어내고 있다. 그럴 때 그가 느끼는 것은 "별것이 없는 게 세상인 것 같다."라는 생각이다.

결미에 다다르면 보따리에 대한 해석이 바뀌어간다. 그는 육안의 시야에서 벗어나 "요즘 보이지 않던 아주 작은 기억의 조각들이 보인다."고 말하는 사유의 경계로 넘어선다. 구제품의 보따리가 삶의 보따리로, 다시 기억의 보따리로 옮겨간다. 기억의 보따리에 담기는 것은 물건이 아니라, 심미적 언어이다. "임이 만들어준 꽃반지에 감동했던 기억"처럼 추억이라는 언어는 끊임없이 변화한다. "눈 내리는 터미널 앞에서 이불 보따리를 지키던 시어머니"와 "첫아이에게 세례를 줄 때 성당 밖에서 기다리던 시아버님"의 모습으로, 심지어 지금은 "목의 가시가 **빠진** 해방감"이라는 새로운 의미소로 해체되어 간다.

사람은 물질에 대하여 상반된 견해를 갖고 있다. 하나는 별것 아닌 것이며 다른 하나는 생명만큼 소중한 것이다. 어린 시절 구제품 보따리 속의 "국방색 포장지의 우윳가루와 버터"는 그들의 끼니를 보장해주는 음식이었다. 그때 작은 보따리를 가져와야 한다는 다부진 결의는 보따리의 크기가 아니라 물건의 질적 가치에 따라 좌우한다. 새색시 시절부터 중년에 이르기까지의 갖가지 소망은 당시로써는 소중한 삶의 조건이었다. 지금은 기억을 되살려 삶의 가치를 연착륙시키려 한다.

박경주는 보따리를 비우려 하지 않는다. 비워낸다는 것은 위선적인 행동에 불과하다. 인간은 삶의 텍스트를 결코 포기할 수 없다. 할 수 있는 일은 나이에 맞는 물건을 보따리에 채우는 일이다. 그 점에서 박경주의 텍스트는 진솔하게 하루하루의 삶을 보따리로 셈하고 있다.

덧붙이며

　문제작으로 선정된 세 작품이 공통적으로 지니고 있는 것은 작은 현상을 해체할 때 나타난 반응을 기록하고 있다는 점이다. 오석 한가운데 박혀있는 작은 흰 돌에서 달을 상상하고, 신발 바닥에 진득하게 붙은 검은 조각에서 직장에서 쫓겨난 동료를 회상하고, 작은 보따리 속에 담겨져 있는 버터 통을 기억하듯 그들은 텍스트의 의미소에 안주하면서도 이탈한다. 수필이란 현상을 바라보되 형상을 이루는 질료의 본질을 해체하여 언어구조 자체조차 전복하려는 노력을 보여줄 필요가 있다. 수필을 사색의 창이라고 말한다면 사물과 자신과의 거리를 좁혀나가는 과정을 통해 속에 담겨져 있는 본질을 끄집어내는 공정이라고 말할 수 있다. 비유하면, 수필이란 밤송이 껍질을 까버림으로써 그 속에 숨어 있는 밤알을 드러내는 것과 같다고 하여도 지나치지 않다.

| 작품 |

월석月石 감상

임병식

덩그러니 뜬 월석月石은 희붐한 미소를 머금었다. 달 주위에는 달무리가 어리고 적당히 비추는 광도는 은은함을 유지한다. 그런 만월의 낯빛이 유독 불그레하다. 달은 비록 오석에 박혀있지만 감상하는 사람의 마음에는 이미 구천에 떠서 내려다본다.

이 월석이 어디에 머물고 있다가 내 곁에 왔을까. 들여다볼수록 정이가고 감상할수록 진한 감흥이 일어난다. 월석의 사전풀이는 달의 표면에 있는 암석, 혹은 밝은 달밤을 이른다. 하지만, 애석인들 사이에서는 달을 닮은 형상석을 말한다. 일종의 문양석이면서 경석景石이지만 눈으로 보기보다는 마음으로 읽는 돌이다.

그만큼 상상의 나래를 펴주며 깊은 사유를 끌어내준다고 할까. 최근에 나는 이 월석을 입수하고서 그 속에 빠져 지낸다. 의식적으로 다가가지는 않는데도 어느새 보면 나도 모르게 이 수석 앞에서 눈을 맞추고 있는 자신을 만난다.

무슨 마력 때문일까. 우선은 일차적으로 워낙에 수석 자체에 빠져서 사는 탓이지만 다른 이유도 있을 것이다. 무한한 상상력을 펼쳐주지 않는가. 이 월석과 마주하면 한두 시간쯤은 어느새 지나간다. 스프레이로 물을 뿌려 놓고 한 삼십 분 지나면 차차로 물기가 말라 가는데 그 변화의 무쌍함이 또 다른 볼거리를 연출한다.

상상력을 불러일으키는 것으로 월석만 한 것이 있을까. 수석은 본래 발견의 미학으로 시작하여 상상력을 기본으로 하는 것이지만 특히 월석은 그 흥취를 고조시켜 준다. 그러지 않고서야 어찌 지척의 돌에서 우주를 들여다보며 대화를 할 것인가.

이 월석의 포인트는 뭐니뭐니해도 중앙에 약간 비켜서 박힌 흰 석영에 있다. 오석 가운데 홀연히 박힌 것이 미점이면서 포인트다. 그렇지만 다른 바탕이 역할을 하지 않는 것은 아니다. 오석의 칠흑 표면이 더욱 밤다운 밤을 연출하며 분위기를 이끈다.

수석은 눈으로 보지만 사실은 마음으로 감상하는 돌이다. 진경이란 실은 마음으로 읽는 것이 아니던가. 진경산수의 대표적인 〈인왕제색도〉도 보면 담묵처리가 백이 흑으로 반대로 되어 있지만 마음으로 감상하기에 생동감을 더 준다. 고차원에 이르면 사실 여부는 안목에 의해 가려진다. 결국은 감상하는 눈이며 태도인 것이다.

달을 보며 때로 생각에 잠긴다. 대저 저 달은 얼마나 많은 사람을 웃기고 울렸을까. 간운보월看雲步月이라는 말이 있지만 달밤에 내닫는 구름을 보면서 얼마나 많은 사람이 눈물지었을까. 그리움은 또 얼마나 깊을 것이며 현실에서 느끼는 회한은 얼마일 것인가.

그런 가운데서 나는 이 월석을 보면서 혜원의 〈월하정인月下情人〉을 그려 보기도 한다. 그 그림 속에 떠 있는 달은 하현달로 그려져 있지만 실은 보름달이라고 한다. 이것은 내가 억지로 지어낸 말이 아니고 이태 전 어떤 이가 조사를 해보고 그림이 1793년 음력 7월 15일 밤으로 진단한 것이다. 단서는 그림 속의 눈썹달과 화제畵題의 글 야삼경夜三更이란 표현이 근거가 되었는데 왕조실록의 기록과 대조를 통해서 밝혀졌다는 것이다.

바로 그날 밤, 여인은 머리에 쓰개치마를 쓰고 발부리에 등롱燈籠을 밝히는 사내와 함께 어디를 가고 있었던 것일까. 그날 밤은 월식이 일어났다고 하는데, 그런 밤에 연분을 엮고 싶었을까. 그걸 보노라면 은근한 궁금증이 동하는데 그러나 그 일은 벌써 이백 년의 일. 역사를 쓴 밀회의 정인들은 이미 백골도 진토가 되었으리라.

달의 운행은 모든 생명의 주기와도 일치한다. 한달 두달 석달 이렇게 생명을 잉태시키고 달이 차고 기욺에 따라 몸을 풀게 한다. 이렇게 매일 저녁에 뜨는 달은 초저녁 서쪽에서 뜨기 시작하여 차츰 위쪽부터 부풀어 오르고 보름을 기점으로 다시 오그라든다.

한 달이면 두 번 뜨는 보름달. 이 보름달은 특별한 의미를 갖는다. 충만의 볼륨감 말고도 대부분의 명절날이 이 보름달에 맞춰져 있기도 한 것이다. 보름달은 우선 훤히 밝아서 밤길 걷기가 좋다. 그래서 치성도 이 날을 골라서 했다. 그리고 만삭의 여인이 달의 정기를 받는 흡월吸月도 이때를 택해서 하였다.

그런 보름달이니 어찌 바라보면 생각이 일어나지 않겠는가. 그래서 나는 이 월석을 보면서 쉽게 자리를 뜨지 못하는 것이다.

- 임병식의 수필 세상

| 작품 |

검은 껌

이상원

 횡단보도에서 대기 중이다. 보도블록 모서리 면을 발 중앙에 위치시킨다. 앞뒤로 중심 이동하며, 반동을 준다. 그래야 신호가 바뀌면 빠르게 횡단할 수 있기 때문이다.

 인도 끝자락에 내리쬐는 햇빛이 강하다. 쏟아지는 햇볕을 조금이라도 피해 보려고 손으로 가려본다. 하지만 태양을 가리기엔 역부족이다. 그늘을 찾아 뒷걸음질한다. 얼마 되지 않아 이상한 느낌이 나 밑창을 보니 달궈진 블록 바닥에 있던 껌이 신발에 진득하니 달라붙었다. 떼어내려 해 본다. 태양의 열기로 한껏 늘어난 껌은 쉽게 떨어지지 않는다. 한숨을 쉬며 주위를 둘러보니 온통 아메바 모양을 한 검은 색깔의 껌들로 가득하다.

 저 껌들도 처음에는 흰색이었다. 새콤달콤 오묘한 맛을 지닌 채 계산대 앞 진열대에 놓여 있었다. 꼬마부터 노인까지 손쉽게 선택하는 인기 상품이었다. 하지만 누군가에게 단물만 빨린 채 길거리에 맨몸으로 버려졌다. 짓밟히고 밟혀 하얗던 색은 검은색이 되었다. 신발에 붙어 떨어지지 않는 껌을 바라보자 누군가, 길게 늘어나면서도 떨어지지 않으려 안간힘을 쓰고 있어 "안 떨어지는 껌"이라고 표현한 그 선배가 생각났다.

몇 년 선배인 그는 다른 회사에서 근무하다가 경력사원으로 입사해 나랑 같이 근무한다. 적극적인 성격으로 회사생활은 금방 적응하여 윗사람들과 관계가 좋고, 후배들에게 인기도 많았다. 업무도 꼼꼼하면서 시원스럽게 잘 하여 진열대의 껌처럼 돋보이며 인기도 많았다. 친분이 있는 부서장들은 그를 스카우트하려 경쟁하였고 그는 비싼 값에 진열대에서 팔려나갔다. 그러다 보니 자연스럽게 많은 일들을 맡아서 하게 되었다.

승승장구한다 생각될 무렵 그의 건강에 이상이 생겼다는 소문이 들렸다. 업무 중 쓰러졌고 병원에서 뇌압 상승으로 인한 뇌출혈과 양성 뇌종양 판정을 받아 수술을 받았다.

몇 개월 후 그가 돌아왔다. 수술 자국을 가리기 위해 약간의 헤어스타일만 바뀌었을 뿐 예전처럼 빠르게 적응해 갔다. 하지만 과도한 업무는 그에게 병가와 근무를 반복하게 했다.

그러던 중 소속 부서장이 변경되었다. 새로운 사람에게 본인의 상황을 설명하고 이해를 구하는 것을 매우 힘들어 했다. 바뀐 부서장은 본인의 실적을 올려 임원으로 승진하기를 원했다. 부서장은 건강치 못한 선배를 다른 사람들과는 다르게 혹독하게 다그쳤다. 아픈 그는 눈엣가시였다. 선배는 인내해 보려 애를 쓰다가 결국은 수술 이후 끊었던 담배까지 물게 되었다.

한동안 선배는 부서장을 피할 수 있는 방법을 물색했다. 떠나려는 그에게, 본인 승진하는 데 있어 오점을 남기기 싫어하는 부서장은 만류했다. 하지만 선배는 부서장의 시야에서 벗어나고자 했고 마침내 좀 더 마음 편한 곳으로 파견되었다.

그러나 장기간 수행될 줄 알았던 업무는 예상보다 일찍 종료되었다. 선배가 계획한 일정에 차질이 생겼다. 프로젝트가 종료된 후 복귀를 하면 그 부서장은 다른 곳으로 떠나 있을 것이라 생각한 것이다. 하지만 오히려 부서장은 그 부서의 임원이 되어 있었다.

다시 복귀하려 하자 이번에는 임원이 막아섰다. 그는 복귀하지 못하게 인사부서에 조치를 취했다. 선배는 상황의 심각성을 느끼며 빠른 시일 내에 복귀하려고 안간힘을 썼지만 임원의 힘은 막강했다. 예전에 서로 발탁하려던 친한 부서장들조차 그를 외면했다. '발령대기자'란 이름표를 달고 몇 개월이 지났지만 그를 원하는 부서는 어디에도 없었다.

최근에는 선배에 대한 인사위원회가 개최된 이야기도 들린다. 직원해임을 위한 위원회 개최는 창사 이래 처음이란다. 선배는 열심히 일할 테니 기회를 달라고 했다던데 그 결과가 궁금하다.

한때 가장 이목을 집중시키며 진열대 맨 위에서 부러움의 대상이었던 그가 이제는 직원들의 술자리에서 안줏거리가 된다. 신발에 붙어 있는 검은 껌처럼 저렇게 버티지 말고 회사와 협상해 단 몇 개월 분 급여라도 챙겨서 떠나야 그나마 이익이다 주장하는 사람도 있고, 끝까지 버티고 견뎌야 한다는 주장도 있다. 각 주장들이 일리는 있다. 하지만 과연 그가 뜨거운 바닥의 검은 껌이 되도록 잘못한 것은 무엇인지 궁금해진다.

우리들은 달콤한 맛만 지니고 살며 진열대 가장 윗면에서 비싼 값에 팔리고 싶어 한다. 어느 누구도 아메바 모양으로 바닥에 붙어 있는 것은 상상조차 싫어한다. 선배 또한 그러했다.

일부는 떨어졌지만 아직도 신발 바닥에 붙어 있는 껌을 보며 본인만 살아남기 위해 남에게 피해를 준다고 느끼는 순간, 단물만 빼 먹고 함부로 버린 대상에 대해 항의하고 있다는 생각이 더 강하게 드는 것은 무슨 이유일까.

신호가 초록색으로 바뀌었다. 아직도 바닥에 붙어 있는 껌이 걷기에 좀 신경 쓰인다. 하지만 신발 밑창에 붙어 있는 껌을 그냥 놔둘 생각이다. 그러다 보면 자연스럽게 떨어질 것이다. 만약 계속 붙어 있더라도 그대로 두고 싶어진다.

초록색 신호가 깜빡인다. 검은 껌 생각으로 좀 늦어진 발걸음을 재촉하며 횡단보도를 서둘러 가로지른다.

― ≪수필과비평≫, 141호.

| 작품 |

보따리

박경주

작은 보따리를 집어라. 한국전쟁 후 어머니는 천주교인이 되었다. 성당에서 구제품을 나누어주던 시절이었다. 어머니는 '마르가릿다'라는 세례명을 받았고, 그 덕에 우리 삼남매도 유아영세를 받아 서양식 세례명을 얻었다. 훗날 어머니의 고백을 들어보면 당시 많이 편찮으셨던 아버지의 장례를 치르기 위해 입교했더라는 것이다. 주목적은 그것이었지만 아버지는 편찮으시면서도 미수米壽를 살다 가셨고, 때때로 나누어주는 구제품이 더 큰 매력이 되었다.

오빠들과 나는 주로 성당 마당에서 허기지도록 놀았다. 배고프던 그 시절 교회에선 사탕도 주고 빵도 주는 등 먹을 것이 있었기 때문이다.

구제품을 나누어주는 날은 길게 줄을 서야 했다. 오빠들과 교대로 서기도 했고 혼자 설 때도 있었다. 그런 날, 성당 마당은 인파로 붐볐다. 장터가 따로 없었다. 넓은 마당에 멍석을 깔았고, 머리에 띠를 두른 봉사자들은 분주히 오갔다. 호루라기 소리가 계속 들려왔고, 신부님도 수녀님도 모두 마당에 나와 질서정연하게 구제품이 배급되도록 진행을 도왔다. 많은 보따리들이 멍석 위에서 주인을 기다렸다. 큰 보따리에서 중간 크기의 보따리, 그리고 아주 왜소한 보따리들까지 가지각색의 보따리가 쌓여 있었다. 미국 사람들이 각자의 물품을 걷어 보내준 것이라 했다. 줄을 설 때마다 미국사람이 되고 싶었다. 지금도 TV에서 아프리카 어린이들이 구제품을 받기 위해 줄선 장면을 볼 때면 그때의 내가 떠오르곤 한다. 우리도 그런 시절이 있었지. 아마 저 애들도 '코리아'란 나라를 동경할 수 있을 것이다.

줄이 점차 당겨지면서 이제 집어오기만 하면 되었을 때다. 순서가 가까워지면 두근거렸다. 숨을 죽이고 멀리 숨어 있는 엄마를 바라보았다. 잘해내야 할 텐데. 부끄러워하는 젊은 엄마를 대신해 나는 소임을 다하겠다는 신호를 보내는 것이었다. 막상 물표物票를 내고 보따리를 집을 때면 큰 보따리를 잡고 싶었다. 그러나 엄마 말씀대로 나는 제일 작은 보따리를 집어 왔다.

"엄마아."

의기양양하게 엄마에게로 뛰어왔다.

"왜 작은 걸 가져오라고 해? 다 큰 것만 가져가는데?"

"큰 것엔 구질구질한 것만 있어. 크디큰 옷하고 담요밖에 없어야."

그렇구나. 내가 가져온 작은 보따리 안에는 국방색 포장지의 우윳가루며 버터, 통조림에 약도 좀 들어 있었다. 푸짐했다. 아버지는 그 버터를 뜯어 뜨거운 내 밥에 비벼주시곤 했다. 오빠들은 통조림을 순식간에 먹어치우곤 밖으로 휙 나가 놀았다. 그 보따리 파티를 미국인들이 보았다면 우리는 딱 거지들이었을 게다. 다음 보급일은 언제일까. 다음에도 작은 보따리를 가져와야지.

비록 큰 보따리가 허깨비라 할지라도 큰 것을 기대하는 욕심을 포기했기에 작은 것을 택할 수 있을 것이었다. 살면서 작은 게 소중하다는 걸 새삼 느낄 때가 많다.

세상의 큰 보따리들은 가지지 못한 자들의 희원일 뿐이다. 그 안에 들어 있는 것들을 하나씩 소유할 때마다 별게 아님을 느끼게 된다. 새색시 시절엔 아들을 낳는 게 꿈이었지만 낳아보니 별것도 아니었다. 큰 집에 사는 게 꿈이었지만, 몇 달쯤 살다보니 다시 작은 집에 살 때가 더 좋았던 것 같다. 자식들을 일류대 넣고 싶어 극성을 떨었지만 들여보내니 그것도 싱거웠다. 별것이 없는 게 세상인 것 같았다. 내게 다이아몬드가 가득 박힌 반지가 있다 한들 그 옛날, 임이 만들어준 꽃반지처럼 감동적일 텐가.

요즘 보이지 않던 것들이 보인다. 아주 작은 기억의 조각들이다. 신혼여행을 끝내고 돌아온 날, 눈 내리는 광주의 터미널 앞에서 서울 신혼집에 싣고 갈 이불 보따리를 지키던 시어머님의 모습이다. 제주도에서 우리가 돌아오는 비행기가 결항되고 연착되어 시어머님은 우리를 차부車部에서 종일 기다렸다. 머플러를 세모로 접어 머리에 둘렀던 그날 젊은 시절의 시어머님을 나는 그동안 왜 기억하지 않은 것일까. 첫아이가 첫영성체 준비를 할 두 달여 동안 성당 밖에서 손자를 기다리던 시아버님의 애틋한 손자 사랑을 나는 왜 이제야 깨닫는 것일까.

며칠 전 생선을 먹다가 목에 가시가 걸렸을 때 알았다. 목에 가시가 걸린 순간, 그 어떤 보따리도 사실은 내겐 필요가 없다는 걸. 그저 목에 가시나 뺐으면 좋겠더라고.

— ≪수필과비평≫, 141호.

04 텍스트의 존재성을 구현하는 해석학

　세상은 텍스트다. 세상에 존재하는 모든 만물은 텍스트로서 나름의 미적 자율성과 언어적 표현력을 지니고 있다. 작가는 텍스트라는 세상 사물을 이용하여 예술작품을 만드는 기능인이라고 말할 수 있다. 예술적이라 함은 보통과 달리 이해하고 해석하고 응용하는 미적 과정을 수행한다는 뜻이다. 작가는 질료로써 고유한 미적 산물을 생산하기 위하여 모방, 탈현실, 환상과 같은 여러 가지 방법을 동원한다. 그렇게 하기 위하여 개성적인 언어로 대상을 표현한다.
　작가는 존재하는 사물과 동일시간 안에 있다. 사물이 움직이면 그의 눈동자가 움직이고, 사건이 펼쳐지면 그의 의식도 흐른다. 사물의 움직임이 정지하면 때로는 환상도 휴식을 취한다. 작가는 이러한 미적 움직임과 정지의 흐름을 놓치지 않도록 부단하게 노력한다. 그렇게 하려면 현실 안에서 사물이 지니고 있는 지평을 넘어서는 것이 요청된다. 이것을 작가가 수행할 미적진리라고 이른다. 그 미적진리는 질문과 대답이라는 과정으로 이뤄진다. 왜 그것이 내 눈에 띄는가, 왜 인식하는가, 왜 그것을 언어로 말하려 하는가, 또한 왜 나는 그와 유사한 질문과 대답의 과정을 다른 현상이나 사물에 빗대고 싶은가? 가다머는 이러한 과정을 이해·해석·응용으로 풀이하고 있다.

가다머가 말한 미적과정은 아리스토텔레스가 "신은 자연의 모방이다."라고 말한 것과 일맥상통한다. 조물주가 창조한 태초의 세상이 1차적 텍스트라면 작가가 이루어낸 결과는 2차적 텍스트라고 말할 수 있다. 가다머는 모방을 역동적 과정으로 풀이한다. 누적된 체험으로 텍스트를 현재화하고 진리를 생산하여 독자에게 보급하는 과정을 미적 경험으로 진리가 발견된다고 보다 구체적으로 풀이할 따름이다.

가다머는 어떤 사건을 이해하려면 관찰자의 의식이 개입되어야 한다고 말한다. 어떤 텍스트도 작가와 무관하게 무엇을 의미할 수 없다. 오직 나에게 의미로 다가오는 것만을 표현한다. 달리 말하면 이해는 외부에 있는 어떤 기호로써 내부에 있는 무엇을 인식시키는 것이다.

가다머는 예술의 경지에 다다른 이해를 해석이라고 부른다. 이해라는 작업은 개인마다 다르다. 경험, 사회적 배경, 심지어 감수성과 같은 문학적 스키마가 이해의 정도를 다르게 만든다. 관심의 폭이 좁으면 이해의 폭이 좁아지고, 관심의 폭이 넓으면 이해의 폭도 넓어진다. 문헌학의 중요 임무이자 문학의 핵심적인 기능인 해석에서는 작가가 이해한 것을 표현할 수 있는 언어적 능력이 필요하다. 언어적 형태를 통한 명시적 이해가 온전한 해석이라는 것이다.

세 번째 단계는 응용이다. 응용이란 텍스트를 이해하고 미적 언어로 해석한 것을 자신의 세계에 다다르는 것이다. 외부 대상에 대한 질문과 대답을 자신에게 적용하여 자아를 현재에 동화시키는 단계를 수행할 때는 과거와 현재, 과거의 자아와 현재의 자아 사이에 빚어지는 긴장을 유지하는 것이 중요하다. 가다머의 해석학은 동화가 아니라 의식을 일깨우는 것이므로 긴장이 유지할 때 역사적으로나 문화적으로 멀리 있는 것을 획득할 수 있다. 그 결과를 지평융합이라고 부른다.

지난 ≪수필과비평≫ 8월호에는 가다머의 해석학으로 작품을 명료하게 분석할 수 있는 세 작품이 눈에 띄었다. 이 작품들은 이해와 해석과 응용의 과정을 통하여 사물이 지니고 있는 진리를 표현하고 있다. 철학에서 말하는 진리가 아니고 미학적 진리를 찾아내는 남다른 소통력을 보여 준다. 그 지평을 넓혀가는 서술 과정을 설명하고자 한다.

정태헌의 〈피자 한 쪽〉

〈피자 한 쪽〉의 작가인 정태헌은 "앉아서 지켜본다." 수필의 작가는 1인칭 이야기꾼이지만 그는 말하거나 서술하지 않는다. 오직 "창가 쪽으로 시선을 옮겨 눈길을 떼지 않는" 동작만 취하고 있다. 그는 자신이 지켜본 것을 말이 아니라 시각적으로 전달한다. 마치 빛이 투명한 유리판을 거쳐 빠져나가는 것처럼 그냥 본 것을 전달한다. 〈피자 한 쪽〉에서는 질문과 대답의 연속 과정이 분리되어진다. 작가는 시선으로 질문하고 독자는 언어로 대답하는 형식을 취한다. 가다머는 어떤 것을 이해하려면 질문에 대한 대답이 있어야 참으로 이해할 수 있다고 말한다. 정태헌의 글을 찾아보면 그는 질문을 하되 독자가 수용하는 열린 대답이 저절로 나타나는 방식을 선택한다.

배경은 해 질 무렵 7층 레스토랑 창가이다. 상황은 피자를 사이에 두고 40대 초반의 사내와 예닐곱 살 가량의 아이가 마주 앉아 있다. 특이한 점이라곤 수척한 사내가 휠체어에 앉아 있다는 것이다. 사내는 철지난 헐렁한 양복에 후줄근한 넥타이를 매고 있으며 반대편에는 노란 나비

리본을 머리에 꽂은 귀여운 아이가 앉아있다. 관찰자로서 정태헌은 애틋한 미소를 짓는 사내와 쫑알대며 피자를 먹는 아이와의 관계를 이해하고 싶어 한다. 두 사람이 정태헌의 시선을 붙잡았을 때 정태헌은 그것이 무엇인가를 인식하고 싶다. 인식하는 대상은 관찰자와 무관하지 않으면서 의미 있는 무엇이어야 한다. 레스토랑의 풍경에 정태헌의 삶이 개입하는 틈이 만들어진다.

> 아이는 피자를 맛깔스럽게 먹다가 눈을 들어 사내 쪽으로 피자 그릇을 밀어보지만, 사내는 소리 없이 웃으며 피자그릇을 아이 앞으로 밉니다. 그렇게 서로 밀기를 몇 번 반복하지만, 컵에 든 물 이외에는 사내가 피자 먹는 모습을 보지 못합니다.

사내는 피자를 먹지 않으려 하고 아이는 피자 그릇을 사내 앞으로 자꾸 내밀려고 한다. 이 현실은 작가의 과거 경험을 재생시켜 낯선 풍경을 친숙한 풍경으로 만들어 낸다. 어쩌면 자신의 아이와 함께 식당에 갔던 기억이나, 마지막 남은 피자 한 조각에서 진하게 기억에 남은 어떤 음식을 떠올릴 수 있다. 식당에서의 벌어지는 실랑이를 가족 간의 애정 교환으로 연상할 수도 있다. 당연히 동화된 관찰자는 따뜻한 미소를 보낸다.

그런데 휠체어에 탄 사내가 실랑이를 하다가 넘어진다. 하반신이 불편하다는 것이 비로소 밝혀진다. 두 번째 상황의 초점은 넘어진 사내가 오직 아이의 부축을 받으며 일어나는 광경에 모여진다. 그는 도움을 거부하므로 "주위 사람과 종업원은 바라볼 수밖에 없다." 제자리에 앉은 사내는 여전히 미소를 지으며 아이에게서 눈을 떼지 않는다. 계산을 마친 꼬마 아이는 사내의 휠체어를 밀고 승강기 통로 쪽으로 나아간다. "아드린느를 위한 발라드" 선율이 낮게 흐르는 가운데 "짧은 시간에 일어난"

사건은 이렇게 끝난다. 피아노곡은 신체적 불구를 초월하는 사랑에 바친 곡으로 불구는 그 두 사람간의 신뢰에 어떤 틈도 주지 않는다는 것을 보여준다.

그들이 사라진 후 레스토랑은 평상시로 돌아온다. 그래도 바닥에 떨어진 피자가 여전히 눈길을 끈다. 두 사람의 출현이 타인들에게 영향을 미쳤다. 정태헌의 이러한 전달은 이해가 감각적으로 주어지고 인식하는 것이라는 가다머의 입장을 옹호해준다.

> 내내 생각이 흐릅니다. 사내는 왜 하반신이 그렇게 되었을까. 아이의 엄마는 어떻게 되었을까. 오늘은 대체 무슨 날일까. 왜 휠체어를 탄 채 7층 레스토랑까지 올랐을까. 지금쯤 어디로 가고 있는 것일까. 게다가 표정과 몸짓뿐 말이 없는 것이 못내 궁금하였지요.

정태헌은 두 사람의 행동에 대하여 끊임없이 질문을 던진다. 그는 마음 속으로 대답을 찾았지만 독자에게 답 없는 질문을 던져 다원적 대답을 만들어낸다. 이 장면을 사회적 맥락에서 질문하여 특정 장면에 대한 대답을 얻고 싶어 하는 것이다. 이것을 위해 그는 시간이 꽤 지난 지금 "창가의 그 풍경"을 떠올린다. 그가 이해하고 해석하기 위해 요구되는 의미소는 "아이의 깜찍한 모습과 사내의 여윈 미소와 피자 한 쪽과 피아노 선율"로 구성되어 있다. 네 의미소가 여러 집합을 이루면서 독자에게 나름의 답을 하도록 해준다. 해답은 동일하지 않고 일치할 필요가 없다. 다만 나에게 무엇을 의미하는가, 나의 내부에 잠재된 어떤 것을 건드렸느냐가 중요하다. 아무튼 사람들은 현재의 어떤 것을 보면 자신의 내부에 있는 그 무엇과 연결시키려 한다. 가다머가 말한 지평융합은 사람에 따라 차별적으로 이루어진다. 네 가지 의미소를 제시하는 정태헌도 독자에게 그들의 지평을 살펴보라고 말할 따름이다. 열린 결말을 위해 관찰자로서 자신이 본 풍경에 영상미를 부여하는 이유가 이것이라고 하겠다.

김은주의 〈꽃탑〉

김은주의 〈꽃탑〉은 두 부분으로 이루어져 있다. 첫 부분은 작가가 찻잎을 따는 것이며 후반부는 백발노인이 돌탑을 쌓아올리는 모습을 묘사한 것이다. 작품을 이루는 모티프는 하동 산비탈 찻잎과 탑에 올려진 꽃이다. 작가와 노인은 각각 봄날 하루를 찻잎을 따고 꽃탑을 쌓으며 보낸다. 여기에 해석의 단계가 나타난다. 가다머는 예술의 경지에 다다른 이해의 단계를 해석이라고 부른다. 이해와 해석은 관찰자가 지닌 관심의 정도에 따라 정해진다. 관심의 폭이 넓으면 해석의 폭도 넓다. 해석이 문학의 중요 임무가 되려면 개인이 지닌 언어적 파악력을 미적 경지로 발전시킬 필요가 있다고 가다머는 말하고 있다.

김은주도 감수성을 동원하여 찻잎 따는 행위와 꽃탑 쌓는 행위를 해석의 단계로 끌어올리려 한다. 서두가 "봄비가 대지를 기름지게 쓰다듬는 곡우날 아침 찻잎을 모시러 하동으로 간다."로 시작한다. 비 내리는 날 찻잎을 따러 간 행동을 "봄비가 대지를 기름지게 쓰다듬고 나는 아침 찻잎을 모시러 간다."로 표현한다. 그에게 찻잎을 따는 일은 멋있는 소일거리가 아니라 전통 강정을 만들기 위한 숭고한 의식의 일부라는 것이다. 김은주는 자신의 행동을 예술의 일부로 간주하므로 미적 언어로 표현하려 한다. 이러한 동기가 "꽃 욕심을 누르며 차밭으로 간다."는 심미적 묘사를 이끌어낸다.

풀을 헤치고 차밭으로 드니 가슴께까지 자란 차나무가 온몸을 감싼다. 가지 치지 않고 마음껏 자라서인지 찻잎 참 싱싱하다. 산을 오르는 내내 바람이 심하더니 차밭 속은 오히려 고요하다. 차나무 사이에 몸을 묻고 잠시 찻잎을 가로지르는 바람 소리를 듣는다. 가지와 가지 사이로 밀려드는 바람은 눈 감으니 금방 파도 소리다. 밀려드는 초록 물결에 잠시 멀미가 인다. 이렇게 출렁이다 봄은 또 가겠지. 속절없이 훅 가겠지.

찻잎을 따는 동안 주변에 대한 김은주의 이해는 일상을 뛰어넘는다. 차를 딸수록 현실에서 벗어난다. 잠재의식 속에 포함되어 있던 갖가지 의미가 봄비, 찻잎, 산비탈, 바람 등에 의해 평소와 다른 대답을 찾아낸다. 찻잎 부러지는 소리가 천둥소리보다 크게 들리고, 섬진강 바람에 물비린 내가 가득하고, 차나무가 송사리 떼처럼 바람에 몰려다닌다는 느낌이 그것이다.

한껏 심리적 감수성에 부푼 작가는 쌍계사 약수터 부근에서 노인을 만난다. 백발의 노인은 행인이 있든 없든 개의치 않고 탑을 쌓고 있다. 쌓아올린 탑 군데군데마다 떨어진 동백꽃을 올려놓는다. 그 모양새가 떨어진 꽃에 새 생명을 부여한 의식으로 해석된다. 그리하여 "작정하지 않아 더 아름다운 선"을 지닌 탑이 쌓아진다.

작가는 백발노인이 탑을 쌓는 정성을 자비의 행동으로 풀이한다. 그녀는 지금까지 세상을 밝히는 일이 어려운 줄 알았다. 그런데 "봄날 하루를 자근자근 탑 쌓고 계시는 할아버지"처럼 마음의 행동이 있으면 베풂이 그지없이 쉽다는 것을 알아차린다. 할아버지의 탑 쌓는 일에 대한 이해가 자비의 의미 단계에 다다랐다. 가다머가 말하듯이 그는 감수성을 통해 돌탑을 꽃탑으로 인식하였을 뿐 아니라 예술적 표현으로 마감하고 있다. 나아가 세상의 근심을 덜어주는 것을 보시라고 정의 내린다. 노인의 하루가 멀리서 바라보면 "한나절의 청춘"에 못지않은 옹골찬 시간이 된 것이다.

청춘의 하루와 노년의 하루가 결코 같을 수 없겠지만, 먼발치에서 바라보니 할아버지 한나절이 청춘의 하루 못지않다. 꿈틀거리며 살아 있는 시간. 살아 다시 뭇사람에게 기운을 더해 주는 시간. 무심히 사라지지 않고 빛나게 쌓이는 시간. 가만 생각해 보면 세상 모든 것이 귀하다.

땅에 떨어진 동백이 사람을 행복하게 한다. 작가가 딴 찻잎 하나도 세상을 행복하게 한다. 작가는 처음 찻잎을 딸 때 자신을 위한 성스러운 의식으로 삼았을 뿐, 보시라고 생각하지 않았다. 그런데 떨어진 동백을 탑 위에 올려놓는 행동을 보면서 사람을 행복하게 만드는 것이 보시임을 알게 되었다. 가다머가 말한 감수성 있는 언어적 해석이 이루어진 셈이다.

세상이 갖가지 사건으로 소란스러울지라도 꽃은 그냥 피고진다. 꽃은 채 열흘을 견디기 어렵다. 하지만 김은주는 "꽃의 생명은 짧아서 황홀하고 봄꽃이 져도 천지에는 연초록 풋것이 가득하다."라고 반어적으로 확장하여 말한다. 봄비 내리는 아침 차를 따러 떠난 행동이 해석의 과정을 거쳐 마침내 "피고 지는 일은 참으로 장관"이라는 단계에 다다랐다. 인간의 행위가 조물주의 섭리로까지 확대되고 있다. 그것이 거듭 "울컥울컥 산을 넘어오는 연두, 누구의 손길인지 피고 지는 일 참으로 장관"이다는 미적 개안과 예술적 언어로 구체화된다.

이행희의 〈5월을 내려받다〉

이행희는 자작자작 비가 내리는 5월 아침 속에 머물러 있다. 빗소리에 깨어난 그녀는 빗소리를 듣기 위해 침대에서 뜸을 들인다. 봄비가 땅을 적시기보다 잠에 빠진 의식을 일깨워주는 역할을 한다.

이해란 어떤 것을 생각하고 자신과 어떤 관계가 있다고 느끼는 것이라고 하였다. 그 질문과 대답이 지속적으로 이뤄질수록 현실 속의 상황과 대상은 텍스트 내에서 의미를 쌓아간다. 현재를 과거의 상황에 일치시키고 과거의 상황을 현재화하는 미적 경험은 작가의 감수성으로 정도가 정해진다. 감수성이 충만할수록 최초의 이해단계는 해석의 단계로 나아간다. 이행희가 방에서 빗소리를 들으며 "비 오는 날에는 모든 소리에 빗기가 묻어있다."라고 해석할 때부터 그녀의 의식은 이해에서 해석으로 나아가면서 시간과 공간의 벽조차 넘나든다. 빗소리가 바람소리, 자동차 타이어 소리, 공사장 기계음 소리로 확장되고 창문에 툭툭 떨어지는 빗소리가 더욱 시적 운치를 가진다. 그것은 감수성 안에 모든 사물의 소리가 담겨진다는 뜻이다.

빗소리에 대한 감수성은 향촛불까지 확장된다. 가다머는 "어떤 텍스트를 이해한다 함은 그것을 우리 자신에게 적용시키는 것"이라고 하였다. 하나의 텍스트를 이해함으로써 또 다른 텍스트를 해석할 수 있다는 것이다. 그것이 연쇄적으로 이뤄질수록 인식의 지평은 넓어지고 응용의 범주는 넓어진다. 작가도 빗소리와 향촛불이 타는 소리를 융합하는 응용을 보여준다.

눈을 감는다. 타닥타닥 심지 타는 소리에 방안에도 보이지 않는 비가 내린다. 빗물이 방에 가득 고이고, 찰랑찰랑 따뜻한 물이 가득한 욕조에 몸을 담그고 있는 듯 편안해진다. 온몸이 한군데도 빈틈없이 따스하고 안락하다.

작가가 향촛불에서도 "쉼의 소리"를 들을 수 있는 것은 친구로부터 "5월을 드립니다"라는 시를 받았기 때문이다. 오광수의 시 한 편을 읽을 때 그녀는 좋은 일이 생길 거라는 예감을 갖는다. 모든 일을 긍정적으로 생각하고 싶은 지평융합이 이루어지는 것이다. 시와 비와 향초가 자비를 베푼다고 느낀다. 작가가 인정하듯이 시를 접하지 못했더라도 비가 여전히 내리고 향초에 불은 붙는다. 하지만 시를 만나지 않았다면 비와 향초와 아마릴리스 꽃을 제대로 해석하지 못하였을 것이다. 다시 말하면 가다머가 말한 응용의 과정이 일어나지 않았을 가능성이 크다.

시와 빗소리와 향촛불이 타는 소리에 마음이 움직인 이행희는 소파 곁에 있는 책을 뽑아든다. 그의 행동을 "무심히 펼쳐본다"고 설명하듯 남다른 의지와 감수성으로 이루어진 행동이 아니라 무의식적으로 이루어졌다. 그냥 펼친 페이지에는 "보시에는 재시財施와 법시法施와 무외시無畏施가 있다."는 글이 적혀있다. 빗소리에 대한 해석이 향초와 시를 거쳐 법문으로까지 지평이 확장된 것이다.

> 시구 하나가 좋은 일이 가득한 5월을 나에게 선물해 주었다. 자작자작한 빗소리를, 향긋한 향이 향긋한 하루를 선물해 주었다. 죽은 줄 알았던 아마릴리스를 살려 주었다. 이 외에도 좋은 일들이 일어났다. 도예가가 만든 멋진 화분 한 쌍이 생겼고, 우연히 접어든 골목에서 바람개비 닮은 하얀 꽃이 구름처럼 핀 오래된 백화등 덩굴을 만났다.

수용자로서 이행희는 평범한 것을 자신에게 더 친숙하도록 만든다.

방 안팎에 있는 것, 집 안팎에 있는 것뿐만 아니라 시간에 의하여 차단되어 있는 것을 한자리에 모아 융합시켜 나간다. 떨어져 있는 모든 것을 한때 한곳에 있는 것처럼 보이도록 융합시킨 것이다. 이로써 작가는 어느 5월보다 '비 내리는 5월'에 생의 편안함과 충만감을 느낀다.

나아가 이행희는 자신이 이루어낸 응용의 결과를 독자와 공유하려 한다. 미적경험은 독자적으로 이루어지는 현상이지만 "우리를 위한 진리"로 세우는 것 또한 중요하다. 이해의 과정은 의미소로 이루어진 전체로부터 작가라는 개체에게, 다시 작가라는 개체로부터 전체로 움직인다. 해석학적 순환에 독자의 존재가 포함된다. 그 점을 자각한 이행희는 "내 글도 읽는 이의 마음을 잠시 편안하게 내려놓을 수 있으면 좋겠다."라는 염원을 세운다. 그의 글을 "시린 마음이 포근하게 담길 수 있도록 가득한 욕조의 물"로 표현하는 까닭이 여기에 있다. 이것이 그녀가 인식한 무외시이다. 5월의 아침비가 작가를 포근하고 운치 있게 위로해주었듯이 그의 글 또한 중생의 마음을 편안하게 해주기를 원하는 것은 실천적 응용이 이루어졌음을 보여준다.

덧붙이며

가다머의 해석학은 수필이 이루어지는 과정을 설명해주는 시학이기도 하다. 그는 작품이 진리를 내포한다고 믿으며 작가는 텍스트에 담긴 의미가 어떻게 서로 관계 맺는가를 설명할 필요가 있다고 말한다. 문학의 재구성은 철학이나 과학의 증명과 질적으로 다르다. 가다머는 예술이란 "항상 새로운 견해에 대해 열려 있어야 한다."고 여긴다. 텍스트는 의미를 끝없이 생성시켜야 한다. 비록 의미과잉에 다다를지라도 미적진리는 질문과 대답, 감수성과 문헌적 표현으로 이뤄지고 텍스트 내에서 역사적 지평이 서로 융합해야 한다는 것이다.

　수필은 글 전체의 맥락에서 이해하고 해석하고 응용할 필요가 있다. 앞서 소개한 세 작품, 〈피자 한 쪽〉, 〈꽃탑〉, 〈5월을 내려받다〉는 가다머의 해석학을 실천한 작품이라고 하겠다.

| 작품 |

피자 한 쪽

정태헌

해 질 무렵, 지인과 그곳에 앉아 있었습니다. 창이 벌겋게 물든 레스토랑 7층입니다. 이야기 도중 지인의 눈길이 자꾸 옆으로 쏠리는 게 아닙니까. 그러더니 그곳에서 눈길을 떼질 않습니다. 나도 지인의 눈길 따라 창가 쪽으로 시선이 옮아갔지요.

창가엔 사십 초반의 사내와 예닐곱 살 가량의 아이가 마주앉아 있습니다. 아이 앞에는 조그마한 피자가 놓여 있고요. 맞은편의 사내는 의자 대신 휠체어에 앉아 있습니다. 까칠하고 수척한 사내는 철 지난 헐렁한 감색 양복에 후줄근한 넥타이까지 매고 있는데 어색하기가 짝이 없습니다. 오랜만에 양복을 입어본 모양입니다. 한데 맞은편 아이는 머리카락을 갈래로 땋고, 노란 나비 리본까지 머리에 꽂은 귀여운 아이입니다.

아이를 바라보는 사내의 얼굴엔 애틋한 미소가 흐릅니다. 가끔 웃을 때는 작은 눈이 거의 감기다시피 했고요. 아이가 종알대며 피자 먹는 모습을 여윈 눈길로 바라보며 사내는 흡족해합니다. 아이는 피자를 맛깔스럽게 먹다가 눈을 들어 사내 쪽으로 피자 그릇을 밀어보지만, 사내는 소리 없이 웃으며 불편한 몸짓으로 피자 그릇을 아이 앞으로 밉니다. 그렇게 서로 밀기를 몇 번 반복하지만, 컵에 든 물 이외에는 사내가 피자 먹는 모습을 보질 못합니다.

그예 피자 한 조각이 남습니다. 또 아이는 무어라 중얼거리며 피자 그릇을 다시 사내 앞으로 밉니다. 하지만 사내는 또다시 고개를 저으며 아이 쪽으로 피자 그릇을 미는 것입니다. 이번엔 아이가 몸을 일으켜 피자 조각을 오른손으로 집더니 일어나 맞은편 사내 쪽으로 옮겨가는 것이 아닙니까. 그러더니 사내의 입에 피자 조각을 디밀자 사내는 또 소리 없이 웃으며 도리질을 칩니다. 순간, 사내의 휠체어가 흔들리고, 아이는 억지로 사내의 입에 피자를 갖다 댑니다. 실랑이가 벌어진 것입니다.

근데 웬일입니까. 그만 사내는 휠체어에서 몸을 가누질 못하고 밑으로 흘러내려 엉덩방아를 찧고 맙니다. 사내는 하반신이 불편하다는 사실을 그때야 알았습니다. 넘어진 사내는 버둥거리며 일어나려 하지만 힘이 부쳐 실패를 거듭합니다. 아이는 어쩔 줄 몰라 하며 사내의 손을 잡고 일으켜 세우려 안간힘을 씁니다. 근처에 앉아 이들을 바라보던 한 사람이 도우려 다가섭니다. 종업원도 다가와 거들려 합니다. 하나 사내는 한사코 손사래를 치며 물리칩니다. 그러더니 아이의 손에 의지하여 가까스로 휠체어에 앉습니다.

그 풍경을 주위 사람과 종업원은 바라만 볼 수밖에요. 바닥에 떨어진 피자 한 쪽에서 눈길을 거둔 사내는 언제 그랬냐 싶게 얼굴에 다시 미소가 돌며 아이의 모습에서 눈을 떼질 않는 것입니다. 잠시 후 종업원을 향해 손을 흔들더니 계산을 합니다. 그러더니 아이는 사내의 휠체어를 뒤에서 밀고 사내는 바퀴를 양손으로 굴리며 승강기 쪽으로 향한 통로로 소리 없이 굴러나가는 것입니다. 잠시 후, 사내와 아이는 승강기 속으로 깜북 사라집니다. 짧은 시간에 일어난 일입니다.

실내에선 〈아드린느를 위한 발라드〉 피아노 선율이 낮게 흐릅니다. 주변은 다시 정상으로 돌아가고 나는 지인과 못다 한 이야기를 계속합니다. 커피는 아직 따뜻합니다. 정작 커피가 식지 않은 것인지 가슴속이 더운 것인지 모르겠습니다. 아직 그대로인 채, 바닥에 떨어져 있는 피자 한 쪽에 자꾸 눈길이 갑니다.

　내내 생각이 흐릅니다. 사내는 왜 하반신이 그리되었을까. 아이의 엄마는 어찌된 것일까. 오늘은 도대체 무슨 날일까. 왜 휠체어를 탄 채 7층 레스토랑까지 올랐을까. 지금쯤 어디로 가고 있는 걸까. 게다가 표정과 몸짓뿐 말이 없는 게 못내 궁금하였지요. 해 질 무렵이면 가끔, 창가의 그 풍경이 떠오르곤 합니다. 아이의 깜찍한 모습과 사내의 여윈 미소, 그리고 피자 한 쪽과 피아노 선율이 말입니다.

- ≪수필과비평≫, 153호.

| 작품 |

꽃탑

김은주

　봄비가 대지를 기름지게 쓰다듬는 곡우날 아침 찻잎 모시러 하동으로 간다. 가는 내내 진도 앞바다에는 지는 봄꽃보다 더 아픈 사연이 바다를 덮고 섬진강변에는 유채 만발하다. 찻잎 따는 일은 해마다 정해진 일이니 아니 갈 수도 없고 막막한 마음으로 길을 나섰다. 세상이 하수상하니 꽃 사랑도 지나치면 밉보일까 싶어 꽃 욕심을 누르며 차 밭으로 먼저 간다. 산비탈 차밭은 태평농법 때문인지 올해도 어김없이 풀 반 차나무 반이다. 풀을 헤치고 차밭으로 드니 가슴께까지 자란 차나무가 온몸을 감싼다. 가지 치지 않고 마음껏 자라서인지 찻잎 참 싱싱하다. 산을 오르는 내내 바람이 심하더니 차밭 속은 오히려 고요하다. 차나무 사이에 몸을 묻고 잠시 찻잎을 가로지르는 바람 소리를 듣는다. 가지와 가지 사이로 밀려드는 바람은 눈 감으니 금방 파도 소리다. 밀려드는 초록 물결에 잠시 멀미가 인다. 이렇게 출렁이다 봄은 또 가겠지. 속절없이 훅 가겠지.
　똑똑 찻잎 모가지 부러지는 소리가 천둥 소리보다 더 크게 귀를 울린다. 절정을 향해 치닫는 차나무는 딱 두 잎만 내게 허락한다. 숨죽이고 찻잎을 따니 금방 손톱 밑에 파란 풀물이 오른다. 섬진강을 거슬러 올라온 바람에는 물비린내 가득하다. 어슬렁거리는 바람은 어디를 쏘다니다가 이제야 차밭에 왔는지. 몰려왔다 다시 아래 차밭으로 몰려가는 모습이 송사리 떼 같다. 바람이 모는 대로 차나무 아낌없이 휘청거린다. 칭칭 동여맨 앞치마에 찻잎 조심스레 따 담는다. 행여 치이기라도 할까 봐 아기 만지듯 정성을 다한다. 혼란한 세상 탓인지 차 따는 일이 전에 같이 즐겁지 않다. 한 줌씩 쌓이는 차를 보면 몸에 물이 올라 신명이 나야 하는데 산 위에서 등 떠미는 바람도 무겁고 마음도 따라 무겁다.

무거우니 잠시 콧바람이라도 쐬고 와 다시 찻잎 따는 일을 할까 하고 쌍계사에 올랐다. 일행을 대웅전으로 올려 보내고 나는 잠시 해우소를 지나 약수터에 오니 백발의 할아버지 묵은 동백나무 아래 쪼그리고 앉아 계신다. 바위와 대면하고 뭘 저리 열심히 하나 싶어 가까이 가보니 세상에 꽃탑을 쌓고 계신다. 등 뒤 사람 그림자는 아랑곳하지 않고 할아버지 그저 쌓는 일에만 몰두한다. 사뭇 진지한 손놀림 하며 쌓은 돌의 높낮이를 보아하니 감각 또한 대단하다. 촘촘하게 한 덩이를 쌓아 올린 돌 위에는 동백 한 무더기 척 올려놓고 길게 외로 빼 올린 돌 위에는 작은 동백 한 송이 올려놓는다. 높고 낮음, 많고 적음의 미美를 배운 바 없어 보이지만 뼛속 깊이 숨어 있는 오감으로 그저 그렇게 손 가는 대로 탑을 쌓고 계신다. 의도하지 않고 작정하지 않아 더 아름다운 선. 가다 뚝 떨어지고 다시 모여 탑을 이룬다. 할아버지 키보다 더 큰 바위 사이에 앉아 오월 한나절을 참으로 눈부시게 움켜잡고 계신다. 작은 돌멩이를 주워 모아 바위의 골을 따라 꽃을 피우고 속절없이 떨어진 동백이 할아버지 손끝에서 환생한다. 어차피 떨어져 버릴 꽃 아니던가. 그 꽃을 다시 피워 생명을 불어넣다니 참 신기한 일이다. 넋 놓고 할아버지를 보고 있으니 꽃탑에서 무슨 기운이 뿜어져 나오는지 금방 마음이 환해진다.

누군가를 환하게 하는 일 어려운 줄 알았더니 아니다. 마음과 행동만 있어도 가능한 일이다. 아랫마을에서 아침 일찍 걸음 하셔 봄날 하루를 자근자근 쌓고 계시는 할아버지 곁에 아이들 신이 났다. 불러 모으지 않았는데도 어디서 그곳으로 몰려들었는지 시끌벅적 마냥 즐겁다. 할아버지 손잡고 사진 찍고 말을 건다. 한나절을 그렇게 돌 옆에 가만히 있어도 통 심심할 새가 없어 보인다. 한 무리의 사람이 지나가면 또 다른 사람이 모여든다. 느티나무 그림자에 어룽대는 꽃탑을 보고 웃고, 떠들고, 모두 행복해한다. 그 무엇으로도 대신할 수 없는 귀한 시간이다. 경로당에서 무심히 하루를 보낼 수도 있으련만 잠깐의 공력功力으로 세상 모든 사람의 근심을 덜어주다니 이것이 진정 보시普施 아니겠는가?

누구에게나 공평하게 주어지는 하루가 할아버지에게는 참 옹골찬 시간이다. 청춘의 하루와 노년의 하루가 결코 같을 수 없겠지만, 먼발치에서 바라보니 할아버지 한나절이 청춘의 하루 못지않다. 꿈틀거리며 살아 있는 시간. 살아 다시 뭇사람에게 기운을 더해 주는 시간. 무심히 사라지지 않고 빛나게 쌓이는 시간. 가만 생각해 보면 세상 모든 것이 귀하다. 그저 땅에 떨어진 동백이라도 귀히 여기는 마음만 있다면 모든 사람을 설레고 행복하게 만들수 있다. 누가 복을 짓는다고 했던가. 무한의 복을 짓고 계시는 할아버지 복잡한 세상과 달리 풍요로운 분이다.

세상이 아무리 소란스러워도 꽃은 피고 진다. 한번 온 것은 기어이 가고 간 것은 다시 오지 않는 것이 세상 이치지만 다한 인연이라 여기면서도 마음 거두지 못하는 것은 사람인지라 옹색한 사람인지라 그러하리라. 봄꽃 어디 열흘 붉기가 그리 쉽던가. 지는 꽃은 서글퍼 아름답고 짧아서 못내 황홀하다. 봄꽃이 언제 졌는지 연초록 풋것이 그새 천지에 가득하다. 꽃탑을 보다 고개드니 울컥울컥 산을 넘어 오는 연두. 누구의 손길인지 피우고 지는 일 참으로 장관이다.

— ≪수필과비평≫, 153호.

| 작품 |

5월을 내려받다

이 행 희

　자작자작 비가 온다. 침대에서 눈뜨기 전에 늘 들리는 소리들이 반 음 낮게 나직이 흘러 들어온다. 옆으로 한 바퀴 구르며 이불을 돌돌 말고 엎드린다. 그 자세로 잠시 뜸을 들이다 천천히 눈을 뜨고 몸을 일으킨다. 베란다로 나가 밤새 열려 있던 바깥창문을 닫는다. 양쪽 끝은 열린 채 조금 남겨 두고, 닫혀 있던 거실 창문은 활짝 연다. 빗소리를 듣기 위해서다.
　비 오는 날에는 모든 소리에 빗기가 묻어 있다. 이렇게 봄비가 오는 날은 우산을 받고 홀로 산책을 해도 좋다. 우산에 떨어지는 통랑한 빗방울 소리가 나뭇잎에 내리는 빗소리들과 함께 화음을 이룬다. 바람이 불면 잠시 박자가 흩어지기도 했다가 다시 제 박자를 찾는다. 집에서 듣는 빗소리는 더욱 포근하다. 멀리 자동차 타이어 소리도 나지막하게 깔리고, 옆 공사장 기계음도 한결 부드럽다. 세어지는 빗발이 후드득 창문에 부딪는 소리도, 다시 잦아들어 툭툭 창틀에 떨어지는 소리도 운치 있다.
　향초에 불을 붙인다. 향도 습기를 머금어 낮게 퍼지며 더욱 은은하다. 바깥에 지천으로 핀 빨간 줄장미의 향이 빗소리와 함께 들어오고 있어서일까. 달콤하고 향긋한 5월의 공기가 집안에 가득하다. 눈을 감는다. 타닥타닥

심지 타는 소리에 방안에도 보이지 않는 비가 내린다. 빗물이 방에 가득 고이고, 찰랑찰랑 따뜻한 물이 가득한 욕조에 몸을 담그고 있는 듯 편안해진다. 온몸이 한 군데도 빈틈없이 따스하고 안락하다.

때로 빗소리는 쉼의 소리다. 빨래도 청소도 미룬다. 사회에 크고 작은 사고들이 많아, 그날이 그날 같은 내 일상이 참 감사한 요즘이지만, 잠시 그 일상을 던져두기로 한다. 좀 더 풍족하게 소비하는 것이 직장을 가진 이의 여유라면, 잠시 게으름피우는 것은 직장을 갖지 않은 이의 여유이리라.

당신 가슴에/ 빨간 장미가 만발한/ 5월을 드립니다
5월엔/ 당신에게 좋은 일들이 생길 겁니다/ 꼭 집어 말할 수는 없지만/ 왠지 모르게/ 좋은 느낌이 자꾸 듭니다

5월 1일 오광수 시인의 〈5월을 드립니다〉란 시가 배달되었다. 지인이 카톡으로 보내 주었다. 내려받으시겠습니까? 시인이 주는 빨간 장미와 5월, 그리고 좋은 일들이 생길 거라는 주문을 내려받았다. 가슴 가득 넘쳐흐르도록 내려받았다. 그래서일까, 오늘 이렇게 좋은 5월의 비 오시는 아침을 맞았다.

죽은 줄 알았던 아마릴리스가 2년 만에 꽃을 피웠다. 2년 전 이맘때쯤 알뿌리를 구입했으나 집에 와서 살펴보니 심하게 썩어 있었다. 상당 부분을 도려내고 소독하여 심어놓았다. 꽃 볼 기대를 한다기보다는 할 수 있는 것은 다 해 본다는 심정이었다. 때가 되면 물도 주었지만 양파같이 생긴 알뿌리는 계속 갈색으로 말라만 가는 듯했다. 그 상태로 2년이나 아무 소식이 없어 거의 포기상태였다.

올겨울이 지났을 때였다. 가운데에서 혀 같은 것이 뾰족이 올라오더니, 기다란 두 잎이 양쪽으로 펼쳐졌다. 이어 옆구리에서 봉긋한 꽃대가 올라오기 시작했다. 직경 3cm의 두툼한 연둣빛 꽃대가 힘차게 밀고 올라왔다. 그

형태가 마치 고니가 날기 위해 목을 쭉 빼고 날개를 펴는 듯했다. 그러더니 마침내 백합을 닮은 진홍색 꽃이 며칠 전 도도하게 그 모습을 나타내었다. 작은 양파 속에 저렇게 곧고 긴 목이 숨어 있었다니. 갈색의 초라한 몸안에 저런 진홍의 정열을 품고 있었다니. 기적이었다. 5월을 내려받은 덕분일까.

소파 곁에 있는 책 중에서 손에 잡히는 뽑아 무심히 펼쳐본다. 한 구절이 눈에 들어온다. 보시에는 재물을 베푸는 재시財施, 불법을 알리는 법시法施, 상대방의 두려운 마음을 없애주는 무외시無畏施가 있는데, 그중에서 무외시가 제일 크다고 한다. 중생에게 두려움 없는 편안한 마음을 주는 무외시야말로 최상의 보시이고 가장 좋은 복을 짓는 일이라는 것이다.

비가 향초가 시가 나에게 무외시를 베풀었다. 잠결에 들리던 빗소리가 내 맘을 편안하게 내려놓게 해 주더니, 향초는 내 혈관을 타고 온 몸을 돌아 한없이 안락하게 해 주었다. 시는 이 모든 것을 받아들일 수 있도록 열려있는 내 마음을 베풀어 주었다.

그리고 보면 시구 하나가 좋은 일이 가득한 5월을 나에게 선물해 주었다. 자작자작한 빗소리를, 향긋한 향이 가득한 하루를 선물해 주었다. 죽은 줄 알았던 아마릴리스를 살려 주었다. 이 외에도 좋은 일들이 일어났다. 도예가가 만든 멋진 화분 한 쌍이 생겼고, 우연히 접어든 골목에서 바람개비 닮은 하얀 꽃이 구름처럼 핀 오래된 백화등 덩굴을 만났다.

아마 이 시를 접하지 못했더라도 이 일들은 다 일어났을 것이다. 비는 내렸고 꽃은 피었을 것이다. 그러나 이 시가 없다면 제대로 보지 못했을 것이다. 보지 못했다면 아니 일어난 것과 다름이 없다. 시인의 정다운 마음이 5월을 따뜻하게 맞이할 수 있는 내 마음을 준비해 주었고, 그래서 더욱 좋은 5월을 맞이할 수 있었다. 얼굴도 모르는 한 시인이 그의 글로써 나에게 무외시의 자선을 베풀었다.

나도 자그만 염원을 하나 세워 봐도 될까. 위 시인처럼 내 글도 읽는 이의 마음을 잠시 편안하게 내려놓을 수 있게 했으면 좋겠다. 내 글의 욕조에 따스한 물이 가득하여, 시린 맘을 포근하게 담글 수 있기를 기원해 본다. 나도 무외시를 베풀 수 있기를.

― ≪수필과비평≫, 153호.

05 전복顚覆의 힘으로서 문학적 상상력

 문학은 시대적 문제에 반응한다. 문학이 과거에 무엇을 진지하게 다루었느냐에 따라 우리들이 당면한 시대적 고민거리가 보다 분명하게 밝혀진다. 어느 시대든 작가들은 시대성을 작품 속에 담으려고 노력해 왔으며 좋은 작품의 판단 기준으로 시대적 성찰을 손꼽기도 한다. 시와 소설처럼 수필도 작금의 문제들이 어떤 것인지를 의식하기 마련이다. 솔직히 말해 다른 장르에 비하여 수필의 시대성은 어딘가 미흡하다. 봉건의식부터 일제청산과 좌우익에 대한 논쟁에 이르기까지, 오늘의 수필은 환경, 빈부, 사회적 모순 등의 거대담론을 꺼려한다. 그러나 요즘에 이르러 사회 문제에 대한 인식이 조금씩 달라지고 있다. 글을 쓰는 한, 어떤 장르의 작가도 이것으로부터 벗어날 수 없고 면책 받을 수도 없다. 문학은 시대의식을 창조한다는 점에서 현대수필의 정체성은 상상이나 허구보다는 시대성과 역사의식을 설명하는 데 있다고 하겠다.
 문학은 태생적으로 상상의 담론이다. 인간개발 지수의 토대를 만드는 데 이바지한 ≪시적 정의(Poetic Justice)≫의 저자인 여성철학자 마사 누스바움(Martha C. Nussbaum)은 〈문학적 상상력과 공적인 삶〉이란 부제를 단 이 책에서 문학적 상상력을 강조하고 있다. 상상력은 단순한 사적 사고가 아니라 공공의 추론으로서 사회를 더 정의롭고 더 인간적으로 만드는 데 기여한다. 문학적 상상력은 나아가 지금은 존재하지 않지만 언젠가는 존재할 가능성의 세계를 열어준다.

문학적 상상력은 '전복적 힘'이기도 하다. 전복은 "기존가치와 신가치가 서로 대면하는 가장 적나라하고 예민한 영역"이라고 영국의 여류 문학평론가 리라 간디(Leela Gandhi)가 ≪포스트식민주의란 무엇인가(Postcolonal Theory)≫에서 밝혔듯이 문학의 정체성(Identity)이 변화와 전복에 있음은 말할 필요가 없다. 부정한 권력자들은 이러한 힘을 두려워하여 문학작품에 금서 딱지를 붙이고, 시대를 깨우려는 작가들을 억압하여 왔다. 현 수필의 무기력은 이러한 힘이 외부에서 밀려왔다기보다는 작가 내부에서 빚어진 데 있다고 하겠다.

어떤 문학을 할 것인가. 문학이 사회 구성원들의 경험을 기억하고 변화시키는 매체라는 점을 강조할수록 무엇을 창조해야 할 것인가라는 의식이 높아진다. 무엇을 말할 것인가. 어떤 고정관념이 있을 때 그것이 아닌 것을 반관념이라고 부르면 본디보다 더 많은 의미소를 지닌다. 의미소의 다양성은 작가마다 작품마다 독자마다 유동적이지만 분명한 사실은 고정관념의 전복으로 나아간다는 사실이다.

만약 수필이 전복지향성을 갖는다면 그 구조는 대립적인 문맥과 대칭적인 틀을 갖는다. 명암, 행불행, 정신 대 물질, 빈부 등의 대립은 언술의 겉과 속을 제시하고 지금까지 나타나지 않았던 새로운 상황을 펼쳐낸다. 대립으로 자기 본성을 확인하고 전복으로 기존의 본성을 진화시키는 과정이 글쓰기라고 하여도 지나치지 않다.

시대의 흐름을 인식하는 방식은 작가마다 다채롭게 나타난다. 작가가 보여주는 시각은 사회문제에 대한 질문과 해답을 주고받는 형식을 취한다. 여타 작가가 생각하지 못한 내용이라면 독자의 감수성을 보다 확장시킬 수 있다. 그렇다면 문제를 분석하여 대중적으로 설득할 수 있는 논거를 마련하는 것이 에세이로서 수필의 본령이라고 하겠다. 그러한 작가의식이 담긴 세 편의 작품을 선정하여 전복의 힘으로써 문학적 상상이 지향하는 방향을 살펴보기로 한다.

최숙미의 〈산 우물〉과 생태의식

오늘날 생태주의는 시대의 이슈로 논의되고 있다. 생태주의는 환경파괴와 오염의 문제만을 제기하는 것이 아니라 인간성의 황폐화까지 논의한다. 생태의식은 생명의 가치와 그 심저에 깔린 시간과 공간에 이르기까지 제기되는 문제에 대한 답변을 준비하는 세계관이다. 산업사회의 피폐함과 생명에 대한 무관심을 끊임없이 환기시켜 생태 의식을 높이려는 것이 생태문학과 녹색문학의 목표이다. 자연파괴에 대한 경각심을 불러일으키고 인간의 이기주의를 고발하는 생태문학은 어찌 보면 녹색신화와 녹색 샤머니즘에서 시작한다고 말할 수 있다.

최숙미는 〈산 우물〉에서 산에 있는 조그마한 우물을 소개한다. 자연이 어떻게 문명에 의하여 파괴되어 버렸는가를 보여준다. 한국사회에서 우물은 집안의 다복을 기원하는 성소로서 토속적이고 향토적인 샤머니즘과 관계된다. 최숙미도 우물에 대한 경외심이 과학적 환경보다는 자연숭배에서 비롯한다고 말하려한다. 이것은 산 우물을 '음전한 여인'이라는 말로 요약하는 것에서 나타난다. '음전함'이란 '조용', '중후', '신중', '과묵'의 동의어로서 순수한 우리말의 어근이다. 음전한 여인을 닮은 그 우물이 주민들의 무분별한 사용으로 훼손되어 버렸다.

　　넝마 같은 산 우물이다. 어른 한 사람이 겨우 쪼그리고 앉을만한 작은
　　우물이다. 을씨년스런 시멘트 지붕은 우물 안으로 곤충들이 모여들기에
　　좋은 시설이 되었다. 한 서린 여인네가 치마 뒤집어쓰고 뛰어들어도 몸
　　하나 온전히 잠기지 않게 생겼다. 우물은 식수로나 어떤 용도로도 사용할
　　수 없다는 공고문을 비석처럼 세우고 병세 짙은 꼴을 하고 있다.

　최숙미는 어느 물로도 사용할 수 없는 우물을 병든 여인으로 묘사한다. 병든 여인은 농락당한 우물의 현실을 반영한다. "넝마 같은 우물, 병세 짙은 꼴, 환자 차트, 시골로 요양, 유치장"이라는 환유는 "동네 건달 같은 공장, 군부대의 오물"이라는 직유와 합쳐지면서 버림받은 여인의 애환을 떠올려 준다. 작가가 구사하는 반생태주의는 자연과 문명의 대립으로 나아가게 한다. 그뿐만 아니라 자연과 도시가 대립하고 물이라는 샤머니즘과 공장이라는 메커니즘이 충돌을 일으킨다.

　작가의 생태의식은 낯익은 것을 낯설게 보는 것으로 시작한다. 수년을 오르내리던 익숙한 산길에서 우연찮게 찾아낸 우물은 "산자락이 끝나는 지점"에 놓여있다. 한때는 동네사람들이 우물을 음전한 여인처럼 경건하게 다루었지만 "부잣집 모던보이가 피운 바람"처럼 함부로 대하면서 정갈한 생명력을 상실하였다. 우물이 제 기능을 잃으면서 주민들의 식수처도 파괴되어 버렸다. 우물의 오염은 인간들의 무분별한 행동이 어떤 생태적 결과를 초래하는가를 보여준다. 무분별한 파괴는 산기슭까지 바싹 올라온 "동네건달" 같은 공장들에 의하여 더욱 심각해진다. 공장 건축물이 "썩은 피 묻은 장화를 신고 헤집어 들어오는 것"이 되는 가운데 '남성=파괴성'은 남성 중심의 정당성을 전복시킨다.

최숙미가 〈산 우물〉에서 다루는 문제의식은 어떻게 하면 자연과 소통할 수 있느냐이다. 생태주의 문학으로서 수필이 지니는 핵심은 자연과의 소통가능성에 있다. 우물에 대한 연민을 숨기지 못한 작가는 "너 진정 병들었느냐."라고 물어보지만 우물은 미동도, 대답도 하지 않는다. 자연은 인간이 사용하는 말을 알아들을 수도, 할 수도 없다. 작가는 거듭 "되살리고 싶은 음전한 여인"으로 표현할지라도 자연은 말하지 않는 존재라는 본연의 형태를 보여줄 뿐 애원도 저항도 하지 않는다.

우물을 '실어증'에 연관시키는 작가의 의도는 자연의 속성인 순종을 강조하려는 데 있다. 식수로 사용할 수 없다고 관공서에서 붙인 팻말은 인간중심적 해석을 대변한다. 팻말은 우물이 쓸모없어져 버렸다는 곡해된 언어이다. 작가는 자연의 언어와 달리 인간의 말은 진실하지 않다고 말한다. 역설적으로 풀이하면 "우물은 애당초 병들지 않았다."는 추측을 가능하게 해주고 이 추측이 언젠가 확신으로 바뀌면 원래의 우물로 환원될 수 있다는 희망을 가질 수 있다. 작가는 우물 속을 "달빛이라도 탐낼 만큼 밝다."고 하여 순결함과 정결함도 표현한다. 만일 담당부서에서 우물을 검사하고 주민들이 가라앉은 나뭇잎들을 걷어내고 시멘트를 제거하면 우물은 "음전한 모습"을 되살릴 수 있다. 작가는 "온전함과 음전함"을 서로 일치시켜 '산山 우물'이 '산生 우물'이 되기를 기원한다. 우물이 살면 마을이 살고 마을이 살면 나라가 산다는 사상은 자연을 옹호하는 생태의식을 반영한 것이다.

자연 파괴는 인간 사이의 소통마저 단절시킨다. 생태적 감수성이란 논리적이고 합리적인 이론이 아니라 자연이 지닌 정화와 치유능력을 되살리는 힘이다. 자연을 통한 치유의식이 반영된 수필은 생태문학으로 간주하고도 남음이 있다. 녹색의식을 확대하면 자아, 자연, 세계는 상호 존중하는 관계를 갖는다. 산 우물이 살아나면 영업을 중단했던 구멍가게가 다시 문을 열고 공장구역내의 지하다방도 재개업하리라는 기대를 품을 수 있다. 우물과 주민 사이에 새로운 관계가 정립되는 전복의 결과를 최숙미는 "백일홍 꽃 한 무더기"를 우물가에 심어주리라는 약속으로 나타낸다. 우물이 살아나기를 기원하는 작가에게 백일홍은 자연의 언어이므로 〈산 우물〉은 자연과의 대화주의를 재현하고 있다.

유석재의 〈제설除雪〉과 군대의식

사회주의 관점에서 바라본 인류의 역사는 불평등하다. 지배자와 피지배자, 생산 수단을 가진 자와 피고용자를 요약하면 계층 간의 갈등과 대립이라고 할 수 있다. 인간사회를 이분법으로 나눌 때 생겨나는 담론은 '계급'과 '갑을'이다. 칼 마르크스가 생산력과 생산관계라는 용어를 빌어 계급사회를 설명하듯이 문학도 문화도 불평등 관계를 설명해낸다. 문학 작품을 분석해보면 주역과 조연, 선한 인물과 악당 사이의 갈등관계를 찾을 수 있다. 사회의 불평등 문제를 논쟁거리로 다루는 사회학과 달리 문학은 등장인물간의 심리적 대립으로 계급 이데올로기와 사회의 모순을 다룬다.

유석재는 〈제설〉에서 군대라는 조직사회가 태생적으로 지니고 있는 계급 차이를 다룬다. 남성으로 이루어진 군대를 사회학의 관점으로 분석하면 '군에 온 자와 군에 오지 않은 자'로 구분된다. 징집과 징집면제라는 상황을 풀어내면 사회적 강자와 약자 간의 '갑질'이라는 병리 현상이 드러난다.

작가가 〈제설〉을 쓰고 있는 시점은 제대한 후이다. 군 복무 중에 겪은 모욕감이 쉽사리 사라지지 않아 '지금도 복무중'이라는 심리적 시점에 머물러 있다. 군인과 민간인의 신분 차이는 빈부라는 추상적 개념 이상으로 신분의 차별을 극대화하는 무대를 확보해 준다.

〈제설〉의 줄거리는 눈을 치우는 군인들과 겨울 스포츠를 하러 가는 남성과의 조우이다. 군인들의 제설작업은 단순히 눈을 치우는 것이 아니다. 눈이 쌓이다 보면 "무위無爲와 무용無用에 가까운 일"로서 제설은 "유위有爲와 유용有用의 세계"로 변모한다. 제설작업을 무용과 유용의 개념에 맞추면 지배와 피지배라는 계급의식이 더욱 뚜렷이 생성된다. 제설이 겨울철의 단순 노동이 아니라 "스스로 자신의 존재 의미를 확장"시키는 사유의 개념이 된다는 것이다. 군인이란 불평하지 않고 "구석구석에 쌓인 눈까지 말끔히 제거"하는 작업을 국방의 의무로 간주하는 존재이다. 상관은 명령하고 병사들은 복종함으로써 군대에서는 누구든 개인성을 포기할 수밖에 없다.

〈제설〉에는 두 유형의 남자가 등장한다. 그들은 각각 군인정신과 민간인 의식을 대변한다.

> 밤에 탄약고 앞에서 보초를 서다 교대시간이 되면 전투복 위에 깔깔이, 그 위에 다시 야전 점퍼를 입고, 또 그 위에 스키파카를 입은 다음 번 보초들이 허리만 둥둥 눈 위에 뜬 것처럼 걸어오곤 했다.

> 그런데 그때였다. 그 빨간 차가 돌연 우리 앞에 멈춰선 것은. 비쩍 마르고 스키복을 입은 채 선글라스를 쓴 우리 또래의 남자가 조수석 창문을 스르륵 열고서 히죽거리는 표정으로 욕설을 내뱉었다. 'X뱅이들 실컷 쳐라, 새끼들아.'

전자는 징집당한 보초병이고 후자는 젊은 애인과 스키를 타러 가는 남자이다. 병사는 눈밭에 둥둥 떠 있는 오리처럼 우스꽝스럽게 그려지고 후자의 남자는 개념 없는 졸부로 표현된다. 보초병을 오리에 견주는 수사법은 명령에 따라야 하는 동물성을 강조한다. 경박한 언행을 하는 남자를 형상화하는 이미지는 선글라스와 빨간 차이다. 선글라스가 자신을 감추고 상대방을 염탐하는 행위를 상징한다면 빨간 차는 경제적 속물주의를 형상화한다. 선글라스와 자동차는 물질이 사회적 정치적 성격을 규정한다는 주장을 뒷받침해준다. 사회주의 비평가인 엥겔스는 예술적 자아도 하부구조인 경제에 기초한다고 밝혔다. 이것을 작품에 적용하면 '우리 또래의 두 남자'는 '서로 다른 부류'로 나눠진다. 그들의 관계는 신분에 의하여 단절되어지는 만큼 전복의식은 필연적이다.

병사가 품은 전복의식은 분노라는 반응으로 나타난다. 군인들이 관광 차량이 다닐 수 있도록 국도에 쌓인 눈을 치울 때 사람들이 보여주어야 할 행동은 고맙다고 손을 흔들어주는 것이다. 민간인들의 반응은 군인들에겐 천금 같은 서비스가 된다. 그런데 선글라스를 낀 남자는 제설작업을 하는 병사들에게 욕설을 퍼붓는다. 신분의 차이에 대한 적대감이 "자유로우나 불순한 상상력"을 불러일으킨다. 병영생활을 막 시작한 일등병인 작가는 상병이나 병장만큼 외부에서 밀려온 모욕감을 참을 수 없다. 군대와 사회 간의 모순을 체득해버린 작가는 '군대=복종'이라는 규칙을 무너뜨리려 하지만 직접 행동으로 옮길 수 없고 상상을 통하여 울분을 삭힐 따름이다. 그가 상상한 계획은 검문소에 알려 헌병들이 그 차를 붙잡아두고 군인들이 달려들어 그에게 흙을 퍼붓는 것이다. 이것은 앙갚음이지만 가지지 못한 자들의 반역이라는 의미도 지닌다. 흙으로 복수하는 행위가 일시적인 복수효과를 줄지 모르나 모욕을 당했다는 트라우마를 완벽히 해소시켜 줄 수 없다.

심리적인 치유는 선글라스를 낀 남자의 존재를 기억 밖으로 몰아내는 것이다. 병역 의무를 자각하지 못하는 인간을 욕하기 보다는 자신과 더불어 한숨과 괴로움을 공유하는 동료를 위로하는 방식을 찾아낸 것이다. 이러한 심리적 전환이 한편의 습작 시에서 진행되고 있다.

'앞산에/ 짙은 안개/ 휘감아 돌 때/ / 다소곳이/ 우윳빛/ 새벽을 열고// 고명가루/ 뿌린 듯/ 눈이 왔어요// 신호탄/ 날아가고/ 기러기 울면// 여린 가지/ 틈새로/ 솜바람 불고// 날 서린/ 군화자국/ 희게 뜨건만// 오늘 또/ 연병장은/ 누가 쓸을까.'

작가는 흙으로 앙갚음을 하려던 상상에서 벗어나 시 창작을 통하여 자아를 정화하려 한다. 한편의 시가 그를 옭아매었던 강박관념을 해체하고 사회적 존재로서 자신을 정립해 나간다. 그것은 "볼펜을 내려놓고 두 손을 모았다."는 행위이다. 두 손을 모으는 동작은 갖가지 괴로움을 감내하고 군인으로서 성실히 복무하겠다는 자기와의 약속을 뜻한다. 자아를 포기하는 것이 아니라 자유의지로써 세상을 살아가고 병역의무를 국민의 도리로 간주하려는 것이다. 작가는 〈제설〉이라는 수필을 씀으로써 병역의무에 대한 불공평성에서 벗어난다. 유석재는 마침내 군대에 간 자와 가지 않은 자를 구별하는 이분법에서 벗어나 "유위와 유용의 세계"안에 갈등을 일으키는 사회적 요인을 편입시킨다.

최보금의 〈너도 명품〉과 실재의식

라캉은 존재의 두 영역을 외양과 실재로 나눈다. 실재는 외양과 남다르게 존재하므로 이들 사이에는 항상 심적 긴장이 조성된다. 실재는 '진실한 것과 차이가 있다할지라도 항상 제자리에 분화되지 않는 질서로서 존재한다. 최보금은 〈너도 명품〉에서 명품사과와 짝퉁사과를 구분하여 실질 가치가 무엇임을 입증하려 한다. 작가는 포장이 잘된 사과를 앞에 두고 "명품은 아니어도 명품 흉내는 내었겠지."라는 기대를 품는다.

> 상큼한 단맛에 이끌려 겨우내 사과를 즐겨 먹게 되었다. 지인의 소개를 통해 산지에서 직접 구매한 사과는 빛깔도 좋고 맛도 훌륭했다. 친환경 마크에 생산자 이름까지 찍혀 있어 더욱 믿음이 갔다.

우리는 명품 사과에 남다른 값어치를 부여한다. 명품은 진짜만이 지닌 어떤 느낌으로서 아우라(aura)를 갖는다. "상큼한 단맛, 산지에서 직접 구매, 좋은 빛깔과 훌륭한 맛, 생산자 마크"라는 아우라를 지닌 명품은 특권의식을 소유자에게 준다. 최보금이 설정하는 아우라도 명품사과를 살 수 있고 먹을 수 있다는 경제적 허영심에 접근한다.

명품을 원하는 풍조를 사회학적으로 해석해 보면 물욕이 중시되는 상류사회로 올라서려는 욕망이다. 사회심리학자 에리히 프롬은 인간이 지닌 그 욕망을 존재지량과 소유지량으로 나누었다. 존재지량이 꽃을 보는 것만으로 만족하는 마음이라면 소유지량은 아름다움과 상관없이 '내 꽃인가 네 꽃인가'를 소유 여부로 구별하는 것이다. 소유지량은 '무엇이 무엇인가'가 아니라 '얼마를 가지고 있느냐'를 기준으로 진실을 외면하고 대상을 평가하려 한다. 최보금도 두 번째 주문한 사과가 명품 흉내를 낸다는 근거로서 "흠집, 멍, 의심스러운 등급, 반품"이라는 의미소를 열거한다. 이것은 사과 자체가 아니라 명품인가 아닌가로써 소유지량에 일치한다. 그러므로 그의 상상은 "명품이 아닌 것을 명품으로 속이는 거짓 상행위"를 고발하는 데 있다.

〈너도 명품〉에 나타난 상상의 흐름은 큰딸아이가 동생에게 준 헤드폰으로 이어진다. 유명 광고에 홀려 해외여행 기념으로 가져온 헤드폰이 불량 복제품으로 판정된다. 정품을 구입하였지만 짝퉁으로 밝혀진 사실은 소유 지향적 허영심을 보여줄 뿐 아니라 아름다움과는 무관한 삶을 비추어 준다. 모방과 짝퉁은 허수의 값을 매기는 방식으로서 명품에 대한 인식을 반영하고 있다.

그러나 명품을 구매하거나 복제품을 사려는 욕망은 소유지량에서 보면 동일하다. 명품을 많이 가질수록 소유욕이 증가하고 짝퉁을 정품으로 간주하려는 것도 실재적 가치를 포기하는 것이다. 허상을 좇거나 명품에 집착하는 인간은 가상적 행복으로 자신을 위로하고자 한다. 짝퉁이라는 노출된 거짓말을 진실로 받아들이는 것은 속물주의를 전복시킬 수 있는 힘을 갖지 못한다.

라캉이 말하는 실재계는 물질적 기질을 갖는다. 물질적 기질은 동물적 육체성에 접근한다. 실재계는 외부적 사물을 단순화한다는 점에서 내부적이면서 외부적이고, 외부적이면서 내부적이다. 사과와 헤드폰으로 내부적이면서 외부적인 실재를 다루었던 작가는 이번에는 '고물 괘종시계'로써 외부적이면서 내부적인 실재계를 보여주려 한다. 시골 친정아버지 방에 걸린 고물 시계는 앞서 제시한 명품에 대한 상상력을 전복시키고 진정한 실재계가 무엇인가를 증명하는 역할을 한다. 지금도 시간을 정확하게 알려주는 시계추와 시계 소리 속에는 자식들이 성장한 세월을 지켜본 아버지의 일생이 깃들어 있다. 고물이라는 외부적 실재로서 부성이라는 내부적 의미를 보여줌으로써 고물시계는 "진정한 명품"으로 승화하게 된다.

세상에 명품이 되고 싶지 않은 것이 어디 있겠는가. 사람도 상품도 모두 명품을 꿈꾼다. 학창시절 실내화 옆면에 매직으로 나이키 상표나 사선 아디다스를 그려놓고도 무척 즐거웠다. 명품이 아니어도 위축되지 않고 당당할 수 있던 그 시절이 새삼 그립다.

최보금은 명품과 짝퉁의 구분을 물질적 자질보다는 소유에 내재된 의식에 둔다. 상상과 상징을 거쳐 실재계가 생물학적 육체성에서 벗어나게 한 것이다. 작가는 명품의 진위를 가격이 아니라 진정한 실재에 둔다. 명품에 집착하면 실재에 대한 상상의 자유가 제한된다. 결국 명품을 택하든 짝퉁을 택하든 차이가 없어진다. 하지만 명품 시계와 아버지의 고물 시계는 실재에서 커다란 차이를 지닌다.

세 번째 구입한 사과는 포장이 벗겨지고 삐뚤하고 속까지 시커멓다. 한눈으로 보았을 때 명품이 아니지만 작가는 딸아이에게 "이거 그냥 사과는 아니다."라고 말한다. 불량품에 가까운 그냥 사과를 작가는 남다르게 해석한다. '그냥'이란 일상적이고 못난 외양을 나타내지만 작가가 말하는 '그냥'은 '그냥'이 아니다. 보편성을 전복시키고 명품과 짝퉁이라는 이분법이 적용되지 않는 '독특하고 남다른' 상상의 과정이 담겨 있다. 그 결과 명품이란 백화점에서 파는 비싼 물건이 아니라 독특한 실재라는 사회적 철학적 의미를 새롭게 갖게 된다.

오늘날 명품 풍조가 점점 심해지고 있다. 상품뿐만 아니라 주택, 학력, 교육, 심지어 인간에게도 명품 논의가 적용된다. 따지고 보면 명품이란 황금만능을 추구하는 구호에 불과하다. 백화점에서 산 명품백과 재래시장에서 산 짝퉁의 구별이 불가능한 것, 어쩌면 이러한 혼돈이야말로 과잉 소비주의를 진정시킬 수 있는 역설적인 장치일지도 모른다. 벤츠를 몰고 명품 가방을 들고 다닌다할지라도 에리히 프롬이 말한 존재지량은 달성되기 힘들다. 최보금은 〈너도 명품〉을 통하여 아우라가 만들어내는 것은 사람의 허영심임을 밝히고 있다. 누구나 명품을 입거나 먹거나 지닐 수 있지만 그 허영성에 휩쓸려서는 안 된다는 경계의 메시지를 던지고 있다.

　수필은 문학성과 사회성이 균형을 이룰 때 독자에게 가장 강력한 호소력을 갖는다. 정신적 충격과 감동은 변화가 있을 때 일어나는 심미적 반응이다. 작가는 시대 상황을 논의하고 그것이 지니고 있는 문제점을 기록하는 의무를 지닌다. 나아가 그런 작가와 시대가 만날 때 수필은 본연의 정체성을 지닐 수 있을 것이다. 그 점에서 오늘날의 문학적 상상은 기존의 가치를 재점검하고 새로운 가치를 도입하려는 노력이 절실하고 이것이 전복의 힘이라고 말할 수 있다. 오늘을 살아가는 수필작가는 시대의 흐름을 놓치지 않아야 한다. 작가는 자신의 내면에서 일어나고 있는 조그마한 문제점까지 포착하듯이 수필가도 외적 세계에 눈을 돌려 현상 내면에 깔린 동인을 찾아 조화롭게 살아가는 방식을 전해준다면 수필은 더욱 큰 호응을 받을 것이다. 이것이 과거의 수필과 다른 정체성이라고 할 것이다.

| 작품 |
산 우물

최숙미

넝마 같은 산 우물이다. 어른 한 사람이 겨우 쪼그리고 앉을 만한 작은 우물이다. 을씨년스런 시멘트 지붕은 우물 안으로 곤충들이 모여들기에 좋은 시설이 되었다. 한 서린 여인네가 치마 뒤집어쓰고 뛰어들어도 몸 하나 온전히 잠기지 않게 생겼다. 우물은 식수로나 어떤 용도로도 사용할 수 없다는 공고문을 비석처럼 세우고 병세 짙은 꼴을 하고 있다. 모기들이 왱왱대는데도 머리를 디밀어 우물을 살폈다. 병들었다고 환자차트를 달고 있는 우물 속은 바닥돌이 훤히 보이도록 맑다. 곤충들의 발끝이 스쳐서 생기는 무늬 외는 잠자는 듯 고요하다. 병들었다고 시골로 요양 온 엄전한 여인같이, 숨소리도 흥거린 양 나직하니 죽였다. 그 엄전한 여인과 말을 섞거나 놀아주기만 하면 유치장에라도 가둘 것 같은 공고가 정나미 떨어지게 한다.

몇 년을 오르내리던 산길이었건만 우물을 발견하지 못했는데, 택시기사로부터 작은 산우물이 있다는 얘기를 듣고 물어물어 찾아냈다. 산자락이 끝나는 지점이라 동리 사람들을 밤낮으로 불러 모으기에 똑 참한 곳이다. 파리하도록 맑은 우물은 동리아낙들의 애환과 수다를 받아주며 마음을 씻겨준 듯하다. 시집살이 설움은 우물물 한 동이 퍼 담는 동안, 혀 두어 번 차 대는 것으로 치유되어 또 힘주며 물동이를 이고 일어섰으리라. 부잣집 모던보이 바람피운 소문은 바가지로 우물물 퍼내는 소리만큼 찰방거려서 아낙들의 웃음귀도 열어 주었을 테지.

어느 결에 병이 들어 버려졌을까. 공장들이 동네 건달들마냥 건들거리며 우물 곁으로 바짝 치밀어 올라온 탓일까. 산 정상에 자리한 군부대에서 흘려보낸 오물 탓일까. 산바람이 미처 쫓아내지 못한 병균들이 하필이면 이토록 작은 우물에 달려들었을까. 필시 건달 같은 공장들이 썩은 피 묻은 장화 신고 헤집어 들어서 병들었을 게야. 갈 때마다 머리를 디밀어 한참 동안 우물 속을 들여다보았다. 왱왱대는 모기떼에 꽥 소리라도 지르고 싶은 것을 손으로 휘이 저어 쫓아놓고는 "너 진정 병들었느냐."고 물어 보았다. 숙명인 듯 받아들이는 우물은 미동도 않는다. 엄전한 우물에 손을 담갔다. 차갑기가 첫서리 내린 날 새벽 같은데 환자팻말은 해를 넘기고 또 넘겼단다. 저 파리한 속내로 언제까지 버틸 텐가.

동리 아낙들도 물동이 집어던지고 지전 몇 닢에 연을 끊어버렸으니 건달 같은 공장들 등쌀에 견뎌내기 힘들었으리라. 실어증에라도 걸린 듯, 사람과의 대면마저 체념한 듯 잠잠하다. 달고 맛날 때 알지 못하던 내가 말 걸어본들 버려진 우물이 알은 체를 할 리가 없다. 옛 추억 한 자락 건네지 못할 바엔 그냥 가라는 듯 냉기를 뿜는다. 나는 왜 엄전한 여인 같은 이 작은 산 우물에 마음이 갈까. 동리 연애사를 알게 하는 황칠 한 줄이라도 있다면 우물과의 대화를 터 볼 것도 같은데, 어느 한구석 그런 흔적도 없다.

공고팻말이 병든 우물을 포도대장처럼 지킨다. 죽지는 않았어도 죽은 우물이라 정죄하는 엄포가 삼엄하다. 머무는 듯 흐르는지 볼 때마다 고만큼만 담겨 있다. 사람이 고만큼만 담을 수 있는 마음을 가졌었다면 이 우물도 병들지 않았으리라.

병든 우물일 테지만 우물 속은 달빛이라도 탐낼 만큼 맑기만 하다. 아마도 달 밝은 날 밤 산짐승들이 내려와 목을 축이는지도 모를 일이다.

동리관리청에서 어련히 알아서 진단을 내렸을까마는 넝마는 벗겨 주어야 하지 않을까. 아예 메워 버리지 않을 우물이라면 동리의 애환을 훤히 아는 우물 곁을 어여삐 가꿔 볼 일 아니던가. 꽃씨 한 알도 뿌려지지 못하게 우물을 에워 싼 시멘트는 야속키만 하다. 겨울 산바람을 피해 뛰어든 떡갈나무 잎사귀들이 우물을 온통 메웠다. 잎사귀들을 밀어내고 물을 만졌다. 차갑지가 않다. 여름엔 차고 겨울엔 따뜻한 온전한 우물물이다. 병들었어도 소임을 다하는 산 우물이 어여쁘다.

산 우물과 인접해 있는 구멍가게마저 쪽문을 굳게 잠갔다. 담뱃가게라는 푯말만 수년간 겨울바람을 맞았음인지 희미하다. 근사한 몸체를 과시하는 공장들 틈에 있던 지하다방도 셔터가 내려진 지 이미 오래다. 산 우물의 역사를 알길 없는 나는 동리관청에 전화를 걸었다. 나가보고 연구해 보겠단다. 병든 우물이 살아날 길은 있을까. 병들었어도 곱게 단장을 하게 될 모습을 기대해도 되려나.

포도대장 같은 음산한 팻말이 걷어지는 날, 그대와의 인연에 기꺼이 손 담그며 백일홍꽃 한 무더기 심어 주려마.

— ≪수필과비평≫, 167호.

| 작품 |

제설除雪

유 석 재

겨울, 뉴스에서 "한계령에 눈이 몇 밀리미터 왔고 미시령에는…."이란 말을 들으면 지금도 오싹할 때가 있다. 내가 있던 군부대는 한계령과 미시령 근처에 있었다. 제설除雪 작업이란 것은 보통 큰 일이 아니었다. 한없이 무위無爲와 무용無用에 가까운 일이라 해도, 그것의 물리적 분량이 쌓이고 또 쌓이다 보면 어느새 유위有爲와 유용有用의 세계로 편입되는 것이다. 그때는 그렇게 생각했다.

그 이유는, 군대에서의 다른 모든 작업도 마찬가지겠지만, 특히 제설이란 것은 한번 시작하면 스스로 자신의 존재 의미와 영토를 확장하기 마련인 것이다. 긴급히 도로 위에 쌓인 눈을 치우는 것 말고도, 겨울엔 별 쓸 일이 없고 봄이 되면 자연히 녹게 마련인 연병장 구석구석과 뒤뜰과 유류고油類庫에 쌓인 눈까지 말끔히 제거해야 하는 것을 '임무'라고 생각하는 사람들이 하나둘씩 늘어가기 때문인 것이다.

눈이 한번 제대로 크게 오면 허리까지 빠지는 일도 있었다. 밤에 탄약고 앞에서 보초를 서다 교대 시간이 되면 전투복 위에 깔깔이, 그 위에 다시 야상점퍼를 입고, 또 그 위에 스키파카를 입은 다음번 보초들이 허리만 둥둥 눈 위에 뜬 것처럼 걸어오곤 했다. 멀리서 보면 그 모습은 참으로 기이했기에, 훗날 생각하면 〈산해경山海經〉의 한 장면이라도 목격한 것처럼 느껴졌다.

제설로 끝나는 것이 아니었다. 부대 앞은 서울에서 동해안으로 통하는 국도였다. 지금은 그 국도조차 조금 떨어진 곳에 왕복 4차선 도로가 새로 생겨 옛날 길은 그야말로 '옛길'이 됐지만, 그땐 그 2차선 도로가 관광 차량이 오가는 중요한 도로였다. 그 차들이 미끄러지지 않도록 삽으로 흙을 퍼서 도로에 뿌렸다. 차 한 번 지나가면 삽으로 흙 한 번을 뿌렸다. 여름이면 피서 차량이 많았지만, 그땐 겨울이라 천장에 스키를 실은 차가 종종 눈에 띄었다.

많은 승객들은, 사실 그것이야말로 인간이라면 마땅히 갖춰야 할 심성이 겠지만, 고생이 많다는 표정으로 친절하게 손을 흔들어주기도 했다. 민간인 젊은 여성이 그런 모습을 보여준다는 건, 강원도 산골에서 속세를 잊고 사는 군인들에겐 천금과도 같은 서비스였다. 그런데 그때였다, 그 빨간 차가 돌연 우리 앞에 멈춰 선 것은. 비쩍 마르고 스키복을 입은 채 선글라스를 쓴 우리 또래의 남자가 조수석 창문을 스르륵 열고서 히죽거리는 표정으로 욕설을 내뱉었다.

"×뺑이들 실컷 쳐라, 새끼들아."

뒷좌석에 앉은 젊은 여자가 한 손으로 입을 가리고 웃으면서 그 남자의 어깨를 쳤다. "어우 야~!"

차는 쏜살같이 출발해서 시야에서 사라졌다. 삽질을 하던 상병 몇 명이 화가 나서 삿대질을 했고, 병장 한 명은 그들을 말렸다. 일등병이었던 나는 차량 번호를 놓치지 않고 빤히 바라보고 있다가 혼자 상상을 했다. 이 번호를 서울로 가는 길목에 있는 검문소에 알려준다, 그리고 그곳 헌병들이 그 차를 잡아 놓는다, 삽질하던 병력 수십 명이 육공트럭을 타고 검문소로 향한다. 그 다음엔, 삽으로 흙을 한가득 퍼서 그 녀석의 입 안에다 처넣어 주는 거다! 물론 그 상상은 그저 상상으로 끝났다.

그날 밤, 내무반 침상에서 잠이 오지 않았다. 그 녀석은 군대를 갔다 온 것일까? 아직 가지 않은 것일까? 아마 영영 군대 같은 건 갈 일이 없는 팔자 좋은 녀석일 것이다. 병역의 의무와는 무관한 삶을 살면서 그것을 특권이라고 여기며 살고 있을 것이다. 만약 군대를 갔다 왔거나 곧 가야 할 자라면 절대 그런 행동을 할 리가 없을 것이다. 그는 일말의 미안함이나 의무감 같은 것을 지니지 않은 채 세상을 살아가도 전혀 지장이 없는 부류의 인간일 것이다.

문득, 내가 그런 인간이 아닌 것이 무척 다행이라는 생각이 들었다.

날이 밝았다. 도수체조를 하러 연병장으로 나가니 세상이 또다시 온통 하얀 색이었다. 고단한 군 생활의 모든 한숨과 괴로움들까지 그 눈이 다 덮어버릴 것 같았다. 내무반에 들어온 나는 황급히 공책을 펼치고 볼펜을 꺼냈다. 중학교를 졸업한 이래 시詩 비슷한 것을 끄적거려 보기는 처음이었다.

'앞산에/ 짙은 안개/ 휘감아 돌 때// 다소곳이/ 우윳빛/ 새벽을 열고// 고명 가루/ 뿌린 듯/ 눈이 왔어요// 신호탄/ 날아가고/ 기러기 울면// 여린 가지/ 틈새로/ 솜바람 불고// 날서린/ 군화 자국/ 희게 뜨건만// 오늘 또/ 연병장은/ 누가 쓸까.'

볼펜을 관물대 위에 천천히 내려놓고 두 손을 모았다. 사위는 고요했다. 그 순간만큼은, 햄릿이 뒤에서 나타나 나를 칼로 내리친다고 해도 천국으로 갈 것만 같았다.

― ≪수필과비평≫, 167호.

| 작품 |

너도 명품

최보금

잘 포장된 사과다. 한 알 한 알마다 황금빛 스티커에 명품이란 글씨가 또렷하게 박혀있다. '명품은 아니어도 설마 명품 흉내는 내었겠지.' 나는 망설임 없이 사과 상자를 집으로 들여왔다.

상큼한 단맛에 이끌려 겨우내 사과를 즐겨 먹게 되었다. 지인의 소개를 통해 산지에서 직접 구매한 사과는 빛깔도 좋고 맛도 훌륭했다. 친환경 마크에 생산자 이름까지 찍혀있어 더욱 믿음이 갔다. 상자의 바닥이 드러날 즈음 나는 주저 없이 다시 주문을 넣었다. 하지만 새로 온 사과는 처음 것과는 많이 달랐다. 흠집은 물론이고, 멍까지 들어있어 상품의 등급이 의심스러울 정도였다. 반품하고 새로 받은 사과 역시 별반 차이가 없었다. 명품이란 말은 뛰어나고 이름난 물건에 붙여야 하지만 요즘 상품은 거의 명품딱지가 붙어있다. 명품이 아닌데도 명품이라 붙이는 건 거짓된 상행위고 소비자를 우롱하는 속임수다.

몇 해 전 큰딸아이가 홍콩을 다녀왔다. 처음 해외여행이라 딸아이는 가족에게 줄 선물을 살뜰히 챙겨왔다. 가벼운 주머니 사정임에도 큰맘 먹고 샀다며 동생의 눈을 감겨놓고 선물을 주었다. 텔레비전에서 유명연예인이 곧잘 쓰고 나오던 헤드폰이었다. 작은아이의 입꼬리가 귀에 걸린 건 두말할 필요도 없다. 그리고 얼마쯤 지났을까. 눈물이 글썽한 딸아이가 두 동강이 난 헤드폰을 가방에서 꺼내놓았다. 힘도 주지 않았는데 맥없이 뚝 부러졌다는 것이다. "명품이 왜 이래? 이거 불량 아닐까?" 딸아이는 믿을 수 없다는 듯 입이 튀어나왔다. 복제품 가격도 만만치 않더라는 큰아이의 체면을 생각하여 나 역시 복제품이라 말을 작은아이에게 하지 않았던 터다. 아이는 그 사실을 모른 채 서비스센터를 찾느라 애를 태웠다. 그나마 어렵사리 찾은 문의처에서는 구매한 곳에 알아보라는 말만 되풀이한다는 것이었다.

급기야 나는 접착제를 선택했다. 어차피 제대로 된 서비스도 받을 수 없을 바엔 땜질이라도 해볼 요량이었다. 의식을 치르는 듯 호흡을 가다듬으며 공들여 붙인 자리는 끝내 하루를 넘기지 못했다. 얼마쯤 지났을까 우연히 들른 쇼핑몰에서였다. 그날도 아이의 발길은 헤드폰 코너에 자석처럼 붙어 있었다. 새로운 상품으로 넘쳐나지만 좀처럼 눈에 들지 않는 모양새다. 그때였다. 갑자기 아이의 들뜬 목소리가 들려왔다. 쏟아지는 조명 아래 똬리를 틀고 앉아있는 건 딸아이의 망가진 것과 꼭 같은 정품이었다. 가격표에 입이 떡 벌어졌다. 미처 말릴 틈도 없이 아이는 어느새 서비스문의를 위해 판매원과 마주 서 있었다. 자신의 것이 진품인 줄 알고 있는 딸아이의 돌발행동에 순간 머릿속이 복잡했다. '가져와 보라고 하면 어쩌지.' 순간 돌아서는 딸아이의 풀죽은 모습이 눈에 들어왔다. 아마 그 판매원도 홍콩을 가리켰나 보다. 아이의 실망이 나에겐 안도로 바뀌었다.

아이의 서랍에는 고장 난 헤드폰이 지금도 들어있다. 친구들 앞에서 추어올린 어깨 높이만큼이나 으쓱한 언니의 동생 사랑에 대한 증표로서 남아있다. 마치 시골 친정아버지 방에 걸린 40년도 더 된 고물 괘종시계 같다. 낡은 시계는 지금도 여전히 시계추를 흔들며 째깍거리고 있다. 삼십 분마다 종을 치고 매시간 그 수만큼 종소리가 울린다. 아버지는 시계 소리에 선잠을 깨면서도 번번이 태엽을 감아 밥을 주는 괘종시계를 버리지 않는다. 명품은 아니지만, 그 옛날 보리쌀 한 말 값을 주고 산 시계는 아버지가 우리 사 남매가 자라는 모습을 지켜본 또 다른 흔적이다. 학교를 졸업하고 직장을 잡고 결혼을 한 뒤 손자를 데리고 오갈 때도 아버지는 늘 시계를 쫓으며 자식들을 맞고 떠나보냈다. 앙상한 몸피에 등이 구붓한 팔순의 아버지는 도회지로 뿔뿔이 떠난 자식을 기다리며 오늘도 낡은 시곗바늘을 따라 서성인다. 애정 어린 손때가 켜켜이 쌓인 아버지의 시계야말로 진정 명품이 아니고 무엇이랴.

인터넷에 '프라닭'이라는 치킨집이 올라왔다. 댓글로 우리 동네 '아디닭스'가 붙었다. 나도 딸아이와 '누비닭'을 지어내 붙였다. 세상에 명품이 되고 싶지 않은 것이 어디 있겠는가. 사람도 상품도 모두 명품을 꿈꾼다. 학창시절 실내화 옆면에 매직으로 나이키 상표나 사선 아디다스를 그려놓고도 무척 즐거웠다. 명품이 아니어도 위축되지 않고 당당할 수 있던 그 시절이 새삼 그립다. 누에도 뽕잎을 먹어서 명주를 뽑아내고 고양이 똥으로도 사향 커피를 만드는 세상이 아니던가.

사과에 붙은 스티커를 제거하고 포장을 벗겼다. 비뚤한 사과는 한눈에 봐도 명품과는 거리가 멀다. 반을 자르니 설상가상 속까지 시커멓다. 식탁 앞에 졸고 있는 딸아이 앞으로 명품인지 멍품인지 알 수 없는 사과를 내려놓았다.

"어서 먹어봐. 이거 그냥 사과는 아이다."

― ≪수필과비평≫, 167호.

06   수필가의 공간과 수필의 공간시학

  사람은 시간 속에서 산다. 시간은 추상적이어서 눈에 보이지 않고 일일이 따라갈 수도 없다. 사람들은 그들의 삶이 이루어지는 시간을 살펴보려고 하지만 그것 또한 불가능하다. 그래서 그들은 주어진 상황으로 시간을 풀이해낸다. 상황은 언제나 공간에서 이루어진다. 결국 어떻게 살았느냐의 시간문제는 어떤 공간을 거쳐왔느냐로 표현할 수밖에 없다. 수필도 살아온 삶을 반영하려면 당사자가 거쳐 온 공간을 빌려와야 한다. 이것이 수필에서의 공간시학이다.
  우리가 어떤 시대에 살았다고 말할 때는 시대의 환경 속에서 살았다는 것을 의미한다. 1930년대부터 지금까지의 시간을 설명하려면 일제 강점기, 해방이후의 좌우익, 개발의 시대, 민주화의 시대로 나누어 그 공간성을 풀이한다. 개인의 시간을 그런 방식으로 살펴보면 미성년 시절은 가정과 집, 청년기는 학교, 장년기는 직장사회로 구분할 수 있을 것이다. 인간이 시간의 흐름을 따른다는 사실은 하나의 환경에서 또 다른 환경과 공간으로 이동하는 것이다.

모든 공간에는 이야기가 존재한다. 공간은 희망과 좌절의 감정을, 비밀스러운 갖가지 기억을 숨겨준다. 이때의 공간은 자아인식을 태우는 아궁이라고 부를 수 있다. 작가는 자신만이 구사하는 언어라는 불쏘시개를 넣어 자성과 추억과 치유의 모티프를 굴뚝으로 뽑아낸다. 걸어온 길과 장소를 어떻게 결합시키는가에 따라 시간의식도 정해진다.

지난 호 ≪수필과비평≫은 작가의 공간과 수필의 공간시학이 조화롭게 이루어진 세 편의 작품을 게재하였다. 그것들은 개인의 삶을 표상하는 길과 집과 우물이었다. 이것들은 보편적 공간이면서 개성적인 공간시학을 구축함으로써 시간과 공간을 조화롭게 결속시키고 있다.

김종진의 〈낯선 길 걷기〉

김종진은 지금까지 걸어 온 낯익은 길에서 참된 길의 의미를 찾아낸다. 3부로 이루어진 작품에서 그는 인생을 길에 비유한다. 3부는 각각 어린 시절의 낯선 길에 대한 회상, 사회가 요구하는 길과 작가 자신이 소망하는 길과의 갈등, 익숙한 길에서 앞으로 낯선 길을 어떻게 발견하는가의 비전으로 이루어져있다. 각각은 과거와 현재와 미래라는 시간을 바탕으로 하면서 제3부에서는 미래를 어린 시절로 환원시키려는 노력을 보여준다. 낯익은 길에서 낯선 인식의 세계를 찾아내려는 정신적 순례가 그의 공간시학인 것이다.

김종진은 길로서 인생을 잰다. 취학 전 "새벽 닭 여명의 알림시간 소리 때부터 동녘의 태양이 떠오르는 장관"을 지켜보기 위해 십여 리 들녘 길을 홀로 걸었던 그 길은 두려움과 경이로움 자체였다. 그가 처음 대면한 '낯선 길'이기도 하다. 홀로 들녘 길을 걸으면서 레이저 광처럼 솟아오르는 아침 해를 제대로 보았다. 이것은 그가 어린 시절부터 어떻게 길을 맞이하고 해석하려 했는가를 보여주는 일화이다.

  길에 대한 그의 생활은 계속 이어진다. 중학교 때는 친구들과 함께 익산에서 모악산까지 걸어 다녔다. 교직생활 초기에는 겨울 폭설을 마다하고 새벽 산에 올라 냉수마찰을 하였다. 한창때는 높은 산을 '초읽기 하듯' 올라 빠른 걸음을 자랑하였다. 종심의 나이에 다다르면서 변화가 일어나 '느리게 걸어야 보인다'는 낯선 길의 진실을 새삼 깨닫는다. 작가는 느리게 걷는 것으로 느림의 미학을 되찾아 자신의 삶을 해석한다. 시간을 공간화 하여 자신의 삶을 의미화하는 것이다.

  김종진은 왜 한때나마 느림의 미학이라는 공간시학을 상실해버렸는가. 그는 그 오류를 사회라는 외적 공간 탓으로 돌린다.

> 사회는 우리에게 더 빨리 보고, 더 빨리 배우고, 더 빨리 행동해 옮겨, 더 빠른 목표를 쟁취하기를 바란다. 그런데 빠름으로 달려가면 갈수록 우리의 삶이 여유로워 지기는커녕 더 달리라고 채찍질 당하기만 한다는 데 있다. 이런 악순환에 빠지는 삶은 더욱 각박해지고 일상은 무기력한 상태가 되기 쉽다.

  작가는 사회가 필요로 하는 속도와 능률에 맞추어 산행보폭과 인생보폭을 변경하였다. 느리게 걷는 것이 나태하다고 질책까지 하였다. 지금은 나태란 아무것도 하지 않는 것이며 느림의 진정한 가치는 매순간 삶을 자각하는 '적극적 선택'임을 깨닫는다. 사회의 요청을 벗어나 인생을 새롭게 이해하는 것이 낯선 길과의 만남이라는 자각으로 삶을 질적으로 향상시킨다. 천천히 주변을 살피며 걷는 걸음이 "서재에서 책을 읽는 것"과 같다는 비유에서는 인생은 여행이라는 그의 말에 동조하게 된다. 낯선 길은 처음 가는 생소한 길이 아니라 새롭게 인생을 시작하는 과정이라는 것이다. 혼자, 온전히, 낯선 길을 걷는 공간은 "이제 까지 보지 못한 낯선 시간"이라는 점에도 동의할 수 있다.

공간 의식은 시간을 되찾으려는 의욕을 일깨운다. 낯선 공간이 낯선 시간을 만들어낸다는 시공의식으로 작가는 어린 시절로 되돌아가려 한다. 유년기의 시간과 장소는 "새롭고 행복한 모험"과 자연을 음미하는 즐거움을 주었다. 종심의 나이에 햇살이 반사되는 작은 물웅덩이를 보며 기뻐했던 유년기로 되돌아가는 것은 도시생활에서는 쉽지 않다. 그럼에도 불구하고 빠른 길을 거부하면 평소에 익숙한 길이 낯선 길이 된다는 변화는 누구나 공감할 수 있다.

작가에게 낯선 길은 어떤 곳인가. 낯선 길은 한 번도 가보지 않았던 곳이지만 남다른 생각으로 걸으면 낯익은 길도 낯설어진다. 많은 사람들이 나이를 먹으면 낯익은 사물과 장소에 안주하려 하지만 작가는 아름다운 세상으로부터 멀어지는 그것이 불행이라고 해석한다.

> 낯선 길에서는 익숙했던 모든 것들이 새롭게 보인다. 모든 풍경이 태어나 처음 본 것처럼 바라보인다. 그 길은 오래 된 껍질을 벗고 처음으로 나타난다. 나무는 식물로서 만의 나무가 아니고, 흔하디흔한 전깃줄은 분명 팽팽하게 피어오르는 삶의 도화선이 된다. 풍경들이 너무도 신선하여 중력의 든든한 뿌리가 흔들린다. 낯선 길은 낯익은 길로 또 이어져있다.

작가는 낯선 길을 새롭게 정의한다. 낯선 길은 자신의 삶을 바꾸는 곳이라는 점이다. 그런 곳은 모두 '낯선 길'이 되고 '장소에 따라서 자신도 변한다' "바다에 가면 바다가 되고 산에 가면 나무가 되고 이국의 사막에 가면 그도 사막이 되는" 변신을 흔히 마법이라고 하지만 사실은 자연에 복종하는 신비스러운 변신이다. 이것이 김종진의 길 걷기의 동기이고 목표이다.

윌리엄 워드워즈는 〈무지개〉에서 '어린이는 어른의 아버지'라고 하였다. 어린 시절의 무지개를 보고 가슴이 뛰었던 때처럼 어른이 되어서도 무지개를 보면 가슴이 뛰기를 바란다. 어린이가 갖고 있는 호기심과 모험심이 삶에서 얼마나 중요한가를 깨친 그는 워드워즈처럼 들녘 길을 홀로 걸으며 경이로움을 거듭 느끼고 싶어 한다. 그러기 위해서 그는 여유로운 인생의 여행을 계속 하고 있다.

김종진이 지금도 낯선 길을 걷는 이유는 어린 시절의 순수하면서 새로운 삶을 회복하고 싶어서이다. 그는 직장생활과 도시생활을 하면서 스스로 감수성이 무디어지고 자신의 영혼이 탁해졌다고 믿는다. 상실된 진정한 자아를 회복하기 위하여 가지 않았던 길을 가고 낯익은 길도 새롭게 걸어가려 한다. 자아회복의 길이 그의 공간시학인 셈이다.

서성남의 〈집〉

〈집〉은 귀가와 안식의 공간성을 테제로 삼고 있다. 김종진이 길에서 낯섦의 공간성을 보여주었다면 서성남은 "길은 집에서 향한다"는 해답을 제시한다. 그 정당성을 증명하게 위해 작가는 사람뿐만 아니라 모든 생명체는 집으로 돌아가고 길은 집으로 향한다는 공간시학을 구현하는 글을 쓴다. 그것을 위해 작가는 사람과 동물들은 집으로 찾아오는 DNA를 갖고 있다고까지 추측한다.

"집으로"라고 말하는 시점은 현충일 기념특집을 보았을 때이다. 그 특집에서는 전사자의 유해가 안장되는 현충현을 "우리들의 집"이라고 부른다. 국립묘지를 "우리들의 집"이라고 명명하고 안장되는 것을 "귀가"라고 말한다면 망자들에게 현충현은 "영혼이 사는 집"이다.

'집에 가자'라는 말만 떼어놓고 보면 별것 아닌 이 말에 어떤 안온함이 느껴진다. 일이 다 끝나 이제 가족이 기다리는 곳에 가 쉬어도 되는 시간. 집에 가는 것은 떠난 자리로 되돌아오는 것일 게다. 그래야만 그 일이 끝나는 것을 의미한다. 전쟁도, 등반도 마찬가지, 집에 와야 그 일이 완성된다. 출발한 집으로 돌아오지 못하면 끝난 것이 아니다. 죽었다면 그 영혼이라도 돌아와야 하는 것이다.

서성남은 집의 공간성을 설명할 때 "그 일"이라는 의미를 유난히 강조한다. "그 일"이란 돌아와 쉴 수 있는 곳을 마련해주는 것이다. 집으로 돌아오지 않는 삶은 완성될 수 없다. 가족이 맞이해주는 안온한 곳이 망자의 삶이 완성되는 곳이라면 안식이 주어지는 시간도 "이때"이다. 살아서 돌아오지 못하면 영혼이라도 돌아와야 하는 곳을 집으로 정의함으로써 삶이 완결되는 종착지로 풀어낸다.

작가의 생각을 받아들이면 집은 돌아옴과 떠남을 잇는 점과 같다. "우리 집인 양, 우리 집처럼 생각하고…"라고 전사자에게 던지는 유족의 말과 "무택아! 집에 가자."라고 죽은 산악인을 달래는 말은 모두 산 자의 호소와 절규이다. 산 자는 집의 공간성을 죽은 자를 통해 재확인한다. 집을 떠나는 것은 단순히 거처를 잃는 것이 아니라 혈연의 정에서 멀어지는 것이다. 현충현이 용사들의 영혼이 쉬는 곳이라면 집은 산 자의 지친 육신과 마음에게 휴식을 허락하는 곳이다.

서성남이 말하는 집은 의식주를 초월한다. 의식주보다는 "편안함, 안전, 안식"이라는 개념에 더 일치한다. 그는 자신이 믿는 공간시학을 사람에게만 한정시키지 않는다. 그가 풀이하는 집은 모든 생명체에게 각자의 보금자리를 제공하는 장소이다. 나아가 집은 거주자의 안식처가 되어야 한다고 말한다.

집은 가족이 함께 사는 생명의 공간이다. 가족 전체의 이야기가 있고 한 사람, 한 사람의 이야기도 있다. 적나라한 제 모습을 볼 수 있는 곳도 집이다. 자신의 침잠하여 오롯이 내면의 자신과 마주할 수 있는 곳, 그곳이 집이다. 외롭고 서럽고 아픈 것뿐만 아니라 정답고 아름답고 치밀하고 포근하기도 한 곳이다.

생명을 지키고 의식주를 보장하고 무엇보다 개인의 존재를 인정해주는 집은 어머니의 품과 동일하다. "어머니가 그리움의 원형이라면 집은 꿈이 잉태되고 자라는 모태"라고 풀이할 때 고향은 정신적 뿌리에 일치한다. 작가는 고향을 그리움에, 그리움을 고향에 연결하는 시학을 세운다. 여행이 설레는 이유도 집을 떠난 불안을 귀환을 통해 치유할 수 있어서이다. 그래서 돌아올 집이 없는 떠남은 여행이 아니라 방랑이 된다.

서성남은 집과 길을 연결시킨다. 집을 "안정, 가족, 보금자리"에, 길을 "방황, 방랑, 미완성"에 치환시킨다. 김종진이 낯선 길을 새로움을 찾아내는 호기심으로 풀이한 것과 달리 서성남은 집에 돌아오고 돌아오게 하는 종점이라는 의미를 부여한다. "집에 와야 그 일이 완성된다"고 말하는 것은 하루의 일과를 끝난 귀가를 뜻하지만 사실은 죽음에서조차 귀가가 어떤 의미를 갖는가를 보여주는데 있다. "올레"가 "집으로 가는 길"을 뜻하듯이 서성남이 말하는 집의 공간성은 궁극적으로 생사의 인생을 잇는 완결점이다.

결미는 전쟁이 끝난 지 63년이 지난 지금까지 산하에 묻힌 수많은 전사자들에 대한 애도로 끝맺는다. 나라를 위해 희생한 영혼은 마땅히 언젠가는 현충원에 안장되어야 한다. 그들은 "우리들의 집"으로 돌아와야 한다. 전쟁은 많은 젊은 죽음을 초래한다. 그들이 아군이냐 적군이냐는 문제가 아니다. 지금도 "떠나 온 고향집을 그리며 낯선 땅에서 방황하고 있다"는 설명은 이념을 초월한다. 집을 찾지 못한 망자로서 그들은 위로를 받아야 한다. 문학은 피아를 구별하는 것이 아니라 외롭고 쓸쓸한 인간의 영혼을 보듬어 주는 역할을 갖고 있음을 잊어서는 안 된다. 서성남이 말하는 집의 공간성은 영혼의 귀환으로서 탈이념화하기 때문이다.

최장순의 〈우물〉

최장순의 〈우물〉에서는 두 개의 형상과 두 개의 의미를 갖는다. 그는 동네에 자리한 우물을 통해 자신의 마음을 그려낸다. "내 안에 우물 하나가 자리 잡고 있는 듯하다"는 자기반성의 언술과 마을 우물에 대한 설명을 합쳐 이룬 두 우물은 얕은 우물과 깊은 우물, 마을우물과 마음우물이다. 그는 두 우물을 비교하고 대조하고 의미화하고 형상화함으로써 공간시학을 인생론에 접목시킨다.

최장순의 우물 이야기는 출생에서 시작한다. "어머니는 두레박줄처럼 나를 탯줄로 잇고 세상에 내보냈다"는 이야기에는 우물로써 자신의 성품과 인격을 헤아려 보겠다는 의도가 담겨있다. 앞서 두 작품에서 다루었던 '길'과 '집'에서 살핀 공간성이 이동과 귀가였다면 우물에 부여되는 것은 '마음 들여다보기'로서의 심적 심층화이다. 심적 심층화란 내면에 숨어있는 자아를 살펴보려는 나르시시즘으로서 마음을 우물이나 연못 등에 비유하는 글쓰기를 지칭한다. 길과 집이 육체적, 물질적 삶에 가깝다면 우물은 심리적으로 자아에 접근하기가 쉬운 상징이라고 하겠다.

마을우물은 두 개다. 하나는 농기구를 씻고 아이들이 등목을 하며 동네 아낙들이 모여 입소문을 퍼뜨리는 얕은 우물이다. 얕지만 메마른 적이 없고 얕지만 바닥을 빤히 들여다볼 수 있을 만큼 맑다. 작가는 이 우물을 들여다 볼 때마다 자신의 마음이 쉽사리 요동친다는 부끄러운 사실을 자작한다.

다른 우물은 산비탈 언덕배기에 자리한 깊은 우물이다. 산의 정기가 고여 들고 소리를 지르면 울림이 클 정도로 쉽사리 속을 드러내지 않는다.

우물가는 늘 정결했고 고요와 정적이 감돌았다. 우물 속으로 몸을 기울여 고함을 지르면 한 바퀴 휙 돌고 나오는 소리는 음산했다. 그 안에 누군가 웅크리고 있어 답을 해주는 거라고 믿었다. 깊은 만큼 울림이 컸지만 제 속을 쉽게 드러내지 않는 우물. 누군가의 말에 쉽게 흥분하고 흔들리는 나지만, 한편으로는 속을 헤아리기가 어렵다는 말을 듣곤 한다.

주민들이 식수로 사용하는 산비탈 우물은 속 깊은 사람의 마음처럼 좀처럼 수면이 흔들리지 않는다. 작가는 그 우물을 지켜볼 때마다 초연한 심성을 닮고 싶어 한다. 나다니엘 호손의 큰 바위얼굴이 주인공의 인격형성에 영향을 주었다면 최장순도 성장하면서 그의 삶은 우물의 영향을 받는다. 그는 수심水心의 경지에 다다르고 싶어 한다. 우물에 설정된 공간 시학이 심적 정화라는 뜻이다.

우물의 미덕은 적지 않다. 물은 생명체가 살려면 마셔야한다. 인간의 죄를 정화시켜주는 세례도 물로 이루어진다. 식물과 동물도 물이 있어야 한다. 그러한 물을 깨끗하게 지켜내는 우물은 항상 정결한 공간이어야 한다. 이렇듯 〈우물〉이 제시하는 공간성은 향수와 그리움의 이미지를 초월하여 인격화되고 있다.

　마을 사람들은 제례의식으로 매년 우물청소를 한다. 어른들이 석축에 붙은 이끼를 닦아낸 후에는 몸집이 작은 어린 시절의 최장순이 망태기에 담기어 우물 바닥 밑으로 내려가 바닥청소를 한다. 두려움을 참으며 밑으로 내려가는 행위는 정신적 세례와 같다. 얕아지고 더러워진 마음을 깊은 우물에서 정화하는 가운데 작가는 우물의 본성을 체득해 나간다. "세상 모르고 자라던 한 마리의 개구리"로 자아를 표현하는 말은 "우물 속 개구리"라는 속담과 다르다. "우물 속 개구리"가 정체된 인격을 뜻한다면 그의 말은 인격의 발전과 변화를 암시한다. 이렇듯 작가에게 우물청소는 우물의 정체성을 체화하는 의식에 가깝다.

　그런데 지금의 그는 얕은 우물과 깊은 우물을 지켜보지 못한다. 우물에서 느꼈던 경이감을 잃어버렸다. 오직 그곳에 내려가는 두려움만 느끼며 살아간다. 그곳이 빌딩의 고속 엘리베이터이다. 그것을 타고 오르내릴 때면 끈에 매달려 우물을 오르내렸던 어린 시절을 떠올린다. 우물 안으로 들어가면 공포감을, 우물 바깥으로 나오면 안도감을 느꼈던 심리의 균형이 깨져 버렸다. 당연히 감정조절도 어려워졌다. 마음의 수위조절이 힘들어진 것이다.

　　어떤 날은 감정이 줄줄 새고 또 어떤 날은 강퍅하게 메마르기도 하는 내 속. 너무 깊어 알 수 없거나 너무 얕아 환히 들어나는 그 우물이 매일 불안한 수위를 조절하고 있다.

　하지만 최장순은 이것을 걱정하지 않는다. 그는 여전히 고향의 얕은 우물과 산비탈 우물에 대한 기억을 간직하고 있다. 작품을 통하여 두 우물의 존재를 재확인하기도 한다. 지금도 그는 얕은 우물이 사람을 끌어들이는 마력이 있고, 깊은 우물에는 정결한 정적이 감돌았음을 기억한다. 그는 마을 우물을 마음에 새길 때마다 심안으로 우물이 지닌 '수심水心'을 되살릴 수 있다. 이러한 의식은 두 우물이 현실에서 존재하는 것과 같다.

〈우물〉을 쓰는 이유는 사라진 우물에 대한 향수 때문이 아니다. 마을 우물이 현실에서 존재하든 존재하지 않든 이미 마음속에 우물에 대한 공간성을 구축하였다. 그리고 작품을 통하여 우물에 대한 그의 공간시학을 또한 완성하였다. 도시에 살고 있다 하여도 우물이 지닌 심상과 관념을 지켜내는 한 그의 인격은 쉽사리 동요하지 않는다.

덧붙이며

수필을 쓸 때 작가는 일상에서 벗어나 낯설고 새로운 시공으로 입문한다. 수필은 경험의 체화라는 점에서 보아도 작가적 이동과 변신은 자연스럽다. 사건이 벌어지는 시간을 공간으로 구현하면 작가는 자신이 살아왔던 장소와 시간을 새롭게 바라볼 수 있다. 두 발로 딛는 곳을 시간이 흐르는 길목이라고 자각할 수도 있다. 집이 가족이 사는 처소가 아니라 영혼이 숨 쉬는 공간으로 발전한다. 낯설게 걷는 길, 물을 긷는 우물, 영혼조차 돌아올 집들은 영혼이 숨 쉬는 공간임을 뜻한다.

좋은 작품인가 아닌가는 그것이 제시하는 공간시학에 좌우되는 경우가 많다. 특정 장소를 세밀하게 묘사하기 보다는 등장인물에게 어떤 의미를 지니며 그것들이 당사자에게 어떻게 투영되는가를 밝히는 것이 공간시학의 핵심이다.

작가란 낯익은 장소에서 낯선 공간으로 떠나가는 여행자이다. 작가는 매 공간에 들어설 때마다 자신의 현실과 삶을 새롭게 해석하는 풍경을 만들어내야 한다. 문제는 각 공간이 지닌 강력하고도 낯선 의미를 어떻게 찾아내는가에 있다고 하겠다.

| 작품 |

낯선 길 걷기

김종진

새벽닭 여명의 알림소리 때부터 동녘의 태양이 떠오르는 장관을 가끔 지켜보아 왔다. 먼 산 하늘이 서서히 밝아지다 작은 점 하나 레이저광을 쏘아대듯 솟아오르는 불덩이는 마침내 해가 되어 불끈 솟아올랐다. 그 광경이 보고 싶어 들녘 길 십여 리를 홀로 갔다 낯선 길의 두려움 때문에 되돌아오기도 했다. 취학 전 일이다.

중학교 일학년 때, 다섯 명의 친구들과 익산 춘포에서 모악산까지 2박3일 동안 걸어 다녀온 기억은 지금도 생생하다. 학창 시절을 마치고 교직에 들어선 어느 해, 겨울 폭설에도 새벽에 선바위산 너머 옹달샘에서 냉수마찰하고 다닐 정도로 산이 좋았다. 근무지가 바뀌어도 시간을 내 주변 산을 찾아 지금까지도 멀고 가까움 가리지 않고 다닌다.

지역마다 산길, 해변길, 둘레길, 마실길, 순례길 등으로 걷기 좋은 길이 많다. 내가 한창때에는 유명하고 높은 산의 정상만을 초읽기 하듯 올라 다녔다. 이제 종심의 나이가 가까워져서인지 걷는 속도가 전만 같지 않다. 서두르지 않고 천천히 살피며 생각하면서 걸어야 한다는 것을 스스로 느끼고 있다. 그럴 일이다. 느리게 걸어야 보인다. 빠르면 쉽게 목적을 달성할지는 모르나 놓치는 게 많다. 요즘 세상은 빠른 성과를 요구하는 활동들이 많다. 이런 점에서 볼 때, 우리 전주시 전역이 국제슬로시티연맹 규정에 의해 '국제 슬로시티'로 지정된 것은 매우 고무적인 일이다. 더욱 인구 60만이 넘는 도시가 슬로시티로 인증된 것은 전 세계에서 전주시가 처음이라고 한다. 한옥마을 넘어 전주시 전체가 '느림의 미학' 슬로시티로 재인증 받은 것은 전주 시민의 긍지가 아닐 수 없다.

사회는 우리에게 더 빨리 보고, 더 빨리 배우고, 더 빨리 행동에 옮겨, 더 빠른 목표를 쟁취하기를 바란다. 그런데 빠름으로 달려가면 갈수록 우리의 삶이 여유로워지기는커녕 더 달리라고 채찍질 당하기만 한다는 데 있다. 이런 악순환에 빠지면 삶은 더욱 각박해지고 일상은 무기력한 상태가 되기 쉽다. 그렇다고 나태해지자는 것은 아니다. 나태가 아무 것도 하지 않고 방치하는 게으른 상태인 반면, 느림은 삶의 매 순간을 구석구석 느끼기 위해 속도를 늦추는 적극적인 선택이다. 자동차를 타고 달리다가 멋진 풍경이 보이면 차에서 내려 천천히 살피는 것, 이것은 풍요로운 마음을 가꾸기 위해 서재에 들어 책을 읽는 것과 같다. 여행의 목적지가 오직 한 장소라면 오가는 길이 막혔을 때 초조해 하고 여행을 망쳤다는 생각에 화가 난다. 그러나 목적지 관광도 하고, 중간 중간 여정에서의 동반자와 즐거운 대화를 나누고, 주변 경치도 둘러보는 여유를 가진 여행이면 어떨까. 나는 평소 고속도로보다는 일반국도와 지방도를 이용한다. 느리게 가면 많은 것을 볼 수 있어서이다.

그 길은 홀로 있을 때 발견하는 비밀스런 야성의 꽃밭과도 같다. 누구와 함께 길을 걸을 때 우리는 동행자의 발걸음과 함께 호흡을 맞춰 가야 하지만, 혼자라면 온전히 새로운 길로 진입할 수 있는 절호의 기회를 맞을 수 있기 때문이다. 도시의 뒤안길에는 분명 낯선 길이 있다. 낯섦을 발견하고 싶어 하는 마음으로 가득 찬 사람의 눈에만 보이는 길. 그냥 아무 생각 없이 발걸음이 닿는 대로 걸어가보는 것이다. 그러다 보면 어느새 이제까지 보지 못한 낯선 시간이 내 앞에 마술처럼 펼쳐진다.

어린 시절이 떠오른다. 낯선 길은 늘 생기로 반짝이지 않았던가? 비가 갠 뒤 햇살이 비치던 작은 물웅덩이에도 기뻤던 기억과 함께 고무신을 신은 두 발로 물웅덩이를 철퍼덕거렸던 야생의 즐거움은 새롭고 행복한 모험이었다. 지금은 행여 물에 옷 젖을까봐 돌아가는 물웅덩이가 되었지만.

한 걸음도 딛지 않은 낯선 길은 이제까지 한 번도 가보지 않았다는 이유만으로도 새로운 가능성이 열린다. 그 길 위에서 나는 바다가 되고, 나무가 되고, 이국의 사막이 되는 마법에 걸린다. 하지만 많은 사람들은 나이가 들어 어른이 되고 나서 낯익은 것만 탐닉하게 된다. 낯선 길을 그냥 지나쳐버리기는 너무 아름다운 세상을 일부러 외면하는 꼴이다.

강렬한 목표의식을 뒤로하고 뛰는 대신 걸으며, 물질과 효율, 경쟁과 속도로 삶의 가치와 미덕이 뒤집히고 파헤쳐진 피곤한 이들에게 한없는 매혹으로 빨아들이는 길이 낯선 길이다. 낯선 길에서는 익숙했던 모든 것들이 새롭게 보인다. 모든 풍경이 태어나 처음 본 것처럼 바라보인다. 그 길은 오래된 껍질을 벗고 처음으로 나타난다. 나무는 식물로서만의 나무가 아니고, 흔하디흔한 전깃줄은 분명 팽팽하게 피어오르는 삶의 도화선이 된다. 풍경들이 너무도 신선하여 중력의 든든한 뿌리가 흔들린다. 낯선 길은 낯익은 길로 또 이어져 있다. 미로처럼 꿈틀거렸던 낯선 길의 탐험을 끝내고 집으로 돌아올 때엔 어깨에 사막의 모래 알갱이 같은 일상의 먼지들이 떨어진다. 익숙한 일상을 다시 발견하는 새로움이 시작된다.

— ≪수필과비평≫, 177호.

| 작품 |

집

서성남

"우리 집인 양, 우리 집처럼 생각하고…."
KBS에서 현충일 특집으로 방영한 〈우리들의 집, 현충원〉에서 대전 국립현충원에 안장돼 있는 천안함 용사 가족이 묘지에서 하는 말이다. 자녀도 생전의 아버지를 대하듯 이런저런 얘기를 비석 앞에서 한다. 집처럼 편안해 보인다.
국군 유해발군단에서 감식을 끝내 이번에 안장한 세 분의 6·25 전사자 유해도 65년 만에 '귀가' 했다고 밝혔다. 안장을 귀가라 했으니 영혼이 사는 집이다.
집이란 육신이든 영혼이든 그 존재의 근거인지 있어야만 하는가 보다.
영화 〈히말라야〉도, 같은 내용의 다큐도 등반 중 숨진 대원을 집으로 데려오려는 이야기다.
"무택아! 집에 가자."
해발 8,750미터. 에베레스트에서 얼음덩이로 숨겨있는 대원을 수습하며 엄홍길 대장이 한 말이다. 이 휴먼원정대는 2년 전 당한 사고로 아직 시신이 얼음덩이로 있다는 것을 다른 등반대의 사진으로 확인하고 시신수습을 위해 조직된 것이었다.

'집에 가자.'라는 말만 떼어놓고 보면 별것 아닌 이 말에 어떤 안온함이 느껴진다. 일이 다 끝나 이제 가족이 기다리는 곳에 가 쉬어도 되는 시간.

집에 가는 것은 떠난 자리로 되돌아오는 것일 게다. 그래야만 그 일이 끝나는 것을 의미한다. 전쟁도, 등반도 마찬가지. 집에 와야 그 일이 완성된다. 출발한 집으로 돌아오지 못하면 끝난 것이 아니다. 죽었다면 그 영혼이라도 돌아와야 하는 것이다.

술을 좋아하는 나는 취하면 어떻게 집에 왔는지 기억이 없을 때가 있다. 어릴 적 소를 먹이러 산에 갔다 실컷 놀다 해 질 녘이 되어 소를 찾으면 보이지 않았다. 산을 헤매다 어둑해서 집에 오면 소가 먼저 와 있곤 했다. 의식이 없어도 찾아오고, 소도 제 발로 찾아오는 곳이 집이다. 익숙해서 그렇기도 하겠지만 우리 몸에 집을 찾는 DNA가 심어진지 모를 일이다.

너나없이 시계추처럼 아침에 나갔다가 밤이면 돌아오는 집, 길의 종착점은 역시 집인가 보다. '올레'의 뜻도 '집으로 가는 길'이라지 않은가. 모든 길은 로마가 아니라 집으로 통한다.

사람만이 집이 있는 것은 아니다. 살아 있는 모든 생명체는 다 집이 있어야 하는지, 땅속 벌레도 집이 있고 여우도 굴이 있으며 하늘을 나는 새도 둥지가 있다. 왜 집이 있어야 할까. 가족을 보호하고 자식을 기르기 위한 보금자리다. 사람은 이것만이 아니다.

집은 가족이 함께 사는 생명의 공간이다. 가족 전체의 이야기가 있고 한 사람 한 사람의 이야기도 있다. 적나라한 제 모습을 볼 수 있는 곳도 집이다. 자신에 침잠하여 오롯이 내면의 자신과 마주할 수 있는 곳, 그곳이 집이다. 외롭고 서럽고 아픈 것뿐만 아니라 정답고 아름답고 친밀하고 포근하기도 한 곳이다. '어머니'란 말이 그렇듯 집이란 말도 다감하게 다가온다. 어머니가 그리움의 원형이라면 집은 꿈이 잉태되고 자라는 모태이다.

집의 의미에 대한 설문조사결과를 보면 절대다수가 '가장 마음이 편해지는 곳'이라 했다.

　어릴 적부터 자란 집은 고향이 된다. 사람들이 고향을 그리워하는 것은 그곳이 삶의 뿌리이기 때문일 것이다. 오르내리던 길, 집에서 바라본 산과 들, 뛰놀던 골목길과 동산, 어울렸던 친구들, 정다운 이웃, 이 모두가 합쳐진 이름이 고향이다. 그래서 떠나면 그리워진다.

　집도 생명이 있고 정이 있는 모양이다. 시인 정주영은 "아버지 사십구재 지내고 나자 문득 서까래가 흔들리더니 멀쩡하던 집이 스르르 주저앉았다."라며 〈집이 떠나갔다〉라고 읊었다. 쓰지 않으면 더 온전할 것 같지만 그렇지 않다. 주인의 손이 닿고 체온을 나눠야 오래가는 것이 집이다. 주인이 떠나고 나면 스스로 무너진다. 집도 사람을 기다리며 그리워한다. 무너지는 것은 그리움으로 뒤척인 몸부림일 것이다. 빈집은 그래서 쓸쓸하다.

　여행이 설레는 것은 끝나면 돌아갈 집이 있어서일 것이다. 집이 없다면 여행이 아니라 방랑이거나 방황이 아닐까. 돌아갈 집이 있고 기다리는 가족이 있다는 것은 그래서 축복이다.

　전쟁이 끝난 지도 63년이 됐다. 우리 산하에는 아직도 6·25 전사자 10만 4천여 명이 묻혀 있다고 한다. 집 떠나 돌아오지 못한 지가 너무 오래됐다. 그분들은 누군가의 아들이며 형제며 아버지일 것이다. 세월만 헛되이 흘렀다. 역사의 소용돌이 속에서 조국을 위해 산화했음에도 그 영혼은 오늘도 떠나온 고향 집을 그리며 낯선 땅에서 방황하고 있을 것이다.

　집은 영혼에도 영원한 안식처다.

  　　　　　　　　　　　　　　　　　　　　 － ≪수필과비평≫, 177호.

| 작품 |

우물

최장순

누가 말을 거는 것일까. 우, 우, 내게 깊숙이 들어왔다가 돌아나가는 소리. 가만 귀 기울이면 내 안에 우물 하나가 자리 잡고 있는 듯하다.

빛의 반사나 굴절에 따라 빛깔이 달라지듯 기분에 따라 수심이 달라지는 나의 우물은 생명의 고향인 어머니의 뱃속에서부터 비롯된 것일지도 모른다. 어머니는 두레박줄처럼 나를 탯줄로 잇고, 세상에 내보내고도 아직은 바닥이 깊지 않은 나를 조바심으로 지켜봤다.

얕은 동네 우물은 비와 바람과 눈을 고스란히 받아냈지만 맑은 날이면 하늘을 품고 주변을 끌어당겼다. 곁의 호두나무는 마음 놓고 제 그늘을 내려 주었고, 안부처럼 열매나 잎을 띄워놓기도 했다. 속을 다 내준 그 우물은 누구든 끌어들이는 마력이 있었다. 할아버지는 이른 아침 낫을 갈고, 들일을 마치고 돌아오면 농기구를 씻으며 목을 축이셨다. 어린 손자들을 불러내 등목을 시켜주기도 했고, 걷어 올린 베잠방이 아래 한 바가지 물을 붓곤 질척거리는 걸음을 옮기셨다. 그곳은 동네 아낙들의 모임장소여서 펼쳐든 신문처럼 새로운 입소문이 귀를 모았다. 방망이질 소리가 한낮을 울리고 웃음이 쏟아질 때면 미나리꽝 미나리가 귀를 파랗게 세우고, 전분을 내는 감자항아리가 보초를 섰다.

한 번도 메마른 적 없는 그 우물은 나와 닮았다. 속이 빤히 들여다보이는 나는 눈치를 들키기 일쑤여서 허드렛물처럼 쏟아내는 말에도 파문이 진다. 가벼운 바람이나 작은 돌, 청개구리 한 마리에도 쉽게 놀라고 흔들린다.

도무지 내 속을 알 수 없는 날도 있다. 그런 때의 나는 까마득 깊던 동네의 또 다른 우물이다. 산비탈 언덕배기에 있던 그 우물은 여름에는 누군가의 냉가슴이듯 차고, 겨울엔 물맛이 따뜻했다. 장정 다섯쯤 세운 만큼의 깊이를 가졌던 그 물의 원천은 산이었다. 머루와 더덕과 도라지에서 걸러낸 푸른 입자들이 모이고, 소나무와 떡갈나무의 수관을 거친 정화된 수액이 몸에도 좋았다.

밥 지을 물은 그곳에서 길어 올렸다. 부엌 한쪽 물독을 채우는 일은 고모와 누이들의 몫. 머리 위에 똬리를 얹고 그 위에 물동이를 올렸다. 입으론 똬리 끈을 물고 손으로는 연신 물을 흩뿌리며 바지런히 걷던 기술은 호기심이어서 나는 그들을 따라 종종걸음을 치곤 했다. 물 긷는 일을 도울 때도 있었다. 두레박을 잡을 때면 두려움 반 호기심 반, 몸의 북채가 심장 저 안쪽을 둥둥 두드렸다. 깊고 어두운 그곳에 두레박을 텅, 떨어뜨릴 때면 나를 빠져나간 무언가가 알 수 없는 깊이로 곤두박질쳤다.

깊이를 모르는 그 우물은 은근히 신비로웠다. 반원 뚜껑을 열고 들여다보면, 먼 곳으로 하늘이 흘렀다. 우물가는 늘 정결했고 고요와 정적이 감돌았다. 우물 속으로 몸을 기울여 고함을 지르면 한바퀴 휘 돌고나오는 소리는 음산했다. 그 안에 누군가 웅크리고 있어 답을 해주는 거라고 믿었다. 깊은 만큼 울림이 컸지만 제 속을 쉽게 드러내지 않는 우물. 누군가의 말에 쉽게 흥분하고 흔들리는 나지만, 한편으론 속을 헤아리기가 어렵다는 말을 듣곤 한다. 때로 나의 진의가 왜곡되는 것은 보이지 않는 수심水心 때문이다.

우물의 비밀이 드러나는 때가 있었으니, 마을 제례의식처럼 매년 청소가 치러지는 봄날이 그때였다. 큰일을 앞둔 목욕재계처럼 어른들은 짚수세미로

석축에 붙은 이끼를 교대로 닦아냈다. 큰 두레박을 조심스럽게 우물 속으로 내려 보내면 컴컴한 비밀을 품고 있는 그 속은 의례에 묵인이라도 해주려는지 그날만큼은 어둔 소리를 올려 보내지 않았다.

바닥이 보일 때까지 물을 퍼내면, 다음은 덩치 작은 내가 내려갈 차례였다. 중학생이던 내게 딱 맞는 그 일은 우물 속 부유물을 걷어 올리는 것이었다. 팬티만 입고 망태기에 담겨 우물 안으로 들어갔다. 도르래가 줄을 풀어낼수록 좀 전의 호기심은 두려움으로 변했다. "하늘만 쳐다봐!" 어른들 목소리가 머리 위로 쏟아졌지만 눈은 바닥으로 향했다. 서늘한 기운이 온몸에 들러붙은 어둑한 안쪽과 환한 바깥은 확연히 달라서 장에 가신 어머니와 일 나가신 아버지의 부재가 더 큰 공포심을 일으켰다. 부모님의 속 깊은 우물에서 세상모르고 자라던 한 마리 개구리였던 내 안에 자리 잡은 불만처럼 바닥엔 신발짝, 호밋자루, 쥐불놀이하던 깡통 같은 것들이 젖은 낯을 드러내고 있었다.

순식간 높이를 내리는 고층빌딩 엘리베이터에서 나는 그날의 공포를 느끼곤 한다. 마치 깊이를 모르는 우물 속으로 빨려 내려가는 듯한 현기증에 두 손을 꼬옥 쥐기도 한다. 먼 그날, 끈에 매달려 다시 바깥으로 나왔듯 나의 깊은 우물에서 오래도록 머물지는 않을 것이다.

어떤 날은 감정이 줄줄 새고 또 어떤 날은 강퍅하게 메마르기도 하는 내 속. 너무 깊어 알 수 없거나 너무 얕아 환히 드러나는 그 우물이 매일 불안한 수위를 조절하고 있다.

— ≪수필과비평≫, 177호.

박양근 평론집
현대수필 비평이론과 실제

인쇄 2017년 1월 10일
발행 2017년 1월 15일

지은이 박양근
발행인 서정환
펴낸곳 수필과비평사
주소 서울시 종로구 삼일대로 32길 36(익선동 30-6 운현신화타워 빌딩) 305호
전화 (02) 3675-3885, (063) 275-4000 · 0484
팩스 (063) 274-3131
이메일 sina321@hanmail.net   essay321@hanmail.net
출판등록 제300-2013-133호
인쇄 · 제본 신아출판사

저작권자 ⓒ 2017, 박양근
이 책의 저작권은 저자에게 있습니다. 서면에 의한 저자의 허락없이 내용의 일부를 인용하거나 발췌하는 것을 금합니다.
COPYRIGHT ⓒ 2017, by Park Yangkeun
All rights reserved including the rights of reproduction in whole or in part in any form.
저자와 협의, 인지는 생략합니다.
잘못된 책은 바꿔 드립니다.

ISBN 979-11-5933-074-2 03810
값 18,000원

> 이 도서의 국립중앙도서관 출판예정도서목록(CIP)은 서지정보유통지원시스템 홈페이지(http://seoji.nl.go.kr)와 국가자료공동목록시스템(http://www.nl.go.kr/kolisnet)에서 이용하실 수 있습니다.(CIP제어번호:2016032286)

Printed in KOREA